2015年国家社会科学基金项目（项目编号：15BYY130）

先秦至民国末期
汉语指示代词发展演变史研究

李璐 著

苏州大学出版社
Soochow University Press

图书在版编目（CIP）数据

先秦至民国末期汉语指示代词发展演变史研究／李璐著.—苏州：苏州大学出版社，2021.11
2015 年国家社会科学基金项目（项目编号：15BYY130）
ISBN 978-7-5672-3535-9

Ⅰ.①先… Ⅱ.①李… Ⅲ.①汉语－代词－研究 Ⅳ.①H146.2

中国版本图书馆 CIP 数据核字（2021）第 073065 号

书　　名：	先秦至民国末期汉语指示代词发展演变史研究
	XIANQIN ZHI MINGUO MOQI HANYU ZHISHI DAICI FAZHAN YANBIANSHI YANJIU
著　　者：	李　璐
责任编辑：	李寿春
助理编辑：	陈　璐
装帧设计：	刘　俊
出版发行：	苏州大学出版社（Soochow University Press）
社　　址：	苏州市十梓街 1 号　邮编：215006
印　　刷：	苏州工业园区美柯乐制版印务有限责任公司
网　　址：	www.sudapress.com
邮　　箱：	sdcbs@suda.edu.cn
邮购热线：	0512-67480030
销售热线：	0512-67481020
开　　本：	700 mm×1 000 mm　1/16
印　　张：	20.75
字　　数：	394 千
版　　次：	2021 年 11 月第 1 版
印　　次：	2021 年 11 月第 1 次印刷
书　　号：	ISBN 978-7-5672-3535-9
定　　价：	70.00 元

图书若有印装错误，本社负责调换

目录

第一章 绪论 ································· 001
    第一节 百年指示代词研究史略 ··············· 001
    第二节 指示代词的分类 ······················· 023

第二章 先秦时期指示代词研究 ··············· 028
    第一节 先秦汉语近指代词研究 ··············· 028
    第二节 先秦汉语远指代词研究 ··············· 059
    第三节 先秦汉语其他类指示代词研究 ········· 076

第三章 先秦至魏晋南北朝汉语指示代词的发展演变 ··· 111
    第一节 先秦至魏晋南北朝近指代词的发展演变
    ·· 111
    第二节 先秦至魏晋南北朝远指代词的发展演变
    ·· 123
    第三节 先秦至魏晋南北朝其他类指示代词的发展演变 ··································· 127

第四章 魏晋南北朝至晚唐五代时期指示代词的发展演变 ··································· 136
    第一节 魏晋南北朝至晚唐五代时期近指代词的发展演变 ··································· 136
    第二节 魏晋南北朝至晚唐五代时期远指代词的发展演变 ··································· 150
    第三节 魏晋南北朝至晚唐五代时期其他类指示代词的发展演变 ························· 157

第五章　晚唐五代至宋元时期指示代词的发展演变 …………… 165
　　第一节　晚唐五代至宋元时期近指代词的发展演变……………… 165
　　第二节　晚唐五代至宋元时期远指代词的发展演变……………… 182
　　第三节　晚唐五代至宋元时期其他类指示代词的发展演变……… 190

第六章　宋元至明代指示代词的发展演变 ……………………… 203
　　第一节　宋元至明代近指代词的发展演变………………………… 203
　　第二节　宋元至明代远指代词的发展演变………………………… 218
　　第三节　宋元至明代其他类指示代词的发展演变………………… 227

第七章　明代至民国末期指示代词的发展演变 ………………… 234
　　第一节　明代至民国末期近指代词的发展演变…………………… 234
　　第二节　明代至民国末期远指代词的发展演变…………………… 275
　　第三节　明代至民国末期其他类指示代词的发展演变…………… 297

参考文献 …………………………………………………………………… 316

第一章　绪论

第一节　百年指示代词研究史略[①]

代词是汉语中十分特殊的一个词类，自古就不乏语言学者对代词予以关注，《说文解字》《尔雅》等都有关于代词零散的记录。但自1898年《马氏文通》面世后，汉语才设立了语法体系，学界才开始出现关于代词系统的研究。一百多年来，很多学者对代词都进行过相关的研究，留下了一批值得关注的研究成果。但这些研究成果多以研究人称代词和疑问代词为主，对指示代词的研究则较为薄弱，指示代词史的建构也不太完善。

对于汉语指示代词而言，二十世纪是个非常重要的历史节点，短短的百年时间，汉语指示代词研究完成了发轫草创—不断成长—停滞冷寂—重新出发并迅速走向繁荣这么一个华丽转身。对这一段研究历史的梳理，对这一段研究历史中所出现的每一项研究成果的客观评述和总结，对汉语指示代词的下一步深入研究无疑是极为必要的。

如果一定要对这百来年汉语指示代词研究的历史做一个粗略的切分，那么大致可以分为四个历史阶段：发轫成长期（十九世纪末到二十世纪七十年代末）；初步繁荣期（整个二十世纪八十年代）；发展成熟期（整个二十世纪九十年代）；全面繁荣期（二十一世纪以来）。

一、汉语指示代词研究史之发轫成长期

就八十年的发轫成长期而言，以1950年为界线分为前后两个时期应该不会有多大异议。前半段，也就是二十世纪上半叶，基本可定性为汉语指示代词研究的发轫期，无论是投入的学者还是形成的学术成果，均呈现出发轫期的草创特点。这一时期在汉语指示代词研究上做出重要贡献的学者

[①] 本节是作者与导师曹炜教授一起商量讨论而定的，其中的部分成果已以论文的形式发表在《江南大学学报》《苏州教育学院学报》等刊物上。

有马建忠、章士钊、黎锦熙、陈承泽、杨树达、王力、高名凯等。后半段，也就是二十世纪五十年代初至二十世纪七十年代末，可以确定为汉语指示代词研究的成长期，之所以确定为成长期，是因为虽然有二十世纪五十年代中晚期至二十世纪六十年代中期的这一段研究兴盛时光，但极为短暂，与二十世纪八十年代以降的真正繁荣景象有霄壤之别。这一时期在汉语指示代词研究上做出重要贡献的学者有吕叔湘、周法高、周大朴、何融、贺巍、黄丁华、祝敏彻、胡安良等。下面我们将分别加以梳理和总结。

（一）二十世纪上半叶的汉语指示代词研究

最早对汉语指示代词体系问题进行研究的应该是1898年问世的马建忠的《马氏文通》。作为国内第一部系统研究汉语语法的语法学著作，《马氏文通》从《左传》《论语》《孟子》等古代典籍中收集了大量的古代汉语指示代词用例来加以考察讨论。该书将代字分为"指名代字""接读代字""指示代字""询问代字"四大类，其中对指示代字做如下定义："指示代字者，所以指明事物以示区别也。其别有四：一以逐指者，二以特指者，三以约指者，四以互指者。"① 可见，马氏所说的"指示代字"与我们今天所说的指示代词是有很大差异的。

到了二十世纪二十年代，《马氏文通》开始引起学界的广泛关注，在它的影响下相继出现了一批效仿它的汉语语法学著作，其中较有特色的是章士钊的《中等国文典》、黎锦熙的《新著国语文法》和陈承泽的《国文法草创》。

章士钊在《中等国文典》中首次将代词分为人称代词、疑问代词、指示代词三类，且首次提出了指示代名词的概念："指示代名词者，所以指示一切事物，或前文之名词者也，其所指前文之名词，谓之先行辞，指示事物者，则无先行辞而直指者也。"② 此外，章氏还论述了某些代词兼有人称代词和指示代词用法的现象及其原因："无先行辞而直指者，固有不必为指示代名者矣，如'尔''我'二字，当前对指，乃为人称代名词是也。然至有先行辞而重述之者，则未有非指示代名词者也，如'彼''其''之'三字，既列之于第三人称矣，然此三字，非仅以指人也，即指人，亦颇有指前文者，故此三字，非言人称者，无论矣，即言人称者，亦属指示代名词之一种，以其指人故，前既列之于人称代名词，今以其指前文故，即言人者，亦复编于指示代名词中，须知指示事物者，固亦兼人而言之也。"③

与《中等国文典》不同的是，黎锦熙的《新著国语文法》主要从现代

---

① 马建忠. 马氏文通[M]. 北京：商务印书馆，1983：78.
② 章士钊. 中等国文典[M]. 北京：商务印书馆，1922：90.
③ 章士钊. 中等国文典[M]. 北京：商务印书馆，1922：90-91.

汉语中的代名词出发，联系了北方方言中代名词音的转变的因素，探索现代汉语代名词的源头。黎锦熙将代名词分为四大类：人称代名词、指示代名词、疑问代名词和联接代名词。① 该书首次对指示代名词进行了分类，将指示代名词分为了四类：近称指示代名词、远称指示代名词、承前称指示代名词和不定称指示代名词。

陈承泽的《国文法草创》则沿用了《马氏文通》的说法，仍将代词称为代名字，他将代名字分为人称代名字、指示代名字和疑问代名字三种，并提出"代名字概由词来（亦有由字来者，如'他'为'它'之假，'无他'即'无它'是，又如《三国志》'身是张翼德'之'身'，由普通名字转来），而人称代名字与疑问代名字尤为间接，盖人称代名字率由指示代名字转来，而疑问代名字则皆由感字转来也"② 的观点，可以看出，陈氏认为指示代名字是早于人称代名字和疑问代名字的。

二十世纪三十年代初，杨树达的《高等国文法》在吸收了章士钊、陈承泽等语法学著作中代词研究成果的基础上继续对汉语指示代词系统进行探讨。该书将指示代名词分为了近称"此"义诸字、近称"如此""如是"义诸字、近称"于是"义诸字、远称"彼"义诸字、远称"其"义诸字、泛称"之"义诸字、通称"者"字及其他指示代名词等几个类别，其中其他类指示代名词包括他指、虚指、无指、逐指四类。③ 这是学界首次从语义上对指示代词进行的较为详细的分类，但该书对于每类之下指示代名词具体的用法并没有详细说明，只是简单列举了用例。

整个二十世纪三十年代，除了杨树达的《高等国文法》之外，学界再也没有关于指示代词研究的任何成果了。直到二十世纪四十年代初，汉语指示代词研究的冷寂局面才被打破，那就是王力的《中国现代语法》和高名凯的《汉语语法论》的问世。

王力的《中国现代语法》是继《新著国语文法》之后又一部从近现代汉语中的代名词出发来探讨代词用法的著作。在该书中，王氏将代词分为人称代词、无定代词、复指代词、指示代词和疑问代词五大类，又将指示代词分为近指的和远指的两类。值得注意的是，该书不仅讨论了指示代词的普遍用法，同时也叙述了方式的指示、程度的指示、处所的指示及时间的指示等问题。在此基础上，该书提出了"指示代词"的定义："凡词用来特别指出人物或其德性，或其行为的方式，德性的程度等，叫做指示代词。"④

---

① 黎锦熙. 新著国语文法 [M]. 北京：商务印书馆，1992：87.
② 陈承泽. 国文法草创 [M]. 北京：商务印书馆，1982：29.
③ 杨树达. 高等国文法 [M]. 北京：商务印书馆，1984：59.
④ 王力. 中国现代语法 [M]. 北京：商务印书馆，1985：223.

二十世纪四十年代末，高名凯的《汉语语法论》问世。高氏在第二编"范畴论"中分设两章讨论了指示词和人称代词，且提出了"指示词是表达指示范畴的那些语法成分。指示就是要指示其为'此'为'彼'的意思，所以没有指示其为'彼'或为'此'的词，我们就不能称之曰指示词"①的观点，可以看出，高氏所谓的指示词只指向那些明确意义上指近指远的词，逐指、虚指、无定等指代词不包括在内。此外，在对指示词讨论的过程中，高氏也常从音韵学的角度论证自己的观点，如将汉语近指代词按其声韵特点分为齿音和喉牙音两套系统等。除了古代汉语，该书也讨论了近现代汉语乃至现代汉语方言中的指示代词。

（二）二十世纪五十年代至七十年代的汉语指示代词研究

二十世纪五十年代初吕叔湘在《语法学习》一书中讨论了现代汉语指示代词的用法，且将指示代词分为近指和远指两大类，主要讨论了"这"和"那"及其系列词。② 这一时期周法高的《中国古代语法·称代编》是研究代词的重要著作。周氏结合了甲骨文中代词的字形、殷商至汉魏六朝传世文献中的语料，对上古汉语中代词的全貌进行了描写。该书将指示代词分为近指代词和远指代词两部分，分别讨论了每个指示代词的语法特点。比较有特色的是，该书还考察了"如"或"若"和指示词同用及其他同义词等现象，讨论了指示代词表时间及方所的情况。

到了二十世纪六十年代，学界开始关注单个指示代词的历时发展及溯源研究，较有代表性的是何融的《谈六朝时期的几个代词》、周大朴的《"阿堵"这个词》等。何融考察了六朝时期几个比较特殊的代词，如人称代词"身"、疑问代词"何物""何等"、指示代词"许"等。指示代词"许"的用法一直被学界忽视，何氏分别从其来源、语法特征等方面对其进行了论证，且与同语义的指示代词进行了对比。③ 周大朴《"阿堵"这个词》是单个指示代词溯源研究的佳作。在这篇论文中，周氏对"阿堵"这一词的来龙去脉做了一个梳理，从古人用韵、"者"字的声纽特点、"者"字的字形构造特点、古字的假借、现在的方言等几个方面证明了"者"与"堵"是音义相通的观点。作者主要就清代学者郝懿行的观点做了说明，对其观点中的疏漏之处进行了修正和补充。④ 该论文具有很高的学术价值。

这一时期对汉语方言中指示代词的讨论是学界关于汉语代词研究的一个亮点，较有代表性的学者是贺巍和黄丁华。贺巍的《中和方言的代词》

---

① 高名凯. 汉语语法论［M］. 北京：商务印书馆，2011：117.
② 吕叔湘. 语法学习［M］. 上海：复旦大学出版社，2006：49.
③ 何融. 谈六朝时期的几个代词［J］. 中山大学学报，1961（4）：1-8.
④ 周大朴. "阿堵"这个词［J］. 江汉学报，1962（2）：46-47.

主要探讨了中和方言中疑问代词和指示代词中的几种现象①；黄丁华在其《闽南方言里的指示代词》中就闽南方言中指示代词的概貌进行了描写，并就其指称意义、句法功能和活用情况等进行了讨论。②

二十世纪六十年代中期至七十年代中期，整整十年，全国进入"文化大革命"时期，学术界也无能幸免，学术研究全部中止，汉语指示代词的研究也陷入了长达十年的沉寂期，没有任何相关研究成果。这种沉寂的局面直到"文化大革命"结束之后才被打破。

二十世纪七十年代末期关于指示代词的研究主要体现在汉语单个指示代词的研究上，较有代表性的是祝敏彻的《论"所"、"所以"》一文和胡安良的《"之"字分解》一文。祝文认为古汉语中"所"的词性是特指代词，文章通过对"所"的词性和语法作用、"所以"是复音词还是词组的讨论，最终得出古汉语"所"字在各种用法里都是代词而不是助词的结论。在讨论过程中，祝文还对学界关于"所"字结构的研究状况做了梳理。③ 胡文分别从"之"在句中作动词、作代词、作助词三个方面讨论了"之"的用法，涵盖了古汉语中"之"的全部用法，对于人们研究汉语中的常用词"之"具有重要的参考价值。④ 但文章在没有做计量统计的基础上就说"之"的主要用法是助词，从我们的考察来看，这一说法是值得商榷的。

二、汉语指示代词研究史之初步繁荣期

二十世纪八十年代，是中国学术史上具有里程碑意义的十年。所有的学术梦想全部开花，各个学科门类好像憋足了劲似的，均开始了迅猛又长足的发展，汉语指示代词的研究自然也不例外。这一时期指示代词的研究成果逐渐增加，而且研究视角、研究方法都有了全新的变化。

（一）关于指示代词的整体性研究

二十世纪八十年代的代词整体性研究成果中，最有影响的无疑要数吕叔湘、江蓝生的《近代汉语指代词》一书了。该书主要考察了晚唐五代以来汉语代词的发展演变历史，开创了汉语代词断代研究——近代汉语代词研究的先河。该书将代词分为三身代词、指示代词和疑问代词三大类，在"这、那"和"这么、那么"两部分讨论了近代汉语指示代词的用法，不仅将近代汉语中新出现的指示代词做了比较完整的呈现，还通过一一举例加以落实，并且对每个指示代词的历史来源做了考察说明，追溯其源头，勾勒其流变，分析其发展演变的动因。虽然研究的是近代汉语指示代词系统，

---

① 贺巍. 中和方言的代词 [J]. 中国语文, 1962 (1): 50-53.
② 黄丁华. 闽南方言里的指示代词 [J]. 中国语文, 1961 (12): 23.
③ 祝敏彻. 论"所"、"所以" [J]. 社会科学, 1979 (2): 102-109.
④ 胡安良. "之"字分解 [J]. 青海民族学院学报, 1979 (1): 51-67.

却往往将笔触伸到上古汉语时期。

此外，还有一些文章对专书中的指示代词进行了考察，较有代表性的是李智泽的《〈孟子〉与〈孟子章句〉代词比较》和黄孔葵的《〈论衡〉中的代词》。《孟子》属于先秦时期的作品，《孟子章句》属于两汉时期的作品，李智泽将《孟子》与《孟子章句》中的代词进行了计量分析，通过对比探索代词从先秦到两汉时期的发展演变特点，尤其是指示代词的发展演变。① 黄孔葵则全面考察了《论衡》中的代词，其中也包括指示代词，并与先秦时期的指示代词系统做了比较，发现《论衡》中的指示代词几乎保留了先秦时期指示代词的全部用法，同时也发现《论衡》中产生了一些新的用法，初步揭示了从先秦到汉代指示代词的发展变化。② 李思明考察了《水浒全传》中的指示代词，对《水浒全传》中的指示代词系统及各个指示代词的用法进行了探讨。③ 之后，崔潮从同朝鲜语比较的角度，讨论了汉语指示代词的特点，主要从语用视角分析了汉语和朝鲜语指示代词在使用上的不同，从而总结出了两种语言所反映出来的不同的思维方式。④

（二）关于某个指示代词或某几个指示代词的个案研究

二十世纪六七十年代学界对指示代词的个案研究成果较少，到了二十世纪八十年代，指示代词中单个代词的研究成果大量增加。其中对近指代词的研究成果主要体现在对"此""这（样）"等词的研究上，较有代表性的是徐光烈的《试释甲骨刻辞中的"此"》、段业辉的《"这样"的语义指向和已知信息的代词化》和叶友文的《"这"的功能嬗变及其他》等。

徐光烈在前人研究的基础上，结合甲骨文"此"形体和卜辞用例，得出甲骨文中的"此"应是"已"义，副词义，并通过文献的考察证实了代词近指、远指分工的确立是在甲骨文之后。⑤

段业辉提出了现代汉语"这样"的三个语义指向，分别是语义指上、语义指下、语义同步，提出代词不仅可以代替实词和词组，还可以代替句子，将代词的代替作用总结为代替已知信息。⑥

叶友文提出"这""在它的历史初期只能作修饰成分，即只具连体性功能。'这'从连体性功能发展为独立作主语的功能（下称独立性功能）有一

---

① 李智泽.《孟子》与《孟子章句》代词比较［J］.兰州大学学报（自然科学版），1986（4）：82-89.
② 黄孔葵.《论衡》中的代词［J］.湖北大学学报（哲学社会科学版），1989（4）：61-70.
③ 李思明.《水浒全传》的指示代词［J］.语文研究，1986（1）：6-12.
④ 崔潮.说说汉语的指示代词［J］.汉语学习，1989（5）：39-41.
⑤ 徐光烈.试释甲骨刻辞中的"此"［J］.重庆师院学报（哲学社会科学版），1983（3）：60-63.
⑥ 段业辉."这样"的语义指向和已知信息的代词化［J］.汉语学习，1987（6）：8-11.

个'这x→这'的变化过程"①，叶氏在《"这"的功能嬗变及其他》一文中总结了"这"从连体性功能发展出独立性功能的变化过程，并对"这"一词的词性的演变也进行了总结。

对远指代词的研究则主要体现在对"那（样）""那个""那哼"等"那"系词的研究上，较有代表性的研究成果是杨淑璋的《浅谈"那样"的一些用法》、周一民的《口语"这、那、哪"的语音变异》、李明的《"那个"的妙用》、董为光的《"那哼"溯源》、俞理明的《汉魏六朝的疑问代词"那"及其他》和石云孙的《说"那个"》等。

杨淑璋对现代汉语"那样"一词的用法进行了详细的探讨。② 李明提出"那个"在口语中能起无须明说或不便明说的形容词的作用。③ 周一民分别对口语中"这""那""哪"三个词在不同的环境中发生不同的语音变异现象及其原因做了说明。④ 董为光追溯了"那哼"一词及其构词成分的来源，认为今苏州话"那哼"一词来自魏晋时的常语"尔馨"（如此），通过大量的例证概括出了一条词义引申的通则，即"词义引申方向似应从肯定义指向疑问义"⑤。在传统的语源考证方法基础上，尝试使用"模糊研究"的方法，结合各地方言，有较强的说服力。俞理明则通过对汉魏六朝佛经中疑问代词的研究，发现在这一时期就已经出现了"那"用来问处所的例句，且发现了一些其他的疑问代词发生不同程度的词语的简略现象，用佛经语料作为补充，对于研究汉语代词的演变有重要意义。⑥ 石云孙的《说"那个"》与李明的《"那个"的妙用》在内容及观点上所差无几，我们认为无须再撰文说明。⑦

这一时期开始关注指示代词中的无定代词一类，较有代表性的学者是宋玉珂和朱声琦。

最早关注到"有"的代词用法的是宋玉珂，在此之前，学界关于"有"的词性问题没有一致的看法。宋氏通过分析"有"所处的语法环境，证明了"有"具有代词的用法，且分析了代词"有"产生的语言条件，同时总结了代词"有"存在的主要句式。⑧

朱声琦注重对指示代词中无定代词的研究，对于无定代词的研究有重

---

① 叶友文."这"的功能嬗变及其他［J］.语文研究，1988（1）：17-21.
② 杨淑璋.浅谈"那样"的一些用法［J］.汉语学习，1981（5）：11-16.
③ 李明."那个"的妙用［J］.汉语学习，1986（2）：20.
④ 周一民.口语"这、那、哪"的语音变异［J］.汉语学习，1987（2）：13-14.
⑤ 董为光."那哼"溯源［J］.语言研究，1988（1）：144.
⑥ 俞理明.汉魏六朝的疑问代词"那"及其他［J］.古汉语研究，1989（3）：58-63.
⑦ 石云孙.说"那个"［J］.当代修辞学，1989（5）：45.
⑧ 宋玉珂.古汉语"有"的代词用法［J］.语言教学与研究，1983（1）：109-118.

要影响。朱氏于 1984 年在《上古无指代词"有"》一文中提出了"有"可以用作无指代词的观点，他总结了四种"有……者"句型，并分别就每种句型下"有"的词性进行了讨论，通过分析得出第四种类型中的"有"的词性是无指代词，与之相配的"者"应为语助词，从而打破了学界认为的"者"是代词的定论。① 朱声琦对"莫""无"的词性的争议性做了说明，指出在上古时期"莫""无"可以充当无指代词，并提出无指代词和否定副词最根本的区别是能否充当主语，对于我们释义有重要意义。② 赵怀英比较分析了古汉语中作为无指代词的"莫"和否定副词的"莫"各自的特征及其之间的联系。③

其余还有一些对有争议的指示代词的研究，如"者""所"等，有些学者认为是指示代词，而有些学者持反对意见。

《说文解字》："者，别事词也，从白。"④ 可见，许慎认为"者"是一个指示代词。《马氏文通》："接读代字，顶接前文，自成一读也。字有三：一'其'字，独踞读首。二'所'字，常位读领。三'者'字，以煞读脚。"⑤ 可见，马氏将"者"和"所"都归入了接读代字一类中。王力在《汉语史稿》中曾提道："'者'和'所'是同一性质的代词，那是可以肯定的。'者'和'所'在上古语音系统中是同属于鱼部的。它们都是指示代词之一种。"⑥ 可见，王力也认为"者"和"所"是指示代词。

之后，周绪全通过对先秦至现代典籍中"者"的探讨，对"者"从古至今的词性演变做了梳理，并提出："用在名词或数词之后的'者'字，就是指示代词。"⑦

罗汝忠、吴翠屏通过对《左传》中"者"字及"者"字结构的分析，得出这一时期"者"字是个特殊的指示代词，且"者"字结构中的动词、形容词、数词都是"者"字的定语。同时，作者总结了"者"字的发展过程，即从特殊指示代词到语气词再到助词的过程。⑧

此外，赵丕杰考察了十四部先秦典籍中"所"字的用法，将"所"指代的内容分为三类，即指代与动作行为有关的处所，指代与动作行为有关

---

① 朱声琦. 上古无指代词"有"[J]. 语言教学与研究，1984（2）：144-159.
② 朱声琦. 上古无指代词"莫"和"无"[J]. 云南民族学院学报，1985（4）：78-83.
③ 赵怀英. 古汉语中无指代词"莫"和否定副词"莫"的辨析[J]. 汉中师院学报（哲学社会科学版），1989（1）：83-87.
④ 许慎. 说文解字[M]. 徐铉，校定. 北京：中华书局，2013：69.
⑤ 马建忠. 马氏文通[M]. 北京：商务印书馆，1983：58.
⑥ 王力. 汉语史稿[M]. 北京：中华书局，1980：343.
⑦ 周绪全. "者"字词性新解[J]. 西南师范大学学报（人文社会科学版），1981（3）：140.
⑧ 罗汝忠，吴翠屏. 略论《左传》中的"者"字及"者"字结构的一些问题[J]. 广西民族学院学报（哲学社会科学版），1983（2）：136-145.

的时间,指代与动作行为有关的对象。通过对这三类指代的内容的分析,作者认为在先秦"所"字的这种用法为代词用法。① 可见,"者"和"所"是代词在学界已成定论,但究竟是何类代词仍没有统一的说法,大多数学者认为它们是指示代词。

(三) 关于方言指示代词等的研究

这一时期,关于各地方言中指示代词的研究成果也逐渐增多,较有代表性的是吕叔湘的《丹阳方言的指代词》、小川环树的《苏州方言的指示代词》、杨增武的《山阴方言的人称代词和指示代词》、潘悟云的《温州方言的指代词》等。

吕叔湘对丹阳方言中的指代词进行了考察,将其分为人称代词、有定指代词和无定指代词三大类,分别从每个词的语音和用法特点入手,和邻近方言作对比,并对丹阳方言中的指代词进行了讨论,且对其语源也作了推测。②

小川环树则对苏州方言中的指示代词进行了考察,发现苏州方言中的指示代词可以分为近指、中指和远指三类,后又发现指示代词的三分法不仅在苏州方言中出现,也出现于湖北方言,无锡、常熟等地方言和南亚等地方言中,由此猜想远古的汉语指示代词本来就是三分法的。③

之后,杨增武从语音、构词能力、句法功能等方面讨论了山阴方言中的指示代词。④

随后,古敬恒对吴语中的"见"系指示代词进行了探源考察,通过考察发现,"格""介"等吴语中的指示代词见于书面语追溯到元代。作者从这些指示代词的语音和语义关系入手,对吴语中的"见"系指示代词的来源进行了探讨。⑤

到了20世纪80年代后半叶,沈慧云分别从晋城方言中指示代词的语音特点、语法特点等方面加以讨论。⑥ 之后,刘光坤就羌语南部方言桃坪话中代词格范畴的语法意义、形式和分布、格范畴的来源等问题进行了剖析。⑦

潘悟云考察了温州话中的指代词,对温州话指代词的连调系统、异读

---

① 赵丕杰. 谈"所"字的代词用法 [J]. 天津师范大学学报 (社会科学版), 1986 (6): 81-84, 80.
② 吕叔湘. 丹阳方言的指代词 [J]. 方言, 1980 (4): 241-244.
③ 小川环树. 苏州方言的指示代词 [J]. 方言, 1981 (4): 287-288.
④ 杨增武. 山阴方言的人称代词和指示代词 [J]. 语文研究, 1982 (2): 152-156.
⑤ 古敬恒. 吴语"见"系指示代词探源 [J]. 徐州师范学院学报, 1985 (4): 124-125.
⑥ 沈慧云. 晋城方言的指示代词 [J]. 语文研究, 1986 (2): 52-55.
⑦ 刘光坤. 论羌语代词的"格" [J]. 民族语文, 1987 (4): 50-58.

现象等进行了讨论。①

到了20世纪80年代末,陈法今对闽南话中的指示代词进行了考察②;曹广衢考察了我国少数民族语言中人称代词兼为指示代词的情况,从我国少数民族中人称代词兼为指示代词的现象分析中得到结论,即汉语中人称代词和指示代词有着密切的联系。③

总而言之,二十世纪八十年代,汉语指示代词研究出现了初步的繁荣景象,这种可喜局面为二十世纪九十年代汉语指示代词研究的繁荣鼎盛打下了扎实的基础。

三、汉语指示代词研究史之发展成熟期

二十世纪八十年代是汉语指示代词研究初步走向繁荣的时期,进入二十世纪九十年代,汉语指示代词的研究进一步得到强化,研究成果呈现井喷式态势,汉语指示代词研究真正进入繁荣鼎盛时期。

(一)关于指示代词的整体性研究

二十世纪九十年代对指示代词整体进行研究的成果大多为专书的指示代词研究或历史上特定时段的指示代词研究,其中,最具代表性的学者是吴福祥、郑良伟、卢烈红、俞光中、植田均(日本)等。

吴福祥在《敦煌变文语法研究》中的"称代篇"中对敦煌变文中出现的指示代词进行了计量研究。值得关注的是,作者在计量统计得到各个指示代词使用频率的基础上,还详尽地分析了其从先秦到敦煌变文时期发展变化的原因,让我们对这一时期的指示代词系统有了更深的认识。④

卢烈红将《古尊宿语要》中的指示代词分为了近指、远指、兼指、旁指、括指和分指及逐指六类,在穷尽性调查的基础上进行了详细的静态描写,溯源讨流,长跨度地进行历时比较,对于我们了解唐宋时期汉语指示代词系统的实际面貌有重要意义。⑤

俞光中、植田均(日本)的《近代汉语语法研究》立足于现代汉语语法,研究近代汉语语法。该书对近代汉语中出现的指示代词进行了分类讨论,且与作者的家乡方言相结合,在语音特点的描写上独具特色。⑥

二十世纪九十年代中叶之后,学界对指示代词的研究注重总结代词发展的声韵、语义和语用规律。马思周从近代汉语代词的音韵特点出发,总

---

① 潘悟云.温州方言的指代词[J].温州师范学院学报(哲学社会科学版),1989(2):13-22.
② 陈法今.闽南话的指示代词[J].华侨大学学报(哲学社会科学版),1989(1):101-109.
③ 曹广衢.我国少数民族语言中人称代词兼为指示代词的情况[J].贵州民族研究,1989(1):79-84.
④ 吴福祥.敦煌变文语法研究[M].长沙:岳麓书社,1996:1-102.
⑤ 卢烈红.《古尊宿语要》代词助词研究[M].武汉:武汉大学出版社,1998:58-115.
⑥ 俞光中,植田均.近代汉语语法研究[M].上海:学林出版社,1999:283-296.

结出了一套近代汉语代词分化的原则。马氏首先分别讨论了"怎、那、恁、宁馨、能"等代词的来源和分化，提出它们都是按上声、去声一分为二，上声用为疑问代词，去声用为指示代词，不分化的代词也是按"上问去答"的原则改变读调的；接着论述了"上问去答"原则（即"凡问句用上扬语调，凡答句用下降语调"①）的社会因素，指出"这种变化不是声调常规演变规律的内容，而是社会实际语言交际习惯制约的结果"②。

刘家荣、文旭从功能的角度，将代词的功能分为指示功能和非指示功能两种，探讨了人称代词、指示代词及连接代词在英语中的功能，并且讨论了话语中代词的释义问题。③

这一时期也有一些商榷性文章，董志翘在《近代汉语指代词札记》中提出了一些与《近代汉语指代词》不一样的想法，其中包括指示代词和人称代词的关系问题。该书分析了"伊""彼""渠"等字，发现"'伊'、'彼'、'渠'在上古都是指示代词，后来转为第三人称代词。到了中古，又都产生了第二人称的用法，不过，一般都是出现在对话的场合。这正与上古汉语中'之'、'其'原本都是指示代词，后转为第三人称代词，在对话环境中又可临时活用为第二人称的情况相类似"④。对于这一问题，俞理明也提出了自己的想法，他认为"'伊''渠'表示第二人称应该有声律以外的原因。它们原来的意义和用法，妨碍了它们作为一个专门的第三人称代词的使用，'渠'可能受了'其'的直接影响，'伊'的指示代词用法在文言中一直残存"⑤。

（二）关于某类指示代词的研究

二十世纪九十年代学界对指示代词的研究成果主要集中在古汉语中指示代词的研究。

段德森分别探讨了古汉语指示代词转化为其他代词、连词、助词等的情况，并总结了发生转化的原因。⑥

崔立斌对《孟子》中的指示代词进行了定性和定量的分析，将其分为近指代词、远指代词、特指与泛指代词、谓词性代词、特殊的指示代词、不定指代词和辅助性指示代词七大类。⑦

---

① 马思周. 近代汉语代词分化的"上问去答"原则[J]. 中国语文，1996（2）：139.
② 马思周. 近代汉语代词分化的"上问去答"原则[J]. 中国语文，1996（2）：139.
③ 刘家荣，文旭. 话语中代词的功能及其释义问题[J]. 四川外语学院学报，1996（1）：52-59.
④ 董志翘. 近代汉语指代词札记[J]. 中国语文，1997（5）：374-375.
⑤ 俞理明. 汉语称人代词内部系统的历史发展[J]. 古汉语研究，1999（2）：92.
⑥ 段德森. 古汉语指示代词的转化[J]. 语文研究，1992（1）：12-17.
⑦ 崔立斌.《孟子》的指示代词[J]. 语文研究，1993（4）：16-23，15.

这一时期吴福祥和卢烈红均关注到了唐宋时期近指代词系统的发展变化。

吴福祥以《敦煌变文集》为调查对象，讨论了敦煌变文中的近指代词。吴氏将敦煌变文中的近指代词系统分为 A 类和 B 类，A 类是古汉语中已使用的近指代词，B 类是近代汉语中新产生的指示词。通过对变文中这两类词的比较分析，发现"在变文近指代词系统中，上古汉语产生的近指代词在频率、用法上仍占较大优势，而近代汉语里出现的近指代词尚处于从属地位"[1]。随后，吴氏分析了"这""这个""这般""没""只没"等近指代词的语义及功能，在分析的过程中不仅仅以变文为考察对象，且加入了唐宋时期其他的口语性文献。之后通过对唐五代几种文献近指代词频率、用法的考察总结了唐五代时期"这"系指示词的发展演变状况，从而发现"晚唐五代时期，汉语近指代词已有较大的变化和发展。而变文、《祖堂集》之间的差异很可能反映出其时东南与西北地域方言间近指代词发展的不平衡性"[2]。

卢烈红则以南宋初年的禅宗语录总集《古尊宿语要》为考察对象，讨论了其中的近指代词。卢氏将《古尊宿语要》中的近指代词分为三组，即甲组唐宋时新产生的、乙组六朝时产生而《古尊宿语要》袭用的、丙组先秦时产生而《古尊宿语要》袭用的，且分别就这三组近指代词的语法功能进行了逐一分析。随后卢氏总结了从先秦至唐五代时期近指代词的发展演变情况，在分析的过程中对各个时代代表性文献中的近指代词都做了计量统计，同时参考了吴文对敦煌变文时期近指代词的研究，得出"东南方言'这'快于西北方言"[3]的结论。值得注意的是，卢氏经过考察发现了《古尊宿语要》中"这"有了明显的较大发展，不仅体现在数量上开始占优势，也体现在"这"在《古尊宿语要》中语法功能的拓展上，这也就意味着"此"的主导地位已经动摇。

我们一般将指示代词按照其指示的远近分为近指、远指和中指，但也有学者依据指示的内容对其进行分类。陈文杰就讨论了指示代词中表方所的一类，陈氏根据汉译佛典与其他语料，讨论了其中表示方所的指示代词"此中""此间""是中""是间""彼中""彼间"的使用情况，总结出汉语在中古阶段表方所的指示代词的面貌变化，并讨论了汉语中表示方所的

---

[1] 吴福祥. 敦煌变文的近指代词 [J]. 语文研究，1996（3）：36.
[2] 吴福祥. 敦煌变文的近指代词 [J]. 语文研究，1996（3）：36.
[3] 卢烈红.《古尊宿语要》的近指代词 [J]. 武汉大学学报（哲学社会科学版），1998（5）：101.

指示代词的发展情况。①

除此之外，也有学者从语用的角度出发对现代汉语中的指示代词进行了考察。石毓智讨论了指示代词"在回指前文所述内容的同时，兼任所在句子的成分，通常为话题或者小主语，与句子的其他成分发生语义或句法关系"②。石氏总结了两种不同的语序，即"指示代词+S+VP"和"S+指示代词+VP（AP）"。通过比较，石氏发现这两种不同语序随着 NP 的不同会发生变化，即当 AP 是描写指示代词所替代内容的性质，指示代词居于主语之后；当指示代词与 NP 是施受关系，指示代词出现在主语之前。之后，石氏用汉语中存在的两种倾向性来解释这一现象，认为"指示代词的两种语序的分工来自汉语更大的结构规律"③。石氏的研究也体现了汉语有严格的语言使用规律，将这种使用规律挖掘出来可以很大程度地促进汉语教学。

除了比较常见的近指代词、远指代词的研究，这一时期也出现了对隐名代词、旁指代词、兼指代词等的专门研究。

最早关注到隐名代词的是清代顾炎武的《日知录》。之后吕叔湘在《近代汉语指代词》中重新讨论了隐名代词，对"某""某甲""某乙""甲""乙"等隐名代词进行了论述。周法高在《中国古代语法·称代编》中将隐名代词称作"无定代词"。而最早撰专文对隐名代词进行研究的文章则是刘忠信的《〈祖堂集〉中的隐名代词》。刘氏对《祖堂集》中的隐名代词做了计量研究，值得注意的是，刘氏虽以《祖堂集》中的隐名代词为考察对象，但研究的过程中不仅仅局限于对《祖堂集》中的隐名代词进行研究，对先秦至汉唐时期隐名代词的发展也进行了梳理，基本上勾勒出了隐名代词的发展演变史。④

据我们的考察，最早关注到旁指代词的应是杨树达的《词诠》。杨氏提到了"他""它""佗"的两种用法，即"旁指指示代名词"和"旁指指示形容词"。⑤ 但杨树达在《高等国文法》中却将"他""它""异"等称为"他指指示代名词"。⑥ 最早撰专文讨论旁指代词的则是卢烈红。卢氏对《古尊宿语要》一书中的旁指代词进行了计量考察，分别对"他（它）""别""余（自余、诸余、余二、余外）"等旁指代词的用法做了说明。⑦

一般认为，汉语指示代词分为近指代词和远指代词两种（也有三分说，

---

① 陈文杰. 从早期汉译佛典看中古表方所的指示代词[J]. 古汉语研究, 1999（4）：15-20.
② 石毓智. 指示代词回指的两种语序及其功能[J]. 汉语学习, 1997（6）：3.
③ 石毓智. 指示代词回指的两种语序及其功能[J]. 汉语学习, 1997（6）：6.
④ 刘忠信.《祖堂集》中的隐名代词[J]. 镇江师专学报（社会科学版）, 1992（2）：52-54.
⑤ 杨树达. 词诠[M]. 北京：中华书局, 1954：60.
⑥ 杨树达. 高等国文法[M]. 北京：商务印书馆, 1984：81.
⑦ 卢烈红.《古尊宿语要》的旁指代词[J]. 古汉语研究, 1999（3）：12-14.

即加入了中指代词),但洪波则认为先秦时期的指示代词应分为四种:近指代词、远指代词、中指代词和兼指代词。洪波提出了兼指代词的定义:"兼指代词是根据指代词指代远近的语义功能来分类的,是既可以指近又可以指远的一套指代词。"① 洪氏首先分别从兼指代词的指近指远、实指虚指、回指与前指及指示与代替等几个方面讨论了兼指代词的语义功能,接着对兼指代词的内部关系及其句法功能进行了分析,发现了兼指代词在句法功能上的互补分布性,进而根据兼指代词在先秦时期的互补分布性,提出了"兼指代词在原始汉语中乃是一套具有格位分别的指代词"② 的假说。之后,洪波又对兼指代词的特点和来源进行了说明,从西周铜器铭文、《诗经》《山海经》等材料中证明了兼指代词来源于周人母语,对人们重新认识兼指代词有重要意义。③

(三) 关于方言指示代词等的研究

发展到二十世纪九十年代,汉语方言指示代词的研究无论从研究成果的数量还是从涉及的范围都有了一定程度的发展。这一时期出现了汉语方言代词研究的论文集。李如龙、张双庆的《代词》是一本关于方言中代词研究的论文集,该书收集了多地区方言中代词研究的文章,共17篇,涉及了各地方言中指示代词的研究,对于我们了解方言中的指示代词有重要意义。

张惠英对汉语方言中代词之间的联系进行了考察,其中有两节论述了疑问词和指示词、第三人称代词和指示词"兀、那、个"的关系,且以粤语、闽南语、晋语等方言中代词的使用为例分别做了说明。④

张邱林给我们介绍了陕县方言中不同于现代汉语普通话的两个比较特殊的远指代词,并总结了面指和背指的使用选择的几种情况。⑤

施其生列举了大量汕头方言实例,分人或事物、处所、时间、方式和情状四类指示代词,并标注读音,对汕头方言中的指示代词的用法加以说明论证。⑥

陈建初介绍了冷水江方言中的人称代词和指示代词的代词系统,并以大量的例子论证了在具体使用时冷水江方言中的人称代词和指示代词的语法功能。此外,特别论述了冷水江方言中由指示代词参与构成的用来指称

---

① 洪波. 兼指代词的原始句法功能研究 [J]. 古汉语研究, 1991 (1): 35.
② 洪波. 兼指代词的原始句法功能研究 [J]. 古汉语研究, 1991 (1): 35.
③ 洪波. 兼指代词语源考 [J]. 古汉语研究, 1994 (2): 33-39, 90.
④ 张惠英. 汉语方言代词研究 [J]. 方言, 1997 (2): 88-96.
⑤ 张邱林. 陕县方言远指代词的面指和背指 [J]. 华中师范大学学报 (哲学社会科学版), 1992 (5): 94-96.
⑥ 施其生. 汕头方言的指示代词 [J]. 方言, 1995 (3): 201-207.

处所、时间、方式、程度的专用词。① 曾毓美借助文献与口语采集，讨论了湘潭方言的指示代词的形式、作用等。② 李蓝则通过介绍说明湖南城步的"青衣苗话"的音系、人称代词和指示代词，总结出其音系可与汉语比较，人称代词也源自汉语，指示代词则保存着苗语的用法与特色。③

综上所述，二十世纪九十年代的指示代词研究范围逐渐拓展，从最开始以近指代词、远指代词为主逐渐拓宽到旁指代词、隐名代词、兼指代词等多个类别上，这一时期学界研究的重点仍在古汉语指示代词上，近现代汉语指示代词的研究成果较少。

四、汉语指示代词研究史之全面繁荣期

进入二十一世纪，汉语指示代词的研究进入持续繁荣阶段。就代词的系统研究而言，这一时期学界掀起了关于代词断代史研究的热潮，同时，代词研究的学科范畴扩大，一些学者开始从心理学角度研究代词，开拓了代词研究的学科视野。就某类代词的研究而言，这一时期出现了对某类代词研究的专书。就单个代词的研究而言，除了比较常见的人称代词、指示代词、疑问代词之外，这一时期也出现了很多其他代词（如反身代词、旁指代词）的研究。就方言中代词的研究而言，这一时期出现了一些关于方言中代词研究的专书，也包括某地方言中代词研究的专书。以下我们将分别加以总结。

（一）关于指示代词的整体研究

二十一世纪初，方绪军在《现代汉语实词》中将代词归入了实词中，将现代汉语代词分为人称代词、指示代词和疑问代词三大类，且将指示代词分为体词性指示代词、谓词性指示代词及加词性指示代词，分别讨论了它们的语法功能、指代对象，对我们了解现代汉语中的指示代词系统有指导意义。④

指示代词断代史的研究是这一时期指示代词系统研究的一大特色。张玉金的《西周汉语代词研究》是这一时期代词断代史研究的代表之作。该书是关于西周汉语代词研究的专书，其中详细考察了西周汉语的指示代词系统，主要从指示代词的数量和频率、指示代词的语音特点及句法功能、指示代词的称数等几个方面来论述。作者在书中总结了前人关于这一时期指示代词的研究，并提出了自己的看法。

魏培泉在其《汉魏六朝称代词研究》中的"指示词和情状代词"一章

---

① 陈建初. 湖南冷水江方言的代词［J］. 古汉语研究，1995（S1）：16-21.
② 曾毓美. 湘潭方言的代词［J］. 方言，1998（1）：71-74.
③ 李蓝. 湖南城步"青衣苗话"的人称代词和指示代词［J］. 民族语文，1999（6）：35-38.
④ 方绪军. 现代汉语实词［M］. 上海：华东师范大学出版社，2000：262-307.

中对汉魏六朝的指示词和情状代词进行了考察，其中又将指示词分为近指指示词和远指指示词两大类。在文献的选取上，魏氏以两汉及六朝的文献为主，以先秦及隋以后的文献为辅助材料，在研究过程中，区别不同材料可能分布的时段及地域，分别考量不同指示词各自的发展，估计它们功能转变的时代，并尝试将它们联系起来，以说明其演变的共通原则及推动演变的原因。通过其研究，我们可以发现，上古汉语指示代词体系从汉代到六朝时期经历了一段剧烈的变动与改造的过程。在研究过程中，作者不仅对汉魏六朝的称代词系统进行了详细的描写，还梳理了几个重要指示词，如"之""其""焉"等的演变过程。

邓军的《魏晋南北朝代词研究》则对魏晋南北朝时期的代词系统做了深入的研究，是魏晋南北朝时期代词研究的专书。该书在第四章"指示代词"部分对魏晋南北朝时期的指示代词系统进行了考察。与以往不同的是，作者将魏晋南北朝时期的指示代词分为了近指代词、远指代词和中指代词三类，对这一时期新出现的指示代词，如"阿堵""底""能"等的用法进行了讨论。在研究方法上，邓氏借助计算机分别选择三国、两晋和南北朝时期的若干有代表性的文献进行定量统计，同时，以汉语发展的整个历史作为背景，与先秦两汉和唐宋有关文献做纵向的对比，从而进一步考察魏晋南北朝指示代词在频率变化、功能发展及新老交替等方面表现出的特点。魏晋南北朝是汉语指示代词承前启后发展演变的转折时期，这部著作对于我们了解魏晋南北朝时期汉语指示代词的全貌有重要的意义。

代词所指研究是这一时期指示代词研究的一大热点。关于代词所指的研究，最早乔姆斯基已提出了"约束论"的三条原则，之后，一些学者在此基础上提出了自己的看法。袁毓林讨论了代词回指动词性成分和代词所指的波动现象，袁氏指出："现代汉语通常用'这'和'那'一类代词来称代由动物性成分表达的事件。"① 同时指出，"这"和"那"在称代动作、行为等事件时，随着句法位置的不同而有不同的用法，处在宾语位置上只能表示直指，处在主语位置上则既可以表示直指，又可以表示照应。之后，袁氏分别就现代汉语和古汉语中代词所指的波动现象进行了考察，并分析了代词所指的波动现象的原因。沈阳、董红源提出了句内人称代词的三条"同指规则"。胡建华、石定栩对经典约束理论进行了修订，很好地解释了句内代词的用法，且提出："约束A原则和B原则运作的层次不尽相同，所以不能用同一个标准来替反身代词和代词的局部约束域下定义。"② 刘礼进则认为："对于自然语篇中出现在约束语域之外、非'约束论'所能预测的

---

① 袁毓林. 名词代表动词短语和代词所指的波动 [J]. 中国语文，2002（2）：103.
② 胡建华，石定栩. 约束B原则与代词的句内指称 [J]. 中国语文，2006（1）：3.

代词所指现象，只有从语用学角度进行分析，才能对它做出更充分可信的解释。"① 刘氏用"广义会话含意理论"的有关原则对汉语句内代词的用法进行了分析，并归纳出了汉语句内代词所指解读的三条普遍性语用策略。王智强、李蕾、王枞提出用一种统计与规则相结合的决策树算法进行汉语代词共指消解，通过这种实验得出"人称代词和指示代词消解的成功率分别达到87.60%和75.21%"②的结论。许余龙、段嫚娟、付相君则采用向心理论的参数化研究方法，设计了六种指代消解算法，通过对标注语料进行分析，探讨了"语句"与"代词"这两个参数的设定对汉语指代消解的影响，得出"语句设定对代词指代消解的影响要比零形式词小"③的结论。马博森对自然话语中代词间接回指现象进行了考察。④

（二）关于某类指示代词的研究

进入二十一世纪以来，关于指示代词的研究成果逐渐丰富，研究视角和研究方法也逐渐多样化，且形成了一支庞大的指示代词研究的队伍，较有代表性的人员有储泽祥、邓云华、钱宗武、邹宇瑞、武振玉、张玉金等。

其中，上古时期汉语指示代词的研究以钱宗武、邹宇瑞的《今文〈尚书〉指示代词的用法及其特点》，武振玉的《两周金文中的无指代词》，张玉金的《春秋时代近指代词研究》等为代表。

钱宗武、邹宇瑞对今文《尚书》中的指示代词进行了系统研究，证明了今文《尚书》中的指示代词已形成独立的系统，与西周金文的指示代词相似。同时，该文指出："今文《尚书》的指示代词系统由近指代词、远指代词、虚指代词和不定代词组成。"⑤ 并对今文《尚书》中指示代词的各个小类分别进行了考察，对我们了解整个先秦时期指示代词系统有很大帮助。

武振玉、张玉金考察了上古时期汉语指示代词中的某一小类。武振玉对两周金文中的无指代词做了考察，武氏发现了两周金文中一类比较特殊的无指代词"亡"，且指出："两周金文中的无指代词主要是'亡'字，'莫''无'二词虽亦有用为无指代词的用例，然数量均很有限。"⑥ 这为我们研究上古时期汉语早期的无指代词提供了新的材料。张玉金则对春秋时

---

① 刘礼进．汉语句内代词所指解读的语用学视角［J］．现代外语，2007（2）：135.
② 王智强，李蕾，王枞．基于决策树的汉语代词共指消解［J］．北京邮电大学学报，2006（4）：1-5.
③ 许余龙，段嫚娟，付相君．"语句"与"代词"的设定对指代消解的影响——一项向心理论参数化实证研究［J］．现代外语，2008（2）：218.
④ 马博森．自然话语中的代词间接回指分析［J］．外国语，2010（2）：26-34.
⑤ 钱宗武，邹宇瑞．今文《尚书》指示代词的用法及其特点［J］．南京邮电学院学报（社会科学版），2004（2）：30.
⑥ 武振玉．两周金文中的无指代词［J］．长江学术，2006（3）：67-71.

代的近指代词做了考察，张氏首先分别讨论了这一时期的"兹""斯""此""是（时）"等近指代词，之后对"是（时）""此""兹""斯"的区别进行了分析，关于张氏提到的"是（时）"和"此"的不同，我们大致是认同的，但关于"斯"和"此"的区别，张氏提道："'此'最常见的用法是作定语，而春秋语料中的'斯'则没有作定语的，这就是说，'此'常仅起指示作用，而'斯'一般是兼起指示和称代作用。"① 这显然是与实际情况不符的。据我们考察，无论是在《诗经》中还是《论语》中，"斯"主要的句法功能都是作定语。因此，张氏提到的"斯"和"此"的区别是不存在的。

中古时期汉语指示代词的研究则以龙国富的《汉语处所指代词和平比句的一个早期形式及产生的原因》为代表。龙国富对中古时期的处所指代词"此~""是~""彼~"和平比句"如……许"等的使用及产生原因进行了讨论，并提出："汉语里表示处所的指代词经历了结构变化和词汇兴替两个层面。"② 在考察特定时期某类处所指代词和平比句的产生原因时，龙氏从汉语双音化、佛经文献的影响、句法环境的影响及方言地域因素的影响等多方面因素出发，分别对这几类处所指代词和平比句的产生原因进行了探讨。

现代汉语指代词研究较有代表性的是储泽祥、邓云华的《指示代词的类型和共性》，应学凤、张丽萍的《指示代词的语音象似性评述》等。一般认为指示代词的类型包括二分和多分两类，储泽祥、邓云华对不同语言中指示代词的类型问题进行了探讨，考察了指方所、人或物、时间、性状程度或方式等指示代词的共性变异限度，并得出结论："如果一种语言的指示代词，一部分是多分的，一部分是二分的，那么，指方所的多分可能性最大，而指性状程度或方式的二分可能性最大。"③

从语音和语用的角度来探讨指示代词也是这一时期指示代词研究的一大趋势，以应学凤、张丽萍的《指示代词的语音象似性评述》，应学凤的《指示代词语音象似性的跨语言考察》和贾智勇的《指示代词的认知心理分析》等为代表。应学凤、张丽萍将指示代词的语音象似性的各种表现归为语音音响度象似和复杂性象似两大类，并提出了指示代词语音象似的六个动因。④ 之后，应学凤又用统计的方法跨语言考察了指示代词的语音象似情

---

① 张玉金. 春秋时代近指代词研究［J］. 古籍整理研究学刊，2008（5）：62-67.
② 龙国富. 汉语处所指代词和平比句的一个早期形式及产生的原因［J］. 语言科学，2007（4）：59.
③ 储泽祥，邓云华. 指示代词的类型和共性［J］. 当代语言学，2003（4）：301.
④ 应学凤，张丽萍. 指示代词的语音象似性评述［J］. 汉语学习，2008（3）：76-82.

况，同时用标记组配理论对指示代词的远指倾向于复杂的音节表示等现象做了解释。① 贾智勇则从语用的角度探讨了指示代词的用法，从认知语用的角度分析了由于概念主体指向性变化而引发的跨范畴现象，补充了传统语用学中解释指示代词所遵循的"距离原则"。②

学界在他称代词应该属于哪一类这一问题上是有争议的，彭爽将他称代词归为指示代词一类中，并从他称代词的基本功能、格分布的位置及在不同格位上"的"字隐现的情况三个方面对他称代词进行了考察。一般认为，他称代词之间没有太大的区别，彭氏对这种观点提出了质疑："尽管他称代词具有相近的真值语义特征，但它们的功能却大相径庭。"③ 之后，彭爽、金晓艳又借鉴语义功能语法理论，对他称代词内部成员的小类进行了划分，得到了一个他称代词的内部分类系统，并提出："他称代词区别性范畴义素的不同，直接影响着内部成员与其他成分的搭配关系。"④

这一时期也有一些学者专注于人称代词与指示代词之间关系的研究，这种研究又可以分为两个方面：一方面是对人称代词和指示代词所形成的结构的研究，另一方面是对人称代词和指示代词同形或同源关系的研究。较有代表性的学者是刁世兰、林素娥等。刁世兰对现代汉语中指示代词"这"和"那"与名词性成分组合，再与人称代词组合构成"人称代词+这/那（+数词+量词）+NP"之类的格式进行了考察，且从前项和后项的结构关系的角度，将这个格式分为同位结构和偏正结构两种类型。⑤ 林素娥则讨论了人称代词与指示代词同形和同源等问题，且认为这种现象是"其内部成员在词汇形式上的互相渗透为交际过程中代词功能游移的表现，同时，这种功能上的游移并非无序的，也不是无动因的，而是指示词内部在交际功能上不平衡所促成的"⑥。

值得注意的是，这一时期出现了旁指代词研究的专书。彭爽致力于现代汉语旁指代词的研究，且发表了很多相关成果。《现代汉语旁指代词的功能研究》是第一部专门研究旁指范畴的学术专著，运用了语义功能语法理论，从句法功能、语篇功能、表达功能及认知、历时演变等方面，全面、

---

① 应学凤．指示代词语音象似性的跨语言考察［J］．汉语学报，2010（3）：81-88．
② 贾智勇．指示代词的认知心理分析［J］．外语与外语教学，2008（6）：19-21．
③ 彭爽．他称代词的指示用法初探［J］．汉语学习，2002（2）：35．
④ 彭爽，金晓艳．再探他称代词的指示用法——他称代词内部分类系统的考察［J］．南开语言学刊，2004（1）：77．
⑤ 刁世兰．人称代词与"这/那"的组合规律及制约因素［J］．湖北师范学院学报（哲学社会科学版），2010（6）：33-36．
⑥ 林素娥．汉语人称代词与指示代词同形类型及其动因初探［J］．语言科学，2006（5）：101．

深入、系统地描写、分析了现代汉语旁指现象，在此基础上提出了旁指代词的内部分类系统，把旁指代词分为体词性旁指代词和加词性旁指代词、除指代词和加指代词，并结合语义考察了旁指代词自相组合、与其他语法成分组合时表现出的有序性，结语部分简要对比分析了英语、汉语、日语和几种少数民族语言的旁指形式，体现了作者开阔的学术视野。

（三）指示代词的个案研究

进入二十一世纪以来，单个指示代词的研究以"这"系和"那"系指示代词的研究为主。徐默凡的《"这"、"那"研究述评》是对"这""那"的重要研究成果的述评。它将这些研究成果归纳为历时演变、语法位置、语法意义和语用意义四个部分。该文针对前贤提出的相关观点提出了自己的看法，总结也很精当，尤其是在"这""那"语法意义的虚化和语用意义不对称性现象的研究成果的总结上，对于我们从语义、语用和认知等多角度去探讨指示代词有借鉴意义。① 曾毅平对汉语中关于"这个"和"那个"的讳饰用法进行了说明。② 曹秀玲对汉语中"这/那"的不对称性特点进行了考察，提出"这""那"都可以预指的观点，只是后者用例较少。③ 杨玉玲则提出："单个'这'和'那'都不能用于预指。"④ 并运用认知语言学的可及性理论对这种不对称性现象进行了解释，即"这"是高可及性指示词语，而"那"是低可及性指示词语。在此基础上，杨玉玲又对谓词性指示代词"这么"和"那么"的篇章不对称性进行了考察，指出了其与体词性指示代词"这""那"的差异。⑤ 丁启阵则从八组概念系统考察了现代汉语"这""那"的语法分布情况，以此来探讨"这""那"指示词语的不对称性。此外，关于"这""那"的事件、篇章及语用功能的描写也引起了学界的广泛关注。⑥ 王灿龙将"这""那"在篇章中概括一句话或一段话的情况称为"指称事件"，并从指称距离的角度对"这""那"充当照应语指称事件时照应功能进行了考察，从一个新的视角让我们看到了"这""那"在使用上的不对称性。⑦

"这"和"那"在现代汉语中的语法化现象也颇受学者们关注。方梅通过对"这"和"那"在北京话中的共时描写，探讨了指示代词用法的虚化

---

① 徐默凡．"这"、"那"研究述评［J］．汉语学习，2001（5）：47-54．
② 曾毅平．"这个""那个"话讳饰［J］．修辞学习，2000（Z1）：81．
③ 曹秀玲．汉语"这/那"不对称性的语篇考察［J］．汉语学习，2000（4）：7-11．
④ 杨玉玲．单个"这"和"那"篇章不对称研究［J］．世界汉语教学，2006（4）：33-41，147．
⑤ 杨玉玲．"这么"和"那么"篇章不对称考察［J］．语言文字应用，2007（4）：53-60．
⑥ 丁启阵．现代汉语"这"、"那"的语法分布［J］．世界汉语教学，2003（2）：27-38．
⑦ 王灿龙．试论"这""那"指称事件的照应功能［J］．语言研究，2006（2）：59-62．

轨迹，并提出："指示词在北京话中的演变与南方方言经历了不同的途径。"① 指示代词语法化后经常作为话语标记使用。李宗江通过对"这下"作为篇章连接成分用法的描写，对指示代词加量词后形成短语后的语法化现象进行了考察。② 郭风岚和刘丽艳均对"这个""那个"作话语标记的情况进行了考察。郭风岚考察了北京话中的话语标记"这个"和"那个"，且认为"这个"是强社会化话语标记，"那个"是弱社会化话语标记。③ 刘丽艳则主要从语篇功能的角度来考察话语标记"这个"和"那个"的，且提出："'这个$_2$'和'那个$_2$'虽然已经从指代短语虚化为话语标记，但它们的话语标记功能仍然会受到初始词功能的影响。"④

近指代词"这"的来源问题也颇受学者关注。袁宾、何小宛从佛经中近指性指代词"这"的词义和具体用法入手，探讨了汉语近指性指代词为何优选"这"字这一问题。⑤ 刘海平则通过分析"者"由被饰代词转变为近指代词的可能性，探讨了"者"和"这"的关系，且就学界关于这两个代词关系的讨论进行了梳理。⑥

除此之外，也有很多对其他指示代词的研究成果，其中又以指示代词"之""其"的研究为盛。朱城就先秦时期代词"其"作主语的情况进行了考察⑦，孙德金就现代汉语书面语中的代词"其"进行了考察⑧，邓昌荣考察了《诗经》中的指示代词"其"⑨，张玉金对西周时代的指示代词"之"进行了考察⑩。其他指示代词的研究成果以张维佳、张洪燕的《远指代词"兀"与突厥语》，冯春田的《敦煌变文里的"若"系指代词及相关问题》，王江《关于指示代词"每"和"各"》，刘君敬的《也说指示代词"该"的形式过程》和林海云的《〈诗经〉中的"斯"字考察》等为代表，分别对"兀""若""每""各""该""斯"等指示代词的来源、具体用法等进行

---

① 方梅. 指示词"这"和"那"在北京话中的语法化 [J]. 中国语文, 2002 (4): 343-356, 382-383.
② 李宗江. "这下"的篇章功能 [J]. 世界汉语教学, 2007 (4): 56-63, 3.
③ 郭风岚. 北京话话语标记"这个"、"那个"的社会语言学分析 [J]. 中国语文, 2009 (5): 429-437, 480.
④ 刘丽艳. 作为话语标记的"这个"和"那个" [J]. 语言教学与研究, 2009 (1): 89-96.
⑤ 袁宾, 何小宛. 论佛经中的"这"是近指词"这"的字源 [J]. 语言科学, 2009 (2): 113-123.
⑥ 刘海平. "者"由被饰代词转变为近指代词的可能性分析 [J]. 武汉科技大学学报（社会科学版）, 2008 (6): 92-95.
⑦ 朱城. 先秦时期代词"其"作主语考察 [J]. 语言研究, 2003 (4): 36-41.
⑧ 孙德金. 现代汉语书面语中的代词"其" [J]. 语言教学与研究, 2010 (2): 55-62.
⑨ 邓昌荣. 《诗经》中指示代词"其"指示程度的意义和作用 [J]. 语文研究, 2003 (1): 38-42.
⑩ 张玉金. 论西周时代指示代词"之" [J]. 长江学术, 2009 (2): 86-91.

了考察。

这个时期也有一些单个旁指代词的研究，以彭爽的《旁指代词与"这"、"那"的选择限制》、郭攀的《旁指代词"它"产生的过程》、翟颖华的《旁指代词"人家"的构成及其语用状况考察》和闫亚平的《人际功能与"人家"所指的扩张》等为代表，大多为旁指代词"它""人家"等的研究成果。

（四）关于方言指示代词等的研究

二十一世纪以来，汉语方言的指示代词研究进入了全面繁荣时期，最显著的特点是出现了大量研究方言的专书，且方言研究涉及的地域范围也逐渐扩展。

二十一世纪初，张惠英的《汉语方言代词研究》一书中有不少关于指示代词研究的篇什，其中"闽南方言常用指示词考释"对闽南方言中近指词"即""则""遮"，远指词"迄""赫""遐"的用法及来源进行了考察。"广州话近指词'呢'的语源"通过对武鸣、东莞、雷州半岛等地用第二人称来作指示现象的讨论，提出近指代词"呢"的语源为第二人称代词"你"。"从客家话表示'这里、那里'的处所词谈起"则讨论了各个地区表示"这里"的处所词。"'兀底''兀那'考"则讨论了指示代词"兀底""兀那"的来源、构词形式及山西方言中的指示词"兀"的用法等。"指示词'者、这'考"通过对"者"和"这"关系的考察，得出了"'者'、'这'来自'隻'，和古韵书反切及今方言语音相合；量词'隻'演变为指示词，和量词'个'演变为指示词属同类现象"① 的结论。在语料的选择上，张氏不仅选取了古代具有代表性的口语性文献，还借鉴了地方志、近现代方言小说等材料辅助研究。

之后，汪化云的《汉语方言代词论略》以李荣主编的《现代汉语方言大词典》中的42个方言点为主要研究对象，其他研究对象为相关的100多个方言点的代词资料，对其中的指示代词进行了考察，并得出了有些方言存在代词叠置的现象，汉语方言指代词的"三分"现象等结论。②

这以后的方言代词研究专书大多以某地方言的代词研究为主，伍云姬主编的《湖南方言的代词》是一部研究湖南方言代词的专书，其中涉及了湖南各地方言指示代词的考察。张俊阁的《明清山东方言代词研究》是研究明清时期山东方言中代词的专书。该书选取了明清时期具有山东方言背景的三种通俗文学作品——《金瓶梅词话》《醒世姻缘传》《聊斋俚曲集》，对其中的指示代词做了穷尽性的计量研究，在此基础上对这三本书所代表

---

① 张惠英．汉语方言代词研究［M］．北京：语文出版社，2001：172．
② 汪化云．汉语方言代词论略［M］．成都：巴蜀书社，2008：14-15．

的山东方言的形式和用法进行比较,从而总结出明清时期山东方言指示代词的演变规律。孙立新的《关中方言代词研究》是研究陕西方言代词的专书。该书把关中方言的指示代词放在整个汉语方言的代词系统之中进行比较研究,深入探究了关中方言及汉语指示代词的一系列类型学问题,审慎地提出了自己一整套的看法。

通过对这一时期各地方言代词的研究成果的统计,我们发现,二十一世纪以来,方言中指示代词的研究大多集中在对某地方言中指示代词系统三分或四分现象的探讨,代表性的学者有张维佳、史秀菊、郑张尚芳等。研究的范围也逐渐扩大,且浙江方言中指示代词的研究成果相对较多,如戴昭铭、张薇、尉万传等,分别对温州、天台、海盐等地方言中的指示代词做了详尽的考察;研究粤方言中的指示代词较有代表性的学者是甘于恩等;研究广西方言中的指示代词较有代表性的学者是甘甲才、杨奔等;研究赣方言中的指示代词较有代表性的学者是陈敏燕、孙宜志、陈昌仪、龙安隆等;研究湘方言中的指示代词较有代表性的学者是贺卫国等;研究冀方言中的指示代词较有代表性的学者是张晓静等。

第二节　指示代词的分类

最早对指示代词进行分析的应是《墨子·经说下》。《墨子·经说下》指出:"知是之非此也。有知是之不在此也,然而谓此南北。"① 但真正对指示代词进行系统分析并分别进行命名则是从《马氏文通》开始的。《马氏文通》:"指示代字者,所以指明事物以示区别也。其别有四:一以逐指者,二以特指者,三以约指者,四以互指者。"② 《马氏文通》对各类代字举例如表1所示。

表1　《马氏文通》对各类代字举例情况表

逐指代字	每、各
特指代字	夫、是、若、彼、此
约指代字	皆、众、悉、都、多、等、凡
互指代字	自、与、相、交

之后,杨树达在《高等国文法》中的指示代名词分类如表2所示。

---

① 墨翟. 墨子 [M]. 上海:上海古籍出版社,1989:83.
② 马建忠. 马氏文通 [M]. 北京:商务印书馆,1983:78.

表 2 《高等国文法》中的指示代名词分类表

近称"此"义诸字	此、兹、斯、是（寔）、实、时、尔、鲜、已以、今
近称"如此""如是"义诸字	尔、然、若、已、云、乃
近称"于是"义诸字	焉、之
远称"彼"义诸字	彼、匪
远称"其"义诸字	其、厥、乃、若
泛称"之"义诸字	之、旃、诸、诸（之于）、诸（之乎）、焉、其
通称"者"字	者
其他指示代名词	他指	他、它、异
	虚指	某、或
	无指	莫、毋、无、末、靡
	逐指	每

早在《马氏文通》中就有谈到指代词近指、远指的区别，《高等国文法》则把这种指代的远近作为分类依据将指代词分为了近称、远称、泛称和通称四类。杨氏的分类有一定的借鉴意义，但存在很多指代词一词两属的情况。

之后，王力的《汉语史稿》又在此基础上进行了调整，将指代词分为近指、远指和特指三类，且这里的"特指"指的是"非近指，亦非远指"[①]的指示代词。

自此以后，学界在指示代词的分类问题上莫衷一是，大多数学者认可上古汉语指示代词分为近指和远指的结论，但也有学者提出质疑，最早对这一问题进行质疑的是冯蒸，之后郭锡良在其《试论上古汉语指示代词的体系》[②] 一文中也质疑了指示代词的二分说法，我们根据郭氏对指示代词分类的讨论进行了总结（表3）。

表 3 《试论上古汉语指示代词的体系》中的指示代词分类情况表

体词性指示代词	泛指代词	之、兹
	特指代词	其
	近指代词	此、斯
	中指代词	是
	远指代词	彼、夫
谓词性指示代词		然、若、尔

---

① 王力. 汉语史稿 [M]. 北京：中华书局，2015：273.

② 郭锡良. 汉语史论集：增补本 [M]. 北京：商务印书馆，2005：82-105.

郭锡良最早提出了体词性指示代词和谓词性指示代词的分类标准，且将指示代词近指、远指两分的对立扩张到了近指、中指和远指的对立。

洪波的《上古汉语指代词书面体系的再研究》则从语音的角度对指示代词进行了分类，他认为同组的指示代词语义功能是一致的，因此将指示代词分为了八组（表4）。

表4 《上古汉语指代词书面体系的再研究》中的指示代词分类情况表

近指	则组	爱组 其组 是组	兼指
中指	若组		
远指	彼组、伊组、唯组		

杨伯峻、何乐士在《古汉语语法及其发展》中也对指示代词的分类问题进行了讨论，他们将指示代词分为了八类（表5）。

表5 《古汉语语法及其发展》中的指示代词分类情况表

近指代词	兹、时、是、此、斯、以
远指代词	夫、彼、匪
泛指代词	之、焉、旃、诸
旁指代词（他指代词）	他、馀、异
虚指代词	某、甲、乙
无指代词	无（毋）、靡、莫、罔
分指代词	或、有
逐指代词	每

向熹的《简明汉语史》将指示代词分为了七类（表6）。

表6 《简明汉语史》中的指示代词分类情况表

近指代词	之、兹、时、此、斯、是
远指代词	其、彼、匪、夫
特指代词	尔、若、然
虚指代词	某、或
无指代词	莫、无
旁指代词	他（它、佗）
特殊代词	者、所

李佐丰在《先秦汉语实词》中对先秦汉语的代词进行了分类，他首先

将代词分为体词性代词和谓词性代词两大类，之后又将这两类分别区分为指称和疑问两类，其中的体词性指称代词中的指示代词和谓词性指称代词的全部均属于指示代词的范畴。具体分类情况如表7所示。

表7 《先秦汉语实词》中的先秦汉语代词分类表

体词性代词	体词性指称代词	人称代词
		他称代词
		指示代词
		无定代词
		复指代词
	体词性疑问代词	
谓词性代词	谓词性指称代词	
	谓词性疑问代词	

之后，张玉金在《关于先秦汉语指示代词体系的问题》一文中也对上古指示代词的体系进行了总结（表8）。

表8 《关于先秦汉语指示代词体系的问题》中的上古指示代词的体系情况表

指近指远代词	近指代词	体词性的	兹、此、是（时）、斯、之$_2$等
		谓词性的	然、若、尔$_2$、否等
	远指代词		彼（匪）、夫、厥$_2$、其$_2$、伊等
其他类指示代词	旁指代词		他（它、佗）、馀、异等
	分指代词		每、各等
	虚指代词		某、甲、乙等
	无定代词		或、有、莫、靡、无（毋）等

张玉金对指示代词的分类充分考虑了多方面的因素，很好地规避了一词两属等现象，且分类标准比较统一，我们比较认可这种分类。在此基础上，我们对上古时期汉语指示代词进行了分类（表9）。

表9 上古时期汉语指示代词分类表

指近指远代词	近指代词	体词性的	兹、此、斯、是（时）、伊等
		谓词性的	然、若、尔$_2$、否等
	远指代词		彼（匪）、夫、厥$_2$、其$_2$等

续表

其他类指示代词	旁指代词	他（它、佗）、余（馀）、异等
	逐指代词	每、各等
	无定代词	某、或、有、莫等
	泛指代词	$之_2$、焉、诸、旃等

  显然，在上古时期汉语指示代词的分类问题上，学术界有不同的看法。需要指出的是，我们把虚指代词归入无定代词一类。王力曾指出："凡代词，其所替代的人物不能十分确定，叫做无定代词。"① 可见，"无定代词"的范围是比较宽泛的。此外，在张玉金的分类标准上，我们增加了"泛指代词"这一类，张氏将"之"归入了近指代词一类中，我们更倾向于将"之"归入泛指代词中。

---

① 王力. 中国现代语法［M］. 北京：商务印书馆，1985：205.

第二章　先秦时期指示代词研究

第一节　先秦汉语近指代词研究①

"体谓说"是郭锡良的首创。郭锡良认为可以将上古时期的指示代词分为体词性和谓词性两大类。据此,我们把上古时期的近指代词分为体词性近指代词和谓词性近指代词两大类,其中体词性近指代词主要有兹、此、斯、是(时)、伊等,谓词性近指代词主要有然、若、尔、否等,以下我们将分别加以介绍。

一、体词性近指代词

（一）兹

近指代词中,"兹"出现最早。甲骨文中只出现了"兹"和"之"两个指示代词,甲骨文"兹"作"𢆶",例如:

(1) 兹夕又大雨？兹御。夕雨。(《殷墟书契后编下》)

《说文解字》:"兹,艸木多益。从艸,兹省声。子之切。"②《广韵》:兹,子之切,精母。《尔雅》:"兹、斯、咨、呰、已,此也。"③

"兹"属于哪一类指示代词大致是没有什么争议的,除了郭锡良提出"兹"应是泛指代词,以往各家都把"兹"归入近指代词中。从我们对"兹"的字音、句法、语义的考察来看,"兹"应属于近指代词。

近指代词"兹"字在商周时期最早出现在周易卦辞中,且在句中常作定语和宾语,例如:

---

① 本节是作者与其导师曹炜教授一起商量讨论而定的,并且已以论文的形式发表在了《苏州大学学报》2020 年第 4 期上,且已被《中国社会科学文摘》2021 年第 2 期转摘。
② 许慎. 说文解字 [M]. 徐铉, 校定. 北京: 中华书局, 2016: 16.
③ 郭璞. 尔雅 [M]. 王世伟, 校点. 上海: 上海古籍出版社, 2015: 17.

（2）六二：晋如愁如，贞吉；受兹介福，于其王母。象曰：受兹介福，以中正也。（《子夏易传·卷四》）

（3）六脉因兹亦有准绳。可以定吉凶。可以言疾病。余皆仿之。（《难经本义·卷上》）

到了春秋战国时期，"兹"出现的频率明显提高，在《管子》《孟子》等文献中均有出现，例如：

（4）当春三月，萩室熯造，钻燧易火，抒井易水，所以去兹毒也。（《管子·卷第十七》）

（5）舜曰：惟兹臣庶，汝其于予治。（《孟子·卷九》）

（6）孟子去齐。尹士语人曰："不识王之不可以为汤武，则是不明也；识其不可，然且至，则是干泽也。千里而见王，不遇故去，三宿而后出昼，是何濡滞也？士则兹不悦。"（《孟子·卷四》）

例句（2）、例句（3）中的"兹"在句中作定语，例句（6）中的"兹"在句中作宾语。

到了先秦，"兹"的使用更为频繁，且句法功能种类也逐渐增多，以下为"兹"在《吕氏春秋》中作主语的情况：

（7）高宗乃言曰："以余一人正四方，余惟恐言之不类也，兹故不言。"善：兹，此。（《吕氏春秋·审应览第六》）

我们考察了先秦时期《左传》中指示代词"兹"的句法功能情况，如表10所示。

表10　《左传》中指示代词"兹"的句法功能情况表

句法功能	主语	定语	总计
用例数量/例	3	3	6
所占比例/%	50	50	100

由此可见，近指代词"兹"在《左传》中主要作主语和定语。杨伯峻、何乐士曾在《古汉语语法及其发展》中总结道："作主语的'兹'常位于后一分局之首，因此在称代它前面分句所说内容的同时，有时还有一定的关联作用。"[①] 此言得之，《左传》中"兹"作主语的例句共3例，且位于一分句之首：

---

① 杨伯峻，何乐士. 古汉语语法及其发展[M]. 北京：语文出版社，1992：145.

（8）虐我伯姬，四也。伤其君目，五也。怙其俊才，而不以茂德，兹益罪也。(《左传·宣公十五年》)

（9）君若待于曲棘，使群臣从鲁君以卜焉。若可，师有济也。君而继之，兹无敌矣。(《左传·昭公二十六年》)

（10）君富于季氏，而大于鲁国，兹阳虎所欲倾覆也。(《左传·定公九年》)

《左传》中"兹"作定语的例句也有3例：

（11）郤至曰："人所以立，信、知、勇也。信不叛君，知不害民，勇不作乱。失兹三者，其谁与我？"(《左传·成公十七年》)

（12）或间兹命，司慎、司盟，名山、名川，群神、群祀，先王、先公，七姓、十二国之祖，明神殛之，俾失其民，队命亡氏，踣其国家。(《左传·襄公十一年》)

（13）于是乎节宣其气，勿使有所壅闭湫底以露其体，兹心不爽，而昏乱百度。(《左传·昭公元年》)

还有1例作定语的用法引自《盘庚之诰》，我们没有计算在统计数内：

（14）《盘庚之诰》曰："其有颠越不共，则劓殄无遗育，无俾易种于兹邑。"是商所以兴也。(《左传·哀公十一年》)

此外，"兹"作宾语的用法系引自《夏书》，我们也未计入统计数内：

（15）《夏书》曰："念兹在兹，释兹在兹，名言兹在兹，允出兹在兹，惟帝念功。"将谓由己一也。(《左传·襄公二十一年》)

（16）《夏书》曰："念兹在兹。"顺事、恕施也。(《左传·襄公二十三年》)

（二）此

《广韵》：此，雌氏切，精母。"此"与"兹"同属于精母字，但出现时间晚于"兹"。"此"为近指代词是学界一致的看法，没有争议。近指代词"此"未见于甲骨文，金文、《尚书》中才开始出现。

顾炎武曾在《日知录》卷六《檀弓》中写道："《论语》之言'斯'者七十，而不言'此'，《檀弓》之言'斯'者五十有三，而言'此'者一而已。《大学》成于曾氏之门人，而一卷之中言'此'者十有九。语音轻重之间，而世代之别从可知已。"① 以此来说明时代对指代词使用的影响。②

据我们考察，"此"在《尚书》中作指代词的例句共3例：

(17) 此厥不听，人乃训之。(《尚书·周书·无逸》)

(18) 此厥不听，人乃或诪张为幻。(《尚书·周书·无逸》)

(19) 亦越武王，率惟敉功，不敢替厥义德，率惟谋从容德，以并受此丕丕基。(《尚书·周书·立政》)

《诗经》中近指代词"此"共出现86例，是出现频率最高的指代词，且"此"在句中绝大多数作定语，例如：

(20) 惠此中国，以绥四方。(《诗经·大雅·民劳》)

《诗经》中也有"此"作主语的用例，例如：

(21) 此宜无罪，女反收之。彼宜有罪，女覆说之。(《诗经·大雅·瞻卬》)

到了《左传》中，"此"作为指示代词大量出现，成为最主要的指示代词之一。《左传》中"此"共出现231例，且在句中主要用作宾语和定语，其句法功能分布情况见表11。值得关注的是，《诗经》中"此"作宾语的例句仅有5例，《左传》中"此"作宾语的例句达到106例③，其中"此"处于动宾结构中的例句有76例，例如：

(22) 申繻曰："女有家，男有室，无相渎也。谓之有礼。易此，必败。"(《左传·桓公十八年》)

---

① 顾炎武. 日知录 [M]. 兰州：甘肃民族出版社，1997：289.
② 关于这一观点，学界有不同的看法。马建忠在《马氏文通》中摘录了这段话，随后写道："蒙按《尚书》多言'兹'，《论语》多言'斯'，而《孟子》则通用'此'、'是'诸字，惟引《书》一言'惟兹臣庶'而已。"可见，马建忠对顾氏的观点大致是认同的。黄盛璋在《先秦古汉语指示词研究》一文中也讨论了这段话，黄氏认可顾氏提出的关于"兹"的情况，但不认可关于"斯"与"此"的情况。黄氏提出："倘以时间而论，'此'字应比'斯'字为早。《论语》用'斯'代替'此'，当为方言关系。'斯'不妨看成鲁方言中的一个近指指示词。"郭锡良在《试论上古汉语指示代词的体系》一文中也谈到了这个问题，他提道："《孟子》固然比《论语》晚，但《尚书》《诗经》的时代是早的，还有《礼记》是七十子后学和汉代学者所记，《檀弓》的世代不会比《孟子》早，从时代的差别来解释'此''斯'的分别说不通。"郭氏也提到了方言的影响因素。我们认同这种观点，《左传》中"此"在数量上明显占据优势，而《庄子内篇》中均不用"此"，《荀子》中作者自己的话用"此"，涉及引用述汤的话改为"斯"，这些都说明方言对指代词选择的影响可能性更大一些。
③ 何乐士在《〈左传〉语法研究》中指出："'此'用作定语起指示作用的用法最多，作主语、宾语的用法较少。"但据我们考察，《左传》中"此"在句中主要作宾语，占全部用例的一半左右，常作定语，但并不是主要比重。何乐士.《左传》语法研究 [M]. 开封：河南大学出版社，2012：176.

（23）穆嬴日抱大子以啼于朝，曰："先君何罪？其嗣亦何罪？舍適嗣不立，而外求君，将焉置此？"（《左传·文公七年》）

（24）齐侯曰："余姑翦灭此而朝食。"（《左传·成公二年》）

表 11 《左传》中"此"的句法功能分布情况表

句法功能	宾语		定语	主语	谓语	总计
	动宾	介宾				
用例数量/例	76	30	84	39	2	231
所占比例/%	32.90	12.99	36.36	16.88	0.87	100

《左传》中"此"处于介宾结构中的例句共 30 例，且"此"多处于"于""为""由"等介词之后，例如：

（25）乃使公孙获处许西偏，曰："凡而器用财贿，无置于许。我死，乃亟去之！吾先君新邑于此，王室而既卑矣，周之子孙日失其序。夫许，大岳之胤也，天而既厌周德矣，吾其能与许争乎？"（《左传·隐公十一年》）

（26）及河，子犯以璧授公子，曰："臣负羁绁从君巡于天下，臣之罪甚多矣，臣犹知之，而况君乎？请由此亡。"（《左传·僖公二十四年》）

（27）梁丙曰："甚矣哉，子之为此来也！"（《左传·昭公三年》）

《左传》中"此"常作定语，这样的例句共 84 例，例如：

（28）先友曰："衣身之偏，握兵之要，在此行也，子其勉之！偏躬无慝，兵要远灾，亲以无灾，又何患焉？"（《左传·闵公二年》）

（29）大子曰："君实不察其罪，被此名也以出，人谁纳我？"（《左传·僖公四年》）

（30）简子曰："鞅也，请终身守此言也。"（《左传·昭公二十五年》）

《左传》中"此"作主语的例句共 39 例，且"此"在句中大多充当大主语，例如：

（31）急子至，曰："我之求也，此何罪？请杀我乎！"又杀之。（《左传·桓公十六年》）

（32）叔服曰："背盟而欺大国，此必败。背盟，不祥；欺大

国，不义；神、人弗助，将何以胜？"(《左传·成公元年》)

（33）袒而示之背，曰："此余所能也。脾泄之事，余亦弗能也。"(《左传·定公五年》)

《左传》中"此"作谓语的情况在郭锡良的《试论上古汉语指示代词的体系》以及何乐士的《〈左传〉语法研究》中都没有提及，但我们认为以下2例应为"此"作谓语的用例：

（34）赵孟出，曰："吾不复此矣。"(《左传·昭公元年》)

（35）子不如易于齐，与其死也，犹是邺也，而得纾焉，何必此？齐人欲以此逼鲁，必倍与子地。且盍多舍甲于子之门，以备不虞。"(《左传·定公十年》)

可见，《左传》中"此"作宾语的句法功能得到了很大的发展，甚至超过了作定语的情况。同时，"此"的句法功能种类也逐渐增多，出现了"此"在句中作谓语的情况。

（三）斯

近指代词"斯"出现的时间较晚，甲骨文和金文中均未出现。《尚书》中有1例：

（36）有斯明享，乃不用我教辞，惟我一人弗恤，弗蠲乃事，时同于杀。(《尚书·周书·酒诰》)

《尚书》中的"斯"是否为近指代词，学界存在分歧：郭锡良在统计《尚书》等十部著作中"此""斯""是"的使用情况时认为《尚书》中并没有出现指示代词"斯"，且提出："除《尚书》、《论语》、《公羊传》外，其他七部著作都是'此'和'斯'并用的。"① 显然，郭锡良并不认为上例中的"斯"为近指代词。我们认为，此处的"斯"应为指示代词，在句中作定语。汉孔安国曾指出："汝有此明训以享国。"② 宋黄度在《尚书说》中对"有斯明享"的解释为"有此明享"。③ 宋夏僎在《夏氏尚书详解》中这样解释这句话："有此酒者，将以明洁而为享祀之。"④ 宋钱时也指出："'斯'指酒而言，谓世有此物，盖为明洁享祀之用。"⑤ 元陈栎在《尚书集

---

① 郭锡良. 汉语史论集：增补本 [M]. 北京：商务印书馆，2005：89.
② 孔安国. 尚书注疏附释音尚书注疏：卷十四 [M]. 清嘉庆二十年南昌府学重刊宋本十三经注疏本：346.
③ 黄度. 尚书说 [M]. 广州：粤东书局，1873：123.
④ 夏僎. 夏氏尚书详解 [M]. 广州：广雅书局，1899：328.
⑤ 钱时. 融堂书解 [M]. 北京：商务印书馆，1936：147.

传纂疏》卷四下中作如下注释:"有者,不忘之也。斯,此也,指教辞而言。"① 明刘三吾《书传会选》卷四:"有者不忘之也,斯此也。"② 清揆叙《隟光亭杂识》卷六:"夏氏曰:有此酒将以明洁为享祀。"③ 清朱骏声在《尚书古注便读》卷四中也提道:"斯,此也;享,养也。"④ 可见,"有斯明享"中的"斯"可解作"此","此"为近指代词,"斯"应该也是近指代词。

"斯"在《诗经》中开始被广泛使用。《诗经》中"斯"主要作定语,例如:

(37) 斯言之玷,不可为也!(《诗经·大雅·抑》)
(38) 于万斯年,受天之祜。(《诗经·大雅·下武》)
(39) 乃求千斯仓,乃求万斯箱。(《诗经·小雅·甫田》)

《诗经》之后,鲁方言中"斯"曾一度盛行,以《论语》为代表。《论语》中"斯"作指示代词时在句中主要作宾语和定语,"斯"作宾语的例句如:

(40) 师冕见,及阶,子曰:"阶也。"及席,子曰:"席也。"皆坐,子告之曰:"某在斯,某在斯。"(《论语·卫灵公》)
(41) 犯而不校——昔者吾友尝从事于斯矣。(《论语·泰伯》)

《论语》中"斯"作定语的例句如:

(42) 曰:"亡之,命矣夫!斯人也而有斯疾也!斯人也而有斯疾也!"(《论语·雍也》)
(43) 颜渊曰:"回虽不敏,请事斯语矣。"(《论语·颜渊》)
(44) 斯民也,三代之所以直道而行也。(《论语·卫灵公》)

黄盛璋曾提道:"'斯'很少用于主格,《论语》中只出现两个,还是倒装的格式,意思上实为其后动词的宾语。"⑤ 然而,据我们考察,《论语》中"斯"作主语的例句不仅仅只有2例,以下几例也应为"斯"作主语的情况:

---

① 陈栎. 尚书集传纂疏:卷四下 [M]. 清文渊阁四库全书本:255.
② 刘三吾. 书传会选:卷四 [M]. 清文渊阁四库全书本:172.
③ 揆叙. 隟光亭杂识:卷六 [M]. 清康熙谦牧堂刻本:126.
④ 朱骏声. 尚书古注便读:卷四中 [M]. 民国华西国学丛书活字本:99.
⑤ 黄盛璋. 先秦古汉语指示词研究 [J]. 语言研究,1983(2):13. 以下为《论语》中"斯"作宾语且处于倒装句中的两个例句:"其斯之谓与"(《论语·学而》);"吾斯之未能信"(《论语·公冶长》)。

(45) 先王之道，斯为美；小大由之。(《论语·学而》)
(46) 因民之所利而利之，斯不亦惠而不费乎？(《论语·尧曰》)
(47) 君子无众寡，无小大，无敢慢，斯不亦泰而不骄乎？(《论语·尧曰》)
(48) 君子正其衣冠，尊其瞻视，俨然人望而畏之，斯不亦威而不猛乎？(《论语·尧曰》)

此外，我们考察了整个上古时期指示代词"斯"的句法功能情况（表12），"斯"用于主格的情况较为常见，例如：

(49) 忧苦，犯性者也；逸乐，顺性者也，斯实之所系矣。(《列子·杨朱》)
(50) 能虑能固，加好者焉，斯圣人矣。(《荀子·礼论》)
(51) 虽惨酷，斯称其位矣。(《史记·酷吏列传》)
(52) 夫拯民于沈溺，奉至尊之休德，反衰世之陵夷，继周氏之绝业，斯乃天子之急务也。(《史记·司马相如列传》)

表12　上古时期指示代词"斯"句法功能情况表　　单位：例

文献	句法功能		
	主语	宾语	定语
《尚书》	0	0	1
《诗经》	0	1	7
《左传》	0	0	0
《论语》	7	23	15
《老子》	2	0	0
《管子》	3	0	0
《韩非子》	0	1	1
《列子》	1	4	0
《孟子》	6	0	19
《荀子》	1	0	3
《庄子》	0	1	0
《楚辞》	0	3	6
《史记》	11	13	21
总计	31	46	73

据我们考察，"斯"在《左传》中没有用作指示代词的用例。何乐士在

《〈左传〉语法研究》中总结了《左传》中"斯"的使用情况，他认为《左传》中"斯"作指示代词的用例有2例：

(53) 诸侯备闻此言，斯是用痛心疾首，昵就寡人。(《左传·成公十三年》)

(54) 天以七纪，戊子逢公以登，星斯于是乎出，吾是以讥之。(《左传·昭公十年》)

何乐士对这两个例句的解释为："在'斯是用'和'斯于是乎'中，'斯'是代词，表'这样'，'是用'和'于是乎'表'就'，它们加在一起组成表连接的词组。"① 我们认为，这两例中的"斯"均不是指示代词，均表"乃、就"② 义，第一句中只能译为"因此感到痛心疾首"，完全没有"这"的意思；第二句应译为"妖星就在这个时候出现了"，但此处表示指示义"这个时候"的应为指示代词"是"，"斯"只能是副词，将"于是乎"解作"就"殊为不妥。

（四）是（时）

"是"也是上古时期比较典型的一个指示代词，关于"是"的争议相对而言比较多，主要体现在两个方面：一是"是"究竟为近指代词还是远指代词，二是"是"与"时"是什么关系。

关于"是"的指近指远问题，大致有以下三种观点：以马建忠、杨树达、王力、周法高等为代表的近指代词说；以小川环树、吕叔湘、冯蒸、郭锡良等为代表的中指代词说；还有以洪波为代表的兼指代词（既可指近又可指远的代词）说。那"是"到底该归为哪一类指示代词？

《广雅》："是，此也。"③《博雅》："是，此也。"《字源》："是，会意字。《说文》：'是，直也。从日、正。'能够确认的'是'字见于西周早期（或以为甲骨文已有'是'字）。"④《字汇》："上纸切，时上声，正也，直也，非之反也。又此也。"⑤《正字通》："时至切，音侍，此也。又正也，直也，非之反也。"⑥《汉字源流字典》："是，古代又常借用作代词，表示

---

① 何乐士.《左传》语法研究 [M]. 开封：河南大学出版社，2012：177.
② 据我们考察，"斯"在上古时期常在句中作连词，《汉语大字典》："连词. 1. 表示承接上文，得出结论，相当于'则'、'而'。清王引之《经传释词》卷八：'斯，犹则也.' 2. 表示假设兼让步，相当于'就'、'就是'."汉语大字典编辑委员会. 汉语大字典 [M]. 武汉：崇文书局，2010：2171.
③ 张揖. 广雅 [M]. 北京：商务印书馆，1937：15.
④ 李学勤. 字源 [M]. 天津：天津古籍出版社，2013：111.
⑤ 梅膺祚. 字汇 [M]. 上海：上海辞书出版社，1991：449.
⑥ 张自烈，廖文英. 正字通 [M]. 北京：中国工人出版社，1996：956.

这、此。"① 几乎所有的古代韵书、字书均以"此"释"是",可见"是"和"此"的意义用法应该是很接近的。

另外,从语音上来看,"是"在上古是照系三等字,属正齿音,"此""斯""兹"均精系三等字,属于齿头音,这两系的声母在上古是很接近的。

同时,我们再来看看郭锡良提出的用近指来理解"是"不妥的理由。

郭氏提出:"王引之在《经传释词》中就说:'是犹夫也。'可见他是看作远指代词了。"② 而事实上,王引之在《经传释词》中讨论"是"的时候,首先就引用了《广雅》中的注释:"《广雅》曰:'是,此也。'常语。"③ 之后,又提出:"是,犹'于是'也。""是,犹'寔'也。""是,犹'之'也。""是,犹'衹'也。""是,犹'夫'也。"④ 可见,在王引之看来,"是、此、之、寔、于是、夫"等是可以互训的同义词,既然"夫"和"此""之"是同义的,那又怎么能说王氏认为"是"也是远指代词呢?郭锡良显然是触犯了断章取义之大忌了。

此外,我们翻阅了一些古籍的注疏材料,都把"是"注释为"此也",例如:

(55) 子禽问于子贡曰:夫子至于是邦也,必闻其政,求之与?抑与之与?(《论语·学而》)

《论语义疏》:"是,此也。"⑤

(56) 子曰:论笃是与,君子者乎?色庄者乎?(《论语·先进》)

《论语笔解》:"韩曰:孔失其义,吾谓论者讨论也;笃,极也;是,此也。"⑥ 综上,我们认为"是"应归为近指代词。

关于"是"和"时"在上古的关系问题,前人多有论及。梅膺祚《字汇》:"时,仁之切,音匙,四时,十二时。又是也,虞书:惟时懋哉。又伺也,《论语》:孔子时其往也。"⑦ 王引之《经传释词》:"《尔雅》曰:'时,是也。'《书·尧典》曰:'黎民于变时雍。'"⑧ 郝懿行《尔雅义疏》:"时——'是'声之轻而浮者也,古人谓'是'为'时','时'

---

① 谷衍奎. 汉字源流字典[M]. 北京:语文出版社,2008:840.
② 郭锡良. 汉语史论集:增补本[M]. 北京:商务印书馆,2005:92.
③ 王引之. 经传释词[M]. 南京:江苏古籍出版社,1985:202.
④ 王引之. 经传释词[M]. 南京:江苏古籍出版社,1985:202-203.
⑤ 皇侃. 论语义疏:卷一[M]. 清知不足斋丛书本:10.
⑥ 韩愈,李翱. 论语笔解[M]. 北京:中华书局,1991:16.
⑦ 梅膺祚. 字汇[M]. 上海:上海辞书出版社,1991:450.
⑧ 王引之. 经传释词[M]. 南京:江苏古籍出版社,1985:203.

'是'一声也，'时''是'一义也。"① 《汉语大字典》："时，代词，表示近指，相当于'此'、'这'。《尔雅·释诂下》：'时，是也。'"② 潘允中《汉语语法史概要》指出："时，和'是'音义并同，见于《诗》、《书》为多。"③ 潘氏从音韵学角度对"是"和"时"的关系进行了探讨："从'是'得声的字如'提'、'题'、'堤'等，从'寺'得声字如'特'、'等'、'待'等，都属舌头音。上古'是''时'通假，即其证明。"④

当然，也有学者持不同意见。冯蒸指出："古汉语的'时'是近指，'是'是中指，'夫其'（或'彼其'）是远指。"⑤ 显然，冯氏认为"是"和"时"在上古并不是同一个字。

有一个语言现象倒是可以说明一些问题，那就是：《尚书》中很多用"时"的地方到了《史记》中就被替换成了"是"，例如：

（57）咸若时，惟帝其难之。（《尚书·虞书·皋陶谟》）
（58）时日曷丧，予及汝皆亡！（《尚书·商书·汤誓》）
（59）皆若是，惟帝其难之。（《史记·夏本纪》）
（60）是日何时丧？予与女皆亡！（《史记·殷本纪》）

这也无怪乎黄盛璋会认为："'时'字是'是'字的前身。"⑥ 应该说大多数学者都认为指示代词"是"和"时"在上古时期同音同义，两者可以互相替换。

值得注意的是，除了"时"之外，"是"最早还写作"寔"，古人有时也用"实"代替"是"。晋郭璞《尔雅疏》："时、寔，是也。《公羊传》曰：寔来者何？是来也。寔音石。（疏）时寔是也。释曰：是，此也。"⑦ 王引之在《经传释词》中也指出："《尔雅》曰：'寔，是也。''寔'与'是'同义。故《秦誓》：'是能容之。'《大学》：'是作寔。'《经传》作'实'者，借字耳。"⑧ 潘允中在其著作《汉语语法史概要》中也提到了"是"和"寔"的关系："'寔'是'是'的音转，《广韵》：常职切。在先秦经籍中用例不多。"⑨ 路志伟也提到了"是"与"实"的关系，但他认

---

① 郝懿行. 尔雅义疏 [M]. 上海：上海古籍出版社，1983：160.
② 汉语大字典编辑委员会. 汉语大字典 [M]. 武汉：崇文书局，2010：1613.
③ 潘允中. 汉语语法史概要 [M]. 郑州：中州书画社，1982：92.
④ 潘允中. 汉语语法史概要 [M]. 郑州：中州书画社，1982：93.
⑤ 冯蒸. 古汉语语法研究与汉藏语比较 [J]. 语文导报，1987（12）：38-40.
⑥ 黄盛璋. 先秦古汉语指示词研究 [J]. 语言研究，1983（2）：137.
⑦ 郭璞. 尔雅疏：卷二 [M]. 清嘉庆二十年南昌府学重刊宋本十三经注疏本：37.
⑧ 王引之. 经传释词 [M]. 上海：上海古籍出版社，2014：204.
⑨ 潘允中. 汉语语法史概要 [M]. 郑州：中州书画社，1982：93.

第二章 先秦时期指示代词研究

为,"姜曰:行也。怀与安,实败名"① 一句中的"实"有"这""这是"等意,是指示代词。我们认为,此处的"实"并没有指示义,应是"实在、确实"之义。洪波指出《诗经》中的"实墉实壑,实亩实藉"一句,郑《笺》云:"'实'当作'寔',赵魏之东'实''寔'同声。"是"'是'、'实'、'寔'三者为一字之证"②。因此,我们把上古时期出现的"时""实"作指示代词的情况均与"是"一起统计。

据黄盛璋统计,"《尚书》用作指示词的'时'比'是'出现的次数要多得多。'是'字 29 次(伪古文 2 次不计),多半用做倒宾的虚字,如'今商王受惟妇言是用'之例。其次'是'用如'寔''实'(如'是能容之'。《大学》作'寔')。用作指示词明确可知的只有 4 次。《诗经》中用做指示词的'时'字较《尚书》为少,但'于是'还作'于时'。如'于时处处,于时庐旅,于时言言,于时语语。'(公刘)'畏天之威,于时保之。'(我将)'寔(实)维'作'时维',如:'厥初生民,时维姜嫄。''载生载育,时维后稷。'(生民)倒宾之词也用'时',如'神罔时怨,神罔时恫。'(思齐)这些'时'后来都用'是'。而'奉时辰牡'(驷驖)与'杀时犉牡'(良耜)中的'时'显然就是指示词的'是'或'此'。《诗经》以后,'时'用做指示词,一个也看不到了。"③

黄氏基本上将上古早期"是"和"时"的使用情况进行了总结,我们在《左传》中还发现了用"实"来表示"是"的用法:

(61)臣闻之,鬼神非人实亲,惟德是依。(《左传·僖公五年》)

《经传释词》:"实,亦是也,互文耳。"④

可见,上古时期"是""时""实"属于同一个词,是可以同义替换的。值得注意的是,"时"作指示代词的用法直到《史记》时期仍然还有零星用例:

(62)时人斯其维皇之极。毋侮鳏寡而畏高明。(《史记·宋微子世家》)

(63)女不能使有好于而家,时人斯其辜。(《史记·宋微子世家》)

(64)立时人为卜筮,三人占则从二人之言。(《史记·宋微子世家》)

杨伯峻、何乐士在《古汉语语法及其发展》中指出:"'是'用作主语

---

① 路志伟.说"是"字[J].教学与管理,1985(2):48-49.
② 洪波.汉语历史语法研究[M].北京:商务印书馆,2010:67.
③ 黄盛璋.先秦古汉语指示词研究[J].语言研究,1983(2):144.
④ 王引之.经传释词[M].上海:上海古籍出版社,2014:202.

最多，宾语次之，作定语虽不及前二者多，也有一定数量。"① 这个结论是失之偏颇的。我们考察了《左传》中指示代词"是"的句法功能分布情况（表13），发现《左传》中"是"作指示代词共 743 例②，且绝大多数"是"在句中作宾语，可见，《左传》中作宾语是"是"的主要句法功能。我们参考了郭锡良对于《尚书》等十部著作中"是"的使用情况的统计，发现在《尚书》《诗经》《公羊传》《论语》中"是"作宾语的情况均占绝对优势，只有在《孟子》《墨子》《荀子》中"是"作主语的情况才逐渐超过作宾语的情况，可以说在整个上古前期"是"主要是作宾语的。我们以"是"在《左传》中的使用情况为例来说明这一点。

表 13 《左传》中指示代词"是"的句法功能分布情况表

句法功能	宾语		主语	定语	谓语	状语	总计
	动宾	介宾					
用例数量/例	40	402	219	75	5	2	743
所占比例/%	5.38	54.10	29.48	10.09	0.67	0.27	100

《左传》中指示代词"是"主要在介宾结构中作宾语，这样的例句共402例，例如：

（65）虢公请器，王予之爵。郑伯由是始恶于王。（《左传·庄公二十一年》）

（66）初，丽姬之乱，诅无畜群公子，自是晋无公族。（《左传·宣公二年》）

值得注意的是，《左传》中指示代词"是"在介宾结构中作宾语的情况中有169例为"是以"③，例如：

（67）秋，师还。君子是以善鲁庄公。（《左传·庄公八年》）

（68）晋侯搜于绵上以治兵，使士匄将中军，辞曰："伯游长。昔臣习于知伯，是以佐之，非能贤也。请从伯游。"（《左传·襄公

---

① 杨伯峻，何乐士．古汉语语法及其发展（修订本）[M]．北京：语文出版社，2001：147．
② 何乐士在《〈左传〉语法研究》中指出，《左传》中指示代词"是"共约356例，这个数据应是不准确的。何乐士．《左传》语法研究[M]．开封：河南大学出版社，2012：175．
③ 很多学者把"是以""是用"看成一个词或者一个固定格式，敖镜浩指出："'是以'、'是用'在句首或谓语之前，使上下文紧连，强调本句是上文所述事由的结果。结构上它们独立在谓语之外，但句意上仍有帮助本句谓词说清事实的作用。"据敖氏考察，西周春秋金文中"是用""是以"都有用例，《诗经》《论语》中都是"是用""是以"杂用，而之后的《左传》《孟子》《庄子》《墨子》等均只用"是以"，不用"是用"（引文除外）。可见，"是以"在这一时期最终取代了"是用"。

十三年》)

《左传》中指示代词"是"在动宾结构中作宾语的例句仅40例，例如：

(69) 叔孙指楹，曰："虽恶是，其可去乎？"乃出见之。(《左传·昭公元年》)

(70) 必犯是，余将杀女。(《左传·定公四年》)

(71) 初，魏武子有嬖妾，无子。武子疾，命颗曰："必嫁是。"(《左传·宣公十五年》)

《左传》中指示代词"是"作主语的例句共219例，例如：

(72) 针子曰："是不为夫妇。诬其祖矣，非礼也，何以能育？"(《左传·隐公八年》)

(73) 公曰："不如杀之，是不可鞭。犨有力焉，能投盖于稷门。"(《左传·庄公三十二年》)

(74) 十六年春，陨石于宋五，陨星也。六鹢退飞，过宋都，风也。周内史叔兴聘于宋，宋襄公问焉，曰："是何祥也？吉凶焉在？"(《左传·僖公十六年》)

《左传》中指示代词"是"作定语的例句共75例，例如：

(75) 君子谓是盟也信，谓晋于是役也，能以德攻。(《左传·僖公二十八年》)

(76) 子上曰："君之齿未也，而又多爱，黜乃乱也。楚国之举，恒在少者。且是人也，蜂目而豺声，忍人也，不可立也。"(《左传·文公元年》)

(77) 召颜涿聚之子晋，曰："隰之役，而父死焉。以国之多难，未女恤也。今君命女以是邑也，服车而朝，毋废前劳！"(《左传·哀公二十七年》)

《左传》中指示代词"是"作谓语的例句共5例，例如：

(78) 诸侯有王，王有巡守，以大习之。非是，君不举矣。(《左传·庄公二十三年》)

(79) 庆郑曰："背施、幸灾，民所弃也。近犹仇之，况怨敌乎？"弗听。退曰："君其悔是哉！"(《左传·僖公十四年》)

(80) 宣子曰："齐桓、晋文不亦是乎？"(《左传·昭公十三年》)

(81) 如是三，乃受策入拜。(《左传·襄公三十年》)

这些例句中中心词"是"既有谓词性成分，又有体词性成分，因此，我们认为这里的"是"在句中作谓语。

《左传》中指示代词"是"作状语的例句有2例，例如：

（82）尔贡包茅不入，王祭不共，无以缩酒，寡人是征。昭王南征而不复，寡人是问。（《左传·僖公四年》）

可见，在《左传》中，"时"已经完全被"是"代替，"实"作指示代词的用例也仅剩1例。"是"主要在句中作宾语，且绝大多数处于介宾结构中。

（五）伊

一般认为，"伊"是一个人称代词，学界大多只把它归入人称代词范畴中进行讨论。但"伊"最初是作为指示代词出现的，只不过出现的时间很短。吕叔湘在《近代汉语指代词》中就曾明确指出："'伊'字在先秦是个指示词，如'所谓伊人，在水一方'（秦风·蒹葭）。"①

关于"伊"的性质，学者们的观点也是不一致的。大致有以下三种观点：

第一，认为"伊"是近指代词，持该种观点的学者以黄盛璋为代表。除此之外，在一些辞典中，也把"伊"归入近指代词中。例如：《汉语大字典》对"伊"作指示代词的释义为：表示近指，相当于"这"、"此"。②《中华字海》对指示代词"伊"的释义为：此，这。③《字源》对指示代词"伊"的释义为：借作近指代词用字，相当于"这"、"此"。④

第二，认为"伊"是远指代词。《王力古汉语字典》对"所谓伊人，在水一方"中的"伊人"进行了讨论，认为：伊人，犹言彼人。《诗·秦风·蒹葭》："所谓伊人，在水一方。"朱熹集传："伊人，犹言彼人也。"⑤《故训汇纂》也指出："伊人，犹言彼人也。"⑥《正字通》对指示代词"伊"的释义为："伊，彼也。"且提出"《诗·秦风》：所谓伊人。《笺》云'伊'当作繄，'繄'犹是也，误"⑦。张玉金在《西周汉语代词研究》中也讨论了"伊人"中"伊"的性质，张氏指出："诗人用'伊人'来称代所思念的人的时候，'伊人'不在诗人的身旁，而在'可望而不可即'的远处。这时使用代词，只能用远指代词。"⑧ 可见，张玉金也认为"伊"为远指代词。

---

① 吕叔湘．近代汉语指代词［M］．江蓝生，补．上海：学林出版社，1985：17．
② 汉语大字典编辑委员会．汉语大字典［M］．武汉：崇文书局，2010：159．
③ 冷玉龙，等．中华字海［M］．2版．北京：中国友谊出版公司，2000：68．
④ 李学勤．字源［M］．天津：天津古籍出版社，2013：700-701．
⑤ 王力．王力古汉语字典［M］．北京：中华书局，2000：20．
⑥ 宗福邦，等．故训汇纂［M］．北京：商务印书馆，2003：98．
⑦ 张自烈，廖文英．正字通［M］．北京：中国工人出版社，1996：69．
⑧ 张玉金．西周汉语代词研究［M］．北京：中华书局，2006：286．

第三，认为"伊"可表近指，也可表远指。《汉字源流词典》："伊"表示近指，相当于"这""这个"：心之忧矣，自诒伊戚。"伊"又表示远指，相当于"那""那个"：蒹葭苍苍，白露为霜；所谓伊人，在水一方。① 中国社会科学院语言研究所古代汉语研究室所编的《古代汉语虚词词典》也认为："'伊'用于名词前，可表远指，也可表近指。可译作'那个'、'这些'、'这种'、'这'等。"② 那么，指示代词"伊"的性质到底如何呢？

据我们考察，上古时期"伊"作为指示代词仅在《诗经》中出现过，这样的例句共有10例。③ 既然这样，那"伊"的性质也应从这10例中"伊"的使用情况来加以总结。以下为《诗经》中"伊"作指示代词的例句，其中有8例"伊"在句中作定语：

（83）雄雉于飞，泄泄其羽。我之怀矣，自诒伊阻。（《诗经·国风·邶风·雄雉》）

（84）心之忧矣，自诒伊戚。念彼共人，兴言出宿。（《诗经·小雅·小明》）

（85）蒹葭苍苍，白露为霜。所谓伊人，在水一方。（《诗经·国风·秦风·蒹葭》）

（86）蒹葭萋萋，白露未晞。所谓伊人，在水之湄。（《诗经·国风·秦风·蒹葭》）

（87）蒹葭采采，白露未已。所谓伊人，在水之涘。（《诗经·国风·秦风·蒹葭》）

（88）相彼鸟矣，犹求友声。矧伊人矣，不求友生？（《诗经·小雅·伐木》）

（89）絷之维之，以永今朝。所谓伊人，于焉逍遥？（《诗经·小雅·白驹》）

（90）絷之维之，以永今夕。所谓伊人，于焉嘉客？（《诗经·小雅·白驹》）

有2例在句中作主语：

（91）维士与女，伊其相谑，赠之以勺药。（《诗经·国风·郑

---

① 谷衍奎. 汉字源流字典［M］. 北京：语文出版社，2008：288.
② 中国社会科学院语言研究所古代汉语研究室. 古代汉语虚词词典［M］. 北京：商务印书馆，1999：703.
③ 张玉金在《西周汉语代词研究》一书中提道："指示代词'伊'在西周语料中只出现了3次，都出现在《诗经》里。"我们认为这一数据应是不准确的. 张玉金. 西周汉语代词研究［M］. 北京：中华书局，2006：285.

风·溱洧》）

（92）町畽鹿场，熠耀宵行。不可畏也，伊可怀也。（《诗经·国风·豳风·东山》）

例（83）中的"自诒伊阻"意为"自己给自己留下这个阻碍"，这里"伊"显然为近指代词；例（84）中的"自诒伊戚"意为"自己给自己留下这痛苦"，且和下一句中的"彼"形成了对立；接下来的6个例句中的"伊"均意为"伊人"。我们认为"所谓伊人"应指"所怀念的这个人"，"相彼鸟矣，犹求友声。矧伊人矣，不求友生？"意为"仔细端详那小鸟，尚且求友欲相亲。何况我们这些人，岂能不知重友情"。明显是"彼鸟"和"伊人"的对立，"伊"在这里只能作近指代词。"伊"作主语的两个例句中，例（91）中的"伊""其"是代词连用现象，表示"互相、彼此"，例（92）中的"伊"表"这种情况"，也是近指代词。

此外，从音韵特点来看，"此""斯""是"属于支韵，"时""兹""之"属于之韵；"彼"属于歌韵，"夫"属于鱼韵，"厥"属于祭韵。"伊"属于脂韵，其声韵特点很明显更靠近近指代词。因此，我们认为"伊"应属于近指代词。

（六）关于"此""是"异同研究中所存分歧之辨证

我们已经分别分析了上古时期常见的几个近指代词的用法，那同是近指代词，它们在上古时期有什么区别呢？我们试以《左传》中不同近指代词的使用情况来加以说明。由于《左传》中主要的近指代词是"此"和"是"，因此我们主要讨论这两个代词在使用上的异同。

马建忠在《马氏文通》中曾提到了指示代词"是"和"此"的区别："凡言前文事理，不必历陈目前，而为心中可意者，即以'是'字指之；前文事物有形可迹，且为近而可指者，以'此'字指之。"[①] 杨树达在《马氏文通刊误》中对这一观点进行了反驳，认为"此"和"是"之间不存在这一区别。我们对《左传》中"是"和"此"的使用情况进行了统计，发现"此"和"是"在这一问题上确实不存在这一区别，马氏所说的也应是个别情况。

王力在《中国语法理论》中曾指出："'是'与'此'，在先秦有细微的分别：当其指物时，'此'和'是'都可单用；但当其指人时，则多用'是'字，罕用'此'字。"[②] 为了验证这一结论，我们对先秦时期十本重要文献中"此"和"是"指人的用法进行了考察（表14），可以发现，

---

① 马建忠. 马氏文通［M］. 北京：商务印书馆，1983：53.
② 王力. 王力文集：第1卷［M］. 济南：山东教育出版社，1984：298.

"此"在先秦时期用于指人的情况较为常见，且其单独指人的情况也并非罕见，《诗经》《国语》《左传》《孟子》《荀子》《庄子》等文献中都有不少用例。例如：

（93）襄公曰骍，此其孙也。而令德孝恭，非此其谁？（《国语·周语》）

（94）曹伯曰："诸侯之亡公子其多矣，谁不过此！亡者皆无礼者也余能。"（《国语·晋语》）

（95）为之歌《魏》，曰："美哉！沨沨乎！大而婉，险而易行，以德辅此，则明主也。"（《左传·襄公二十九年》）

（96）守者曰："此非吾君也，何其声之似我君也？此无他，居相似也。"（《孟子·尽心章句上》）

（97）哀公曰："然则夫章甫絇屦，绅带而搢笏者，此贤乎？"（《荀子·哀公》）

（98）此皆就其利，辞其害，而天下称贤焉，则可以有之，彼非以兴名誉也。（《庄子·杂篇·盗跖》）

表14 先秦时期"是"和"此"指人时使用频率分布情况表　单位：例

文献	"是"单独指人	"是+名词"指人	"此"单独指人	"此+名词"指人
《尚书》	0	0	0	0
《诗经》	1	0	4	21
《国语》	7	8	5	9
《左传》	32	7	2	10
《论语》	4	0	0	0
《老子》	0	0	0	0
《列子》	0	0	0	6
《孟子》	17	5	4	3
《荀子》	40	11	5	5
《庄子》	23	1	1	11
总计	124	32	21	65

虽然"是"和"此"都可以用来指人，但显然在先秦时期"是"比"此"更常用于指人，且两者在指人时还有细微的区别："是"指人时大多单独出现，"此"指人时更多以"此+名词"的形式出现，"此"在句中作定语。

可以发现，在先秦时期用于指人时，80%的"是"是单用的，例如：

（99）冬，楚子越椒来聘，执币傲。叔仲惠伯曰："是必灭若敖氏之宗。傲其先君，神弗福也。"（《左传·文公九年》）

（100）是为冯妇也。晋人有冯妇者，善搏虎，卒为善士。（《孟子·尽心章句下》）

（101）公文轩见右师而惊曰："是何人也？恶乎介也？天与？其人与？"曰："天也，非人也。天之生是使独也，人之貌有与也，以是知其天也，非人也。"（《庄子·内篇·养生主》）

"是"也有以"是+名词"形式出现的情况，但远不如"是"单用于指人常见，例如：

（102）王遂置之，而嬖是女也，使至于为后而生伯服。天之生此久矣，其为毒也大矣，将使候淫德而加之焉。（《国语·郑语》）

（103）为其杀是童子而征之，四海之内皆曰："非富天下也，为匹夫匹妇复仇也。"（《孟子·滕文公章句下》）

（104）以天下之王公莫好之也，然而是子独好之；以天下之民莫为之也，然而是子独为之。（《荀子·君道》）

与"是"相反，"此"指人时更多用于"此+名词"形式中，例如：

（105）出朝，则抱以适赵氏，顿首于宣子，曰："先君奉此子也而属诸子，曰：'此子也才，吾受子之赐；不才，吾唯子之怨。'今君虽终，言犹在耳，而弃之，若何？"（《左传·文公七年》）

（106）是以汤诛尹谐，文王诛潘止，周公诛管叔，太公诛华仕，管仲诛付里乙，子产诛邓析、史付。此七子者，皆异世同心，不可不诛也。（《荀子·宥坐》）

（107）今夫此人，以为与己同时而生，同乡而处者，以为夫绝俗过世之士焉；是专无主正，所以览古今之时，是非之分也。（《庄子·杂篇·盗跖》）

洪波在《汉语历史语法研究》中也分析了"是"和"此"的差异："'是'可用于虚指，且不受任何条件限制，'此'用于虚指则只能在与其他类指代词对举的情况下。"① 然而在比较"是"与"之"的用法差异时，却说："'是'作宾语时只有实指用法没有虚指用法。"② 这显然有前后矛盾的

---

① 洪波. 汉语历史语法研究 [M]. 北京：商务印书馆，2010：63.
② 洪波. 汉语历史语法研究 [M]. 北京：商务印书馆，2010：124.

嫌疑。

"此"虚指时确实只出现在与其他代词对举的情况下，例如：

（108）疆场之邑，一彼一此，何常之有？（《左传·昭公元年》）

但是，据我们考察，《左传》中"是"作宾语时有虚指的用法，例如：

（109）子何惧焉？又不及是。（《左传·襄公二十七年》）

此外，洪波还提到了"是"和"此"在语用上的差异："'是'可以回指，又可以前指，而'此'除《诗经》里有一些前指的用例外，在其他十七部书里都未再见有前指的用例。"① 而据我们考察，先秦"此"是可以前指的，例如：

（110）秦人欲战，秦伯谓士会曰："若何而战？"对曰："赵氏新出其属曰臾骈，必实为此谋，将以老我师也。赵有侧室曰穿，晋君之婿也，有宠而弱，不在军事，好勇而狂，且恶臾骈之佐上军也。若使轻者肆焉，其可。"（《左传·文公十二年》）

这里"此谋"指的是"将以老我师也"，"此"出现于它的前面。

黄盛璋提道："自《论语》以后，'此'、'是'大多数的用法是一样的，在指示或限制一般事物（时间、地点、人物）上没有区别。"② 我们对上古时期"是"和"此"经常出现的情况进行了总结，发现与"是"相比，"此"更多用来表地点，例如：

（111）呼曰："自今无有代其君任患者，有一于此，将为戮乎？"（《左传·成公二年》）

（112）公鉏曰："羯在此矣。"（《左传·襄公二十三年》）

（113）对曰："鍼惧选于寡君，是以在此，将待嗣君。"（《左传·昭公元年》）

（114）有人于此，力不能胜一匹雏，则为无力人矣；今日举百钧，则为有力人矣。（《孟子·告子章句下》）

"此"表地点时多单独出现，在句中作宾语，只有极少数情况下以"此地"等形式出现，例如：

（115）晏子对曰："古而无死，则古之乐也，君何得焉？昔爽鸠氏始居此地，季萴因之，有逢伯陵因之，蒲姑氏因之，而后大公因之。古若无死，爽鸠氏之乐，非君所愿也。"（《左传·昭公二

---

① 洪波. 汉语历史语法研究［M］. 北京：商务印书馆，2010：63.
② 黄盛璋. 先秦古汉语指示词研究［J］. 语言研究，1983（2）：150.

十年》）

虽然表地点时多用"此"来表示，但"是"也有少数表地点的情况，例如：

（116）蹇叔之子与师，哭而送之，曰："晋人御师必于殽。殽有二陵焉。其南陵，夏后皋之墓也；其北陵，文王之所辟风雨也。必死是间，余收尔骨焉！"（《左传·僖公三十二年》）

（117）穆叔曰："《大誓》云：'民之所欲，天必从之。'君欲楚也夫，故作其宫。若不复适楚，必死是宫也。"（《左传·襄公三十一年》）

"此"表虚指的"这里"的情况比较常见，一般可以译为"这个地步"，多处于宾语的位置，例如：

（118）公使朱毛告于陈子，曰："微子，则不及此。然君异于器，不可以二。器二不匮，君二多难，敢布诸大夫。"（《左传·哀公六年》）

（119）范文子立于戎马之前，曰："君幼，诸臣不佞，何以及此？君其戒之！《周书》曰'唯命不于常'。有德之谓。"（《左传·成公十六年》）

（120）子产曰："兄弟而及此，吾从天所与。"（《左传·襄公三十年》）

值得注意的是，"此"的这种用法既可以用于表示变好的情境中，也可以用于表示不好的情境中。"是"也有少数表这种语义的情况，但"是"只能用于表示不好的情境中，例如：

（121）且吾因宋以守病，则夫能致死，与宋致死，虽倍楚可也，子何惧焉？又不及是。（《左传·襄公二十七年》）

（122）庄公卞急而好洁，故及是。（《左传·定公三年》）

"是"和"此"均可用来表示时间，但"是"和"此"表时间时在语义上又有区别："是月""是岁"指的是事情发生时的那一月、那一年，而"此月""此岁"指的是说话时的那个月、那一年，两者是不能互换的，例如：

（123）十有六年春王正月戊申朔，陨石于宋五。是月，六鹢退飞，过宋都。（《左传·僖公十六年》）

（124）是岁也，饥而不害。（《左传·僖公二十一年》）

（125）对曰："六年及此月也，吴其入郢乎，终亦弗克。入郢

必以庚辰，日月在辰尾。庚午之日，日始有谪。火胜金，故弗克。"（《左传·昭公三十一年》）

（126）对曰："吾得见与否，在此岁也。驷、良方争，未知所成。若有所成，吾得见，乃可知也。"（《左传·襄公三十年》）

《左传》中"此"和"是"均可作定语，用来说明某一事物，但两者在作定语时表示的事物有明显的区别："此"多用于表示具体可见的事物，而"是"除了表示人，一般只用于表示比较抽象的事理、会议、行动等，例如：

（127）张侯曰："师之耳目，在吾旗鼓，进退从之。此车一人殿之，可以集事。若之何其以病败君之大事也？擐甲执兵，固即死也，病未及死，吾子勉之！"（《左传·成公二年》）

（128）武子曰："宿敢不封殖此树，以无忘《角弓》。"（《左传·昭公二年》）

（129）是会也，晋侯召王，以诸侯见，且使王狩。（《左传·僖公二十八年》）

"是"和"此"作主语时在语义上也有很大的区别，"是"多用来指代过去发生的事，或是对过去发生的事情的假设，例如：

（130）公曰："不可。先君以寡人为贤，使主社稷。若弃德不让，是废先君之举也，岂曰能贤？光昭先君之令德，可不务乎？"（《左传·隐公三年》）

（131）重丘人闭门而詢之，曰："亲逐而君，尔父为厉。是之不忧，而何以田为？"（《左传·襄公十七年》）

例（130）中的"是"指代"若弃德不让"，是对过去已经发生的事情的假设；例（131）中的"是"指代已经发生的事。

而"此"则多用来指代当下的事情或者用来表示对未来将要发生的事情的预测，例如：

（132）三甥曰："亡邓国者，必此人也。若不早图，后君噬齐。其及图之乎！图之，此为时矣。"（《左传·庄公六年》）

（133）陈衰，此其昌乎！（《左传·庄公二十二年》）

（134）初，平王之东迁也，辛有适伊川，见被发而祭于野者，曰："不及百年，此其戎乎！其礼先亡矣。"（《左传·僖公二十二年》）

例（132）的"此"指现在机会来了，例（133）和例（134）中的"此"都是对将来发生事情的预估。

我们认为下列几种情况，"是"和"此"的选择没有严格的界限，使用哪一种指示代词都是可以的。

"是"与"此"均可表示前人叙述过的某一事理，例如：

（135）此谚所谓"庇焉而纵寻斧焉者"也。（《左传·文公七年》）

（136）羊舌职说是赏也，曰："《周书》所谓'庸庸祗祗'者，谓此物也夫。士伯庸中行伯，君信之，亦庸士伯，此之谓明德矣。文王所以造周，不是过也。故《诗》曰：'陈锡哉周。'能施也。率是道也，其何不济？"（《左传·宣公十五年》）

（137）子舟曰："当官而行，何强之有？《诗》曰：'刚亦不吐，柔亦不茹。''毋纵诡随，以谨罔极。'是亦非辟强也，敢爱死以乱官乎！"（《左传·文公十年》）

当有多种情况或多个事物需要列举时，"此""兹""是"均可使用，例如：

（138）礼以行义，信以守礼，刑以正邪。舍此三者，君将若之何？（《左传·僖公二十八年》）

（139）赵孟曰："立公子雍。好善而长，先君爱之，且近于秦。秦，旧好也。置善则固，事长则顺，立爱则孝，结旧则安。为难故，故欲立长君！有此四德者，难必抒矣。"（《左传·文公六年》）

（140）人所以立，信、知、勇也。信不叛君，知不害民，勇不作乱。失兹三者，其谁与我？（《左传·成公十七年》）

二、谓词性近指代词

先秦汉语谓词性近指代词①主要有"然""若""尔""否"4个。与体词性近指代词研究中分歧分布不均衡的状况有所不同的是，谓词性近指代词研究中存在的分歧均较大。下面我们针对"然""若""尔""否"逐一加以讨论。

（一）然

"然"字在甲骨文、西周金文中均未出现，最早出现于东周金文《中山王䁟鼎》中。《说文·火部》："然，烧也，从火，肰声。"② 段玉裁《说文解字注》："然，通假为语词，训为'如此'，'尔'之转语也。"③《重修玉

---

① 注：我们把有谓词性属性的近指代词归入"谓词性近指代词"一类中，一般而言，谓词性近指代词同时具有体词性属性和谓词性属性。
② 许慎.说文解字［M］.徐铉，校定.北京：中华书局，2013：206.
③ 段玉裁.说文解字注：卷十上［M］.清嘉庆二十年经韵楼刻本：818.

篇》："然，如旋切，烧也，许也，如是也。"①

"然"有假借为指示代词的用法是学界所公认的，但关于指示代词"然"的性质，学者们意见不一致，大致有特指、中指和近指三种说法。

持特指说法的学者以向熹为代表，他在《简明汉语史》（下）中指出："指示代词'尔'、'若'、'然'不同于前面所举的近指代词和远指代词，它们都有'如此'、'这样'、'那样'的意思。我们管它们叫特指代词。"②

持中指说法的学者以洪波为代表，洪波提出"然"是中指代词。

除此之外，大多数学者还是比较认可将"然"归入近指代词一类中。杨树达在《高等国文法》中将"然"归入近称一类的"如此"义中。张文果和张能甫认为"然"是近指代词。《古汉语词典》："指示代词。如此，这样，那样。"③《汉字源流字典》中对"然"的释义也指出了它作为指示代词的性质："表示近指，相当于'这样'、'如此'。"④《故训汇纂》对"然"的释义中有4项为"如是也"，有3项为"如此也"，有5项为"是也"。⑤可见，"然"和"是""此"的关系更为密切。王力《王力古汉语字典》对"然"的第二条释义为："指示代词。这样，那样。"⑥之后，郭锡良、李佐丰、张玉金又进一步指出"然"是谓词性近指代词。郭锡良在《试论上古汉语指示代词的体系》一文中提道："'然'在先秦用作指示代词是比较常见的，意义是'如此'，一般作谓语，有的著作中也作宾语，显然是一种谓词性的指示代词。"⑦李佐丰在《先秦汉语实词》中指出："常用的谓词性指称代词有：然、如是、若是、如此、若此、如彼等。"⑧张玉金在《西周汉语代词研究》一书中认为："'然'是谓词性的近指代词。"⑨综上，我们可以发现近指代词"然"在上古时期常用来作谓语，是具有谓词性属性的谓词性近指代词。

我们对上古时期"然"的使用情况进行了考察，发现"然"最初基本上只有指示代词的用法，且只有作谓语的句法功能。《尚书》中"然"有2例，且全部为指示代词：

（141）予念我先神后之劳尔先，予丕克羞尔，用怀尔然。

---

① 陈彭年.重修玉篇：卷二十一［M］.清文渊阁四库全书本：203.
② 向熹.简明汉语史（下）［M］.北京：高等教育出版社，1993：64.
③ 《古汉语词典》编写组.古汉语词典［M］.北京：商务印书馆，1998：1307.
④ 谷衍奎.汉字源流字典［M］.北京：语文出版社，2008：1476.
⑤ 宗福邦，等.故训汇纂［M］.北京：商务印书馆，2003：1363.
⑥ 王力.王力古汉语字典［M］.北京：中华书局，2000：660.
⑦ 郭锡良.汉语史论集：增补本［M］.北京：商务印书馆，2005：81.
⑧ 李佐丰.先秦汉语实词［M］.北京：北京广播学院出版社，2003：253.
⑨ 张玉金.西周汉语代词研究［M］.北京：中华书局，2006：275.

（《尚书·商书·盘庚中》）

（142）虽则云然，尚猷询兹黄发，则罔所愆。（《尚书·周书·秦誓》）

《尚书》之后，"然"就发展出了体词性近指代词的用法，《周易》中"然"常与"后"结合，在句中作定语。但在整个上古前期"然"主要作谓语，谓词性属性比较明显。《诗经》中代词"然"共有9例，且全部作谓语，例如：

（143）舍旃舍旃，苟亦无然。（《诗经·国风·唐风·采苓》）
（144）知而不已，谁昔然矣。（《诗经·国风·陈风·墓门》）
（145）是究是图，亶其然乎？（《诗经·小雅·常棣》）
（146）曰予不戕，礼则然矣。（《诗经·小雅·十月之交》）
（147）尔之远矣，民胥然矣。（《诗经·小雅·角弓》）

在《左传》《论语》中，"然"的句法功能仍然以谓语为主，《左传》中代词"然"共116例，其中作谓语的有71例；《论语》中代词"然"共23例，其中作谓语的有13例。例如：

（148）凡诸侯有命，告则书，不然则否。（《左传·隐公十一年》）
（149）曰："今之成人者何必然？见利思义，见危授命，久要不忘平生之言，亦可以为成人矣。"（《论语·宪问》）

方有国在《先秦汉语实词语法化研究》中指出："'然'首先假借作指示代词，然后由指示代词发展出连词、词尾等词性和用法。'然'另有'对'、'正确'、表示应答等实词意义和用法，也从指示代词'然'发展出来。"① 《左传》《论语》等上古文献中有很多例"然"表"对""正确""是这样的"等应答意义，我们认为这种情况下的"然"仍然是指示代词，例如：

（150）武伯曰："然。何不召？"曰："固将召之。"（《左传·哀公二十七年》）
（151）子曰："雍之言然。"（《论语·雍也》）
（152）曰："是鲁孔丘之徒与？"对曰："然。"（《论语·微子》）

（二）若

"若"字在甲骨文中就已经出现，《说文·艸部》："若，择菜也。从艸、

---

① 方有国. 先秦汉语实词语法化研究［M］. 成都：巴蜀书社，2015：398.

右。右，右手也。一曰：杜若香草。"① 关于指示代词"若"的归类，在学界分歧较大，有中指、远指、特指、谓词性指、近指（近称）五种说法。

持中指代词之说的是洪波，他认为"若"与典型的近指代词和远指代词在语义功能上都有差别，因此提出"若"是中指代词。

持远指代词之说的以黄盛璋、史存直、潘允中等为代表。黄盛璋将"若"归入了远指代词一类中，且指出："'若'用做代词，金文已出现，用做指示词，始见于《论语》，《论语》以后，《墨子》及《公羊传》亦有其例，为数都少。"② 史存直在《汉语语法史纲要》中也认为"若"是远指指示代词，且提出："'若'、'尔'、'乃'同属泥母，应该是现代远指指示代词'那'字的来源。"③ 潘允中在《汉语语法史概要》中提道："'彼'、'夫'、'匪'、'其'、'若'、'尔'是远指代词。"④ 且认为："'若'在上古时期已经用作指示代词或定语，惟远指、近指，界线不很清楚；但就语音系统来说，把它归入远指，似较合理。"⑤ 潘氏引吕叔湘在讨论"尔""若""那"的关系时提到的"'若'变成'那'是很有可能的"⑥，认为吕叔湘也持同样的意见。但据我们考察，吕叔湘在《近代汉语指代词》一书中指出的是"'那'跟古代的远指指示代词'彼'或'夫'毫不相干，倒是跟第二身代词'尔'和'若'有关系"⑦。可见，吕叔湘指的是第二身代词"若"和"那"的关系，并没有提到指示代词"若"和"那"的直接关系。

持特指代词之说的是向熹，他在《简明汉语史》中认为"若"是特指代词，这一说法基本不为学界所接受。

持谓词性指代词之说的是郭锡良及其学生崔立斌等，郭锡良认为"若"是谓词性指示代词，他的学生崔立斌基本采纳了郭锡良的意见，将"若"归入了谓词性指示代词一类。张玉金又进而在此基础上将"若"归入了谓词性的近指代词一类中，我们认同这一观点。持近指代词之说的学者还有杨树达、周法高、王力、李佐丰等。杨树达在《高等国文法》中将"若"归入了近称"如此""如是"义诸字一类中。周法高在《中国古代语法·称代编》中将"若"归入了近指代词一类中。王力《王力古汉语字典》对

---

① 许慎. 说文解字［M］. 杭州：浙江古籍出版社，2016：18.
② 黄盛璋. 先秦古汉语指示词研究［J］. 语言研究，1983（2）：146.
③ 史存直. 汉语语法史纲要［M］. 上海：华东师范大学出版社，1986：118.
④ 潘允中. 汉语语法史概要［M］. 郑州：中州书画社，1982：91.
⑤ 潘允中. 汉语语法史概要［M］. 郑州：中州书画社，1982：91.
⑥ 吕叔湘. 吕叔湘全集：第三卷［M］. 沈阳：辽宁教育出版社，2002：154.
⑦ 吕叔湘. 吕叔湘全集：第三卷［M］. 沈阳：辽宁教育出版社，2002：153.

"若"的释义:"指示代词。此,这个,这样。"① 李佐丰在《先秦汉语实词》中也提出"若"是近指代词。据我们考察,《故训汇纂》中提出"若"作为指示代词的三个义项,且三个义项均为"此也"②。"若"原本是作谓语的动词,有"顺从"之义,因此"若"在成为指示代词之后仍带有一定的谓词性质,因此,我们认为"若"应为谓词性的近指代词。

关于"若"作指示代词最早出现于哪本文献,学界观点也不一致。黄盛璋认为"若"用作指示代词,始见于《论语》。方有国则认为"若"作指示代词的用法最早见于《尚书》,我们认同这一观点。《尚书》中已经出现"若"作指示代词的情况,且"若"在句中多作定语,例如:

(153)惟文王尚克修和我有夏。亦惟有若虢叔,有若闳夭,有若散宜生,有若泰颠,有若南宫括。(《尚书·周书·君奭》)

郭锡良指出:"指示代词'若'只作定语。"③ 此话不确。事实上,《尚书》中"若"还有在句中作状语的情况,例如:

(154)尔惟旧人,尔丕克远省,尔知宁王若勤哉?天閟毖我成功所,予不敢不极卒宁王图事。(《尚书·周书·大诰》)

(155)王若曰:"格汝众,予告汝训汝,猷黜乃心,无傲从康。"(《尚书·商书·盘庚上》)

例(154)中的"若"在这里译为"这么,这样",修饰"勤";例(155)中的"若"译为"如此、这样",修饰"曰"。

《论语》中也有"若"作指示代词的情况:

(156)君子哉若人!(《论语·宪问》)

我们考察了《左传》中"若"的使用情况,发现《左传》中"若"基本上已经没有了指示代词的用法,大多演变为连词"如果",仅有2例作指示代词:

(157)蔡侯归,及汉,执玉而沈,曰:"余所有济汉而南者,有若大川!"(《左传·定公三年》)

(158)其载书云:"王若曰:晋重、鲁申、卫武、蔡甲午、郑捷、齐潘、宋王臣、莒期。"(《左传·定公四年》)

其中例(157)是蔡侯站在汉水前所发的誓言,"有若大川"意为"有

---

① 王力.王力古汉语字典[M].北京:中华书局,2000:1046.
② 宗福邦,等.故训汇纂[M].北京:商务印书馆,2003:1916.
③ 郭锡良.汉语史论集:增补本[M].北京:商务印书馆,2005:81.

这个大河为证","若"在句中作定语。例（158）中的"王若曰"译为"王如此说","若"在句中作状语，修饰"曰"。

"王若曰"最早出现于《尚书》，之后常见于周代金文及古籍中，一直以来备受学者们关注。南宋时期蔡沈在其《书经集传》中提道："若曰者，非尽当时之言，大意若此也。"① 可见，蔡氏将"若"解释为"如此、像这样"。此说被后来的大多数学者所继承。② 于省吾在《"王若曰"释义》一文中指出，"王若曰"中的"若"应释为"如此"。③ 陈梦家在《"王若曰"考》一文中也认为此处的"若"为"如此"义。我们认为这里的"若"应当释为"如此、这样"之义。

"若"作指示代词的情况在先秦两汉时期仍有零星用例，如《汉书·叙传》："畏若祸戒"，王念孙按《经传释词》卷七："若，犹此也。"但到了魏晋之后，"若"作指示代词的情况就逐渐减少了，慢慢被其他指示代词所取代。

（三）尔

代词"尔"一般以作第二人称代词为常，也有作指示代词的情况。"尔"作指示代词的例句最早出现于《尚书》中。

关于"尔"作指示代词的性质问题，学界也有很大的争议，大致有以下五种说法。

近指代词说，以杨树达等为代表。杨树达在《高等国文法》中将"尔"归入"近称'此'义诸字"一类中。

中指代词说，以洪波等为代表。洪波将"尔"归入了"若组"指代词一类中，且认为"若组"词应为中指代词。④

远指代词说，以王力、黄盛璋、潘允中等为代表。王力在《汉语史稿》中认为："'尔'以用于远指为常。"⑤ 黄盛璋指出："'尔'初见于《诗经》，如'无此疆尔界'（思文）。'疆'、'界'相对，'此'、'尔'亦相对，'尔'无疑为'彼'。"⑥ 潘允中《汉语语法史概要》中提到，"尔"等于今语的"那""那样"，可见，潘氏认为"尔"是一个远指代词。

---

① 蔡沈. 朱文公订正门人蔡九峰书集传：卷三 [M]. 清文渊阁四库全书本：84.
② 也有一些学者认为"若"在这里不能作"如此"义理解。董作宾认为："'王若曰'是一种公文程式，'若曰'是书面语，单称'王曰'。"王占奎也认为"王若曰"不是"王如此说"之义，他在《"王若曰"不当解为"王如此说"》一文中提出："'王若曰'的意义是'以神的名义，王说'。"《周秦文化研究》编委会. 周秦文化研究 [M]. 西安：陕西人民出版社，1998：359-377.
③ 于省吾. "王若曰"释义 [J]. 中国语文，1966（2）：147.
④ 洪波. 汉语历史语法研究 [M]. 北京：商务印书馆，2010：82.
⑤ 王力. 汉语史稿 [M]. 北京：中华书局，2015：28.
⑥ 黄盛璋. 先秦古汉语指示词研究 [J]. 语言研究，1983（2）：146.

特指代词说，以向熹等为代表。向熹提出："指示代词'尔、若、然'不同于前面所举的近指代词和远指代词，它们都有'如此'、'这样'、'那样'的意思。我们管它们叫特指代词。"① "尔"表"如此、这样"等语义显然不是和泛指相对的，这种说法不可信。

谓词性指代词说，以郭锡良、崔立斌等为代表。郭锡良认为"尔"是谓词性的指示代词，且提出"尔"多用作宾语，② 他的学生崔立斌基本上继承了这一观点。张玉金进一步提出："'尔'一般都认为是'如此'、'这样'的意思，所以应是近指代词；在西周时代只作谓语，所以是谓词性的近指代词。"③

我们考察了几部辞书中关于"尔"作指示代词的释义：

《故训汇纂》："凡训如此、训此者，皆当作'尔'，乃皆用'尔'，尔行而尒废矣。"④

《汉字源流字典》："又借作指示代词，指彼，此，这样。"⑤

《说文解字今释》：词，指虚词。《段注》："尔之言如此也，后世多以'尔'字为之。"徐灏笺："尔即如此之合声。"⑥

可见，这些辞书大多将"尔"归入近指代词一类中。此外，在明清学者的一些相关注疏中，也认为"尔"相当于"此"，是近指代词，例如：

> （159）公会诸侯盟于薄，释宋公。《传》曰：执未有言释之者，此其言释之何？公与为尔也。（《公羊传·僖公二十一年》）

王引之云："与为尔，与为此也；与义尔，与义此也。"

据我们对上古时期指示代词"尔"的句法功能情况的考察，"尔"在西周时期仅作谓语，在春秋战国时期还可以用作状语。因此，指示代词"尔"有谓词性的属性，我们把它归入谓词性近指代词一类中。

指示代词"尔"在西周仅在《尚书》中出现，例如：

> （160）王曰："呜呼！封，敬明乃罚。人有小罪，非眚，乃惟终，自作不典，式尔，有厥罪小，乃不可不杀。乃有大罪，非终，乃惟眚灾，适尔，既道极厥辜，时乃不可杀。"（《尚书·周书·康诰》）

---

① 向熹．简明汉语史（下）[M]．北京：高等教育出版社，1993：64．
② 郭锡良．汉语史论集：增补本[M]．北京：商务印书馆，2005：81．
③ 张玉金．西周汉语代词研究[M]．北京：中华书局，2006：276．
④ 宗福邦，等．故训汇纂[M]．北京：商务印书馆，2003：611．
⑤ 谷衍奎．汉字源流字典[M]．北京：语文出版社，2008：187．
⑥ 汤可敬．说文解字今释[M]．长沙：岳麓书社，1997：159．

黄盛璋曾提到"尔"："先秦自《诗经》以后未见用。"① 事实上，"尔"在《孟子》中仍然有作指示代词的情况，例如：

（161）得其心有道：所欲与之聚之，所恶勿施，尔也。（《孟子·离娄上》）

（162）彼有取尔也。（《孟子·滕文公上》）

（163）孟子曰："富岁，子弟多赖；凶岁，子弟多暴，非天之降才尔殊也，其所以陷溺其心者然也。"（《孟子·告子章句上》）

其中，例（161）和例（162）中的"尔"在句中作谓语，例（163）中的"尔"在句中作状语。

不过与"若"相比，"尔"在先秦时期作指示代词的情况不是很常见，正如吕叔湘在《近代汉语指代词》中提到的："'尔'和'若'在古代也有指示的用法：先秦用'若'，如'君子哉若人！'（《论语·宪问》）但魏晋以后多用'尔'，如《世说新语》里'尔时'、'尔日'、'自尔'、'尔多'、'尔馨'等就屡见不鲜。"②

（四）否

《说文解字》："否，不也。从口，从不，不亦声。"段玉裁注："不者，事之不然也；否者，说事之不然也。故音义皆同。"③ 一般认为，"否"和副词"不"性质是一样的，但"否"在某些情况下明显具有代词的性质，相当于"不然"。

学界一般不把"否"作为代词处理，仅有少数学者把"否"归入代词中。周法高在《中国古代语法·称代编》中认为"否"与"莫"一样，均为"否定代词"，且指出："'否'或作'不'，代替省略了的谓语。"④ 张玉金在《西周汉语代词研究》中也认为"否"是代词，他认为："'否'的意思相当于'不然'、'不如此'、'不这样'，所以应是近指代词；它可作分句或谓语，所以也是谓词性的代词。"⑤ 我们认同这一观点，既然"否"可以相当于"不然"，"然"是指示代词，那么"否"也应当有指示代词的用法。

代词"否"在先秦汉语中比较常见，我们试以《左传》中"否"的使用情况来探索"否"作代词的性质。周法高对"否"作代词时的情况进行了总结，列出了"否"作代词时的三种情形，基本上概括了先秦时期"否"

---

① 黄盛璋. 先秦古汉语指示词研究［J］. 语言研究，1983（2）：146.
② 吕叔湘. 吕叔湘全集：第三卷［M］. 沈阳：辽宁教育出版社，2002：154.
③ 汉语大字典编辑委员会. 汉语大字典［M］. 武汉：崇文书局，2010：635.
④ 周法高. 中国古代语法·称代编［M］. 北京：中华书局，1990：324.
⑤ 张玉金. 西周汉语代词研究［M］. 北京：中华书局，2006：279.

作代词的全部情形。

《左传》中"否"出现于正反两面的语境，用"否"表反面，相当于"不然"的情况较多，例如：

（164）齐侯曰："鲁人恐乎？"对曰："小人恐矣，君子则否。"（《左传·僖公二十六年》）

（165）东略之不知，西则否矣。（《左传·僖公九年》）

（166）凡诸侯嫁女，同姓媵之，异姓则否。（《左传·成公八年》）

"否（不）则（即）"表条件，相当于"不然则"，这样的用例也较为常见，例如：

（167）义则进，否则退，敢不唯子是从？（《左传·哀公六年》）

（168）力能则进，否则退，量力而行。（《左传·昭公十五年》）

（169）诸侯新服，陈新来和，将观于我。我德，则睦；否，则携贰。（《左传·襄公四年》）

正反对举，不能用"不然"来代替。例如：

（170）三十年春，晋人侵郑，以观其可攻与否。（《左传·僖公三十年》）

（171）一共一否，为罪滋大。（《左传·昭公十六年》）

（172）其众或欲或否，是以缓来。（《左传·哀公十二年》）

从以上例句可以发现，"否"在句中均作谓语，可单独作谓语或与其他谓词并列作谓语，且"否"所指代的对象都要在前文出现。

以上为上古时期谓词性近指代词的情况，那同是谓词性近指代词，它们在上古时期有什么区别呢？

在句法功能上，"然"在上古时期主要作谓语和状语，作谓语的情况更为常见；"若"多在句中作定语，但也有作状语的情况；"尔"主要作谓语，也有作状语的情况；"否"则在句中只作谓语。①

在使用频率上，"若"和"然"最为常见，"尔"和"否"的出现频率则相对较低。

---

① 张玉金在《西周汉语代词研究》中提到"然""若""尔"在句法功能上的差异："'然'可作谓语、状语，'尔'只作谓语，'若'只作状语。"显然，这里仅对"然"的句法功能总结是准确的。张玉金. 西周汉语代词研究［M］. 北京：中华书局，2006：279.

综上我们可以发现：先秦汉语体词性近指代词主要有"兹""是（时）""此""斯""伊"5个。近指代词"斯"最早出现于《尚书》中，"有斯明享"中的"斯"应为近指代词，上古时期"斯"作主格的情况是较为常见的。"是"一般被释为"此"，应为近指代词，"是"和"时"在上古时期同音同义，两者可以互相替换，除了"时"之外，"是"还可写作"寔""实"。"是"在上古时期主要的句法功能是宾语，并非主语。先秦时期"伊"作为指示代词仅在《诗经》中出现过，主要作定语，应为近指代词。"此"在先秦时期用于指人的情况较为常见，且其单独指人的情况也并非罕见，但显然先秦时期"是"比"此"更常用于指人，"是"指人时大多单独出现，"此"指人时更多以"此+名词"的形式出现。与"是"相比，"此"更多用来表地点，"是"和"此"均可用来表示时间，但"是"和"此"表时间时在语义上又有区别。

先秦汉语谓词性近指代词主要有"然""尔""若""否"4个。上古文献中表示"对""正确""是这样的"等应答意义的"然"仍然是指示代词，指示代词"然"主要作谓语和状语。指示代词"若"在《尚书》中就已出现，"若"除了可以作定语之外还可以作状语。"王若曰"中的"若"也是指示代词。除了《诗经》中，指示代词"尔"在《孟子》中也有少量用例。"尔"主要作谓语，也有作状语的情况。"否"则在句中只作谓语。

第二节　先秦汉语远指代词研究[①]

同先秦汉语近指代词研究的情形一样，关于先秦汉语远指代词的讨论及争鸣也由来已久，学者们各抒己见，获得了一批令人瞩目的研究成果。但与此同时，依据不同的语料、站在不同的角度所形成的不同结论依然存在，其中的一些结论甚至截然相反，从各自出具的语言事实依据来看，一时间似乎很难判别是非正误。而要对上述分歧加以判断辨正，必须从先秦汉语的具体语言事实出发，一切以语言事实为准绳，我们试图在这一方面做一些尝试。

先秦时期的远指代词主要有彼（匪）、夫、厥、其等，以下我们将分别加以介绍。

一、彼（匪）

"彼"是学界公认的远指代词，这一点是毫无争议的。关于代词"彼"有争议的地方主要在两个方面：一是"彼"在上古时期是否有第三人称代

[①] 本节是作者与其导师曹炜教授一起商量讨论而定的，并且已以论文的形式发表在了《学术研究》2021年第8期上。

词的用法；二是"彼"和"匪"是否为同一个词。

"匪"有时候用作指示词"彼"，王念孙最早指出了这个现象。① 关于"彼"和"匪"的关系问题，学者们意见不一，大致有以下两种观点。一种观点认为指示代词"彼"和"匪"是同一个词，持这种观点的学者以杨树达、洪波、张玉金等为代表。杨树达在《高等国文法》中讨论了"彼"和"匪"的关系，并提了按语："彼匪二字古同声，故二字通用也。"② 洪波将上古时期的指示代词分为了八组，其中"彼"组为"彼（匪）、夫，同属帮纽"，可见洪波认为上古时期指示代词"彼"和"匪"是同一个词。张玉金认为："上古汉语中有太多'彼'和'匪'相通假的例证。"③ 也认为"彼"和"匪"是同一个代词。

另一种观点认为"彼"和"匪"是两个不同的词，持这种观点的学者以周法高、潘允中、杨伯峻、何乐士、向熹和潘悟云等为代表。周法高在《中国古代语法·称代编》中指出："古'匪'、'彼'音近通用。"④ 只是说明了"匪"和"彼"音近，可见并不完全相同。杨伯峻、何乐士将指示代词分为八类，其中远指代词一类为"夫、彼、匪"，可见，他们认为"彼"和"匪"是两个词。潘允中认为："'彼'、'夫'、'匪'三个远指的指示代词，在上古属于同一音系，惟后来的演变各不相同。"⑤ 可见，潘氏认为"匪"和"彼"应为两个词。向熹认为远指代词有"其、彼、匪、夫"四个，也认为"彼""匪"是两个词。潘悟云则从语音的角度对"彼"和"匪"的关系进行了探索，他认为上古汉语的指示代词存在强调式和弱化式的对立，"彼"是强调式，而"匪"是弱化式。

那么"匪"和"彼"的关系到底是怎样的呢？黄盛璋提出《诗经》中的很多"匪"也就是指示词的"彼"，且指出："'匪'的这种用法只见于《诗经》，《诗经》前后都不见，或为方言关系，与时间的关系甚

---

① 王念孙在《广雅疏证》中提道："诗中'匪'字，多有作'彼'字用者。《鄘风·定之方中》'匪直也人，秉心塞渊'，犹言'彼直也人，秉心塞渊'。《桧风·匪风篇》'匪风发兮，匪车偈兮'，犹言'彼风发兮，彼车偈兮。'《小雅·四月篇》'匪鹑匪鸢，翰飞戾天，匪鳣匪鲔，潜逃于渊'，犹言'彼鹑彼鸢，则翰飞戾天，彼鳣彼鲔，则潜逃于渊，而我独无逃于祸患之中也。'犹上文云'相彼泉水，载清载浊，我日构祸，曷云能谷'也。《何草不黄篇》'匪兕匪虎，率彼旷野，哀我征夫，朝夕不暇'，言'彼兕彼虎，则率彼旷野'，哀我征夫，何亦朝夕于旷野而不暇乎？犹下文云'有芃者狐，率彼幽草，有栈之车，行彼周道'也。……说者皆训'匪'为'非'，失之。"可见，在王念孙看来，《诗经》这些例句中的"匪"应等同于"彼"。
② 杨树达. 高等国文法［M］. 北京：商务印书馆，1984：72.
③ 张玉金. 出土文献语言研究：第1辑［M］. 广州：广东高等教育出版社，2006：128.
④ 周法高. 中国古代语法·称代编［M］. 台北：台联国风出版社，1972：176.
⑤ 潘允中. 汉语语法史概要［M］. 郑州：中州书画社，1982：96.

少。"① 因此，我们对《诗经》中的"彼"和"匪"的用法进行了考察，发现：

《诗经》中"匪"共有96例，其中80例"匪"表"非"之义，例如：

（1）莫赤匪狐，莫黑匪乌。（《诗经·国风·邶风·北风》）

（2）东方明矣，朝既昌矣。匪东方则明，月出之光。（《诗经·国风·齐风·鸡鸣》）

（3）析薪如之何？匪斧不克。取妻如之何？匪媒不得。既曰得止，曷又极止？（《诗经·国风·齐风·南山》）

有1例"匪"表"诽""诽谤"之义：

（4）虽曰匪予，既作尔歌。（《诗经·大雅·桑柔》）

有15例"匪"表代词"彼"，例如：

（5）狐裘蒙戎，匪车不东。叔兮伯兮，靡所与同。（《诗经·国风·旄丘》）

（6）匪风发兮，匪车偈兮。（《诗经·国风·桧风·匪风》）

（7）莫高匪山，莫浚匪泉。（《诗经·小雅·小弁》）

从这15例中"匪"的句法功能来看，其中的"匪"与代词"彼"并无二致。

由此似乎并不能说明"彼"和"匪"曾经是同一个词，但我们发现《诗经》中也有"彼"用为"匪"的用例：

（8）彼交匪纾，天子所予。（《诗经·小雅·采菽》）

此处的"彼"明显应为"匪"，译为"非"。

"彼"在《诗经》中也可用来表示"筐"，例如：

（9）采采卷耳，不盈顷筐。嗟我怀人，寘彼周行。（《诗经·国风·卷耳》）

我们虽然没有在《诗经》中找到"匪"表筐的用例，但《孟子》中是有这种情况出现的：

（10）"有攸不惟臣，东征，绥厥士女，匪厥玄黄，绍我周王见休，惟臣附于大邑周。"其君子实玄黄于匪以迎其君子，其小人箪食壶浆以迎其小人；救民于水火之中，取其残而已矣。（《孟子·滕文公章句下》）

---

① 黄盛璋. 先秦古汉语指示词研究［J］. 语言研究，1983（2）：145.

例（10）中第一个"匪"是动词，表"用筐装着"，第二个"匪"是名词"筐"。

我们可以看到，上古时期的"彼"和"匪"不仅仅在作代词的时候有同义的现象，在表"非"和"筐"义上也可同用。由此我们推测，在上古时期，"匪"与"彼"可能是同一个词。

关于"彼"在上古时期是否有第三人称代词的用法，学界众说纷纭，没有一致的看法。吕叔湘在《中国文法要略》中提出："严格说，文言没有第三身指称词，'之'、'其'、'彼'三字都是从指示词转变过来的。"① 且指出："'彼'字是个确定指称词。虽然指人的时候无妨用'他'字来翻译，'彼'字的指示气味还是很浓。"② 王力的看法和吕叔湘的看法比较一致，他在《汉语史稿》中提道："'彼'字的指示性很重，又往往带感情色彩，并不是一般的人称代词。"③ 之后，郭锡良又进一步提出："有些语法学家把'彼'、'夫'的许多用例认作第三人称代词，认为它们既是人称代词，又是指示代词；我们认为那是从现代汉语翻译的角度来理解的，而从上古的整个指代系统来看，'彼'、'夫'的作用在指示，应该统一看作指示代词。"④ 姚振武则认为："上古汉语不存在指示代词和第三身代词的区别，所谓'指示代词'系统可以自如地表达第三身范畴。其办法是：'彼'、'是'、'此'等做主语和少量的宾语，'其'做领属性定语，'之'做宾语（大量）。"⑤ 并提出用"古指称词"这一概念来概括上古汉语中的指示代词和第三身代词。

也有很多学者认为"彼"在上古时期有第三人称代词的用法。张斌、胡裕树认为："上古汉语第三人称代词有'彼'、'夫'、'其'、'之'等。"⑥ 张玉金认为，"彼"在西周时期还是一个"准第三人称代词"，到了春秋战国时期，已经发展成为真正的第三人称代词了。⑦ 通过考察，我们发现，《说文解字诂林》最初对"彼"的释义如下：

> 徐笺："《经传》曰彼者，据此而言，故曰有所加。"
> 义证：往有所加者，加当为。如隐五年《左传》将如棠观鱼者，东方朔七谏，忽容容其安之兮，超荒忽其焉，如刘伶酒德颂，

---

① 吕叔湘.中国文法要略[M].北京：商务印书馆，2014：212.
② 吕叔湘.中国文法要略[M].北京：商务印书馆，2014：215.
③ 王力.汉语史稿[M].北京：中华书局，2015：258.
④ 郭锡良.汉语史论集：增补本[M].北京：商务印书馆，2005：83.
⑤ 姚振武.上古汉语第三身范畴的表达及相关问题[J].古汉语研究，2001（4）：30.
⑥ 中国大百科全书总编辑委员会《语言文字》编辑委员会，中国大百科全书出版社编辑部.中国大百科全书：语言文字[M].北京：中国大百科全书出版社，1992：178.
⑦ 张玉金.论西周汉语第三人称代词的句法功能[J].古籍整理研究学刊，2006（5）：75.

从意所如是也。《释名》："往，眭也，归眭于彼也。"故其言之印头以指远也。①

之后，《说文解字诂林》的"补遗"中又对"彼"的用法进行了补充：

按许训往有所加，乃彼字，所以从彳之本义，彼者，对此而言，此近彼远则必往而及之，故从彳，从皮，乃谐声非会意。加被之说凿，彼者此之对，亦已对我之对，故以为指物之辞，彼在此外，故以为为外之之辞。②

可见，《说文解字诂林》对于"彼"的补遗中强调了"彼"作第三人称代词的用法。那么，"彼"在上古时期是否有第三人称代词的用法呢？我们认为是有的。

"彼"在上古时期最初是作指示代词的，这一点是毫无疑问的。《尚书》中"彼"作指示代词只有4例，到了《诗经》中，"彼"才大量作为指示代词出现。《诗经》中指示代词"彼"主要作定语，这样的例句共260例，例如：

（11）汎彼柏舟，亦汎其流。（《诗经·国风·邶风·柏舟》）

（12）䭾彼晨风，郁彼北林。（《诗经·国风·秦风·晨风》）

（13）滮池北流，浸彼稻田。啸歌伤怀，念彼硕人。（《诗经·小雅·白华》）

也有一些"彼"在句中作主语，这样的例句共24例。我们发现，"彼"作主语时又可以分为以下三种情况。

当"彼"与"此""是"等对举时，"彼"为指示代词，此处"彼"表示"那，那个"，正如王力曾在《中国语法理论》中指出的："'彼'字用为指示代词时，往往和'此'字相对。"③ 例如：

（14）彼有不获稚，此有不敛穧。彼有遗秉，此有滞穗，伊寡妇之利。（《诗经·小雅·大田》）

（15）维此良人，弗求弗迪；维彼忍心，是顾是复。（《诗经·大雅·桑柔》）

（16）此宜无罪，女反收之。彼宜有罪，女覆说之。（《诗经·

---

① 丁福保．说文解字诂林［M］．北京：中华书局，1988：2600．
② 丁福保．说文解字诂林［M］．北京：中华书局，1988：16377．
③ 对于"彼"作定语的情况，王力在《中国语法理论》中指出"'彼'字罕见用于次品"，且提出《论语季氏》中的"危而不持，颠而不扶，则将焉用彼相矣"是"彼"用于次品的唯一例子。王力．中国语法理论［M］．北京：中华书局，1954：297．

大雅·瞻卬》）

当"彼"与"我""己"等对举时，"彼"为第三人称代词，例如：

（17）彼有旨酒，又有嘉肴。洽比其邻，昏姻孔云。念我独兮，忧心殷殷。（《诗经·小雅·正月》）

当"彼"与"斯"等对举时，"彼"为他称代词，表示"别人"，例如：

（18）彼疏斯粺，胡不自替？职兄斯引。（《诗经·大雅·召旻》）

朱淑华曾在《上古汉语常用指示代词的指示功能研究》中提道："'彼'单独出现，处于主语位置时，都为第三人称代词。"① 从《诗经》中"彼"的使用情况来看，此言有误。我们来看以下两个例句：

（19）彼何人斯？居河之麋。无拳无勇，职为乱阶。（《诗经·小雅·巧言》）

（20）彼作矣，文王康之。彼徂矣岐，有夷之行。子孙保之。（《诗经·周颂·天作》）

例（19）中"彼"表"那个人"，指示意味很浓，显然应为指示代词；例（20）中"彼"表"百姓们"，由于前文并没有提到百姓们，这里"彼"就同时承担了指示和替代的功能，指示的意味也比较浓，应为指示代词。

从《诗经》中"彼"作定语和主语的情况来看，我们推测，"彼"最初只在句中作定语，"彼"作主语的用法应是从作定语的用法中演变来的。且看以下两个例句：

（21）有女同车，颜如舜华。将翱将翔，佩玉琼琚。彼美孟姜，洵美且都。（《诗经·国风·郑风·有女同车》）

（22）山有榛，隰有苓。云谁之思？西方美人。彼美人兮，西方之人兮！（《诗经·国风·邶风·简兮》）

将例（21）、例（22）中的"彼"理解为作定语和主语都是合适的，但从句子整体的句意来看，将"彼"理解为作定语更好一些，但已经处于从定语向主语的过渡阶段。在先秦时期，"彼"作主语已经占绝对优势，作定语的情况大大减少。

《诗经》中"彼"作宾语的例句共3例：

（23）我出我车，于彼牧矣。（《诗经·小雅·出车》）

---

① 朱淑华. 上古汉语常用指示代词的指示功能研究[M]. 北京：知识产权出版社，2017：22.

（24）我出我车，于彼郊矣。（《诗经·小雅·出车》）
（25）在彼无恶，在此无斁。（《诗经·周颂·振鹭》）

值得注意的是，《诗经》中"彼"也有在句中作状语的情况，"彼"在句中表示"那样"，这样的例句有2例：

（26）何彼秾矣？唐棣之华。曷不肃雍？王姬之车。（《诗经·国风·召南·何彼秾矣》）
（27）何彼秾矣？华如桃李。平王之孙，齐侯之子。（《诗经·国风·召南·何彼秾矣》）

在《左传》中，"彼"在句中主要作主语，且"彼"多为第三人称代词，指示代词"彼"已经很少出现。《左传》中指示代词"彼"仅有2例，其中1例与"此"对举出现，在句中作谓语：

（28）疆埸之邑，一彼一此，何常之有？（《左传·昭公元年》）

1例"彼"与"己"连用，表"彼"的语义：

（29）君子曰："'彼己之子，邦之司直。'乐喜之谓乎！'何以恤我，我其收之。'向戌之谓乎！"（《左传·襄公二十七年》）

上古时期还有一种常见的语言现象——"彼"和"其"连用，"彼其"最早出现于《诗经》中。关于"彼其"中"彼"和"其"的性质，杨树达在《词诠》中认为，这种"其"是无义的句中助词。洪波在《先秦指代词研究》一文中提出："如果'彼'后出现的不是'之'而是'其'，那'彼'就不是处在领格地位了，这时它乃起指别作用；起称代作用而表示领属关系的是指代词'其'。"① 杨伯峻、何乐士在《古汉语语法及其发展》中指出了"彼其"中"其"的两种性质：一种情况下"彼"作领位，"其"为助词；一种情况下"其"也是代词。我们认为，"彼其"中"彼"和"其"的性质并不能一概而论，而要分情况讨论。

《诗经》中的"彼其"全部出现于"彼其之子"中，共出现14例，且"彼其"合起来表指示义，为同义连文现象。例如：

（30）维鹈在梁，不濡其翼。彼其之子，不称其服。（《诗经·国风·曹风·候人》）
（31）扬之水，不流束薪。彼其之子，不与我戍申。怀哉怀哉！曷月予还归哉？（《诗经·国风·王风·扬之水》）

---

① 转引自杨伯峻，何乐士. 古汉语语法及其发展（修订本）[M]. 北京：语文出版社，2001：142.

(32) 羔裘如濡，洵直且侯。彼其之子，舍命不渝。(《诗经·国风·郑风·羔裘》)

而在《左传》中，"彼其"的情况又可以分为两种类型。一种情况下，"彼"和"其"均为代词，"彼"作指示代词，"其"作第三人称代词，①例如：

(33) 国人请为禜焉。子产弗许，曰："我斗，龙不我觌也；龙斗，我独何觌焉？禳之，则彼其室也。吾无求于龙，龙亦无求于我。"(《左传·昭公十九年》)②

(34) 子尾欲复之，子雅不可，曰："彼其发短而心甚长，其或寝处我矣。"(《左传·昭公三年》)

另一种情况下，"彼"为指示代词，而"其"则为助词。正如杨伯峻在《古汉语虚词》中指出的："'其'有时用于句中，既无意思，作用也不明显，仅仅多一音节罢了。"③ 例如：

(35) 栾鍼见子重之旌，请曰："楚人谓夫旌，子重之麾也，彼其子重也。日臣之使于楚也，子重问晋国之勇，臣对曰：'好以众整。'曰：'又何如？'臣对曰：'好以暇。'今两国治戎，行人不使，不可谓整；临事而食言，不可谓暇。请摄饮焉。"(《左传·成公十六年》)

可见，"彼"在上古早期以指示代词比较常见，且在句中主要作定语；到了上古后期，"彼"逐渐用于表第三人称代词，且在句中的句法功能也以定语为主逐渐转向在句中作主语。因此，我们认为，"彼"在上古时期既有第三人称代词的用法，也有指示代词的用法，因此我们用"彼$_1$"来表示第三人称代词"彼"，用"彼$_2$"来表示远指代词"彼"。

我们考察了《汉语大字典》《中华字海》《中华大字典》《汉字源流字

---

① 周法高在《中国古代语法·称代编》中指出这里的"彼其"相当于"彼之"，解作"他的"，我们认为这种说法值得商榷，解作"他的"并不能完整地表达文意。周法高. 中国古代语法·称代编 [M]. 台北：台联国风出版社，1972：173.

② 朱淑华在《上古汉语常用指示代词的指示功能研究》一书中对"彼其"中"彼"和"其"的性质进行了总结，认为："当'其'后直接接名词时，'其'为语助词，'彼'为第三人称代词。"从《左传》中这个例句来看，这显然是失之偏颇的，"彼其室也"中"彼其"后的"室"也是名词，但此处"彼"和"其"均为代词。朱淑华. 上古汉语常用指示代词的指示功能研究 [M]. 北京：知识产权出版社，2017：25.

③ 杨伯峻. 古汉语虚词 [M]. 北京：中华书局，1981：112.

典》《王力古汉语字典》等几部重要辞书中关于代词"彼"的释义情况。①从这几部辞典对"彼"的释义来看，这些辞典均认可"彼"有第三人称代词的用法，但各部辞典的释义又有微小的差异。《汉语大字典》《字源》《王力古汉语字典》总结出了"彼"作代词的两个义项，《中华字海》《中华大字典》则把"彼"指代对方，别人的情况单独列为一个义项。《汉字源流字典》把"彼"作指示代词的情况分为了三个义项，这显然是可以归并为一个义项的。《说文解字诂林》则将"彼"的义项分为两类，分为指物之辞和外之之辞，这是按所指的范围来分的。我们认为，"彼"指代他人、别人、对方的情况应该单独列一个义项，当"彼"表"己、我"之对称时，表第三人称代词，当"彼"与"此"等对称时表指示代词，当"彼"与"斯"等对称时，表别人、对方，为外之之辞。《中华大字典》《中华字海》中的义项总结相对而言是精当的。

二、夫

与"彼"一样，"夫"也是一个远指代词，这是语法学界比较一致的看法。但事实上，"夫"的性质比"彼"更为复杂一些。

《诗经》中就已出现"夫"作指示代词的情况，且"夫"在句中均作主语：

（36）墓门有棘，斧以斯之。夫也不良，国人知之。知而不已，谁昔然矣。（《诗经·国风·陈风·墓门》）

（37）墓门有梅，有鸮萃止。夫也不良，歌以讯之。讯予不顾，颠倒思予。（《诗经·国风·陈风·墓门》）

---

① 《汉语大字典》中对代词"彼"的释义如下：《说文》："彼，往有所加也。从彳，皮声。"徐锴《系传》："彼者，据此而言，故曰有所加。"代词。1. 指示代词。那。与"此"相对。《玉篇·彳部》："彼，对此之称。" 2. 第三人称代词。他；别人；对方。《中华字海》中对代词"彼"的释义如下：1. 那，那个。彼时，彼地，顾此失彼；2. 他，那人。《左传·成公十年》："彼，良医也。"；3. 对方，别人。知己知彼。《字源》对代词"彼"的释义如下：作指示代词相当于"那"。《易·小过》："公弋取彼在穴。"或作第三人称代词，指他、别人、对方。《左传·庄公十年》："彼竭我盈，故克之。"《中华大字典》对代词"彼"的释义如下：1. "己"之对称。《孙子·谋攻》："知己知彼。" 2. "此"之对称。《诗·十月之交》："彼月而微。此日而微。" 3. 外之之辞。《论语·宪问》："彼哉彼哉。"《汉字源流字典》对代词"彼"的释义如下：借用作代词。表示第三人称，相当于1. 对方，他人。又用作指示代词，表示远指，与"此"相对。又指代较远的人或事物，相当于那，那个。指代较远的时间或处所，相当于那，那个。《王力古汉语字典》对代词"彼"的释义如下：代词。1. 那，那个。与"此"相对。2. 他，他们。与"我"相对。汉语大字典编辑委员会. 汉语大字典［M］. 武汉：崇文书局，2010：878-879；冷玉龙，等. 中华字海［M］. 2版. 北京：中国友谊出版公司，2000：476；李学勤. 字源［M］. 天津：天津古籍出版社，2013：137；徐元诰，欧阳溥存，汪长禄. 中华大字典［M］. 中华书局香港分局，1958：157；谷衍奎. 汉字源流字典［M］. 北京：语文出版社，2008：664；王力. 王力古汉语字典［M］. 北京：中华书局，2000：295.

这两例"夫"均为近指代词,表"这个人",指陈陀。

到了《左传》中,"夫"作为代词才大量出现。《左传》中"夫"可以作第三人称代词,这样的例句共4例,例如:

(38) 公曰:"夫不恶女乎?"(《左传·襄公二十六年》)

(39) 子木曰:"夫独无族、姻乎?"(《左传·襄公二十六年》)

(40) 子皮曰:"愿,吾爱之,不吾叛也。使夫往而学焉,夫亦愈知治矣。"(《左传·襄公三十一年》)

可以看出,"夫"作第三人称时多处于主语位置,也可作兼语。

《左传》中大多数代词"夫"为指示代词,但并不是所有的"夫"均为远指代词。据我们考察,《左传》中指示代词共35例,其中有16例"夫"为远指代词,例如:

(41) 且吾因宋以守病,则夫能致死。与宋致死,虽倍楚可也,子何惧焉?(《左传·襄公二十七年》)

(42) 事毕,富子谏曰:"夫大国之人,不可不慎也,几为之笑,而不陵我?我皆有礼,夫犹鄙我。国而无礼,何以求荣?孔张失位,吾子之耻也。"(《左传·昭公十六年》)

(43) 穆叔曰:"夫人之所欲也,又何不敢?"(《左传·昭公元年》)

例(41)、例(42)中"夫"在句中作主语,表远指;例(43)中"夫"在句中作定语,表示"那个",也是远指代词。

《左传》中有19例"夫"为近指代词,例如:

(44) 申叔跪从其父,将适郢,遇之,曰:"异哉!夫子有三军之惧,而又有《桑中》之喜,宜将窃妻以逃者也。"(《左传·成公二年》)

(45) 臧孙说,谓其人曰:"卫君必入。夫二子者,或輓之,或推之,欲无入,得乎?"(《左传·襄公十四年》)

(46) 子皮曰:"夫子礼于死者,况生者乎?"(《左传·襄公三十年》)

(47) 公使代之。见于左师,左师曰:"女夫也必亡。女丧而宗室,于人何有?人亦于女何有?《诗》曰:'宗子维城,毋俾城坏,毋独斯畏。'女其畏哉!"(《左传·昭公六年》)

例(44)是申叔见到巫臣时说的话,因为近在眼前,因此"夫子"在此处只能表近指,指"这个人";例(45)中"夫二子"指子展、子鲜,由前后文来看,"夫"在这里只能表"这",因而是近指代词;例(46)根据前后文我们可以看出,"夫人"指前文出现的邴段,指的是"这个人",也表近指。例(47)中"夫"在句中作同位语,"女夫"只能表"你这个人",而不能表"你那个人",因此"夫"的近指性质更为明显。

我们可以发现,上古时期代词"夫"既可以作第三人称代词,又可以作远指代词,也可以作近指代词,且"夫"作近指代词的情况还比较常见。那么学者们为什么会把"夫"归为远指代词一类呢?这大概有两个方面的原因:一方面从"夫"和"彼"的音韵关系来看,"'夫'古音如罢,'彼'古音如波,一声之转也"①。另一方面,与"彼"类似,"夫"也常与"此"对举,如《荀子·解蔽篇》:不以夫一害此一。《淮南子·齐俗训》:此一是非,隅曲也;夫一是非,宇宙也。《左传》中也有"夫"和"此"对举的情况②:

(48)上其手,曰:"夫子为王子围,寡君之贵介弟也。"下其手,曰:"此子为穿封戍,方城外之县尹也。谁获子?"(《左传·襄公二十六年》)

我们认为,"夫"和"此"对举时,"夫"和"彼"的性质是相似的,但并不能认为"夫"只有远指代词这一种性质,"夫"可以作近指指示代词也是客观存在的语言现象,只是鉴于"夫"和"彼"的音韵关系我们还是把"夫"归为远指代词一类中。

"夫"与"彼"关系密切,那"夫"和"彼"到底有什么区别呢?吕叔湘在《中国文法要略》中提出:"夫,远指,只作指示用。先秦书中多用,后世文言里用得较少。就后世的用法而论,比'彼'轻些,和白话里的'那'字很相近。"③ 此言得之。从"夫"和"彼"在上古文献中的使用情况来看,"彼"的指示性比较强,始终是一个与"此"对立的远指代词,而"夫"的指示性相对比较弱,因此在上古后期逐渐发展成为没有任何实义的句首语气词。关于句首语气词的说法,马建忠并不认同,他在《马氏文通》中指出:"然则古人以'夫'字为发语之词者,亦非定论。总之,'夫'字以冠句首者,皆以顶承上文,重立新义,故以'夫'字特为指明。是则'夫'字仍为指示代字,而非徒为发语之虚字也。"④ 对于这个问题,郭锡良指出:"'夫'确实总带有轻微的指代作用,如果看重'夫'的指代作用,句首的'夫'就都可以归作指示代词,如果看重它提示下文要概述

---

① 杨树达.高等国文法[M].上海:上海三联书店,2014:58.
② 黄盛璋认为此例中的"上其手称'夫子'与下其手称'此子',在称谓上有尊卑的区别"。
③ 吕叔湘.中国文法要略[M].北京:商务印书馆,1982:169.
④ 马建忠.马氏文通[M].北京:商务印书馆,1983:277.

事物的特征或阐发议论，就可以归作句首语气词。"① 我们认可郭锡良的观点，一般情况下，当"夫"位于句首时，大多都带有轻微的指示性，但在有些情况下，"夫"的指示性微乎其微，基本上没有，例如：

(49) 役人曰："从其有皮，丹漆若何？"华元曰："去之！夫其口众我寡。"(《左传·宣公二年》)

这种情况下，"夫"明显没有指示代词的性质，应归为句首语气词。

"夫"作指示代词时以作定语为常，黄盛璋就已经提道："'夫'除'夫'、'此'对峙外，也必须用于修饰语，而且绝大部分要加在表人名词之前。"② 潘允中在《汉语语法史概要》中也提道："先秦用例，'夫'以作定语为常，罕见用于指代事物的。"③ 从《左传》中"夫"的使用情况来看，指示代词"夫"绝大多数用来指代人，仅有2例用于指代事物：

(50) 韩子请诸子产曰："日起请夫环，执政弗义，弗敢复也。今买诸商人，商人曰'必以闻'敢以为请。"(《左传·昭公十六年》)

(51) 宣子私觐于子产以玉与马，曰："子命起舍夫玉，是赐我玉而免吾死也，敢不藉手以拜！"(《左传·昭公十六年》)

在上古时期，"夫"与"子"连用是比较常见的一个语言现象。黄盛璋谈到"夫子"时提道："此词表礼貌或来源于远近对待，远者因不常见因而恭敬客气，近者则常见而亲狎，因而用不着有礼貌的表示。"④ 而据我们考察，《左传》中"夫子"中的"夫"既可以指远，表示"那个"，例如：

(52) 公使视东郭书，曰："乃夫子也，吾贶子。"(《左传·定公九年》)

(53) 左师每食，击钟。闻钟声，公曰："夫子将食。"(《左传·哀公十四年》)

《左传》中"夫子"中的"夫"也可以指近，表示"这个"，例如：

(54) 申叔跪从其父，将适郢，遇之，曰："异哉！夫子有三军之惧，而又有《桑中》之喜，宜将窃妻以逃者也。"(《左传·成公二年》)

(55) 至，谓八人者曰："吾见申叔，夫子所谓生死而肉骨也。

---

① 郭锡良. 汉语史论集：增补本 [M]. 北京：商务印书馆，2005：85.
② 黄盛璋. 先秦古汉语指示词研究 [J]. 语言研究，1983 (2)：148.
③ 潘允中. 汉语语法史概要 [M]. 郑州：中州书画社，1982：96.
④ 黄盛璋. 先秦古汉语指示词研究 [J]. 语言研究，1983 (2)：148.

知我者如夫子则可；不然，请止。"（《左传·襄公二十二年》）

（56）叔向曰："然。已侈，所谓不及五稔者，夫子之谓矣。"（《左传·襄公二十七年》）

据我们统计，《左传》中"夫"指近的情况超过了指远的情况。此外，"夫子"并不一定表恭敬客气的语气和态度，有时甚至用来表示对某个人的谴责，例如：

（57）昭子退，曰："夫子将有异志，不君君矣。"（《左传·昭公十七年》）

（58）昭子告其人曰："右师其亡乎！君子贵其身，而后能及人，是以有礼。今夫子卑其大夫而贱其宗，是贱其身也，能有礼乎？无礼，必亡。"（《左传·昭公二十五年》）

（59）闻钟声焉，曰："异哉！吾闻之也，辩而不德，必加于戮。夫子获罪于君以在此，惧犹不足，而又何乐？夫子之在此也，犹燕之巢于幕上。君又在殡，而可以乐乎？"（《左传·襄公二十九年》）

《左传》中"夫子"在很多情况下可以译为"他老人家"，的确带有礼貌、恭敬的语气，后世"夫子"也多表示对人的尊称，但我们认为这里的感情色彩与"夫子"的远近对待是没有关系的。

三、厥

代词"厥"最早出现的时间是一个具有争议性的话题。黄盛璋指出："'厥'是一个最早的指代词，甲文里就已出现，以后金文、《尚书》、《诗经》都有。"① 但张玉金则认为代词"厥"最早见于西周时期的语料中，在此之前并未出现。洪波认为："'厥'是周族人语言中的代词，而不是商族人语言中的代词。"② 据我们考察，"厥"在甲骨文中就已出现，至于这一时期是否已用作代词，我们无从考证，但可以确定的是，"厥"在西周金文、《尚书》《诗经》中均有用作指示代词的情况。

在上古时期，"厥"和"其"的用法较为类似。《尔雅·释言》：厥，其也。黄盛璋对上古时期"厥"和"其"的使用情况进行了考察，并提出："早期的金文都用'厥'。用'其'的器物，时代都比较晚。《尚书》'厥'多于'其'，但《诗经》中'其'远多于'厥'。"③ 可见，上古早期多使用"厥"，后来"其"逐渐代替了"厥"。

---

① 黄盛璋. 先秦古汉语指示词研究 [J]. 语言研究，1983（2）：144.
② 洪波. 兼指代词语源考 [J]. 古汉语研究，1994（2）：39.
③ 黄盛璋. 先秦古汉语指示词研究 [J]. 语言研究，1983（2）：144.

关于"厥"的性质，学界是有争议的，大致有以下五种看法：第一种看法认为，"厥"是特指代词，以郭锡良、崔立斌等为代表；第二种看法认为，"厥"是兼指代词，以洪波等为代表；第三种看法认为，"厥"是第一、第二、第三人称代词，以高岛谦一等为代表；第四种看法认为，"厥"是第三人称代词，以周法高、杨伯峻、何乐士等为代表；第五种看法认为，"厥"既是第三人称代词，也是远指代词，以黄盛璋等为代表。我们认同最后一种说法，"厥"主要用作第三人称代词，兼有指示代词的用法。但到底是指示代词演变出第三人称代词的用法，还是第三人称代词演变出指示代词的用法？对于这一问题，郭锡良认为"厥"的第三人称代词用法是由指示代词演变而来的，并指出："它虽然经由指示代词向第三人称代词转化，但未完成转化过程。"① 张玉金则认为："人称代词'厥'表第三人称，这是它的本用；而指代说话者和谈话对象时，则是它的活用。"② 且提出，"厥"的指示代词用法是由第三人称代词用法演变而来的。我们认同这种说法，从张氏统计的西周语料中"厥"的使用情况来看，西周时期代词"厥"共有405例，其中作人称代词的有396例，作指示代词的仅有9例。从数量上来看，"厥"基本上就是个人称代词。

我们统计了《诗经》中"厥"的使用情况，发现《诗经》中代词"厥"共有45例，其中第三人称代词有27例，指示代词18例。人称代词"厥"中有3例为"厥"作第二人称代词的情况：

（60）无念尔祖，聿修厥德。（《诗经·大雅·文王》）
（61）颠覆厥德，荒湛于酒。女虽湛乐从，弗念厥绍。（《诗经·大雅·抑》）

张玉金对这一现象进行了讨论，他认为，用第三人称代词指代说话的对方，是第三人称代词的一种活用现象，且提出："讲话的人是出于对听话人的尊敬和礼貌而使用第三人称代词称代对方的。"③ 因此，我们把这种用法也归入"厥"作第三人称代词的情况。

《诗经》中第三人称代词"厥"在句中主要作定语，例如：

（62）肆不殄厥愠，亦不陨厥问。柞棫拔矣，行道兑矣。（《诗经·大雅·绵》）
（63）王奋厥武，如震如怒。进厥虎臣，阚如虓虎。（《诗经·大雅·常武》）

---

① 郭锡良. 汉语史论集[M]. 上海：商务印书馆，1997：24.
② 张玉金. 论西周汉语代词"厥"的性质[J]. 古籍整理研究学刊，2005（2）：57-62.
③ 张玉金. 论西周汉语代词"厥"的性质[J]. 古籍整理研究学刊，2005（2）：57-62.

（64）方命厥后，奄有九有。(《诗经·商颂·玄鸟》)

《诗经》中第三人称代词"厥"也有少量作主语的情况，例如：

（65）厥作裸将，常服黼冔。(《诗经·大雅·文王》)

《诗经》中已有很多第三人称代词转为指示代词的用例，指示代词"厥"在句中仍以作定语为主，这样的例句共15例，例如：

（66）播厥百谷，既庭且硕。曾孙是若。(《诗经·小雅·大田》)
（67）诒厥孙谋，以燕翼子。武王烝哉！(《诗经·大雅·文王有声》)
（68）诞弥厥月，先生如达。不坼不副，无菑无害，以赫厥灵。(《诗经·大雅·生民》)

《诗经》中指示代词"厥"作主语的例句共3例，例如：

（69）世之不显，厥犹翼翼。(《诗经·大雅·文王》)
（70）文王有声，遹骏有声。遹求厥宁，遹观厥成。文王烝哉！(《诗经·大雅·文王有声》)

到了《左传》中，除了引用西周文献中出现的用例，"厥"已经失去了指示代词的用法，全部用于表第三人称。可见，"厥"作指示代词的情况只短暂出现于西周金文、《尚书》和《诗经》等文献中，春秋战国之后便逐渐消失。

四、其

"其"用作指示代词最早出现于西周金文。关于指示代词"其"的来源，潘允中在《汉语语法史概要》中指出："它的原始意义是竹箕，假借为远指的指示代词。"① 黄盛璋却认为："用于远指指示词是来自时间将来的观念。利用时间上现在的观念来表示近指，利用将来的观念表示远指。"② 方有国在《先秦汉语实词语法化研究》中进而在潘氏和黄氏的基础上又提出了指示代词"其"形成的又一因素，即"'其'用作定语或用在已然语境中"③。"其"的这种用法使得它只能发挥指代义的作用，成为指示代词。我们认为，这三种因素都是合乎情理的，彼此是有关联的。

"其"在上古时期有作指示代词的用法，这一点是毋庸置疑的。但关于"其"的性质，学界仍然有较大的争议，主要有以下四种说法：一是"特指说"，持这种说法的学者有王力、郭锡良、崔立斌等，这种说法认为"之"

---

① 潘允中.汉语语法史概要[M].郑州：中州书画社，1982：96.
② 黄盛璋.先秦古汉语指示词研究[J].语言研究，1983（2）：141.
③ 方有国.先秦汉语实词语法化研究[M].成都：巴蜀书社，2015：145.

和"其"是泛指和特指的对立。二是"中指说",持这种说法的是吕叔湘等,他在《近代汉语指代词》中提出:"古代多借指示代词为第三身代词,如'之'原来是近指代词,'其'原来是中指(较近的远指)代词,'彼'原来是远指代词。"① 三是"兼指说",持这种说法的是洪波等,兼指代词指"既可以指近又可以指远的一套指代词"②。四是"远指说",持这种说法的学者有杨树达、潘允中、黄盛璋、史存直、向熹等,这也是为学者们普遍接受的一种观点。我们对几部辞典中"其"的指示义释义情况进行了考察,具体情况如下:

《汉语大字典》:表示指示,相当于"这"、"那"、"其中的"。③
《中华字海》:那,那个。④
《中华大字典》:指物之辞。旨远。辞文。⑤
《王力古汉语字典》:指示代词。指意之所属的那个。⑥
《汉字源流字典》:表示近指,相当于此、这。
　　　　　　　　表示远指,相当于那、那些、那个、那样。
　　　　　　　　与数词连用,相当于其中。⑦

从这几部辞典对"其"的释义来看,"其"既可指近,也可指远,但更偏向指远。且"之""其"是一组对待指别词,我们把"之"归入近指代词一类,"其"作指示代词时自然应属于远指代词。

指示代词"其"在句中一般作定语,王力在《汉语史稿》中也提道:"'其'字用于指示的时候,也是用作定语的,它是特指(非近指,亦非远指)的指示代词,略等于现代汉语的'那种、那个。'"⑧ 例如:

(71) 东门之墠,茹藘在阪。其室则迩,其人甚远。(《诗经·国风·郑风·东门之墠》)

(72) 卢重环,其人美且鬈。(《诗经·国风·齐风·卢令》)

(73) 可者与之,其不可者拒之。(《论语·子张》)

我们可以发现,"其"后的名词指人或者"其"后接"人"时,"其"一般都为指示代词。但并不能说"其"只能指代人,"其"也有指物的情况,例如:

---

① 吕叔湘. 近代汉语指代词 [M]. 江蓝生, 补. 上海: 学林出版社, 1985: 187.
② 洪波. 兼指代词的原始句法功能研究 [J]. 古汉语研究, 1991 (1): 35-43.
③ 汉语大字典编辑委员会. 汉语大字典 [M]. 武汉: 崇文书局, 2010: 123.
④ 冷玉龙, 等. 中华字海 [M]. 2版. 北京: 中国友谊出版公司, 2000: 113.
⑤ 徐元诰, 欧阳溥存, 汪长禄. 中华大字典 [M]. 香港: 中华书局香港分局, 1958: 99.
⑥ 王力. 王力古汉语字典 [M]. 北京: 中华书局, 2000: 59.
⑦ 谷衍奎. 汉字源流字典 [M]. 北京: 语文出版社, 2008: 555.
⑧ 王力. 汉语史稿 [M]. 北京: 中华书局, 2015: 273.

(74) 尔爱其羊，我爱其礼。(《论语·八佾》)

事实上，"其"在作指示代词时并不一定都是作定语的，也常作状语，表"那样"，例如：

(75) 何其处也？必有与也。何其久也？必有以也。(《诗经·国风·邶风·旄丘》)

(76) 素衣朱绣，从子于鹄。既见君子，云何其忧？(《诗经·国风·唐风·扬之水》)

上古早期，"其"指代的大多为实际存在的人和事物，到了上古后期，"其"逐渐用于指代抽象的事物。我们考察了《左传》中"其"的使用情况，发现《左传》中共有代词"其"1 769例，其中仅有24例"其"作指示代词。我们将这些"其"作指示代词的情况分为以下几类：

1. "其"指代人时，一般为指示代词，例如：

(77) 公曰："寡人有子，未知其谁立焉！"(《左传·闵公二年》)

(78) 十四年春，诸侯城缘陵而迁杞焉，不书其人，有阙也。(《左传·僖公十四年》)

2. "其"表"其中的"语义时，一般为指示代词，例如：

(79) 于是齐人侵鲁疆，疆吏来告。公曰："疆埸之事，慎守其一，而备其不虞。姑尽所备焉。事至而战，又何谒焉？"(《左传·桓公十七年》)

(80) 故会以训上下之则，制财用之节；朝以正班爵之义，帅长幼之序；征伐以讨其不然。(《左传·庄公二十三年》)

3. 当"其"指代事物，且"其"后跟的词为"事""物"两个词时，"其"为偏指近的指示代词，例如：

(81) 王曰："若之何？"对曰："以其物享焉。其至之日，亦其物也。"(《左传·庄公三十二年》)

(82) 晋桓、庄之族偪，献公患之。士蒍曰："去富子，则群公子可谋也已。"公曰："尔试其事。"(《左传·庄公二十三年》)

(83) 时，事之征也；衣，身之章也；佩，衷之旗也。故敬其事，则命以始；服其身，则衣之纯；用其衷，则佩之度。(《左传·闵公二年》)

4. 当"其"指代前面发生的事情，且多处于主语位置时，"其"多为指示代词，例如：

（84）陈辕涛涂谓郑申侯曰："师出于陈、郑之间，国必甚病。若出于东方，观兵于东夷，循海而归，其可也。"（《左传·僖公四年》）

（85）晋不可启，寇不可翫。一之谓甚，其可再乎？谚所谓"辅车相依，唇亡齿寒"者，其虞、虢之谓也。（《左传·僖公五年》）

5. 当"其"后跟表示时间的词语，用在已然语境中时，这里的"其"一般为指示代词，例如：

（86）及陈之初亡也，陈桓子始大于齐；其后亡也，成子得政。（《左传·庄公二十二年》）

（87）曰："以火继之。"辞曰："臣卜其昼，未卜其夜，不敢。"（《左传·庄公二十二年》）

（88）其岁，新垣平事觉，夷三族。（《史记·孝文本纪》）

（89）其日，乘舆先到辟雍礼殿。（《后汉书·仪礼志上》）

可见，"其"在上古时期主要用于第三人称代词，作指示代词的情况较少，作指示代词时，又以作远指代词为主，但远指的特性并不明显。因此，"其"并不是一个典型的远指代词。

第三节　先秦汉语其他类指示代词研究

除了近指代词和远指代词，先秦时期还有很多其他类指示代词，其中包括旁指代词、逐指代词、虚指代词、无定代词和泛指代词等，以下我们将分别讨论。

一、旁指代词

旁指代词即"指代所说范围之外的代词，意思是'别的'、'其它的'"①。最早关注到旁指代词的应是杨树达的《词诠》，他提出了"他""它""佗"的两种用法，即"旁指指示代名词"和"旁指指示形容词"。②

关于旁指代词，学界有不同的称谓，杨树达在《高等国文法》中却将"他""它""异"等称为"他指指示代名词"。③ 郭锡良称之为"无定代词"，崔立斌称之为"不定代词"，大多数学者还是认可"旁指代词"这一称谓，如杨伯峻、何乐士、向熹、张玉金等。上古时期的旁指代词主要有

---

① 张玉金. 西周汉语代词研究［M］. 中华书局，2006：303.
② 杨树达. 词诠［M］. 北京：中华书局，1954：60.
③ 杨树达. 高等国文法［M］. 北京：商务印书馆，1984：81.

他（它、佗）、馀、异等，以下我们将分别加以介绍。

（一）他（它、佗）

"他"是上古时期比较典型的旁指代词，有时写作"它"或"佗"，"是最早出现的严格意义上的旁指代词"①。

旁指代词"他（它、佗）"的产生，学界主要有两种成说：一种认为由名词"它"演变而来，以郭攀为代表；另一种认为由形容词"它"演变而来，以何金松为代表。我们认同第一种观点，正如郭攀指出的："名词'它'是在问询、问候性语境中，在'无它'类问询、问候形式中，随着该形式所表意义的发展而逐步演变的，演变大致经历四个阶段，变至旁指代词大致是周代前期。"②

我们可以发现，旁指代词"他（它、佗）"最早出现在"无它"这一结构中，因此，"他（它、佗）"最早在句中作宾语，称代功能比较显著，例如：

（1）戊寅子卜：无它？（《殷墟甲骨刻辞类纂》21825）

（2）中丁日，亡它？（《甲骨新缀》398）

到上古后期，"他（它、佗）"的旁指功能逐渐增强，《诗经》中"他（它、佗）"共出现了22例（其中"他"有21例，"它"有1例）③。"他（它、佗）"在句中主要作定语，这样的例句共16例，例如：

（3）终远兄弟，谓他人父。谓他人父，亦莫我顾。（《诗经·国风·王风·葛藟》）

（4）羔裘豹袪，自我人居居。岂无他人？维子之故。（《诗经·国风·唐风·羔裘》）

（5）有杕之杜，其叶湑湑。独行踽踽。岂无他人？（《诗经·国风·唐风·杕杜》）

（6）乐彼之园，爰有树檀，其下维萚。他山之石，可以为错。（《诗经·小雅·鹤鸣》）

（7）乐彼之园，爰有树檀，其下维榖。他山之石，可以攻玉。（《诗经·小雅·鹤鸣》）

---

① 郭攀．旁指代词"它"产生的过程［J］．古汉语研究，2004（4）：44．

② 郭攀．旁指代词"它"产生的过程［J］．古汉语研究，2004（4）：38．

③ 张玉金在《西周汉语代词研究》一书中曾指出："'他（它）'在西周语料中只出现了9次。"而据我们统计，"他（它）"在《诗经》中就出现了22次，因此，这一数据显然是不准确的。张玉金．西周汉语代词研究［M］．北京：中华书局，2006：303．

"他（它、佗）"在《诗经》中有3例作宾语①：

（8）月离于毕，俾滂沱矣。武人东征，不皇他矣。（《诗经·小雅·渐渐之石》）

（9）尔酒既旨，尔肴既嘉。岂伊异人？兄弟匪他。（《诗经·小雅·頍弁》）

（10）之死矢靡它。母也天只，不谅人只！（《诗经·国风·鄘风·柏舟》）

洪诚曾指出："'他'字没有变成第三身代词以前，单用时只指事物，不指人，意义作'别的'解，不作'别人'解。"② 而向熹对于这种观点提出了质疑，通过向氏的考察我们可以发现，"他"在上古时期单用时不仅可以指事物，也可以指人。③ 从上述几个例句来看，"他（它、佗）"作宾语时多用于指人，意为"别人"，因此洪氏对王力《汉语史稿》中"他"的商榷未必是恰当的。

《诗经》中还有1例"他"在句中作中心语：

（11）不敢暴虎，不敢冯河。人知其一，莫知其他。（《诗经·小雅·小旻》）

在《左传》中，旁指代词"他（它、佗）"更多用于指代事物。《左传》中"他（它、佗）"在句中仍然以作定语为主，这样的例句共40例，例如：

（12）子公之食指动，以示子家，曰："他日我如此，必尝异味。"（《左传·宣公四年》）

（13）对曰："晋士起将归时事于宰旅，无他事矣。"（《左传·襄公二十六年》）

（14）员曰："彼将有他志。余姑为之求士，而鄙以待之。"（《左传·昭公二十年》）

《左传》中"他（它、佗）"在句中作宾语的情况共9例，其中在动宾结构中的"他（它、佗）"有6例，例如：

（15）萧同叔子非他，寡君之母也。（《左传·成公二年》）

---

① 张玉金认为前两个例句中的"他"在句中作谓语，前一例为旁指代词"他"活用为动词作谓语，后一例是作判断句谓语，我们认为，这两个例句中"他"均作宾语，"不皇他"为"无暇顾及其他的事"的意思，"匪他"中"他"为"匪"的宾语。张玉金. 西周汉语代词研究［M］. 北京：中华书局，2006：305.

② 洪诚. 王力《汉语史稿》语法部分商榷［J］. 中国语文，1964（3）：173.

③ 向熹. 关于"他"的上古用法［J］. 中国语文，1965（3）：251-251.

(16) 入以告王，且曰："必杀之！不戚而愿大，视躁而足高，心在他矣。不杀，必害。"（《左传·襄公三十年》）

(17) 皋如曰："寡君之命无他，纳卫君而已。"（《左传·哀公二十六年》）

《左传》中处于介宾结构中的"他（它、佗）"有3例：

(18) 光，远而自他有耀者也。（《左传·庄公二十二年》）

(19) 公室四分，民食于他。（《左传·昭公五年》）

(20) 辟邪之人而皆及执政，是先王无刑罚也。子宁以他规我。（《左传·昭公十六年》）

《左传》中"他（它、佗）"在句中作中心语的例句共4例，且"他"均处于"其"后，作"其"的中心语：

(21) 对曰："臣闻亡人无党，有党必有仇。夷吾弱不好弄，能斗不过，长亦不改，不识其他。"（《左传·僖公九年》）

(22) 固问之，对曰："其为大子也，师、保奉之，以朝于婴齐而夕于侧也。不知其他。"（《左传·成公九年》）

(23) 晋，吾仇敌也。苟得志焉，无恤其他。（《左传·昭公五年》）

(24) 史赵曰："是谓如川之满，不可游也。郑方有罪，不可救也。救郑则不吉，不知其他。"（《左传·哀公九年》）

可见，"他（它、佗）"在上古时期的主要句法功能是定语和宾语。"他（它、佗）"作定语时，"他日""他月""他年"等组合大量出现，多用于表示时间；作宾语时，不仅仅局限于在动宾结构中作宾语，还增加了在介宾结构中作宾语的情况。

(二) 异

相对于"他"，旁指代词"异"在上古时期较为少见。《中华字海》对旁指代词"异"的注解：别的，其他。① 《汉字源流字典》对旁指代词"异"的注解：其他，另外的。② 可见，"异"与"他（它、佗）"的性质是差不多的，均为旁指代词。

《诗经》中旁指代词"异"仅出现了3次，且"异"在句中均作定语，指代人：

(25) 尔酒既旨，尔肴既嘉。岂伊异人？兄弟匪他。（《诗经·

---

① 冷玉龙，等. 中华字海 [M]. 2版. 北京：中国友谊出版公司，2000：670.
② 谷衍奎. 汉字源流字典 [M]. 北京：语文出版社，2008：341.

小雅·頍弁》）

（26）尔酒既旨，尔肴既时。岂伊异人？兄弟具来。（《诗经·小雅·頍弁》）

（27）尔酒既旨，尔肴既阜。岂伊异人？兄弟甥舅。（《诗经·小雅·頍弁》）

到了《左传》中，"异"共出现了23例，仍然全部作定语。不同的是，"异"指代的对象范围扩大，不再局限于指代人。"异"在《左传》中指代的对象主要有"异国""异志""异姓""异人"等。

"异"指代人的例句有：

（28）公曰："楚君以郑故，亲集矢于其目，非异人任，寡人也。若背之，是弃力与言，其谁昵我？免寡人，唯二三子。"（《左传·襄公二年》）

（29）今吾子坏之，虽从者能戒，其若异客何？（《左传·襄公三十一年》）

（30）献无异亲，民无异望。天方相晋，将何以代文？（《左传·昭公十三年》）

"异"指代抽象事物，如志气、心等的例句有：

（31）鱼府曰："今不从，不得入矣。右师视速而言疾，有异志焉。若不我纳，今将驰矣。"（《左传·成公十五年》）

（32）齐高厚之诗不类。荀偃怒，且曰："诸侯有异志矣。"（《左传·襄公十六年》）

（33）子晳伤而归，告大夫曰："我好见之，不知其有异志也，故伤。"（《左传·昭公元年》）

"异"指代姓、国等事物的例句有：

（34）不知天将以为虐乎，使剪丧吴国而封大异姓乎，其抑亦将卒以祚吴乎，其终不远矣。（《左传·昭公三十年》）

（35）不在此，其在异国；非此其身，在其子孙。（《左传·庄公二十二年》）

（36）风行而著于土，故曰其在异国乎！若在异国，必姜姓也。（《左传·庄公二十二年》）

（37）今乘异产，以从戎事，及惧而变，将与人易。（《左传·僖公十五年》）

张玉金在《西周汉语代词研究》中提道："'异'都用在名词前作定语，

仅起指示作用，所指示的对象限于'人。'"① 这应该是只就《诗经》中"异"的情况而言的，那"他"和"异"在使用上到底有什么区别呢？

首先，两者的句法功能是不同的，"他"可作定语、中心语和宾语，而"异"只能作定语。

其次，两者的作用不同，"他"有的兼有称代和指示的作用，而"异"只有指示作用。

最后，两者所指代的对象不同，事实上，当指代人时，用"他"和"异"都可以。而当指代的对象是具体的实物时，一般都用"他"，例如：

（38）赵旃以其良马二济其兄与叔父，以他马反。遇敌不能去，弃车而走林。（《左传·宣公十二年》）

（39）苑子刜林雍，断其足，鑋而乘于他车以归。颜鸣三入齐师，呼曰："林雍乘！"（《左传·昭公二十六年》）

（40）与之他玉，而奔齐，陈成子使为次卿，司马牛又致其邑焉，而适吴。（《左传·哀公十四年》）

当指代的对象是时间类名词，如"年""月""日"等，一般只用"他"，而不用"异"，例如：

（41）诸侯乃请讨之。晋人以其役之劳，请俟他年。（《左传·成公十三年》）

（42）他日，又访焉。对曰："其然，将具敝车而行。"（《左传·襄公二十三年》）

（三）余（馀）

除了"他（它、佗）"和"异"，上古时期还有一个旁指代词"余（馀）"。"余"有时写作"馀"，旁指代词"余（馀）"在上古时期很少出现，《诗经》中仅有3例，其中1例在句中作定语：

（43）周余黎民，靡有孑遗。昊天上帝，则不我遗。胡不相畏？先祖于摧？（《诗经·大雅·云汉》）

有2例在句中作宾语：

（44）於，我乎！夏屋渠渠，今也每食无余。（《诗经·国风·秦风·权舆》）

（45）匪伊垂之，带则有余。匪伊卷之，发则有旟。我不见兮，云何盱矣。（《诗经·小雅·都人士》）

---

① 张玉金. 西周汉语代词研究［M］. 中华书局，2006：306.

到了《左传》中,"余(馀)"仍然以作定语和宾语为主。《左传》中旁指代词"余(馀)"共出现11例,其中"余(馀)"在句中作定语的有3例:

(46)齐高固入晋师,桀石以投人,禽之而乘其车,系桑本焉,以徇齐垒,曰:"欲勇者贾余馀勇!"(《左传·成公二年》)

(47)子又不许,请收合余烬,背城借一。(《左传·成公二年》)

(48)及昏,楚师军于邲。晋之余师不能军,宵济,亦终夜有声。(《左传·宣公十二年》)

有2例"余(馀)"在句中作宾语:

(49)先王之正时也,履端于始,举正于中,归余于终。履端于始,序则不愆;举正于中,民则不惑;归余于终,事则不悖。(《左传·文公元年》)

(50)郑尉氏、司氏之乱,其余盗在宋。(《左传·襄公十五年》)

有6例在句中作中心语,且均处于"其余"结构中作"其"的中心语,例如:

(51)文子曰:"其余皆数世之主也。子展其后亡者也,在上不忘降。印氏其次也,乐而不荒。乐以安民,不淫以使之,后亡,不亦可乎!"(《左传·襄公二十七年》)

(52)晋人若丧韩起、杨朌,五卿、八大夫辅韩须、杨石,因其十家九县,长毂九百,其余四十县,遗守四千,奋其武怒,以报其大耻。伯华谋之,中行伯、魏舒帅之,其蔑不济矣。(《左传·昭公五年》)

(53)从之。丙寅,齐师、宋师败吴师于鸿口,获其二帅公子苦雏、偃州员。华登帅其余以败宋师。(《左传·昭公二十一年》)

与"他(它、佗)"和"异"相比,"余(馀)"的旁指代词属性其实不是很显著,在语义上,"别的,其他的"的语义特点比较弱,更多可以译为"剩余的"。

二、逐指代词

最早提到"逐指"一词的应是马建忠的《马氏文通》。马建忠指出:"逐指代字,惟'每'、'各'二字,其用不同。'每'字概置于名先,'各'字概置于其后,间或无名而单用。大抵事物不一,历叙之而见烦,今有以每之,则无事历叙,而其事物之名,正如逐一指之矣。'每'、'各'二字而为实次，先所宾者常也。"① 之后，黎锦熙在《比较文法》中也谈到了"逐指代词"，他提道："逐指的同位者，其'前名'亦大抵为名代之'复数'与表'集合'者，缀以'逐指代词'而为其同位，盖就'前名'为范围，逐一而指之也；夫惟逐指，故能遍及，犹概括矣。"② 学界也将"逐指代词"称作"分指代词"，我们此处统一称为"逐指代词"。上古时期的逐指代词主要有"每""各"等，以下我们将逐一加以介绍。

（一） 每

马建忠在《马氏文通》中指出："经史中凡遇逐指事物，有单用其名为代者，亦或有重言其名者，其重者，即所以每之也。"③ 在上古时期，人们常用"每"来逐指事物。

我们考察了不同辞典中对逐指代词"每"的释义情况，《汉语大字典》中对"每"的释义："逐个，各个。指全体中的任何一个或一组。"④ 《字源》中对逐指代词"每"的释义："《说文》：'每，艸盛上出也。'又可指各个，即全体中的任何一个。《字汇·毋部》：'每，各也。'"⑤《汉字源流字典》："借用作代词，指代全体中的任何一个，各个、逐个。子入太庙，每事问。每时每刻。每人一份。每次。每一。每个。"⑥ 王力《王力古汉语字典》释义："每次，每个。"⑦ 从这几部辞典来看，只有《汉字源流字典》明确指出了"每"的代词属性，其他辞典并未明确说明。但从这些辞典的释义情况来看，不同辞典对于逐指代词"每"的界定是不同的。《汉语大字典》《字源》只把表"逐个、各个"的"每"归为逐指代词，而王力的《王力古汉语字典》及《汉字源流字典》则把作状语"每次"的"每"视为和"逐个、各个"的"每"的同类型的词语。《马氏文通》中曾指出："'每'字单用，无'逐次'之意，或解如'虽'字，或解如'常'字，非此例也。"⑧ 因此我们认为，表"逐个""各个"的"每"应看作逐指代词，表"每次"的"每"应为副词，应归为两个义项。如王力《王力古汉语字典》中将《论语·八佾》中的"子入太朝，每事问"和《国风·秦风·权舆》中的"於我乎，夏屋渠渠，今也每食无余"两个例句归为同一类，我们认为应分成两个义项。

---

① 马建忠．马氏文通 [M]．北京：商务印书馆，1983：78．
② 黎锦熙．比较文法 [M]．北京：科学出版社，1958：186．
③ 马建忠．马氏文通 [M]．北京：商务印书馆，1983：79．
④ 汉语大字典编辑委员会．汉语大字典 [M]．武汉：崇文书局，2010：2548．
⑤ 李学勤．字源 [M]．天津：天津古籍出版社，2013：29．
⑥ 谷衍奎．汉字源流字典 [M]．北京：语文出版社，2008：446．
⑦ 王力．王力古汉语字典 [M]．北京：中华书局，2000：554．
⑧ 马建忠．马氏文通 [M]．北京：商务印书馆，1983：79．

"每"作逐指代词最典型的2个例句为：

（54）故为政者，每人而悦之，日亦不足矣。（《孟子·离娄下》）

《马氏文通》指出："所问之事不一，附以'每'字，即逐事问之也。"①

（55）子入太庙，每事问。（《论语·八佾》）

《故训汇纂》："每人，犹云人人。《助字辨略》卷三：'孟子：故为政者，每人而悦之，日亦不足矣。'每人，犹云人人。"②

《左传》中逐指代词"每"仅有4例，"每"在句中均作定语：

（56）国每夜骇曰："王入矣！"（《左传·昭公十三年》）

（57）公与夫人每日必适华氏，食公子而后归。（《左传·昭公二十年》）

（58）平子每岁贾马，具从者之衣屦，而归之于乾侯。（《左传·昭公二十九年》）

（59）宋皇瑗围郑师，每日迁舍，垒合。郑师哭。（《左传·哀公九年》）

这几个例句中的"每夜""每日""每岁"虽然已经很接近"每次"的意味，与"每事问"中的"每"的意义又有差别，但仍然可以理解为"夜夜""日日"，因此我们仍然把它们归为逐指代词的用例中。

（二）各

"各"是上古时期比较典型的逐指代词，我们考察了不同辞典对代词"各"的释义情况，具体如下：

《汉语大字典》：指示代词。指代一定群体中的不同个体。如各个、各自；也用作单纯指示词。③

《中华大字典》：词也，见《广雅释诂》。《疏证》——当为"若"。语词也。④

《王力古汉语字典》：各自。《易系辞下》："交易而退，各得其所。"⑤

《汉字源流字典》：借为特指代词，用在动词前，指群体中的不同个体；又用作指示代词，表示每个，即一定范围中的所有个体。⑥

---

① 马建忠．马氏文通［M］．北京：商务印书馆，1983：79．
② 宗福邦，等．故训汇纂［M］．北京：商务印书馆，2003：1204．
③ 汉语大字典编辑委员会．汉语大字典［M］．武汉：崇文书局，2010：631．
④ 徐元诰，欧阳溥存，汪长禄．中华大字典［M］．香港：中华书局香港分局，1958：207．
⑤ 王力．王力古汉语字典［M］．北京：中华书局，2000：106．
⑥ 谷衍奎．汉字源流字典［M］．北京：语文出版社，2008：306．

可见，《汉语大字典》和《汉字源流字典》是明确指出"各"的代词属性的，《中华大字典》认为"各"和"若"一样，也指出了它的代词属性，那么，"各"在句中的句法功能是怎么样的呢？

杨树达曾在《马氏文通刊误》中指出："'各'字虽有代字之性质，其用法实皆状字用法也。章行严君《国文典》谓为'代名副词'，当矣。"① 很多学者据此将很多用例中"各"的句法功能判定为作状语，如邓军在《三国志代词研究》中将"蝗虫起，百姓大饿，布粮食亦尽，各引去"和"蜀监军王含守乐城，护军蒋斌守汉城，兵各五千"等中"各"的句法功能总结为作状语。事实上，既然"各"是代词，它的功能就是称代和指示，而并不能认为是修饰动作的，这样理解下的"各"应为副词，而不是代词。

《马氏文通》对《论语·公冶长》中的"盍各言其志"作如此解释："'各言'者，'每人言'也。'各'字单用，而在主次。"我们认为这样的分析是准确的。我们考察了《诗经》中代词"各"的使用情况，发现《诗经》中代词"各"共出现 5 例：

（60）陟彼阿丘，言采其蝱。女子善怀，亦各有行。许人尤之，众稚且狂。（《诗经·国风·鄘风·载驰》）

（61）如何昊天，辟言不信。如彼行迈，则靡所臻。凡百君子，各敬尔身。胡不相畏，不畏于天？（《诗经·小雅·雨无正》）

（62）人之齐圣，饮酒温克。彼昏不知，壹醉日富。各敬尔仪，天命不又。（《诗经·小雅·小宛》）

（63）锡尔纯嘏，子孙其湛。其湛曰乐，各奏尔能。宾载手仇，室人入又。酌彼康爵，以奏尔时。（《诗经·小雅·宾之初筵》）

（64）其维哲人，告之话言，顺德之行。其维愚人，覆谓我僭，民各有心。（《诗经·大雅·抑》）

可以发现，例（60）、例（61）、例（62）、例（63）中的"各"在句中均处于主次，在句中作主语，而例（64）中的"各"处于宾次，应为"民有各心"。

到了《左传》中，逐指代词"各"较为常见。《左传》中代词"各"共出现了 34 例，且"各"在句中主要作主语，例如：

（65）对曰："二国图其社稷，而求纾其民，各惩其忿，以相宥也。两释累囚，以成其好。二国有好，臣不与及，其谁敢德？"（《左传·成公三年》）

（66）十一年春，季武子将作三军，告叔孙穆子曰："请为三

---

① 杨树达. 马氏文通刊误［M］. 北京：中华书局，1962：49.

军，各征其军。"（《左传·襄公十一年》）

（67）蒍贾曰："不可。我能往，寇亦能往，不如伐庸。夫麇与百濮，谓我饥不能师，故伐我也。若我出师，必惧而归。百濮离居，将各走其邑，谁暇谋人？"（《左传·文公十六年》）

《左传》中也有很多"各"虽然位于动词前，但处于宾次的情况，例如：

（68）子车曰："人各有以事君，非佐之所能也。"（《左传·襄公二十八年》）

（69）大子忽辞。人问其故。大子曰："人各有耦，齐大，非吾耦也。《诗》云：'自求多福。'在我而已，大国何为？"（《左传·桓公六年》）

（70）民各有心，何上之有？（《左传·昭公四年》）

《左传》中也有 1 例"各"在句中作兼语：

（71）乃弗与。使各居一馆。士伯听其辞，而愬诸宣子，乃皆执之。（《左传·昭公二十三年》）

可见，与逐指代词"每"相比，"各"的使用比较灵活，但一般而言，"每"均位于动词后，而"各"处于动词前。

三、无定代词

王力在《中国现代语法》第四章第二十七节曾指出："凡代词，其所替代的人物不能十分确定，叫做无定代词。"① 之后，马文熙、张归璧等在《古汉语知识辞典》中指出，无定代词既可以称为"虚指代词"，也可以称为"泛指代词""不定代词"。南开大学中文系古代汉语教研室编的《古代汉语读本》将"无定代词"分为两类：一是肯定性的，包括"或""有"等，如《列子·说符》"慎尔言，将有和之"之"有"；一是否定性的，相当于无指代词。② 综上，我们认为上古时期的无定代词主要有"某""或""有""莫""靡""无（毋）""罔"等。

（一）某

"某"所替代的人或物一般难以确定，因此我们把它归入无定代词中加以讨论，但关于它的性质，学界众说纷纭。

第一种说法认为"某"为虚指代词，杨树达在其《词诠》中将"某"归入虚指代词中，杨伯峻的《文言文法》也将"某"归入指示代词中的

---

① 王力. 中国现代语法 [M]. 北京：商务印书馆，1985：205.
② 马文熙，张归璧. 古汉语知识辞典 [M]. 北京：中华书局，2004：504.

"虚指"一类；第二种说法认为"某"为无定代词，周法高在其《中国古代语法》中将"某"归入无定代词一类，但却将这类代词独立于指示代词，命之以"其他代词"；第三种说法认为"某"为隐名代词，吕叔湘在其《近代汉语指代词》中将"某"归为隐名代词一类中，但很显然是就近代汉语中"某"的使用情况做的分类。"虚指代词说"突出了"某"的虚指的特点，但虚指只是部分"某"的特点；"无定代词说"则比较好地概括了代词"某"的特点；"隐名代词说"是以近代汉语指代词为前提的。事实上，最早"某"确实是一个指示代词，其称代用法是后期演变而来的，且"某"不仅仅指代的是不定的人、事、物，有时是一定的（却不明言的）人、事、物，我们且看以下几部辞书中对"某"的释义情况：

《汉语大字典》：1. 指失传的人名或时间。《玉篇·木部》："某，不知名者云某。"2. 指一定的人、地、事、物，不明言其名。3. 指不定的人、地、事、物。4. 自称的谦辞。①

《中华字海》：1. 指代一定的人或事物（知道名称而不说出）。2. 指代不确定的人或事物。3. 指自己。②

《字源》：1. 指代不确知的或不明言的人、地、时等。2. 谦词，指代"我"。③

《王力古汉语字典》：代词。指代不明说的或失传的人或事物。④

《汉字源流字典》：后借为代词，指代不确定的人或事物；已知而没有明说的人或事物；自己（略含自负）；别人（多含不客气意味）。⑤

综上，"某"作代词的义项大致可以分为以下四类：一是指代不确定的人、地、事、物等；二是指代不明言的人、地、事、物等；三是谦词，指代自己；四是指代别人。而上古时期文献中出现的"某"仅有前两个义项，这两个义项下的"某"均归入指示代词一类中，且均可称为无定代词。

据我们考察，"某"在春秋战国后期才开始普遍使用。我们统计了《左传》中代词"某"的使用情况，发现《左传》中共有代词"某"15例，且"某"在句中主要作定语，这样的例句有9例，例如：

（72）梁伯好土功，亟城而弗处，民罢而弗堪，则曰："某寇将至。"（《左传·僖公十九年》）

（73）凡君不道于其民，诸侯讨而执之，则曰"某人执某侯"。

---

① 汉语大字典编辑委员会. 汉语大字典［M］. 武汉：崇文书局，2010：1261.
② 冷玉龙，等. 中华字海［M］. 2版. 北京：中国友谊出版公司，2000：1018.
③ 李学勤. 字源［M］. 天津：天津古籍出版社，2013：502.
④ 王力. 王力古汉语字典［M］. 北京：中华书局，2000：469.
⑤ 谷衍奎. 汉字源流字典［M］. 北京：语文出版社，2008：783.

不然，则否。(《左传·成公十五年》)

《左传》中"某"常作宾语，其中"某"处于动宾结构中的例句有2例，处于介宾结构中的例句有2例，例如：

(74) 凡师，敌未陈曰败某师，皆陈曰战，大崩曰败绩。得俊曰克，覆而败之曰取某师，京师败曰王师败绩于某。(《左传·庄公十一年》)

(75) 冬，杞伯姬来，归宁也。凡诸侯之女，归宁曰来，出曰来归。夫人归宁曰如某，出曰归于某。(《左传·庄公二十七年》)

(76) 小适大有五恶：说其罪戾，请其不足，行其政事，共某职贡，从其时命。(《左传·襄公二十八年》)

《左传》中有1例"某"在句中作同位语：

(77) 凡诸侯之大夫违，告于诸侯曰："某氏之守臣某，失守宗庙，敢告。"(《左传·宣公十年》)

《左传》中还有1例在句中作兼语：

(78) 使行人执榼承饮，造于子重，曰："寡君乏使，使鍼御持矛，是以不得犒从者，使某摄饮。"(《左传·成公十六年》)

可见，在上古时期，代词"某"的句法功能主要是定语，也常作宾语；在语义上，这一时期的"某"更多指代不明言的人、地、事、物等，且明显"某"绝大多数用于指代人。

(二) 或

"或"最早见于甲骨文，最开始是名词，后来才有了动词、无定代词、副词、连词等词性。据方有国《先秦汉语实词语法化研究》："无定代词'或'前身是动词，由于动词'或'隐含人或事物义，再加上'或+V'结构的句法特点，动词'或'发展为无定代词'或'。"①

关于代词"或"的性质，学界看法不一，大致有以下三种观点：一是"虚指代词"说，杨树达、白兆麟和向熹等都持这种观点；二是"分指代词"说，杨伯峻、何乐士等都持这种观点；三是"无定代词"说，周法高、张文国、张能甫、李佐丰等都持这种观点，胡衍铮又进一步提出"或"是一个肯定性无定代词。② 我们认同"无定代词"说，首先分指代词与逐指代词意义相同，"或"显然与"每""各"的语义不同。另外，"或"用于指

---

① 方有国. 先秦汉语实词语法化研究 [M]. 成都：巴蜀书社，2015：292.
② 胡衍铮. 谈谈古代汉语中的代词 [J]. 江西社会科学，2000 (4)：68.

第二章 先秦时期指示代词研究

代人、事物大多均为实指的情况，也不能归于虚指代词一类。

无定代词"或"在《周易》中就已出现，例如：

（79）上九，或锡（赐）之鞶带，终朝三褫之。（《周易·讼·上九爻辞》）

方有国认为，这里的"或"意为"有人"，而"有人"的"人"义源自哪里呢？他提出："源于动词'或'的隐含义。动词'或'属于存在动词，其词义特点，除了表示'存在'这个动作义以外，同时隐含着存在的人或事物，因而理解这种动词除了动作义本身，还要补出隐含的人或事物。"① 要验证这一说法的准确性，我们自然要考察"或"在《周易》之前文献中的用法。我们发现，《尚书》中"或"已经用作代词，例如：

（80）古之文犹胥训告，胥保惠，胥教诲，民无或胥诪张为幻。（《尚书·周书·无逸》）

（81）不敢荒宁，嘉靖殷邦。至于小大，无时或怨（者）。（《尚书·周书·无逸》）

（82）自时厥后，亦罔或克寿，或十年，或七八年，或五六年，或三四年。（《尚书·无逸》）

从例（80）、例（81）、例（82）可以看出，"或"在《尚书》中用作近指代词，用于指代后面的名词，在句中均作定语，这显然不是方有国提出的"或（动词）+V（宾语）"的结构。可见，"或"在中古时期就已经用作代词，只不过最初更接近于近指代词，指示功能比较显著，这个时候的"或"更多译为"这个"，此后，"或"的称代功能逐渐得到发展，更多译为"有人""有的（事物）"等，这个时候的"或"为无定代词。我们考察了《诗经》中代词"或"的使用情况，发现到了这一时期，"或"已经基本上都用作无定代词了。《诗经》中无定代词"或"共有31例，均在句中作主语，且均单独出现在句中作大主语，例如：

（83）或降于阿，或饮于池，或寝或讹。（《诗经·小雅·无羊》）

（84）或燕燕居息，或尽瘁事国；或息偃在床，或不已于行。（《诗经·小雅·北山》）

（85）或来瞻女，载筐及莒，其饟伊黍。（《诗经·周颂·良耜》）

在《左传》中，"或"的性质仍然为无定代词。《左传》中无定代词"或"共有39例，且"或"在句中仍然全部作主语。不同的是，这一时期"或"作主语的情况又可以分为大主语和小主语两种。"或"单独出现在句

---

① 方有国. 先秦汉语实词语法化研究[M]. 成都：巴蜀书社，2015：293.

中作大主语的例句有21例,例如:

(86) 或诉元咺于卫侯曰:"立叔武矣。"(《左传·僖公二十八年》)

(87) 或谓子舟曰:"国君不可戮也。"(《左传·文公十年》)

(88) 初,声伯梦涉洹,或与己琼瑰食之,泣而为琼瑰盈其怀,从而歌之曰:"济洹之水,赠我以琼瑰。归乎归乎,琼瑰盈吾怀乎!"(《左传·成公十七年》)

《左传》中也有"或"处于名词后,作主谓短语中的主语,在句中充当小主语的情况,这种情况下"或"表示的人或事物为其前名词的一部分,例如:

(89) 齐人或为孟氏谋,曰:"鲁,尔亲也,饰棺置诸堂阜,鲁必取之。"(《左传·文公十五年》)

(90) 晋人或以广队不能进,楚人惎之脱扃。少进,马还,又惎之拔旆投衡,乃出。顾曰:"吾不如大国之数奔也。"(《左传·宣公十二年》)

(91) 乡人或歌之曰:"我有圃,生之杞乎!从我者子乎,去我者鄙乎,倍其邻者耻乎!已乎已乎,非吾党之士乎!"(《左传·昭公十二年》)

例(89)中"或"为齐人中的一部分,例(90)中"或"为晋人中的一部分,例(91)中"或"为乡人中的一部分。

《左传》中还有一部分"或"前加"无",构成"无或+V"的结构,译为"不要有人……","或"本身是肯定性的无定代词,而"无"是否定性的,"或"和"无"组合起来表劝诫、告示等,例如:

(92) 王弗听,负之斧钺,以徇于诸侯,使言曰:"无或如齐庆封弑其君,弱其孤,以盟其大夫!"庆封曰:"无或如楚共王之庶子围弑其君、兄之子麇而代之,以盟诸侯!"王使速杀之。(《左传·昭公四年》)

(93) 平丘之会,君寻旧盟曰:"无或失职!"(《左传·昭公十九年》)

从这些例句我们可以看出,无定代词"或"一般指代人,很少用来指代事物(指代事物时多用来指代动物),相当于现代汉语中的"有人""有的人""某人"等。在句法功能上,一般只在句中作主语。

(三) 有

杨伯峻、何乐士在《古汉语语法及其发展》中曾提道:"'或'字和

'有'字古音是平入对转，所以'有'字也可以作'或'字用。"① 那么"有"字是否有代词的性质呢？关于这一点，学界有很大的争议。自《马氏文通》开始，比较重要的语法著作，如《新著国语文法》《高等国文法》《中国文法要略》《中国语法理论》《中国古代语法》等均未提及"有"的代词性质，直到二十世纪八十年代，"有"的代词用法才被学者关注到。

最早关注到"有"的代词用法的是宋玉珂，但宋氏并没有给代词"有"归类。② 之后，朱声琦明确提出"有"为肯定性的无指代词。③《汉字源流字典》也列出了"有"的代词义项：用作虚指代词，相当于"有人、有谁、有时、有法、有什么、有的地方、有的东西、有的事"等。④ 从这些解释来看，代词"有"和"或"的性质是相近的，我们也把"有"归入无定代词一类中。

据我们考察，《易经》和《尚书》中就已出现"有"作无定代词的用法，例如：

（94）含章，有陨自天。（《周易·姤·九五爻辞》）

（95）民有不若德，不听罪，天既孚命正厥德，乃曰其如台。（《尚书·商书·高宗肜日》）

例（94）中"有"意为"有（东西）从天上落下"，例（95）中"有"前出现了先行词，此时"有"表示"民"中的一部分，这两例中"有"均为代词。

《诗经》中"有"作代词的情况极少，仅有 1 例：

（96）日有食之，亦孔之丑。（《诗经·小雅·十月之交》）

"日有食之"在上古时期比较常见，已经成为固定词组，意为"有东西吃了太阳"，这也是上古时期对日食的解释。

在《左传》中，"有"大多为动词和副词。除了"日有食之"这一固定搭配，《左传》中"有"作代词的用例仅有 11 例，其中"有"在句中均作主语，且"有"之前没有先行词，例如：

（97）十二月，会于淮，谋鄫，且东略也。城鄫，役人病，有夜登丘而呼曰："齐有乱！"（《左传·僖公十六年》）⑤

（98）对曰："国之将兴，明神降之，监其德也；将亡，神又

---

① 杨伯峻, 何乐士. 古汉语语法及其发展（修订本）[M]. 北京: 语文出版社, 2001: 159.
② 宋玉珂. 古汉语"有"的代词用法 [J]. 语言教学与研究, 1983 (1): 109-118.
③ 朱声琦. 上古无指代词"有" [J]. 语言教学与研究, 1984 (2): 144-159.
④ 谷衍奎. 汉字源流字典 [M]. 北京: 语文出版社, 2008: 237.
⑤ 杜预注："役人遇厉气，不堪久驻，故作妖言。"认为"有"为"役人"。

降之，观其恶也。故有得神以兴，亦有以亡，虞、夏、商、周皆有之。"(《左传·庄公三十二年》)

(99) 有渝此盟，以相及也。(《左传·僖公二十八年》)

(100) 癸亥，盟于宋西门之外，曰："凡晋、楚无相加戎，好恶同之，同恤菑危，备救凶患。若有害楚，则晋伐之；在晋，楚亦如之。交贽往来，道路无壅；谋其不协，而讨不庭。有渝此盟，明神殛之，俾队其师，无克胙国。"(《左传·成公十二年》)

(101) 夏，有告陈桓子曰："子旗、子良将攻陈、鲍。"(《左传·昭公十年》)

(102) 林楚怒马，及衢而骋。阳越射之，不中。筑者阖门。有自门间射阳越，杀之。(《左传·定公八年》)

(103) 有不用命，则有常刑，无赦。(《左传·哀公三年》)

(104) 子木曰："是皆然矣。"声子曰："今又有甚于此。"(《左传·襄公二十六年》)

(105) 王问于子泄。对曰："鲁虽无与立，必有与毙；诸侯将救之，未可以得志焉。晋与齐、楚辅之，是四仇也。夫鲁，齐、晋之唇。唇亡齿寒，君所知也，不救何为？"(《左传·哀公八年》)

从这些例句中我们可以看出，无定代词"有"绝大多数用来指代人，也有部分用来指代事物。《左传》中的"有"主要指代人和国家。

《左传》中有一些例句是有争议的，例如：

(106) 初，武城人或有因于吴竟田焉，拘鄫人之沤菅者，曰："何故使吾水滋？"(《左传·哀公八年》)

宋玉珂指出，这里"把'或有'连用，显然是因为两字是同义的虚指代词，把它们连用起来，使语言形式复音化"①。但我们认为，这里的"或"和"有"并不是代词连用的关系，"有"与后面出现的"者"是固定搭配，构成"有……者"结构。"或"在这里的确是无定代词，但"有"是不是代词还有待我们进一步考察。

这里就涉及了"有……者"中"有"的词性问题，事实上，关于这一问题，已有很多学者提出了自己的看法。最早马建忠在《马氏文通》中就已经提到了"有……者"中"有"和"者"的性质，并提出："至《梁惠王下》'王之臣有讬其妻子于其友而之楚游者'句，'王之臣'乃约数之母，非起词也，犹云'王臣之中有如是之人者'。"② 可见，马氏认为"者"是

---

① 宋玉珂. 古汉语"有"的代词用法 [J]. 语言教学与研究，1983 (1)：109-118.
② 杨树达. 马氏文通刊误 [M]. 北京：中华书局，1962：179.

代词，而"有"是动词。黎锦熙也认为"有"是同动词。之后，吕叔湘在其《中国文法要略》中也讨论了"有……者"这一结构，认为："'者'字就等于'的人'，而'有……者'就等于'有人……'。"① 且提出："者字可以从权认为代用端语。"② 吕氏并未明确指出"有"的性质，但在《中国文法要略》的第十一章中他将"有"归入指称词中的"偏称"一类。朱声琦进一步分析了这一结构，并提出："'有'乃无指代词，作'有人'讲，都是句中的主语。'者'是表示各种语气的语助词。"③ 在"有"是否为代词的这一问题上，各家难以形成统一的看法。为了说明"有……者"中"有"和"者"的性质，我们考察了《左传》中所有的"有……者"结构。

《左传》中"有……者"结构共有 24 例，虽然都是"有……者"结构，但不同例句中"有"和"者"的性质是不同的，我们将它们分为以下几种情况：

第一种情况，"有"与"者"之间都是谓词性成分，且这个谓词性成分在语义上与"者"的关系更密切，这里的"有"为无定代词，这样的例句有 12 例，例如：

（107）午言曰："今也得栾孺子何如？"对曰："得主而为之死，犹不死也。"皆叹，有泣者。（《左传·襄公二十三年》）

（108）对曰："臣知罪矣。臣不佞，不能负羁絏以从扞牧圉，臣之罪一也。有出者，有居者。臣不能贰，通外内之言以事君，臣之罪二也。有二罪，敢忘其死？"（《左传·襄公二十六年》）

（109）誓曰："有犯命者，君子废，小人降！"（《左传·昭公六年》）

第二种情况，"有"和"者"之间的关系与前一类相同，但"有"之前会冠以名词，这种情况下"有……者"所指代的事物成为其前名词的一部分，这里的"有"也是无定代词，这样的例句共 3 例，例如：

（110）臧孙纥有言曰："圣人有明德者，若不当世，其后必有达人。"（《左传·昭公七年》）

（111）叔向受羹反锦，曰："晋有羊舌鲋者，渎货无厌，亦将及矣。为此役也，子若以君命赐之，其已。"（《左传·昭公十三年》）

（112）司墓之室有当道者，毁之，则朝而堋；弗毁，则日中而堋。（《左传·昭公十二年》）

---

① 吕叔湘. 中国文法要略［M］. 北京：商务印书馆，1982：107.
② 吕叔湘. 中国文法要略［M］. 北京：商务印书馆，1982：108.
③ 朱声琦. 上古无指代词"有"［J］. 语言教学与研究，1984（2）：150.

第三种情况,"有"和"者"之间的成分主要为名词性成分,且这些成分更加靠近"有",经常译为"有……的人",这种情况下的"有"很显然为动词,这样的例句共7例,例如:

(113) 为难故,故欲立长君。有此四德者,难必抒矣。(《左传·文公六年》)

(114) 对曰:"不立。是二王之命也,非启季子也。若天所启,其在今嗣君乎!甚德而度。德不失民,度不失事。民亲而事有序,其天所启也。有吴国者,必此君之子孙实终之。季子,守节者也。虽有国,不立。"(《左传·襄公三十一年》)

(115) 赵孟闻之,曰:"临患不忘国,忠也;思难不越官,信也;图国忘死,贞也;谋主三者,义也。有是四者,又可戮乎?"(《左传·昭公元年》)

第四种情况,"有"和"者"之间的成分还是体词性的,一般为人名,译为"有一个叫……的人",这里"有"明显是无定代词,这样的例句有2例:

(116) 初,陈豹欲为子我臣,使公孙言己,已有丧而止,既,而言之,曰:"有陈豹者,长而上偻,望视,事君子必得志,欲为子臣。吾惮其为人也,故缓以告。"(《左传·哀公十四年》)

(117) 乞曰:"不可得也。"曰:"市南有熊宜僚者,若得之,可以皆五百人当之,则可矣。"(《左传·哀公十六年》)

从以上四种情况我们可以总结出,除了第三种情况中"有"的性质为动词外,"有……者"结构中"有"的性质一般均为无定代词。

"有"在《左传》中作代词时一般均为无定代词,但以下1例中的"有"如果归为无定代词恐怕不妥:

(118) 荀吴谓韩宣子曰:"诸侯相朝,讲旧好也。执其卿而朝其君,有不好焉,不如辞之。"乃使士景伯辞公于河。(《左传·昭公十三年》)

此处"有不好焉"可以译为"这是不友好的",显然这里的"有"应为近指代词。

(四)莫

"莫"最早见于甲骨文,上古时期的"莫"有名词、动词、副词和代词四种词性。"莫"的本义是太阳将冥落,属于时间名词。其动词义"无、没有"是从名词义引申而来,段玉裁《说文解字注》:"且冥者,将冥也。

(《说文》)木部曰：'杳者冥也。'夕部曰：'夕，莫也。'引申之义为有无之无。"① 而其代词义则从动词义转化而来，方有国在《先秦汉语实词语法化研究》中指出："无定代词'莫'从动词'莫'转化来，促成这一转化有词义隐含和句法关系两方面的因素。"②

关于代词"莫"的性质，杨树达在其《高等国文法》中将"莫"归入"其他之指示代名词"中的"无指代词"一类中。同样持"无指代词"说的学者还有白兆麟、杨伯峻、何乐士、向熹等。王力在《王力古汉语字典》中列出了"莫"的代词义项："无定代词。没有谁，没有什么。"③ 同样持"无定代词"说的学者还有郭锡良、张文国、张能甫、李佐丰等。可见，学界在"莫"的代词属性的看法上基本是一致的。我们认为，"或"和"有"是肯定性的无定代词，而"莫"正好与之相反，是否定性的无定代词。

无定代词"莫"在西周就已出现。我们考察了《诗经》中"莫"的使用情况，发现《诗经》中无定代词"莫"共有 49 例，其中"莫"均作主语，且"莫"大多作小句的主语，前面没有先行词，这样的例句有 44 例，例如：

（119）终窭且贫，莫知我艰。（《诗经·国风·邶风·北门》）
（120）常棣之华，鄂不韡韡。凡今之人，莫如兄弟。（《诗经·小雅·常棣》）
（121）莫高匪山，莫浚匪泉。（《诗经·小雅·小弁》）
（122）莫肯下遗，式居娄骄。（《诗经·小雅·角弓》）
（123）我图尔居，莫如南土。锡尔介圭，以作尔宝。（《诗经·大雅·崧高》）

例（119）"莫"指代"没有人"，例（120）中"莫"指代"人与人之间的感情"，例（121）中"莫"分别指代"山"和"泉水"，例（122）中"莫"指代"雪花"，例（123）中"莫"指代"地方"。可见，无定代词"莫"既可以指代人，也可以指代事物、地点等，指代的范围比较广泛，但"莫"指人的情况最为常见。而吕叔湘在《中国文法要略》中指出："'莫'字和无定指称的'或'字相同，限于指人，又限于作主语。"④ 这一说法显然是不准确的。

朱声琦曾提道："作为否定词来说，否定性无指代词和否定副词一样，后面动词（或介词）的宾语若是代词，便前置。这是否定无指代词区别于

---

① 段玉裁. 说文解字注［M］. 上海：上海古籍出版社，1981：48.
② 方有国. 先秦汉语实词语法化研究［M］. 成都：巴蜀书社，2015：306.
③ 王力. 王力古汉语字典［M］. 北京：中华书局，2000：1062.
④ 吕叔湘. 中国文法要略［M］. 北京：商务印书馆，1982：187.

其它代词的一个重要特点。"① 否定代词"莫"后的动词宾语为代词时,这个代词通常会前置,例如:

（124）蝃蝀在东,莫之敢指。女子有行,远父母兄弟。(《诗经·鄘风·蝃蝀》)

（125）武王载旆,有虔秉钺。如火烈烈,则莫我敢曷。(《诗经·商颂·长发》)

（126）终远兄弟,谓他人父。谓他人父,亦莫我顾。(《诗经·国风·王风·葛藟》)

（127）相在尔室,尚不愧于屋漏。无曰不显,莫予云觏。(《诗经·大雅·抑》)

以上这些含"莫"字的例句中正常的语序应为"莫敢指之""莫敢曷我""莫顾我""莫云觏予"等。

与"或"一样,"莫"前也可出现先行词,先行词是大主语,"莫"在主谓作宾句中作小主语,这样的情况在《诗经》中共有5例,例如:

（128）民莫不逸,我独不敢休。天命不彻,我不敢效我友自逸。(《诗经·小雅·十月之交》)

（129）冬日烈烈,飘风发发。民莫不穀,我独何害!(《诗经·小雅·四月》)

（130）弁彼鸒斯,归飞提提。民莫不穀,我独于罹。(《诗经·小雅·小弁》)

（131）民莫不穀,我独何害!南山律律,飘风弗弗。民莫不穀,我独不卒!(《诗经·小雅·蓼莪》)

当"莫"充当主谓作宾句中的小主语时,多与否定副词"不"连用,用双重否定来表示肯定。

到了《左传》中,"莫"的使用发生了一些变化。《诗经》中"莫"均作主语,而《左传》中有1例"莫"作兼语的情况:

（132）子羽曰:"小国无罪,恃实其罪。将恃大国之安靖己,而无乃包藏祸心以图之？小国失恃,而惩诸侯,使莫不憾者,距违君命,而有所壅塞不行是惧。不然,敝邑,馆人之属也,其敢爱丰氏之祧?"(《左传·昭公元年》)

绝大多数"莫"在句中作主语,这样的例句共有88例,其中"莫"前

---

① 朱声琦. 上古无指代词"莫"和"无"[J]. 云南民族学院学报, 1985 (4): 78-83.

有先行词，"莫"在主谓作宾句中作主语的例句有50例，例如：

（133）冬，葬晋景公。公送葬，诸侯莫在。鲁人辱之，故不书，讳之也。（《左传·成公十年》）

（134）郑子蟜见卫北宫懿子曰："与人而不固，取恶莫甚焉，若社稷何？"（《左传·襄公十四年》）

（135）告庆封曰："夫子之身，亦子所知也，唯无咎与偃是从，父兄莫得进矣。大恐害夫子，敢以告。"（《左传·襄公二十七年》）

（136）楚郤宛之难，国言未已，进胙者莫不谤令尹。（《左传·昭公二十七年》）

"莫"前无先行词的例句共38例，例如：

（137）郤至曰："楚有六间，不可失也。其二卿相恶，王卒以旧，郑陈而不整，蛮军而不陈，陈不违晦，在陈而嚣，合而加嚣。各顾其后，莫有斗心；旧不必良，以犯天忌，我必克之。"（《左传·成公十六年》）

（138）上所不为，而民或为之，是以加刑罚焉，而莫敢不惩。（《左传·襄公二十一年》）

（139）伯石始生，子容之母走谒诸姑，曰："长叔姒生男。"姑视之。及堂，闻其声而还，曰："是豺狼之声也。狼子野心。非是，莫丧羊舌氏矣。"（《左传·昭公二十八年》）

《诗经》中"莫"在主谓作宾句中作主语的情况不多，《左传》中"莫"前有先行词的情况逐渐增加，甚至超过了"莫"前无先行词的情况。

一些学者是反对"莫"有代词用法这一观点的，周生亚、林海权等均认为"莫"应为否定副词，我们通过以下几个例句来探讨这个问题。

（140）对曰："小人之事君子也，恶之不敢远，好之不敢近，敬以待命，敢有贰心乎？纵有共其外，莫共其内，臣请往也。"（《左传·襄公二十六年》）

（141）姜曰："夫子愎，莫之止，将不出。我请止之。"（《左传·襄公二十八年》）

（142）子展曰："与其莫往，弱，不犹愈乎？《诗》云：'王事靡盬，不遑启处。'东西南北，谁敢宁处？坚事晋、楚，以蕃王室也。王事无旷，何常之有？"（《左传·襄公二十九年》）

（143）对曰："伯有侈而愎，子皙好在人上，莫能相下也。虽其和也，犹相积恶也，恶至无日矣。"（《左传·襄公三十年》）

例（140）中"莫共其内"应译为"没有人在里面服务"，而不能译为

"不能在里面服务"，这里的"莫"只能是无定代词；例（141）中"莫之止"应译为"没有人制止他"，"莫"也是无定代词；例（142）中"与其莫往"应译为"与其没有人去"，而不能译为"与其不去"，"莫"也应为无定代词；例（143）中"莫能相下也"应译为"没有人能相互谦让"，而不能说他们中的一个人不能相让。因此，这些情况下的"莫"只能作无定代词，如果按否定副词处理，前后文语义就说不通了。而有些语境下"莫"又只能作否定副词处理，例如：

（144）终风且霾，惠然肯来。莫往莫来，悠悠我思。（《诗经·国风·邶风·终风》）

（145）人知其一，莫知其他。战战兢兢，如临深渊，如履薄冰。（《诗经·小雅·小旻》）

（146）人亦有言，德輶如毛，民鲜克举之。我仪图之，维仲山甫举之。爱莫助之。衮职有阙，维仲山甫补之。（《诗经·大雅·烝民》）

（147）予其惩而毖后患，莫予荓蜂，自求辛螫。（《诗经·周颂·小毖》）

例（144）中"莫往莫来"的行为发出者为之前"惠然肯来"的主语，因此这里不能译为"没有人来没有人往"，只能译为"（这个负心汉）不来也不往"，"莫"为否定副词；例（145）"莫知其他"中"莫"只能作否定副词"不"，它的主语也已经确定，是前面的"人"；例（146）"爱莫助之"译为"别人爱他不能相助"，其中的"莫"也只能作否定副词；例（147）中"莫予荓蜂"译为"不轻视小草和细蜂"，"莫"也只能作否定副词。因此我们认为，"莫"在句中是作无定代词还是否定副词也不能从句法结构来判定，还是要把"莫"放到一定的语义环境中来判断它的性质。林海权依据以下例句中省略了"莫"的主语来确定"莫"为否定代词：

（148）烝徒增增，戎狄是膺，荆舒是惩，则莫我敢承。（《诗经·鲁颂·閟宫》）

郑玄笺："（天下）无敢御也。"① 我们认为，一个词语在一个句子中所作的句法成分还是应该依据它现有的面貌来判定，这个例句中"莫"前没有主语，我们就不应该按有主语的情况来判断它的句法功能，但或许我们可以猜想，由于省略，"莫"由副词引申出无定代词的用法。

---

① 林海权. 否定词"莫"字的词性研究 [J]. 福建师范大学学报（哲学社会科学版），1983（1）：337-348.

四、泛指代词

最早关注到"泛指代词"的学者是杨树达，他在《高等国文法》中将指代词分为了近称、远称、泛称和通称四类，且将"之、旃、诸、诸（之于）、诸（之乎）、焉、其"等归入"泛称'之'义诸字"一类中。之后，郭锡良将"之"和"兹"归入了"泛指代词"一类中，并首次提到了"泛指代词"的概念："泛指需要说到的人、物、事、理、时、地。"① 此后，杨伯峻、何乐士在《古汉语语法及其发展》中也指出了"泛指代词"的特点："有所指代，但并不是某一个具体确定的对象，读者可以从文章中体会。"② 虽然杨树达、郭锡良、杨伯峻、何乐士等均讨论了泛指代词，但各家对泛指代词的界定是不同的，杨树达认为泛指代词包括"之""旃""诸""诸（之于）""诸（之乎）""焉""其"等；郭锡良认为泛指代词只有"之"和"兹"；杨伯峻、何乐士认为泛指代词包括"之""焉""旃""诸"等。我们认为，上古时期的泛指代词有"之""焉""诸（者）""旃"等，以下我们将分别加以介绍。

（一）之

"之"属于哪一类代词在学界一直有很大的争议，大致可以分为以下几种情况：一是近指代词说。马建忠在《马氏文通》中指出："'之'在偏次，有指示之意，与'此'、'是'诸字同义，则为指示代字。"③ 可见，在马建忠看来，"之"在偏次时才为指示代词，且"之"应归为近指代词。潘允中在《汉语语法史概要》中提道："'之'也是古常见的近指代词。中古属照系三等字，上古则接近端母。"④ 黄盛璋也认为"之"是近指代词。张玉金将"之"分为两部分，"之$_1$"是人称代词，"之$_2$"则是近指代词。二是泛指代词说。杨树达、郭锡良、杨伯峻、何乐士、冯蒸等均认为"之"应是泛指代词。三是兼指代词说。洪波在《汉语历史语法研究》中提出："先秦时期指示代词'是'与'之'属于同一组，都是兼指代词。"⑤ 除了这三类，也有一些学者对"之"的分类提出了不同的看法。如杨树达在《高等国文法》中分别在"近称'于是'义诸字"和"泛称'之'义诸字"中都讨论了"之"的用法。周法高将"之"归入了第三人称代词中。李佐丰则颠覆了传统意义上人称代词、指示代词和疑问代词三分的做法，将代词分为体词性代词和谓词性代词，其中的谓词性代词又分为指称代词和疑问代

---

① 郭锡良．汉语史论集：增补本 [M]．北京：商务印书馆，2005：85．
② 杨伯峻，何乐士．古汉语语法及其发展（修订本）[M]．北京：语文出版社，2001：154．
③ 马建忠．马氏文通 [M]．北京：中华书局，1983：49．
④ 潘允中．汉语语法史概要 [M]．郑州：中州书画社，1982：93．
⑤ 洪波．汉语历史语法研究 [M]．北京：商务印书馆，2010：121．

词两大类,且将"之"归为他称代词一类中,既不从属于人称代词,也不从属于指示代词。那么,"之"到底应该归入哪一类中呢?我们考察了不同辞书中对"之"的释义情况。

《字源》:"'之'多用于假借义,较常见的有:1. 指示代词,相当于'这'。《诗·邶风·燕燕》:'之子于归,远送于野。'《庄子·逍遥游》:'之二虫又何知?' 2. 第三人称代词,相当于'他(她、它)'。《诗·周南·关雎》:'窈窕淑女,寤寐求之。'"①

《汉字源流字典》对代词"之"的释义有以下四类:②

"之"可以借用为第三人称代词,相当于"他,她、它、他们"等;

可活用为第一人称代词,相当于"我,自己";

可以活用为第二人称代词,相当于"你";

又引申为指示代词,表示近指,相当于"这";又表示远指,相当于"那,那些,那样"。

《王力古汉语字典》将"之"作代词的释义分为两类:③

人称代词。他,她,它(或复数)。
指示代词。这,此。

《经传释词》卷九:"'之',指事之词也。若'左右流之','之'属'是'也。"④"'之'其也。"

《故训汇纂》列出了"之"作指示代词的24条相关释义,包括"'之',指事之词也。""'之'其也。""'之',此也。""'之',是也。"⑤ 等。

《小尔雅·广诂》:"之,适也,假借为是。"《诗经》:"桃之夭夭,之子于归。"《尔雅释训》:"之子者,是子也。"⑥

综上,我们可以发现,"之"作指示代词时既可以近指,又可以远指,我们采取杨树达、郭锡良等的分类标准,将指示代词"之"归入泛指代词一类中。

"之"在甲骨文中就已出现,黄盛璋提道:"甲文的'之'大部分是用在时间词之前,如'之日','之夕','之月'等。"⑦ 之后,《诗经》《庄子》等文献中也有很多"之"作指示代词的用例,且"之"在句中大多作

---

① 李学勤. 字源 [M]. 天津:天津古籍出版社,2013:548.
② 谷衍奎. 汉字源流字典 [M]. 北京:语文出版社,2008:44.
③ 王力. 王力古汉语字典 [M]. 北京:中华书局,2000:6.
④ 王引之,孙经世. 经传释词(附补及再补)[M]. 北京:中华书局股份有限公司,1956:198.
⑤ 宗福邦,等. 故训汇纂 [M]. 北京:商务印书馆,2003:37-39.
⑥ 古文字诂林编纂委员会. 古文字诂林:第5册 [M]. 上海:上海教育出版社,2002:4182.
⑦ 黄盛璋. 先秦古汉语指示词研究 [J]. 语言研究,1983(2):139.

定语，例如：

(149) 江有汜，之子归，不我以。(《诗经·国风·召南·江有汜》)
(150) 乃如之人兮，逝不相好。(《诗经·国风·邶风·日月》)
(151) 之二虫又何知！(《庄子·逍遥游》)
(152) 虽然，之二者有患。(《庄子·人间世》)

到了《左传》中，泛指代词"之"几乎全部在句中作宾语，例如：

(153) 君人者，将祸是务去，而速之，无乃不可乎？(《左传·隐公三年》)
(154) 官有世功，则有官族。邑亦如之。(《左传·隐公八年》)
(155) 师出臧否，亦如之。(《左传·隐公十一年》)

综上可以发现，"之"作指示代词时常分布于"如"等字之后，表示"像这样""像那样"，这个时候的"之"的指示性逐渐减弱，称代功能逐渐增强。因此，"之"在《左传》中绝大多数用作第三人称代词。

(二) 焉

传世文献中"焉"最早见于《尚书》和《诗经》。上古时期"焉"的句法功能有代词、介词、连词、语气词等，其中代词又包括人称代词、指示代词和疑问代词。"焉"有疑问代词的用法是为学界所公认的，但其指示代词和人称代词的用法并没有得到普遍关注。

关于"焉"作指示代词时的性质，杨树达、杨伯峻、何乐士等均认为"焉"是泛指代词，崔立斌认为"焉"是"特殊的指示代词"。我们考察了几部辞典中代词"焉"的释义情况：

《汉语大字典》：1. 表示指示，相当于"之"。2. 表示疑问。①

《中华字海》：1. 代词，指代人或物，相当于"之"。2. 相当于"于此"。3. 怎么。4. 哪里。5. 相当于"乃"、"于是就"。②

《汉语大词典》：3. 兼有介词加代词的功能，相当于介词"于"加代词"此"或"是"。4. 代词，相当于"之"、"此"。③

《字源》：或用作代词，相当于"之"。或相当于"于此"。④

---

① 汉语大字典编辑委员会. 汉语大字典 [M]. 武汉：崇文书局，2010：2365.
② 冷玉龙，等. 中华字海 [M]. 2版. 北京：中国友谊出版公司，2000：974.
③ 汉语大词典编辑委员会，汉语大词典编纂处，罗竹风. 汉语大词典：第1卷 [M]. 上海：上海辞书出版社，1986：9686.
④ 李学勤. 字源 [M]. 天津：天津古籍出版社，2013：335.

《中华大字典》：1. 犹是也。2. 犹于是也。①

《王力古汉语字典》：指示代词。于此。又用以复指前置的宾语。②

《汉字源流字典》：借用作第三人称代词，相当于他（们）、它（们）。又活用为第一人称，相当于我、自己。又用作指示代词，相当于之、此、这。又用作疑问代词（作状语翻译时要加出适当介词），相当于哪里、怎么。又用作兼词，相当于于是（介词+代词），引出人、事物、处所，可灵活译为在这里、在那里、比这个、从那里等。③

从以上几部辞典中"焉"的义项设定来看，大多数辞典认为"焉"与"之"的语义相似，我们把"之"归为泛指代词，"焉"自然也应该属于泛指代词一类。此外，《汉语大词典》《字源》《中华大字典》等均认为"焉"相当于代词"此"或"是"，可见这几部辞典认为"焉"应为近指代词。据我们考察，"焉"的确在很大一部分情况下均处于指近的语境中，因此，它应该是一个偏近指的泛指代词。《汉语大词典》中"焉"表介词加代词时不属于代词一类中。

指示代词"焉"在《尚书》中就已出现，例如：

（156）为坛于南方北面，周公立焉。（《尚书·周书·金縢》）

（157）今日之事，不愆于六步、七步，乃止，齐焉。（《尚书·周书·牧誓》）

可以看出，《尚书》中的"焉"均用在"V+焉"句式中，"焉"多译为"在这里、在那里"。到了《诗经》中，"焉"在句中主要作谓语和宾语，有4例在句中作谓语，"焉"在这里表示"变成这样""形成这样的结果"等：

（158）终窭且贫，莫知我艰。已焉哉！天实为之，谓之何哉！（《诗经·国风·邶风·北门》）

（159）我入自外，室人交徧谪我。已焉哉！天实为之，谓之何哉！（《诗经·国风·邶风·北门》）

（160）我入自外，室人交徧摧我。已焉哉！天实为之，谓之何哉！（《诗经·国风·邶风·北门》）

（161）反是不思，亦已焉哉！（《诗经·国风·卫风·氓》）

"焉"作宾语的例句有6例，其中只有2例"焉"为泛指代词，且"焉"处于介宾结构中：

---

① 徐元诰，欧阳溥存，汪长禄. 中华大字典［M］. 香港：中华书局香港分局，1958：920.
② 王力. 王力古汉语字典［M］. 北京：中华书局，2000：657.
③ 谷衍奎. 汉字源流字典［M］. 北京：语文出版社，2008：1184.

(162) 皎皎白驹，食我场苗。絷之维之，以永今朝。所谓伊人，于焉逍遥。(《诗经·小雅·白驹》)

(163) 皎皎白驹，食我场藿。絷之维之，以永今夕。所谓伊人，于焉嘉客？(《诗经·小雅·白驹》)

其余 4 例"焉"均为第一人称代词，例如：

(164) 嗟行之人，胡不比焉？人无兄弟，胡不佽焉？(《诗经·国风·唐风·杕杜》)

(165) 嗟行之人，胡不比焉？人无兄弟，胡不佽焉？(《诗经·国风·唐风·杕杜》)

学界很少关注到"焉"作第一人称代词的情况①，几部辞典中也仅有《汉字源流字典》将"焉"作第一人称代词的情况设为一个义项。

在《左传》中，"焉"又出现了作第三人称代词的情况，且与第一人称代词一样，"焉"在句中均作宾语，例如：

(166) 子高曰："天命不谄。令尹有憾于陈，天若亡之，其必令尹之子是与，君盍舍焉？臣惧右领与左史有二俘之贱而无其令德也。"(《左传·哀公十七年》)

(167) 赵文子问焉，曰："延州来季子其果立乎？巢陨诸樊，阍戕戴吴，天似启之，何如？"(《左传·襄公三十一年》)

(168) 王以上卿之礼飨管仲，管仲辞曰："臣，贱有司也。有天子之二守国、高在。若节春秋来承王命，何以礼焉？陪臣敢辞。"(《左传·僖公十二年》)

《左传》中泛指代词"焉"共有 80 例，且在句中主要作补语和宾语，作宾语的例句有 35 例，例如：

(169) 子国怒之曰："尔何知！国有大命，而有正卿，童子言焉，将为戮矣！"(《左传·襄公八年》)

(170) 对曰："先王之命，唯罪所在，各致其辟。且昔天子之

---

① 方有国在《先秦汉语实词语法化研究》中谈到了人称代词"焉"的来源，他提道："人称代词'焉'来自指示代词'焉'，两个因素促成了这一发展。一是'焉'由指代处所扩大指代范围指代人或事物，这一变化为其向人称代词演变提供了语义条件；另一个非常关键的因素是语境，先秦汉语的'焉'，常近距离回指前面刚出现的人或事物。近距离指代，指别义相对减弱，称代义凸显出来，'焉'成为人称代词。"我们认为还有一个因素导致了"焉"有人称代词的用法，由于"焉"常常处于句末，我们理解语义又必须从语境出发，句末词的语义容易被误解，因此到了《左传》中才有了大量被理解为人称代词的"焉"。方有国. 先秦汉语实词语法化研究 [M]. 成都：巴蜀书社，2015：415.

地一圻，列国一同，自是以衰。今大国多数圻矣，若无侵小，何以至焉？"（《左传·襄公二十五年》）

（171）中牟人欲伐之。卫褚师圃亡在中牟，曰："卫虽小，其君在焉，未可胜也。齐师克城而骄，其帅又贱，遇，必败之，不如从齐。"（《左传·定公九年》）

例（169）中"焉"指这些话；例（170）中"焉"指这个地步；例（171）中"焉"指卫国那个地方。可以发现"焉"作宾语时多表抽象名词，也多用于表地点。

《左传》中"焉"作补语的例句有45例，例如：

（172）公曰："制，岩邑也，虢叔死焉。佗邑唯命。"（《左传·隐公元年》）

（173）蔡哀侯娶于陈，息侯亦娶焉。（《左传·庄公十年》）

（174）对曰："若得道于虞，犹外府也。"公曰："宫之奇存焉。"（《左传·僖公二年》）

（175）置其子狐庸焉，使为行人于吴。（《左传·成公七年》）

事实上，关于"焉"表"介词+地点名词"的情况，学界有不同的看法。《汉语大词典》和《汉语源流字典》均认为这种情况不属于"焉"作代词的情况，魏德胜在其《〈睡虎地秦墓竹简〉语法研究》中指出："作指示代词的'焉'并不是单纯的指代，而多是用为兼词。相当于'于之'。"①方有国在《先秦汉语实词语法化研究》一书中也将这种情况下的"焉"称为"兼词"。② 不同的是，魏德胜将用为兼词的"焉"归入指示代词一类，而方有国则将指示代词和兼词并列，认为兼词不属于指示代词。崔立斌在《〈孟子〉词类研究》中将这种情况直接归为"焉"作指示代词时作补语一类中，他提道："'焉'用于动词、动宾结构、形容词等后面作补语，意义相当于'于是'。"③ 我们认为，"焉"表"介词+地点名词"时属于泛指代词"焉"作补语的情况，这时的"焉"仍然是泛指代词，我们把它称为"兼词性的泛指代词"。

除此之外，"焉"还可以置于动词之前，复指前置的宾语。例如：

（176）周桓公言于王曰："我周之东迁，晋、郑焉依。善郑以劝来者，犹惧不蔇，况不礼焉？郑不来矣。"（《左传·隐公六年》）

---

① 魏德胜.《睡虎地秦墓竹简》语法研究［M］.北京：首都师范大学出版社，2000：145.
② 方有国.先秦汉语实词语法化研究［M］.成都：巴蜀书社，2015：410.
③ 崔立斌.《孟子》词类研究［M］.开封：河南大学出版社，2004：182.

这里"焉"用来复指前面出现的"晋、郑"。

由于"之"和"焉"性质相似，因此学者们常用"之"来注释"焉"，那么"之"和"焉"在使用上到底有什么区别呢？

王力提到了"之"和"焉"的区别："在和动词结合时，'之'字用在及物动词的后面。'焉'字用在不及物动词的后面。"① 我们考察了《左传》中"之"和"焉"的使用情况，发现这一说法是不准确的。且看以下几个例句：

（177）官有世功，则有官族。邑亦如之。（《左传·隐公八年》）

（178）公子买戍卫，楚人救卫，不克。公惧于晋，杀子丛以说焉。（《左传·僖公二十八年》）

（179）子国怒之曰："尔何知！国有大命，而有正卿，童子言焉，将为戮矣！"（《左传·襄公八年》）

很明显这三个例句中，"之"和"焉"前面的动词都是及物动词，例（178）中"说"为"讨好"之意，例（179）中"言焉"意为"说这样的话"，可见，并不是所有的"焉"之前的动词都是不及物动词。因此，"焉"作宾语时，其前的动词全部为及物动词，只有当"焉"作补语时，才会用于不及物动词之后。

我们认为，"之"和"焉"的区别在于：指示代词"之"多用于作定语和宾语，而"焉"则多用于作谓语、补语和宾语，可以说"之"作指示代词时偏向于体词性代词，而"焉"偏向于谓词性代词。此外，"之"多用于表示时间，而"焉"多用于表示地点。

（三）诸（者）

在讨论指示代词时，"诸"的代词用法一直被学界所忽视，仅有少数几位学者对"诸"的代词属性进行了讨论。杨树达在《高等国文法》中将"诸"归入"泛称'之'义诸字"② 中，杨伯峻、何乐士在《古汉语语法及其发展》一书中将"诸"归入"泛指代词"一类中，我们也对几部辞典中"诸"的代词义项进行了总结：

《汉语大字典》中代词"诸"的义项设置情况：代词。1. 作宾语，相当于"之"。2. 作定语，相当于"其"。③

《中华字海》中代词"诸"的义项设置：代第三人称，相当于"之"。④

《汉语大词典》对代词"诸"的义项设置：代词。1. 相当于"之"。用

---

① 王力. 古代汉语（修订本）[M]. 北京：中华书局，1981：258.
② 杨树达. 高等国文法 [M]. 北京：商务印书馆，1984：76.
③ 汉语大字典编辑委员会. 汉语大字典 [M]. 武汉：崇文书局，2010：4243.
④ 冷玉龙，等. 中华字海 [M]. 2版. 北京：中国友谊出版公司，2000：1463.

作宾语。2. 相当于"其",用作定语。①

《王力古汉语字典》对代词"诸"的义项设置:指代人或事物,相当于"之"。又为"之于"的合音。还为"之乎"的合音。②

《汉字源流字典》中对代词"诸"的义项设置:又用作代词,相当于"之";又用作第三人称代词,相当于"他"。③

可见,这几部辞典无一例外均认为"诸"相当于"之",具体义项的设置上又有些差异。《汉语大字典》和《汉语大词典》的义项设置相同,都指出"诸"用作宾语时相当于"之",用作定语时相当于"其"。《中华字海》和《汉字源流字典》则指出了"诸"第三人称代词的用法,只是《中华字海》只列出了"诸"作第三人称代词这一种义项,而《汉字源流字典》则将"诸"的义项分为指示代词"之"和第三人称代词"他"。我们认为,"之"本身就有第三人称代词和指示代词两种用法,因此"诸"相当于"之"就已经说明了它既可以作指示代词又可以作第三人称代词的特点。值得注意的是,《王力古汉语字典》则把另外几部字典均未归入代词义项的"之于的合音"和"之乎的合音"也列入了代词义项中,我们认为并不可取。通过对上古时期"诸"的使用情况的考察,我们认为上古时期"诸"的代词义项可以做以下设定:1. 相当于"之",作宾语;2. 相当于"其",作定语;3. 众、各,作定语。

"诸"相当于"之"这一说法为学界广泛认同,"诸"相当于"其"的情况我们以下面两个例句来做解释:

(180) 王弗听,负之斧钺,以徇于诸侯,使言曰:"无或如齐庆封弑其君,弱其孤,以盟其大夫。"(《左传·昭公四年》)

(181) 无效齐庆封弑其君而弱其孤,以盟诸大夫!(《史记·楚世家》)

可见,这里"诸"相当于"其"。

之所以把"众、各"这一义项置于代词分类中,是因为"诸"表"众、各"时与"各""每"的用法一致,所以此时的"诸"应为逐指代词。由于"诸"相当于"之",且既可以近指,又可以远指,还可以逐指,我们把它归入"泛指代词"一类中。

"诸"早期作指示代词时并不是以"诸"的形式出现的,"两周金文中

---

① 汉语大词典编辑委员会,汉语大词典编纂处,罗竹风. 汉语大词典:第1卷 [M]. 上海:上海辞书出版社,1986:265.
② 王力. 王力古汉语字典 [M]. 北京:中华书局,2000:1281.
③ 谷衍奎. 汉字源流字典 [M]. 北京:语文出版社,2008:1149.

的指示代词'诸'皆借'者'为之"①。例如：

(182) 用从井（邢）侯征事，用乡多者（诸）友。（麦方鼎，西早）

(183) 我用召卿事（士）辟王，用召者（诸）考者（诸）兄。（伯公父簠，西晚）

据武振玉考察，"者（诸）"是"一个出现时间较晚的代词，其出现场合也比较单一，所修饰的有侯、友、尹、母、父、兄、婚媾、士等名词，全部是指人名词"②。

到了《诗经》中，"者"作代词的情况已经全部被"诸"取代，不过在句法功能上没有发生变化，代词"诸"在《诗经》中共有11例，且全部作定语，例如：

(184) 岂敢爱之？畏我诸兄。仲可怀也，诸兄之言，亦可畏也。（《诗经·国风·郑风·将仲子》）

(185) 饮御诸友，炰鳖脍鲤。侯谁在矣？张仲孝友。（《诗经·小雅·六月》）

(186) 此邦之人，不可与处。言旋言归，复我诸父。（《诗经·小雅·黄鸟》）

(187) 百两彭彭，八鸾锵锵，不显其光。诸娣从之，祁祁如云。（《诗经·大雅·韩奕》）

到了《左传》中，"诸"的使用更加频繁，句法功能也有所增加。《左传》中代词"诸"仍然以作定语为主，这样的例句有67例，例如：

(188) 冬十有一月癸未，齐无知弑其君诸儿。（《左传·庄公八年》）

(189) 诸大夫皆曰："必居郇、瑕氏之地，沃饶而近盬，国利君乐，不可失也。"（《左传·成公六年》）

(190) 范文子立于戎马之前，曰："君幼，诸臣不佞，何以及此？君其戒之！《周书》曰'惟命不于常。'有德之谓。"（《左传·成公十六年》）

由此可以看出，《左传》中"诸"作定语时多表示"各、众"等语义。这一时期"诸"在句中作宾语的情况大量出现，此时的"诸"相当于"之"，《左传》中"诸"作宾语的例句共17例，其中有12例"诸"表第

---

① 武振玉. 两周金文词类研究（虚词篇）[D]. 吉林：吉林大学，2006.
② 武振玉. 两周金文词类研究（虚词篇）[D]. 吉林：吉林大学，2006.

三人称，例如：

（191）秦伯谓子桑："与诸乎？"对曰："重施而报，君将何求？重施而不报，其民必携；携而讨焉，无众，必败。"谓百里："与诸乎？"（《左传·僖公十三年》）

（192）潘崇曰："能事诸乎？"曰："不能。"（《左传·文公元年》）

（193）其子不忍食诸，死于穷门。（《左传·襄公四年》）

还有1例"诸"表第一人称：

（194）王曰："除腹心之疾，而置诸股肱，何益？不谷不有大过，天其夭诸？有罪受罚，又焉移之？"（《左传·哀公六年》）

这句话中的"不谷"表"我"，因此"天其夭诸"意为"上天能让我夭折吗？"

其余4例"诸"表指示，例如：

（195）二三子先卜邻矣。违卜不祥。君子不犯非礼，小人不犯不祥，古之制也。吾敢违诸乎？（《左传·昭公三年》）

（196）请命，对曰："闻强氏授甲将攻子，子闻诸？"（《左传·昭公八年》）

（197）对曰："不死伍乘，军之大刑也。干刑而从子，君焉用之？子速诸！"（《左传·昭公二十一年》）

例（195）中"诸"表前面指出的制度，例（196）中"诸"表"强氏授甲将攻子"这件事，例（197）中"诸"表这样做。

《左传》中经常可以看到一些动词加"诸"的情况，在形式上很容易把"诸"判断为作宾语，如"及、纳、属、待、杀、弃、问、置、归"等，这些动词后加"诸"时，"诸"一般表示"之于"，我们不把它归入"诸"作代词的情况。

除了作定语和宾语的情况，《左传》中还出现了代词"诸"作兼语的情况：

（198）先君无乃有罪乎？若有罪，则君列诸会矣。（《左传·成公十六年》）

这里指"君王使他参加会盟"，"诸"为兼语。

（四）旃

相对于"之""焉""诸"等，"旃"的出现频率最低，学界对"旃"的关注也很少。就"旃"的代词性质而言，杨树达在《高等国文法》中将

"旃"归入"泛称'之'义诸字"中；杨伯峻、何乐士在《古汉语语法及其发展》中将"旃"归入泛指代词一类中；张玉金则认为"旃"是一个第三人称代词。① 我们也考察了几部辞典中"旃"的代词义项情况，总结如下：

《汉语大字典》：代词。表示指称，用于谓语之后。1. 相当于"之"。2. 相当于"之"和"焉"。②

《汉语大词典》：之，焉。③

《中华大字典》：1. 之也。2. 焉也。④

《汉字源流字典》：又借作代词，用作兼词。相当于"之焉"的合音。又引申相当于"之"。⑤

可见，大多数辞典认为"旃"相当于"之"和"焉"。《汉语大字典》和《汉字源流字典》注意到了"旃"表"之"和"焉"合音的情况，且均把这种情况下的"旃"归入代词分类中，而《王力古汉语字典》则把这种情况下的"旃"归为助词一类中，之后又引《左传·襄公二十八年》中的："天其殃之也，其将聚而歼旃？"杜预注："旃，之也。"⑥ 以此来说明这一义项，很显然是前后矛盾的。因此，我们认为，无论是"旃"表"之"还是"之"和"焉"的合音均应归为代词一类中，与"之"和"焉"一样，"旃"应为泛指代词。

《诗经》中代词"旃"共出现了6例，均作宾语，例如：

（199）父曰：嗟！予子行役，夙夜无已。上慎旃哉，犹无止！（《诗经·国风·魏风·陟岵》）

（200）人之为言，苟亦无信。舍旃舍旃，苟亦无然。（《诗经·国风·唐风·采苓》）

例（199）中的"上慎旃哉"指父亲劝说儿子要谨慎处事。马瑞辰通释："之、旃一声之转，又为'之焉'之合声，故旃训'之'，又训'焉'。"杨伯峻、何乐士指出："'旃'无所实指，只表泛指。"⑦ 例（200）中"舍旃舍旃"，郑玄笺："旃之言焉也，舍之焉，舍之焉。"可以看出，这

---

① 张玉金. 春秋出土与传世文献第三人称代词研究［J］. 中国文字研究，2011，14（1）：69-87.
② 汉语大字典编辑委员会. 汉语大字典［M］. 武汉：崇文书局，2010：2336.
③ 汉语大词典编辑委员会，汉语大词典编纂处，罗竹风. 汉语大词典：第1卷［M］. 上海：上海辞书出版社，1986：1590.
④ 徐元诰，欧阳溥存，汪长禄. 中华大字典［M］. 香港：中华书局香港分局，1958：801.
⑤ 谷衍奎. 汉字源流字典［M］. 北京：语文出版社，2008：1116.
⑥ 王力. 王力古汉语字典［M］. 北京：中华书局，2000：421.
⑦ 杨伯峻，何乐士. 古汉语语法及其发展（修订本）［M］. 北京：语文出版社，2001：155.

一时期"旃"均指代抽象的事物。

到了《左传》中,"旃"则主要用于表示具体的人和事物。《左传》中代词"旃"共出现了5例,且均作宾语:

(201) 初,虞叔有玉,虞公求旃。(《左传·桓公十年》)

(202) 季孙喜,使饮己酒,而以具往,尽舍旃。(《左传·襄公二十三年》)

(203) 穆子曰:"善人富谓之赏,淫人富谓之殃。天其殃之也,其将聚而歼旃?"(《左传·襄公二十八年》)

(204) 十一月乙卯,高竖致卢而出奔晋,晋人城縣而置旃。(《左传·襄公二十九年》)

(205) 臧昭伯之从弟会为谗于臧氏,而逃于季氏。臧氏执旃。(《左传·昭公二十五年》)

例(201)、例(202)中的"旃"指代具体的事物,如玉璧、器具等,例(203)、例(204)、例(205)中的"旃"均指代人。

从上述几个泛指代词来看,在使用频率上,"焉"和"之"的使用频率最高,而"诸"和"旃"的使用频率较低。在句法功能上,"之"和"诸"多用于作定语和宾语,"焉"则多用于作谓语、补语和宾语,"旃"在句中只作宾语。

第三章 先秦至魏晋南北朝汉语指示代词的发展演变

魏晋南北朝是汉语代词发展的重要时期,代词的新旧更替在这一时期尤为明显,指示代词也不例外。与先秦时期相比,这一时期指示代词的特点表现在:先秦一部分指示代词仍被沿用,也有部分指示代词被淘汰;出现了一些具有时代特色的新的指示代词,如"阿堵""那""个""底"等;这一时期一些代词开始出现双音化的趋势,如"尔馨""尔许""如许"等。《世说新语》是魏晋南北朝时期的代表性文献,我们试图通过对《世说新语》中指示代词用法特征的计量考察,来归纳总结指示代词由先秦时期到魏晋南北朝时期的发展演变规律。

第一节 先秦至魏晋南北朝近指代词的发展演变

先秦时期的汉语近指代词主要有"兹""此""是""斯""伊""然""若""尔""否"等。到了魏晋南北朝时期,近指代词发生了很大的变化:一方面"兹""伊""若"等失去了近指代词的属性;另一方面出现了一些新的近指代词,如"阿堵""个""乃"等。我们仍然将这一时期的近指代词分为体词性近指代词和谓词性近指代词两部分加以讨论。

一、体词性近指代词

先秦时期的体词性近指代词主要有"兹""此""是""斯""伊"五个,到了魏晋南北朝时期,体词性近指代词主要有"此""是""斯""阿堵""箇(个)""许"等,以下我们将分别加以介绍。

(一)此

"此"是先秦时期比较常见的一个近指代词。在先秦时期,"此"主要在句中作宾语和定语,魏晋南北朝时期基本沿用了先秦时期"此"作指示代词的用法。《世说新语》中"此"共有352例,主要在句中作定语和宾语，其句法功能情况见表15。其中，"此"作定语的例句有155例，例如：

（1）桓常侍闻人道深公者，辄曰："此公既有宿名，加先达知称，又与先人至交，不宜说之。"（《世说新语·德行第一》）

（2）郭景纯诗云："林无静树，川无停流。"阮孚云："泓峥萧瑟，实不可言。每读此文，辄觉神超形越。"（《世说新语·文学第四》）

（3）既进脍，便去，云："向得此鱼，观君船上当有脍具，是故来耳。"（《世说新语·任诞第二十三》）

表15 《世说新语》中近指代词"此"的句法功能情况表

句法功能	宾语		定语	主语	状语	总计
	动宾	介宾				
用例数量/例	72	61	155	63	1	352
所占比例/%	20.45	17.33	44.03	17.90	0.28	100

"此"作宾语的例句共有133例，其中有61例处于介宾结构中，例如：

（4）郗受假还东，帝曰："致意尊公，家国之事，遂至于此。由是身不能以道匡卫，思患预防。愧叹之深，言何能喻！"（《世说新语·言语第二》）

（5）后以其性俭家富，说太傅令换千万，冀其有吝，于此可乘。（《世说新语·雅量第六》）

（6）桓公读诏，手战流汗，于此乃止。太宰父子远徙新安。（《世说新语·黜免第二十八》）

《世说新语》中的"此"有72例处于动宾结构中，例如：

（7）陆机诣王武子，武子前置数斛羊酪，指以示陆曰："卿江东何以敌此？"（《世说新语·言语第二》）

（8）后有人向庾道此，庾曰："可谓以小人之虑，度君子之心。"（《世说新语·雅量第六》）

（9）魏武常云："我眠中不可妄近，近便斫人，亦不自觉。左右宜深慎此。"（《世说新语·假谲第二十七》）

《世说新语》中"此"作主语的例句共有63例，例如：

（10）谢中郎经曲阿后湖，问左右："此是何水？"答曰："曲阿湖。"谢曰："故当渊注渟著，纳而不流。"（《世说新语·言语第二》）

（11）融果转式逐之，告左右曰："玄在土下水上而据木，此必死矣。"遂罢追。玄竟以得免。(《世说新语·文学第四》)

（12）朔曰："此非唇舌所争，尔必望济者，将去时，但当屡顾帝，慎勿言，此或可万一冀耳。"(《世说新语·规箴第十》)

《世说新语》中还有1例"此"在句中作状语的例句：

（13）桓车骑在上明畋猎，东信至，传淮上大捷，语左右云："群谢年少大破贼！"因发病薨。谈者以为此死，贤于让扬之荆。(《世说新语·尤悔第三十三》)

可见，与上古时期相比，魏晋南北朝时期"此"的使用更为频繁，在句法功能上，仍然以作定语和宾语为主，只不过上古时期宾语是"此"的主要句法功能，而到了魏晋南北朝时期，"此"作定语的情况逐渐增加，一跃成为其主要的句法功能。此外，这一时期还出现了"此"在句中作状语的情况。与上古时期一样，"此"在这一时期均可表单数和复数，但在绝大多数情况下"此"表单数语义。

（二）是

"是"是上古时期最主要的近指代词之一，到了魏晋南北朝时期，"是"作指示代词的用例大幅度减少。《世说新语》中近指代词"是"仅有24例，其句法功能情况见表16。"是"在句中主要作宾语，其中处于动宾结构中的"是"有4例，例如：

（14）褚眕睐良久，指嘉曰："此君小异，得无是乎？"(《世说新语·识鉴第七》)

（15）客曰："公昨如是，似失眠。"公曰："昨与士少语，遂使人忘疲。"(《世说新语·赏誉第八》)

（16）郭林宗吊而见之，谓曰："卿海内之俊才，四方是则，如何当丧，锦被蒙上？孔子曰：'衣夫锦也，食夫稻也，于汝安乎？'吾不取也。"(《世说新语·规箴第十》)

表16 《世说新语》中近指代词"是"的句法功能情况表

句法功能	宾语		主语	定语	总计
	动宾	介宾			
用例数量/例	4	14	4	2	24
所占比例/%	16.67	58.33	16.67	8.33	100

可以发现，"是"作宾语时常前置，如例（16）中的"四方是则"正常的语序应是"四方则是"。

《世说新语》中处于介宾结构中的"是"共有14例，例如：

（17）由是释然，无复疑虑。（《世说新语·言语第二》）

（18）自是充觉女盛自拂拭，说畅有异于常。（《世说新语·惑溺第三十五》）

（19）元帝过江犹好酒，王茂弘与帝有旧，常流涕谏，帝许之，命酌酒一酣，从是遂断。（《世说新语·规箴第十》）

《世说新语》中"是"作主语的例句有4例：

（20）名价于是大重，咸云："是公辅器也。"（《世说新语·雅量第六》）

（21）唯超曰："是必济事。吾昔尝与共在桓宣武府，见使才皆尽，虽履屐之间，亦得其任。以此推之，容必能立勋。"（《世说新语·识鉴第七》）

（22）答曰："是不见耳。阿见子敬，尚使人不能已。"（《世说新语·赏誉第八》）

（23）后会诸吏，闻寿有奇香之气，是外国所贡，一著人则历月不歇。（《世说新语·惑溺第三十五》）

《世说新语》中近指代词"是"作定语的例句仅有2例：

（24）对曰："昔先君仲尼与君先人伯阳有师资之尊，是仆与君奕世为通好也。"（《世说新语·言语第二》）

（25）是时胤十余岁，胡之每出，尝于篱中见而异焉。（《世说新语·识鉴第七》）

可见，相对于上古时期，魏晋南北朝时期"是"作指示代词的数量大幅度减少，句法功能种类也减少了，但宾语仍然是指示代词"是"主要的句法功能。上古时期"是"主要用来指代人和时间，到了魏晋南北朝时期，"是"仍然主要指代人和时间，同时也出现了指代事物的情况。与"此"不同，指示代词"是"只表单数语义。总体而言，这一时期的绝大多数"是"已经逐渐由指示代词转向系词，不再有指代功能。

（三）斯

指示代词"斯"在上古时期就不常出现，只在鲁方言中一度盛行，到了魏晋南北朝时期，"斯"的使用频率仍然较低。《世说新语》中指示代词"斯"共出现了9例，其使用情况见表17。"斯"在句中主要作定语和宾语，作定语的例句共5例：

（26）季方曰："吾家君譬如桂树生泰山之阿，上有万仞之高，

第三章 先秦至魏晋南北朝汉语指示代词的发展演变

下有不测之深；上为甘露所沾，下为渊泉所润。当斯之时，桂树焉知泰山之高，渊泉之深？不知有功德与无也。"(《世说新语·德行第一》)

（27）蔡洪赴洛，洛中人问曰："幕府初开，群公辟命，求英奇于仄陋，采贤俊于岩穴。君吴、楚之士，亡国之余，有何异才而应斯举？"(《世说新语·言语第二》)

（28）何平叔注《老子》，始成，诣王辅嗣，见王注精奇，乃神伏，曰："若斯人，可与论天人之际矣！"(《世说新语·文学第四》)

（29）仲治恚之曰："斯人乃妇女，与人别，唯啼泣。"(《世说新语·方正第五》)

（30）卫伯玉为尚书令，见乐广与中朝名士谈议，奇之，曰："自昔诸人没已来，常恐微言将绝，今乃复闻斯言于君矣！"(《世说新语·赏誉第八》)

表17 《世说新语》中近指代词"斯"的使用情况表

句法功能	宾语		定语	总计
	动宾	介宾		
用例数量/例	2	2	5	9
所占比例/%	22.22	22.22	55.56	100

"斯"作宾语的例句共4例，其中2例处于动宾结构中：

（31）时人咸云："若乐不假潘之文，潘不取乐之旨，则无以成斯矣。"(《世说新语·文学第四》)

（32）简文曰："某在斯！"时人以为能。(《世说新语·言语第二》)

2例处于介宾结构中①：

（33）对曰："在家思孝，事君思忠，朋友思信。如斯而已！"(《世说新语·言语第二》)

（34）敦又称疾不朝，鲲论敦曰："近者明公之举，虽欲大存社稷，然四海之内，实怀未达。若能朝天子，使群臣释然，万物

---

① 詹秀惠在《世说新语语法探究》一书中认为这里"如斯"中的"斯"是用作准判断句中的谓语，等于白话"这样"，我们认为不妥，这里"斯"作"如"的宾语，至于是谓词性宾语还是体词性宾语，要依据"斯"指代的内容来判断。詹秀惠. 世说新语语法探究[M]. 台北：台湾学生书局，1973：144.

之心于是乃服。仗民望以从众怀,尽冲退以奉主上,如斯则勋侔一匡,名垂千载。"(《世说新语·规箴第十》)

可见,相对于上古时期,魏晋南北朝时期指示代词"斯"的句法功能情况没有发生很大变化,仍以作定语和宾语为主,但在上古时期"斯"可在句中作主语,到了魏晋南北朝时期没有发现"斯"作主语的情况。与"是"相同,"斯"在这一时期也只能表单数语义。

(四) 阿堵

"阿堵"是魏晋南北朝时期新出现的近指代词,它的意义和用法与现代汉语中的"这"相同,这是为学界所公认的。《古代汉语词典》对"阿堵"的释义为:"这,这个。"① 因此我们把它归入体词性近指代词一类中。

关于"阿堵"这个词,从古至今已有很多学者进行过考察。最早宋洪迈在《容斋随笔》中就已提到"阿堵"一词的用法:"阿堵,晋宋间人语助耳。"② 明代郎瑛在其《七修类稿》卷二十一"阿堵、潦倒"条中提道:"阿堵,当时方言,若今之'这里'也。王衍口不言钱,家人特试之,以钱绕床使不能行,因曰:'去阿堵物。'顾恺之每画人成,多不点睛,谓曰:'传神写照正在阿堵间。'后人遂以钱为阿堵、眼为阿堵。每以语人,人尚疑之,昨见《云谷杂记》,又引殷浩见佛经曰:'理应在阿堵上。'桓温同谢安、王坦之登新亭,大陈兵卫,欲于座上害安,安举目遍历曰:'诸侯有道,守在四邻,明公何须壁间著阿堵辈。'援此为证,其义尤明,可知当时之方言也。"③ 之后,清代郝懿行在《证俗文》卷六"阿堵"条提道:"案'阿堵'盖当时方言,犹言'若简'、'者简',非专谓钱也。……益知此语,为晋代方言。今人读堵为'睹'者,则失之矣。"④ 近人刘盼遂在《世说新语校笺》中也对"阿堵"一词进行了说明:"'阿堵'二字,自来多昧其解。俞理初《癸巳类稿》卷七'等还音义'条引此事,谓等义为何等,又为此等,故通底又通堵。所谓'阿堵'、'宁底',皆言此等也云云,其说迂曲。按'阿'为发声之词,'堵'即'者'字,同音互用。《史记张释之传》:'堵阳人也。'韦昭注:'堵音赭。'《汉书》张释之传师古注'堵音者',是六朝旧音,'堵'读为'者',故可互用。《说文》:'者,别事词也。'今人尚谓此为'者',如'者里'、'者回'是也。俗书作'这',无以下笔。古人语缓,故'堵'字上加'阿',以足语气。"⑤

---

① 《古代汉语词典》编写组. 古代汉语词典 [M]. 北京:商务印书馆,1998:3.
② 洪迈. 容斋随笔 [M]. 夏祖尧,周洪武,点校. 长沙:岳麓书社,2006:39.
③ 郑子瑜. 中国修辞学史稿 [M]. 上海:上海教育出版社,1984:347.
④ 郝懿行. 证俗文(上册)[M]. 扬州:广陵书社,2003:369.
⑤ 刘玉凯. 出口成错:讲述俗语俚语的真正含义 [M]. 北京:中国经济出版社,2012:129.

周大朴撰专文讨论了"阿堵"一词,并指出:"'者'和'堵'本来是音义相通的。"① 吕叔湘在《近代汉语指代词》中指出:"'阿堵'的'阿'是前缀,'堵'是'者(这)'的异体。'堵'在《广韵》两见:一为上声姥韵,当古切;一为上声马韵,章也切,与'者'同音。'阿堵'的'堵'很可能是后一个音。"②

总结以上学者们的观点,基本可以得到如下信息:

"阿堵"是南北朝时南方方言中的一个词,它的意义和用法与现代汉语中的"这"相同,是一个近指代词。"阿堵"中的"阿"是前缀,"堵"读为"者","堵"和"者"本来是音义相通的。

《世说新语》中"阿堵"共出现了3例:

(35)殷中军见佛经,云:"理亦应阿堵上。"(《世说新语·文学第四》)

(36)人问其故,顾曰:"四体妍蚩,本无关于妙处,传神写照,正在阿堵中。"(《世说新语·巧艺第二十一》)

(37)妇欲试之,令婢以钱绕床,不得行。夷甫晨起,见钱阂行,呼婢曰:"举却阿堵物!"(《世说新语·规箴第十》)

例(35)、例(36)中的"阿堵"分别与"上""中"构成方位短语,例(37)中"阿堵"在句中作定语。可见,魏晋南北朝时期"阿堵"还比较少见,且多在句中作定语,起指示功能。

(五)箇(个)

"箇(个)"也是魏晋南北朝时期新出现的近指代词,与"阿堵"一样,"箇(个)"也是南方方言词,相当于"此""这"。

吕叔湘在《近代汉语指代词》中指出:"'箇'字南北朝后期始见,唐以前仅见两例。庾信、徐之才都是南人羁留北方的,他们用'箇'字,可为刘知几的话作证。"③ 南北朝时出现的"箇(个)"用于指示代词的2个例句如下:

(38)真成个镜特相宜,不能片时藏匣里。(《庾子山集·镜赋》)

(39)之才谓坐者曰:"个人讳底?"(《北齐书·徐之才传》)

其中"个"在句中均作定语,可以指示人和事物。《世说新语》中并没有发现"箇(个)"的用例。

---

① 周大朴."阿堵"这个词[J].江汉学报,1962(2):46-47.
② 吕叔湘.近代汉语指代词[M].江蓝生,补.上海:学林出版社,1985:241.
③ 吕叔湘.近代汉语指代词[M].江蓝生,补.上海:学林出版社,1985:243.

（六）许

魏晋南北朝时期还有一个指示代词"许",《古代汉语词典》对近指代词"许"的释义为："这样,如此。"① 《汉语大字典》释义"许"："这样,这般。"② 可见,指示代词"许"也是这一时期新兴的一个近指代词。

近指代词"许"常作定语和宾语。"许"作定语的例句如：

（40）周侯说王长史父："形貌既伟,雅怀有概,保而用之,可作诸许物也。"（《世说新语·容止第十四》）

（41）一服即大下,去数段许纸,如拳大,剖看,乃先所服符也。（《世说新语·术解第二十》）

（42）风吹冬帘起,许时寒薄飞。（《乐府诗集·子夜歌四十二首》）

以下例句邓军认为是"许"作指示代词的用例③：

（43）罗君章为桓宣武从事。谢镇西作江夏,往检校之。罗既至,初不问郡事,径就谢数日饮酒而还。桓公问："有何事?"君章云："不审公谓谢尚何似人?"桓公曰："仁祖是胜我许人。"君章云："岂有胜公人而行非者,故一无所问。"桓公奇其意而不责也。（《世说新语·规箴第十》）

我们认为,这里"仁祖是胜我许人"指的是"仁祖是胜过我一些的人",而不是"仁祖是胜过我这样的人",因此这里的"许"并不是指示代词。可见,"许"作定语时,多用于指代事物、时间、地点等。

"许"也可在句中作宾语,例如：

（44）邯郸歌管地,见许欲留情。（《玉台新咏笺注·春日》）

（45）督护初征时,侬亦恶闻许。（《丁督护歌》）

（46）仲雄在御前鼓琴,作《懊侬曲歌》曰："常叹负情侬,郎今果行许。"（《南史·王敬则传》）

可见,近指代词"许"在这一时期常作定语和宾语。"许"在六朝时较为常见,唐代以后就逐渐消失了。

二、谓词性近指代词

先秦时期的谓词性近指代词主要有"然""若""尔""否"四个,到了魏晋南北朝时期,"若"和"否"基本上已经不用于作近指代词,"尔"

---

① 《古代汉语词典》编写组. 古代汉语词典 [M]. 北京：商务印书馆, 1998：1768.
② 汉语大字典编辑委员会. 汉语大字典 [M]. 武汉：崇文书局, 2010：4204.
③ 邓军. 魏晋南北朝代词研究 [M]. 上海：上海人民出版社, 2008：216.

作指示代词的情况则大量出现，这一时期还出现了一些新的谓词性近指代词，如"乃""能"等。我们认为，魏晋南北朝时期的谓词性近指代词主要有"然""尔""乃""能"四个，以下我们将分别加以介绍。

（一）然

近指代词"然"在上古时期多在句中作谓语和状语，到了魏晋南北朝时期，"然"的使用频率逐渐降低。《世说新语》中仅有 7 例"然"，且均在句中作谓语，例如：

（47）徐曰："不然。譬如人眼中有瞳子，无此必不明。"（《世说新语·言语第二》）

（48）坐上宾客即相贬笑，公曰："不然。观其情貌，必自不凡，吾当试之。"（《世说新语·雅量第六》）

（49）庾大笑曰："然。"于时既叹褚之默识，又欣嘉之见赏。（《世说新语·识鉴第七》）

"然后"在上古时期为两个词，表示"这以后"，到了魏晋南北朝时期已经逐渐稳定下来，成为一个词。

（二）尔

"尔"在先秦时期就已经有指示功能，只不过仅有零星几例。到了魏晋南北朝时期，"尔"作为指示代词大量出现，并且发展出很多与"尔"相关的双音指示代词。正如吕叔湘在《近代汉语指代词》中提到的："魏晋以后多用'尔'，如《世说新语》里'尔时'、'尔日'、'自尔'、'尔多'、'尔馨'等就屡见不鲜。"① 可以说，"尔"是魏晋南北朝时期最主要的谓词性指示代词。

《世说新语》中指示代词"尔"共有 52 例，主要作谓语、宾语和定语，其句法功能情况见表 18。"尔"作谓语的例句共 19 例，例如：

（50）谢太傅云："不得尔，此是屋下架屋耳，事事拟学，而不免俭狭。"（《世说新语·文学第四》）

（51）士衡正色曰："我父、祖名播海内，宁有不知，鬼子敢尔！"（《世说新语·方正第五》）

（52）王叹曰："我在遣女，裁得尔耳！"（《世说新语·方正第五》）

（53）桓大司马下都，问真长曰："闻会稽王语奇进，尔邪？"（《世说新语·品藻第九》）

---

① 吕叔湘. 吕叔湘全集：第三卷［M］. 沈阳：辽宁教育出版社，2002：154.

表 18 《世说新语》中指示代词"尔"的句法功能情况表

句法功能	宾语		谓语	定语	状语	总计
	动宾	介宾				
用例数量/例	15	1	19	14	3	52
所占比例/%	28.85	1.92	36.54	26.92	5.77	100

"尔"作宾语的例句共 16 例,其中有 15 例处于动宾结构中,例如:

(54) 袁曰:"必无此嫌。"车曰:"何以知尔?"(《世说新语·言语第二》)

(55) 子玄才甚丰赡,始数交,未快;郭陈张甚盛,裴徐理前语,理致甚微,四坐咨嗟称快,王亦以为奇,谓语诸人曰:"君辈勿为尔,将受困寡人女婿。"(《世说新语·文学第四》)

(56) 殷乃叹曰:"使我解四本,谈不翅尔。"(《世说新语·文学第四》)

处于介宾结构中的"尔"有 1 例:

(57) 后阳眠,所幸一人,窃以被覆之,因便斫杀。自尔每眠,左右莫敢近者。(《世说新语·假谲第二十七》)

"尔"处于介宾结构中作宾语时常处于固定结构中,多用于指示时间。吕叔湘在《中国文法要略》中曾提道:"'尔来'就是'自尔时以来'。"①

王力在《汉语史稿》中曾提道:"'尔'字用于定语,在上古还没有见到过。"② 到了魏晋南北朝时期,"尔"作定语的情况已经比较常见了,且多与"日""时""夕""昔"等结合,用来表示时间。《世说新语》中"尔"作定语的例句共 14 例,例如:

(58) 尔时语已神悟,自参上流。(《世说新语·言语第二》)

(59) 尔昔忽极,于此病笃,遂不起。(《世说新语·文学第四》)

(60) 太傅在军,前后初无损益之言。尔日犹云:"当今岂须烦此!"(《世说新语·规箴第十》)

(61) 许掾尝诣简文,尔夜风恬月朗,乃共作曲室中语。(《世说新语·赏誉第八》)

值得注意的是,"尔"作定语指示时间时经常会出现表远指的情况,意

---

① 吕叔湘. 中国文法要略 [M]. 北京:商务印书馆,1990:227.
② 王力. 汉语史稿 [M]. 北京:中华书局,2015:280.

为"那时、那日"。

《世说新语》中"尔"作状语的例句有3例：

（62）王子猷尝暂寄人空宅住，便令种竹。或问："暂住何烦尔？"王啸咏良久，直指竹曰："何可一日无此君！"（《世说新语·任诞第二十三》）

（63）江于是跃来就之，曰："我自是天下男子，厌何预卿事而见唤邪？既尔相关，不得不与人语。"（《世说新语·假谲第二十七》）

（64）去后，语胡儿曰："子敬实自清立，但人为尔，多衿咳，殊足损其自然。"（《世说新语·忿狷第三十一》）

其中例（62）中"尔"修饰动词"烦"，例（63）中"尔"修饰动词"相关"，例（64）中"尔"修饰形容词"多"，"尔"修饰的均为谓词性成分，在句中作状语。

此外，"尔"这一时期常与"乃""馨"等结合，形成了一些固定组合。"尔"与"乃"组合构成"乃尔"，表"如此，这样"，这样的例句有4例：

（65）乐广笑曰："名教中自有乐地，何为乃尔也？"（《世说新语·德行第一》）

（66）太傅慰释之曰："王郎，逸少之子，人身亦不恶，汝何以恨乃尔？"（《世说新语·贤媛第十九》）

（67）谢万寿春败后，简文问郗超："万自可败，那得乃尔失士卒情？"（《世说新语·品藻第九》）

（68）人问之曰："卿凭重桓乃尔，哭之状其可见乎？"（《世说新语·言语第二》）

可以发现，例（65）中"乃尔"在句中作宾语；例（66）中"乃尔"补充说明"恨"，在句中作补语；例（67）中"乃尔"修饰动词"失"，在句中作状语；例（68）中"乃尔"事实上并不是一个组合，"乃"和"尔"应分开来解释，表示"才这样做"，"尔"在句中作谓语。

"尔"还经常与"馨"结合，构成"尔馨"，表"这样"。《世说新语》中"尔馨"共2例：

（69）殷去后，乃云："田舍儿强学人作尔馨语！"（《世说新语·文学第四》）

（70）与何次道语，唯举手指地曰："正自尔馨。"（《世说新语·品藻第九》）

"尔馨"分别在句中作定语和宾语。

可以发现，"乃尔"与"尔馨"的不同之处在于，"乃尔"多为谓词性成分，"尔"与"馨"结合后多为体词性成分。

（三）乃

周法高在《中国古代语法·称代编》中提道："'乃'训'如此'，可能是'如斯'的合音（'乃''斯'同为'之'部字）。"① 可见，"乃"也是一个近指指示代词。"乃"表近指的情况在《庄子》中就已经出现：

（71）子产蹴然改容更貌曰："子无乃称。"（《庄子·德充符》）

《助字辨略》卷三："此'乃'字合训如此，言无为如此称说也。"②

到了魏晋南北朝时期，"乃"仍然可以表示近指。《世说新语》中"乃"表近指的例句共3例：

（72）谢车骑问谢公："真长性至峭，何足乃重？"（《世说新语·赏誉第八》）

（73）或以方谢仁祖，不乃重者，桓大司马曰："诸君莫轻道仁祖，企脚北窗下弹琵琶，故自有天际真人想。"（《世说新语·容止第十四》）

（74）刘真长始见王丞相，时盛暑之月，丞相以腹熨弹棋局，曰："何乃渹？"（《世说新语·排调第二十五》）

其中"乃"分别修饰形容词"重"和"渹"，在句中作状语。

（四）能

"能"作指示代词的情况不常见。吕叔湘在《近代汉语指代词》一书中提道："'宁'和'能'两个字，声母和韵尾相同，大概在来源上跟'尔'，更可能是跟'若'，有关系。"③ 邓军在《魏晋南北朝代词研究》中指出："'能'是汉魏时期出现的。"又指出："'能'用来表示情状、程度，一般置于动词、形容词前充当状语。它主要见于汉魏六朝诗歌，译经和史传也偶见，但此期用例不多。"④《世说新语》中没有发现"能"作指示代词的用例。以下例句转引自吕叔湘的《近代汉语指代词》和邓军的《魏晋南北朝代词研究》：

（75）著处多过罗，的的往年少，艳情何能多。（《华山畿》）

（76）卦不能佳，可须异日。（吴志6孙韶，注引吴历）

---

① 周法高.中国古代语法·称代编[M].北京：中华书局，1990：202.
② 刘淇.助字辨略[M].章锡琛，校注.上海：开明书店，1940：30.
③ 吕叔湘.近代汉语指代词[M].江蓝生，补.上海：学林出版社，1985：295.
④ 邓军.魏晋南北朝代词研究[M].上海：上海人民出版社，2008：243.

第三章　先秦至魏晋南北朝汉语指示代词的发展演变

(77) 足下潜构深略，独断怀抱，一何能壮！（《南齐书·张敬儿传引沈攸之与齐高帝萧道成书》）

(78) 金壶夜水讵能多，莫持奢用比悬河。（《乌栖曲》）

可见，"能"作指示代词时，更多用于形容词前作状语，谓词性属性比较明显。

第二节　先秦至魏晋南北朝远指代词的发展演变

先秦时期的远指代词主要有"彼（匪）""夫""厥""其"等，到了魏晋南北朝时期，"厥"已经逐渐消失，"彼""夫""其"仍然有远指代词的用法，这一时期还出现了新的远指代词"那"，以下我们将分别加以介绍。

一、彼

在先秦时期，"彼"是最主要的远指代词之一，主要在句中作定语，也有少部分作主语和宾语。到了魏晋南北朝时期，绝大多数"彼"作第三人称代词，作指示代词的情况极少，《世说新语》中"彼"作指示代词的例句仅1例：

(1) 王戎弱冠诣阮籍，时刘公荣在坐，阮谓王曰："偶有二斗美酒，当与君共饮，彼公荣者无预焉。"（《世说新语·简傲第二十四》）

虽然"彼"单独出现作远指代词的情况逐渐消亡，但这一时期出现了一些"彼"的复合指示代词，如"彼中""彼间"等。邓军在《魏晋南北朝代词研究》中提道："'彼中'一般用来指示方所，犹言那里。'彼中'一词后汉已见。"① "彼中"一词可以在句中作主语、宾语、定语和补语。"彼中"作主语的例句如：

(2) 共相问言："彼中是谁？"（《十诵律·卷十五》）

(3) 说法者言："善男子汝何用到彼，彼中多有诸怖，贼怖乃至毒蛇怖。"（《大智度论·卷六十九》）

(4) 彼中亦无相续及不相续相。（《楞伽阿跋多罗宝经·卷第三》）

"彼中"作宾语的例句如：

(5) 鞞跋楞伽村，我于彼中住。（《杂阿含经·卷第二十二》）

(6) 以同年少相好故，至彼中坐。（《摩诃僧祇律·卷十六》）

---

① 邓军. 魏晋南北朝代词研究 [M]. 上海：上海人民出版社，2008：236.

"彼中"作定语的例句如：

(7) 如前者直为涅槃，彼中说解脱、解脱知见相次故，当知一向直为涅槃。(《大智度论·卷二十九》)

"彼中"作补语的例句如：

(8) 念天者应作是念："有四天王天，是天五善法因缘故生彼中：信罪福，受持戒，闻善法，修布施，学智慧；我亦有是五法，以是故欢喜。"(《大智度论·卷二十二》)

"彼间"和"彼中"的语义相同，只不过"彼间"仅在汉魏六朝出现，唐以后就不再出现了。与"彼中"一样，"彼间"也可以在句中作主语、定语、宾语和补语，但"彼间"以作定语为主，例如：

(9) 比丘如是思惟："彼间住处有勤欲破僧方便合会，我能如是软语约勒，令彼心息还使一心和合，有是事故出去无罪。"(《十诵律·卷二十四》)

"彼间"作宾语的例句如：

(10) 生于彼间教化众生净于佛土。(《摩诃僧祇律·卷三十九》)

"彼间"作主语的例句如：

(11) 彼闻已作是言："长老！莫作是语，彼间亦有贤善，亦有持戒，一切尽有须陀洹、斯陀含、阿那含、阿罗汉。"(《摩诃僧祇律·卷二十四》)

"彼间"作补语的例句如：

(12) 得生彼间，我亦有彼信。(《中阿含经·卷五十五》)

二、夫

先秦时期"夫"是常见的指示代词，且"夫"既可以远指，也可以近指，常作定语和主语。到了魏晋南北朝时期，"夫"作指示代词的情况逐渐减少，《世说新语》中"夫"作指示代词的例句仅有1例，而且还是上古时期遗留下来的：

(13) 郭林宗吊而见之，谓曰："卿海内之俊才，四方是则，如何当丧，锦被蒙上？孔子曰：'衣夫锦也，食夫稻也，于汝安乎？'吾不取也。"(《世说新语·规箴第十》)

因此，准确地说，这一时期"夫"已经不用于作远指代词。

三、其

先秦时期，指示代词"其"在句中多作定语，魏晋南北朝时，"其"沿用了上古时期作指示代词时的用法。《世说新语》中共有指示代词"其"82例，其句法功能分布情况见表19。其中绝大多数"其"在句中作定语，这样的情况有75例，例如：

（14）谢镇西经船行，其夜清风朗月，闻江渚间估客船上有咏诗声，甚有情致；所诵五言，又其所未尝闻，叹美不能已。（《世说新语·文学第四》）

（15）文王曰："可复下此不？"对曰："但见其上，未见其下。"（《世说新语·方正第五》）

（16）孙休好射雉，至其时，则晨去夕反，群臣莫不止谏："此为小物，何足甚耽！"（《世说新语·规箴第十》）

（17）戴曰："下官不堪其忧，家弟不改其乐。"（《世说新语·栖逸第十八》）

表19　《世说新语》中指示代词"其"的句法功能分布情况表

句法功能	定语	主语	状语	总计
用例数量/例	75	5	2	82
所占比例/%	91.46	6.10	2.44	100

可见，这一时期"其"作定语时多表时间，如"其日""其夜""其时"等。

沿用上古时期的用法，《世说新语》中"其"作指示代词时仍有作状语的情况，这样的例句有2例：

（18）元方曰："足下言何其谬也！故不相答。"（《世说新语·言语第二》）

（19）林公见东阳长山曰："何其坦迤？"（《世说新语·言语第二》）

值得注意的是，这一时期出现了指示代词"其"作主语的情况，这样的例句有5例，例如：

（20）后以问陆，陆曰："公长民短，临时不知所言，既后觉其不可耳。"（《世说新语·政事第三》）

（21）桓公云："我犹患其重。"（《世说新语·政事第三》）

（22）亮答曰："贤女尚少，故其宜也。感念亡儿，若在初没。"（《世说新语·伤逝第十七》）

可见，指示代词"其"仍然以作定语为主，相对于上古时期，魏晋南北朝时期新出现了指示代词"其"在句中作主语的情况，且多在主谓作宾句中作小主语。

四、那

"那"的相关问题一直备受学界关注，尤其是"那"的产生时间及其来源等问题。

关于"那"的产生时间，主要有以下两种说法：一种说法认为"那"产生于唐代，持该种说法的学者以王力、蒋绍愚、志村良治、冯春田等为代表。王力在《汉语史稿》中指出："'那'字在唐代也出现了，宋代以后就继承下来。"① 蒋绍愚在《近代汉语研究概况》中提道："指示代词'那'也出现于唐代。"② 另一种说法认为"那"产生于六朝时期，持该种说法的学者以潘允中、向熹等为代表。潘允中在《汉语语法史概要》中列举了《幽明录》中"那"的一个例句来证明这一观点：

（23）明朝起，自不觉，而人悉惊走藏，云："那汉何处来？"（《幽明录》）③

《幽明录》是六朝时期的志怪小说集，这个例句中"那"很显然是远指代词。之后，一些学者也用此例来论证"六朝说"的观点。可见，"那"产生于六朝时期是显而易见的。

关于"那"的来源问题，主要有以下三种观点：

第一种观点认为"那"来源于"尔"，持这种观点的有唐钺、王力、吴福祥等。唐钺在其《白话字音考原》中提出："'那'是'尔'的音变，来源于《世说新语》的'尔日'、'尔时'。"④ 王力在《汉语史稿》中也认为"那"来自"尔"。

吴福祥判定"那"源于"尔"说为长，并从用例的常见与否和语法功能的分析方面进一步加以论证。⑤

第二种观点认为"那"来源于"若"，持这种观点的有章太炎、吕叔湘、孙锡信等。章太炎在《新方言》中提道："'那'与'若'亦一声之转。"⑥ 吕叔湘在《近代汉语指代词》中提到，"那"的来源和古代远指代词"彼"或"夫"毫不相干，而和第二身代词"尔"和"若"有关。"尔"

---

① 王力.汉语史稿［M］.北京：中华书局，2015：284.
② 蒋绍愚.近代汉语研究概况［M］.北京：北京大学出版社，1994：140.
③ 潘允中.汉语语法史概要［M］.郑州：中州书画社，1982：98.
④ 唐钺.国故新探［M］.北京：商务印书馆，1927：85.
⑤ 吴福祥.敦煌变文语法研究［M］.长沙：岳麓书社，1996：49.
⑥ 章太炎.章太炎全集（七）［M］.上海：上海人民出版社，1999：19.

和"若"在上古时期就有指示的用法,吕叔湘从语音上考察,认为"那"出自"若"更为合适。① 孙锡信在《汉语历史语法要略》中也主张"那"来源于"若",他提出:"'若'本有指示代词的功能,因此以'若'代'那(哪)'为中介,进而以'那'(表远指)代'若'。"②

第三种观点认为指示代词"那"来源于疑问代词"那",持这种观点的有王力、冯春田等。王力本来认为"那"来源于"尔",后来又改变了看法,他认为:"'那'字最初是疑问代词,后来才转变为指示代词。"③ 之后,冯春田也认同这一观点,认为指示代词"那"与疑问代词"那"应该同源。④

除了以上三种观点,还有一些学者提出了别的看法。如高名凯认为,《广韵》中"尔"作"儿氏切"、"若"作"而灼切",古音"泥、日"通转最常见,所以"尔、若"是同一来源,"那"是从"尔、若"出来的。⑤

《世说新语》中"那"均为疑问代词,没有发现其用于指示代词的用例。指示代词"那"在晚唐五代以后大量出现。⑥

第三节　先秦至魏晋南北朝其他类指示代词的发展演变

除了近指代词和远指代词,魏晋南北朝时期还有一些其他类的指示代词,其中包括旁指代词、逐指代词、无定代词、泛指代词等。

一、先秦至魏晋南北朝旁指代词的发展演变

先秦时期的旁指代词主要有他(它、佗)、馀、异等,到了魏晋南北朝时期,出现了新的旁指代词"别","他"基本上继承了上古时期的用法,"余"的用法发生了一些变化。魏晋南北朝时期的旁指代词主要有"他(它)""余""别"三个,以下我们将分别加以论述。

（一）他（它）

先秦时期旁指代词"他（它）"主要在句中作宾语和定语,最初"他（它）"在句中作宾语,到了上古中后期则以作定语为主,到了上古后期还发展出"他（它）"作中心语的情况。发展到魏晋南北朝时期,"他（它）"的句法功能并没有发生很大变化,仍以作定语为主。《世说新语》中旁指代词"他（它）"共有15例,其中以"他"的形式出现的有9例:

---

① 吕叔湘．近代汉语指代词［M］．江蓝生,补．上海:学林出版社,1985:295.
② 孙锡信．汉语历史语法要略［M］．上海:复旦大学出版社,1992:65.
③ 王力．王力文集［M］．济南:山东教育出版社,1990:93.
④ 冯春田．近代汉语语法研究［M］．济南:山东教育出版社,1957:117-120.
⑤ 高名凯．汉语语法论［M］．北京:商务印书馆,2011:133.
⑥ 冯春田．近代汉语语法研究［M］．济南:山东教育出版社,2000:120.

（1）庾公乘马有的卢，或语令卖去，庾云："卖之必有买者，即复害其主，宁可不安己而移于他人哉？昔孙叔敖杀两头蛇以为后人，古之美谈。效之，不亦达乎？"（《世说新语·德行第一》）

（2）春秋之义，内其国而外诸夏。且不爱其亲而爱他人者，不为悖德乎？（《世说新语·言语第二》）

（3）后朝觐，以王丞相末年多可恨，每见必欲苦相规诫。王公知其意，每引作他言。（《世说新语·规箴第十》）

（4）他日，二人来，妻劝公止之宿，具酒肉。（《世说新语·贤媛第十九》）

（5）还，下车呼其儿，语之曰："百人高会，临坐未得他语，先问：'伏滔何在？在此不？'此故未易得。为人作父如此何如？"（《世说新语·宠礼第二十二》）

（6）夫始殊疑之，伺察，终无他意。（《世说新语·任诞第二十三》）

（7）性嗜酒，礼毕，初无他言，唯问："东吴有长柄壶卢，卿得种来不？"（《世说新语·简傲第二十四》）

（8）刘既出，人问见王公云何，刘曰："未见他异，唯闻作吴语耳。"（《世说新语·排调第二十五》）

（9）因语所亲小人曰："汝怀刃密来我侧，我必说'心动'，执汝使行刑，汝但勿言其使，无他，当厚相报。"（《世说新语·假谲第二十七》）

前8例"他"在句中均作定语，可以发现，"他"作定语时多用于指示人、语言等，最后1例"他"在句中作宾语。

以"它"的形式出现的有5例：

（10）武子曰："尺布斗粟之谣，常为陛下耻之。它人能令疏亲，臣不能使亲疏。以此愧陛下！"（《世说新语·方正第五》）

（11）太傅欲慰其失官，安南辄引以它端。（《世说新语·雅量第六》）

（12）曰："卿但数诣王绪，往辄屏人，因论它事。如此，则二王之好离矣。"（《世说新语·谗险第三十二》）

（13）儿悲思啼泣，不饮它乳，遂死。（《世说新语·惑溺第三十五》）

（14）绪云："故是常往来，无它所论。"（《世说新语·谗险第三十二》）

这5例"它"在句中均作定语。

可见，到了魏晋南北朝时期，"他（它）"基本上沿用了上古时期"他（它）"作旁指代词的用法，主要在句中作定语，偶尔有作宾语的用例。

（二）余

上古时期"余"已经用作旁指代词，且主要作主语、宾语和定语，到了魏晋南北朝时期，旁指代词"余"的用法有了一些变化。《世说新语》中旁指代词"余"共出现 26 例，其句法功能情况见表 20。其中"余"在句中主要作定语，这样的例句有 17 例，例如：

（15）既至，荀使叔慈应门，慈明行酒，余六龙下食，文若亦小，坐着膝前。（《世说新语·德行第一》）

（16）子敬云："不觉有余事，唯忆与郗家离婚。"（《世说新语·德行第一》）

（17）即于坐分数四有意道人，更就余屋自讲。（《世说新语·文学第四》）

（18）王曰："不知余人云何，子贡去卿差近。"（《世说新语·汰侈第三十》）

表 20　《世说新语》中旁指代词"余"的句法功能情况表

句法功能	定语	主语	宾语	中心语	总计
用例数量/例	17	2	3	4	26
所占比例/%	65.38	7.69	11.54	15.38	100

《世说新语》中新出现了"余"充当主语的情况，"余"在句中作主语的例句有 2 例：

（19）王蓝田拜扬州，主簿请讳，教云："亡祖、先君，名播海内，远近所知；内讳不出于外。余无所讳。"（《世说新语·赏誉第八》）

（20）魏武征袁本初，治装，余有数十斛竹片，咸长数寸。众云并不堪用，正令烧除。（《世说新语·捷悟第十一》）

"余"在句中作宾语的例句有 3 例：

（21）裴曰："损有余，补不足，天之道也。"（《世说新语·德行第一》）

（22）王曰："卿知见有余，何故为符坚所制？"（《世说新语·言语第二》）

（23）刘越石云："华彦夏识能不足，强果有余。"（《世说新语·识鉴第七》）

《世说新语》中还有 4 例"余"在句中作中心语：

(24) 蔡洪赴洛，洛中人问曰："幕府初开，群公辟命，求英奇于仄陋，采贤俊于岩穴。君吴、楚之士，亡国之余，有何异才而应斯举？"(《世说新语·言语第二》)

(25) 郭象者，为人薄行，有俊才，见秀义不传于世，遂窃以为己注，乃自注《秋水》、《至乐》二篇，又易《马蹄》一篇，其余众篇，或定点文句而已。(《世说新语·文学第四》)

(26) 丞相与殷共相往反，其余诸贤略无所关。(《世说新语·文学第四》)

(27) 因不复前而叹曰："狗鼠不食汝余，死故应尔。"(《世说新语·贤媛第十九》)

可见，到了魏晋南北朝时期，"余"在句中仍然以作定语为主，且作定语的用法进一步发展，既可以用来指代人，也可用来指代事物，且这一时期新出现了"余"在句中作主语的情况。

(三) 别

"别"在先秦时期多表"区别"之义，据邓军考证，"别"的旁指代词用法始见于东汉译经中，以下 2 例为其例证：

(28) 尔时世尊以偈答曰："本处别宫中，众宫妓侍卫，独在山树间，如何不恐惧？"(《中本起经·卷上》)

(29) 美音乐解喜前白佛："我有别宅，愿为精舍，唯哀垂救济度群生乞退还国，修备所供。"(《中本起经·卷下》)

可见，"别"的旁指代词用法始于东汉时期，且"别"表"另外的，别的"，充当定语，到了魏晋南北朝时期，这种用法更为普遍。《世说新语》中旁指代词"别"共出现了 10 例，其中绝大多数"别"充当定语，旁指代词"别"作定语的例句共 8 例，例如：

(30) 时风雨忽至，祥抱树而泣。祥尝在别床眠，母自往暗斫之；值祥私起，空听得被。(《世说新语·德行第一》)

(31) 秀子幼，义遂零落，然犹有别本。(《世说新语·文学第四》)

(32) 后秀义别本出，故今有向、郭二《庄》，其义一也。(《世说新语·文学第四》)

(33) 有人诣王太尉，遇安丰、大将军、丞相在坐。往别屋，见季胤、平子。(《世说新语·容止第十四》)

《世说新语》中"别"作状语的例句仅 2 例，其中"别"表"另

外地":

  (34) 李氏别住外，不肯还充舍。(《世说新语·贤媛第十九》)
  (35) 魏明帝登台，惧其势危，别以大材扶持之，楼即颓坏。(《世说新语·巧艺第二十一》)

可见，到了魏晋南北朝时期，"别"的用法得到了进一步发展。邓军在《魏晋南北朝代词研究》一书中指出了旁指代词"别"魏晋以降进一步发展的三个表现：一是"别"用于旁指在文献中更为多见，使用频率明显提高了；二是"别"作定语的自由度增强了，出现了众多的组合，其中有的已经凝固成词；三是用法更加全面，主要用于指示事物，也可用于指示人、地、时。①

二、先秦至魏晋南北朝逐指代词的发展演变

上古时期的逐指代词主要有"每"和"各"两个，到了魏晋南北朝时期，仍然以"每"和"各"来逐指事物，但"每"已经大多数用于表"每次"义，不表逐指义。

（一）每

"每"在上古后期基本上就很少用于作逐指代词了，且"每"作逐指代词时均作定语。到了魏晋南北朝时期，"每"几乎不用于作逐指代词，《世说新语》中"每"作逐指代词仅1例：

  (36) 王仆射在江州，为殷、桓所逐，奔窜豫章，存亡未测。王绥在都，既忧戚在貌，居处饮食，每事有降。时人谓为"试守孝子"。(《世说新语·德行第一》)

（二）各

上古时期"各"作逐指代词的情况比较常见，且"各"在句中主要充当主语。到了魏晋南北朝时期，"各"的用法基本上没有发生很大变化，仍然主要作主语。《世说新语》中逐指代词"各"共有14例，全部充当主语，例如：

其中有"各"单独出现，处于主次的情况，例如：

  (37) 陈元方子长文，有英才，与季方子孝先，各论其父功德，争之不能决。(《世说新语·德行第一》)
  (38) 谢看题，便各使四坐通。(《世说新语·文学第四》)
  (39) 时流年少，无不传写，各有一通。(《世说新语·文学第四》)

---

① 邓军. 魏晋南北朝代词研究[M]. 上海：上海人民出版社，2008：263.

（40）诸葛瑾弟亮，及从弟诞，并有盛名，各在一国。(《世说新语·品藻第九》)

也有"各"前有先行语，因此限定了"各"的范围的情况，例如：

（41）房曰："知不忠而任之，何邪？"曰："亡国之君各贤其臣，岂知不忠而任之？"(《世说新语·规箴第十》)

（42）王丞相为扬州，遣八部从事之职，顾和时为下传还，同时俱见，诸从事各奏二千石官长得失，至和独无言。(《世说新语·规箴第十》)

（43）王仲宣好驴鸣，既葬，文帝临其丧，顾语同游曰："王好驴鸣，可各作一声以送之。"(《世说新语·伤逝第十七》)

（44）充卒，李、郭女各欲令其母合葬，经年不决。(《世说新语·贤媛第十九》)

三、先秦至魏晋南北朝无定代词的发展演变

先秦时期的无定代词主要有"某""或""有""莫""靡"等，到了魏晋南北朝时期，"某"作无定代词的情况已经很少出现，"有"基本上已经丧失了无定代词的用法，全部表"有无"之"有"，"或""莫""靡"仍然有无定代词的用法。因此，魏晋南北朝时期的无定代词主要有"某""或""莫"三个。

（一）某

先秦时期"某"的无定代词用法较为常见，且句法功能比较丰富，可在句中作定语、宾语、同位语和兼语等，但定语是其主要的句法功能。到了魏晋南北朝时期，"某"的无定代词用法逐渐消失，开始出现第一人称代词用法。《世说新语》中"某"仅有2例，其中1例"某"为无定代词，其中"某"句中作定语：

（45）开戒弟子："道林讲，比汝至，当在某品中。"(《世说新语·文学第四》)

还有1例"某"为第一人称代词：

（46）简文在暗室中坐，召宣武，宣武至，问上何在。简文曰："某在斯！"(《世说新语·言语第二》)

（二）或

"或"是上古时期比较典型的无定代词，且一般只能作主语。到了魏晋南北朝时期，"或"作无定代词的情况更为常见。《世说新语》中无定代词"或"共有48例，且"或"在句中均作主语。其中"或"绝大多数单独出

第三章　先秦至魏晋南北朝汉语指示代词的发展演变

现在句中作大主语，例如：

（47）或讥之曰："何以乞物行惠？"裴曰："损有余，补不足，天之道也。"（《世说新语·德行第一》）

（48）高坐道人不作汉语。或问此意，简文曰："以简应对之烦。"（《世说新语·言语第二》）

（49）或问顾长康："君《筝赋》何如嵇康《琴赋》？"（《世说新语·文学第四》）

（50）孙兴公、许玄度皆一时名流。或重许高情，则鄙孙秽行；或爱孙才藻，而无取于许。（《世说新语·品藻第九》）

（51）或谓之曰："卿乃可纵适一时，独不为身后名邪？"（《世说新语·任诞第二十三》）

也有部分"或"处于名词后，作主谓短语中的主语，在句中充当小主语的情况，例如：

（52）王大丧后，朝论或云国宝应作荆州。（《世说新语·纰漏第三十四》）

（53）人或讥之，答曰："胜公容者不可不与饮，不如公容者亦不可不与饮，是公容辈者又不可不与饮。"（《世说新语·任诞第二十三》）

（54）人或怪之，答曰："未能免俗，聊复尔耳。"（《世说新语·任诞第二十三》）

可见，这一时期无定代词"或"仍然全部作主语，且全部用来指代人，相对于上古时期没有发生很大变化。

（三）莫

先秦时期"莫"绝大多数用作主语，又可分为两种情况：一种情况下"莫"作小句的主语，前面没有先行词，这种情况下的"莫"在上古时期是占绝对优势的；另一种情况下"莫"前有先行词，先行词是大主语，"莫"在主谓作宾句中作小主语。到了魏晋南北朝时期，"莫"前有先行词的情况不断发展，逐渐超过了"莫"前无先行词的情况。《世说新语》中无定代词"莫"共有30例，其中有22例"莫"前有先行词，例如：

（55）诸人莫有言者，车骑答曰："譬如芝兰玉树，欲使其生于阶庭耳。"（《世说新语·言语第二》）

（56）群臣莫不止谏："此为小物，何足甚耽！"休曰："虽为小物，耿介过人，朕所以好之。"（《世说新语·规箴第十》）

（57）子荆后来，临尸恸哭，宾客莫不垂涕。（《世说新语·伤

逝第十七》）

"莫"前无先行词，"莫"作小句的主语的例句共 8 例，例如：

（58）帝既不说，群臣失色，莫能有言者。（《世说新语·言语第二》）

（59）裴成公作《崇有论》，时人攻难之，莫能折，唯王夷甫来，如小屈。（《世说新语·文学第四》）

（60）初，注《庄子》者数十家，莫能究其旨要。（《世说新语·文学第四》）

可见，相对于上古时期，"莫"的句法功能没有发生变化，仍然在句中作主语，"莫"前有先行词的情况得到迅速发展，且其先行词大多为表群体的名词。

四、先秦至魏晋南北朝泛指代词的发展演变

先秦时期的泛指代词有"之""焉""诸""旃"4 个。到了魏晋南北朝时期，"之"基本上不用于作指示代词，绝大多数用作第三人称代词，"旃"也没有了泛指代词的用法，"焉"和"诸"仍然比较常见，其用法也和上古时期并无二致。

（一）焉

先秦时期"焉"多充当补语和宾语，且多用于指代地点。到了魏晋南北朝时期，"焉"作泛指代词的情况逐渐减少，《世说新语》中"焉"作泛指代词的例句共有 7 例，其中有 6 例作宾语：

（61）桓南郡既破殷荆州，收殷将佐十许人，咨议罗企生亦在焉。（《世说新语·德行第一》）

（62）王逸少作会稽，初至，支道林在焉。（《世说新语·文学第四》）

（63）时诸人士及于法师并在会稽西寺讲，王亦在焉。（《世说新语·文学第四》）

（64）蔡还，见谢在焉，因合褥举谢掷地，自复坐。（《世说新语·雅量第六》）

（65）顾荣在洛阳，尝应人请，觉行炙人有欲炙之色，因辍己施焉，同坐嗤之。（《世说新语·德行第一》）

（66）郗公云："正此好！"访之，乃是逸少，因嫁女与焉。（《世说新语·雅量第六》）

其中例（61）、例（62）、例（63）、例（64）中的"焉"指代地点，例（65）、例（66）中的"焉"相当于"之"，表第三人称代词"他"的

语义。

有 1 例"焉"在句中作补语：

（67）谢子微见许子将兄弟，曰："平舆之渊，有二龙焉。"（《世说新语·赏誉第八》）

可见，到了魏晋南北朝时期，泛指代词"焉"的用法没有发生很大变化，仍然在句中充当宾语和补语，但总体上"焉"作指示代词的情况逐渐减少。

（二）诸

"诸"在上古时期主要在句中作定语，也有少量作宾语和兼语的情况，且常以"者"的形式出现。到了魏晋南北朝时期，"诸"作泛指代词时不再以"者"的形式出现，相对于上古时期"诸"的使用频率更为频繁。《世说新语》中泛指代词"诸"共出现了 128 例，"诸"在句中均作定语，例如：

（68）袁彦伯作《名士传》成，见谢公，公笑曰："我尝与诸人道江北事，特作狡狯耳，彦伯遂以著书。"（《世说新语·文学第四》）

（69）庾公顾谓诸客曰："弘治至羸，不可以致哀。"又曰："弘治哭不可哀。"（《世说新语·赏誉第八》）

（70）孝武山陵夕，王孝伯入临，告其诸弟曰："虽榱桷惟新，便自有《黍离》之哀。"（《世说新语·伤逝第十七》）

（71）郗愔信道甚精勤，常患腹内恶，诸医不可疗，闻于法开有名，往迎之。（《世说新语·术解第二十》）

可见，到了魏晋南北朝时期，泛指代词"诸"的句法功能较为单一，全部在句中作定语，作宾语、兼语的情况逐渐消失。

第四章 魏晋南北朝至晚唐五代时期指示代词的发展演变

一般认为,晚唐五代是近代汉语的上限,在此以前,词汇的演变比较平缓,不像语法、语音那样有较分明的界限;这一时期是古白话词汇成熟的关键时期,指示代词也不例外。《祖堂集》是研究近代汉语的重要语言资料,我们试以《祖堂集》为研究语料,对其中的指示代词进行全面描写,以勾勒出指示代词从魏晋南北朝至晚唐五代的发展演变轨迹。

第一节 魏晋南北朝至晚唐五代时期近指代词的发展演变

魏晋南北朝时期的近指代词系统分为体词性近指代词和谓词性近指代词两大部分,体词性近指代词主要有"此""是""斯""阿堵""箇(个)""许"等,谓词性近指代词主要有"然""尔""乃""能"等。到了晚唐五代时期,基本上没有了体词性和谓词性的区别,谓词性近指代词全部转变为体词性近指代词,因此,本节我们不再对近指代词进行体谓之分。《祖堂集》中的近指代词主要有"此""如此""此个""兹""个""这""这个""这般""这里""这边""斯""是""者""者个""者里""尔",其句法功能情况具体见表21。

表21 《祖堂集》近指代词句法功能情况汇总表　　单位:例

功能	频数											
	此	如此	此个	兹	个中	这/者	这/者个	这般	这/者里	这边	斯	是	尔
主语	142	0	0	0	5	0	51	0	41	2	6	11	1
动宾宾语	73	14	0	0	0	0	46	0	51	3	8	0	1

续表

功能	频数											
	此	如此	此个	兹	个中	这/者	这/者个	这般	这/者里	这边	斯	是	尔
介宾宾语	48	0	0	10	0	0	3	0	43	0	8	82	0
定语	626	4	5	0	1	52	114	3	2	2	9	25	67
谓语	0	90	0	0	0	0	0	0	0	0	0	0	4
状语	12	3	0	0	0	0	0	0	0	0	0	0	0
总计	901	111	5	10	6	52	214	3	137	7	31	118	73

一、"此"系近指代词

到了晚唐五代时期,"此"仍然是最主要的近指代词之一。不同的是,由于这一时期双音化现象显著,"此"在这一时期常与"如""个"等结合成为双音近指代词,形成了与"此"相关的一系列近指代词。以下我们就"此""如此""此个"等近指代词的用法分别加以介绍。

(一) 此

在《祖堂集》中,"此"的句法功能有了很大变化。《祖堂集》中"此"共出现了 901 次,在句中主要作定语、用于指示的例句共 626 例,例如:

(1) 王其第四禅观见此瑞,递相谓曰:"今此世界若成,当有一千贤人出现于世。"是故此时名为贤劫。(《祖堂集·卷一·释迦牟尼佛》)

(2) 王曰:"此事非少,如何抵敌?"师曰:"大王莫愁,令第二太子摩挐罗轻喝一声。"大王则命太子喝。太子奉王教诏,即至城南。便举左手拍其腹上而喝一声。象兵倒地,不复更起。王见此事,深自叹讶。愿师摄受,度脱出家,命圣受戒。(《祖堂集·卷二·婆修盘头尊者》)

(3) 隐山和尚,洞山行脚时,迷路入山,恰到师处。师问:"此山无路,从什摩处来?"对云:"来处则不无。和尚从什摩处入此山?"隐山云:"我不从云水来。""和尚是先住,此山是先住?"云:"不知。"(《祖堂集·卷二十·隐山和尚》)

"此"常作宾语,其中作介词宾语的有 160 例,例如:

(4) 从此王乃至大名称王,有子孙相承,苗裔计有八万四千二百七十二王,尽是金轮王。(《祖堂集·卷一·释迦牟尼佛》)

（5）有人举似中塔。中塔云："不可思议！古人与摩见知。虽然如此，欠进一间。"(《祖堂集·卷十·玄沙和尚》)

（6）从此亲近石霜四十余日。后却归本山，成持和尚。便有来由，上堂说法。(《祖堂集·卷十九·径山和尚》)

"此"作动词宾语的例句有73例，例如：

（7）四祖曰："欲识四祖，即吾身是。"融便起，接足礼曰："师因何降此？"(《祖堂集·卷三·牛头和尚》)

（8）大寂问："从什摩处来？"对曰："从石头来。"大寂曰："石头路滑，还弛倒也无？"对曰："若弛倒即不来此也。"大寂甚奇之。(《祖堂集·卷四·丹霞和尚》)

（9）石霜问监院："是什摩人哭声？"对云："二百来个新到不得参见和尚，因此啼哭。"(《祖堂集·卷六·石霜和尚》)

"此"也可用作主语，这样的例句共有142例，例如：

（10）师曰："汝既不识，争知不是？"马鸣曰："此是锯义。"(《祖堂集·卷一·富那耶奢尊者》)

（11）梁武帝问曰："此是何人？"志公对曰："此是传佛心印观音大士。"武帝乃恨之曰："见之不见，逢之不逢。"即发中使赵光文往彼取之。(《祖堂集·卷二·菩提达摩和尚》)

（12）师云："不出户，不著事。"又云："此是理用也。"(《祖堂集·卷八·云居》)

《祖堂集》中，"此"也用作状语，这样的例句有12例，例如：

（13）时太子被囚深宫，并不得食，乃云："我为法故，今此饥渴，如何存济？"其时天降白乳入口，味如甘露，食了轻健。(《祖堂集·卷二·婆舍斯多尊者》)

（14）马师曰："汝见柴橛大小？"对曰："勿量大。"马师曰："汝甚有壮大之力。"僧曰："何故此说？"马师曰："汝从南岳负一柴橛来，岂不是有壮大之力？"(《祖堂集·卷四·石头和尚》)

（15）道吾却问："师兄离师左右，还得也无？"师曰："智阇梨何必有此问？多少年压膝道伴，何事不造作，何事不商量？不用更问。"(《祖堂集·卷四·药山和尚》)

可见相对于魏晋南北朝时期，晚唐五代时期"此"在句中仍然以作定语为主，但作定语的比重明显提高了，作主语的比重也显著提升。

(二) 如此

"如此"在魏晋南北朝时期已经有发展成词的趋势，但并未成词，"如此"仍然是一个使用比较多的结构。在晚唐五代时期，"如此"的出现频率逐渐提升，且逐渐成词。《祖堂集》中"如此"共出现111次，绝大多数在句中作谓语，这样的例句共90例，例如：

（16）道吾曰："何故如此？"岩才得个问头，便去和尚处续前问："何故如此？"师曰："书卷不曾展。"（《祖堂集·卷四·药山和尚》）

（17）先师曰："为什摩故如此？"某甲对曰："目前无寺。"（《祖堂集·卷七·夹山和尚》）

（18）舍人云："大奇，大奇！虽然如此，出家自有本分事。作摩生是和尚本分事？"僧无对。（《祖堂集·卷三·鸟窠和尚》）

"如此"也可作动词宾语，这样的例句有14例，例如：

（19）"此人得什摩人力，则得如此？"云："终日得他力，只是行不住。"（《祖堂集·卷八·曹山和尚》）

（20）师云："只为如此，所以如此；若不如此，焉知如此？"僧云："不如此事作摩生？"师云："莫放我打睡。"（《祖堂集·卷十一·保福和尚》）

（21）僧云："若不如是，争知如此？"师云："也是半路人。"（《祖堂集·卷十二·荷玉和尚》）

"如此"也可在名词前作定语，表示"指示"，在《祖堂集》中这样的例句共有4例：

（22）师曰："然。十二部教皆合于道，禅师错会，背道逐教。道本无修，禅师强修；道本无作，禅师强作；道本无事，强生多事；道本无为，于中强为；道本无知，于中强知。如此见解，自是不会，须自思之。"（《祖堂集·卷三·司空本净和尚》）

（23）如此往复凡数则，函盖无异，盘泊二十余载。（《祖堂集·卷九·大光和尚》）

（24）第一，现今不信自己即佛，何处生灭坏烂之身得成佛道，如此之辈，亦同出佛身血，唤作破和合僧；第二旷大劫来无明相随，习业颠倒，便须今日息念归真，坏除生死，六根销落，亦得为今时谤。（《祖堂集·卷十二·禾山》）

（25）寺众愕然，共相谓曰："如此瑞祥，实未曾有。应是禅师来仪之兆也。"（《祖堂集·卷十七·溟州山窟山故通晓大师》）

"如此"也可作状语，《祖堂集》中这样的例句只有3例：

（26）僧云："不如此事作摩生？"师云："莫放我打睡。"（《祖堂集·卷十一·保福和尚》）

（27）诸人道：是谁如此解会？须是鹅王之作始得。（《祖堂集·卷十二·禾山和尚》）

（28）执此向后，堪受人天供养；若不如此修行，受人天供养，一生空过，大难！大难！（《祖堂集·卷十八·仰山和尚》）

可见，晚唐五代时期"如此"充当的句法功能种类繁多，"如此"明显开始凝固成词。

（三）此个

在晚唐五代时期，指示代词"此"加上"个"成为另一指示代词"此个"，主要用于表单数语义，这也是这一时期新出现的近指代词之一。《祖堂集》中"此个"共出现了5次，全部用于作定语：

（29）自迷失，珠元在，此个骊龙终不改，虽然埋在五阴山，自是时人生懈怠。（《祖堂集·卷四·丹霞和尚》）

（30）师云："到京不知有京风。"问："此个门风，如何继绍？"师云："昔年汉主，今日吾君。"（《祖堂集·卷十一·齐云和尚》）

（31）此个门中，也须精确亲近高格者，不可断言语。（《祖堂集·卷十二·禾山和尚》）

（32）若更见一法如丝发许，不是此个事，我说为无明翳障。（《祖堂集·卷十三·山谷和尚》）

（33）专使却来，具说前事。观察使遥申礼拜。问："此个门中始终事如何？"（《祖堂集·卷十五·五泄和尚》）

"此"类指示代词在这一时期发展迅速，就"此"单独作句法成分而言，作定语和主语的句法功能均得到了很大发展；同时，"此"与"如""个"等结合成词，形成了新的双音近指代词"如此""此个"等。

二、"这/者"系近指代词

"这"是这一时期新出现的近指代词。

近指代词"这"始见于唐代，是学界的定论，但是始于初唐、盛唐还是晚唐，学者们莫衷一是，大致有以下几种看法：

初唐说。周法高、陈治文、吴福祥、向熹、蒋绍愚等都认为指示代词"这"最早见于《寒山诗》："夏天将作衫，冬天将作被。冬夏递互用，长年只这是。"

中唐说。钱学烈、王运熙、孙昌武等认为寒山子为中唐时人,"这"出现的时代应为中唐。

晚唐说。太田辰夫认为"只这是"这样的表达方式是宋以后出现的,寒山诗中出现的这个例句应在晚唐以后。

关于指示代词"这"的来源,学界看法也不一致。

高名凯、王力、太田辰夫认为"这"来源于"之"。高名凯的理由是"这"是"適"的借字,而"適"是古音"之"保留在口语里的音标。① 王力的论据是因为中古"之"的口语音和文言的"者"音相混,所以才有人借用了"者"字来表示"之"。②

吕叔湘在其《近代汉语指代词》中提道:"在早期文献里,近指指示代词最常见的写法是:'者''这''遮'。"③ 且认为"这"来源于"者"。

周法高认为"这"来源于"適",且提出"这、遮、者、赭"等词统一为"这"字在元代就已经完成了。④

梅祖麟假设来源于"只者",由于"只者"在发展过程中产生合音词后还写作"者",或"只者"失落"只"字剩下了"者",所以才会留下"者"字⑤。

张惠英认为"这"来自量词"隻"。

徐时仪认为指示代词"这"来源于"迎接"义的"這",是由动词"這"虚化而来。

朱冠明提出近指代词"这"来自中古以前常见的近指代词"是"。⑥ 其论文《再谈近指代词"這"的来源》从语法功能和语音变化两个方面论证了"这"和"是"的关系,同时讨论了"这"的来源、"是"的去向,以及与"这"相关的"阿堵""底"等的用法。这些说法还有待进一步研究。

近指代词"这"字形有"这""者""遮""赭""拓"等,其中"这""者""遮"较为常见,其他字形只有零星用例。我们考察了晚唐五代时期《祖堂集》中"这"系指示代词的用法,发现《祖堂集》中仅出现了"这"和"者"两种形式,"遮"未见。与"这/者"有关的近指代词有"这/者""这/者个""这般""这/者里""这边"等。

(一)这/者

《祖堂集》中"这"单独出现的情况不多,仅有52例,且"这"在句

---

① 高名凯. 唐代禅家语录所见的语法成分 [J]. 燕京学报,1948 (34):50-85, 318-319.
② 王力. 汉语史稿 [M]. 北京:中华书局,1980:330.
③ 吕叔湘. 近代汉语指代词 [M]. 江蓝生,补. 上海:学林出版社,1985:184.
④ 周法高. 中国语文论丛 [M]. 台北:正中书局,1963:348.
⑤ 梅祖麟. 关于近代汉语指代词 [J]. 中国语文,1986 (6):401.
⑥ 朱冠明. 再谈近指代词"這"的来源 [J]. 中国语文,2019 (6):643-664, 766.

中均在名词前作定语，例如：

(34) 师便喝曰："这汉，我向你道不相到，谁向汝道断？"王咏更无言。(《祖堂集·卷三·慧忠国师》)

(35) 宝寿不肯，出法堂外，道："这老和尚，有什摩事急？"(《祖堂集·卷六·洞山和尚》)

(36) 师呵沙弥云："这沙弥，不了事！教屈法空禅师来，何故屈得守堂人来？"(《祖堂集·卷十五·盐官和尚》)

(37) 师问僧："什摩处来？"对云："江西来。"师云："这里与江西相去多少？"对云："不遥。"(《祖堂集·卷七·雪峰和尚》)

(二) 这/者个

我们之所以将"这/者个"单列而非将其混于"这/者"，是因为受了吕叔湘先生的启发。吕叔湘曾在《近代汉语指代词》中单列篇章阐述"们"。同样的，"这/者个"中的"个"字引起了我们的兴趣。我们要谈一谈"个"，当"这/者个"后面紧跟名词时，如"这个村、这个店"，"个"很明显是量词，"这"作定语。当"这/者个"单独使用时，"个"的性质更接近于一个语尾，"这/者个"就可以看成一个独立的词语，它可以用作主语和宾语，这在我们考察的语料中有所出现。此外，"这个"还可以用作说话迟疑（一边想一边说）时候的敷衍话。

《祖堂集》中"这/者个"出现频率很高，共出现了 214 次，其中"这个"204 例，"者个"10 例。"这/者个"在句中主要作定语，用于指示，这样的例句共 114 例，例如：

(38) 子曰："与摩则无圣去也。"师曰："犹有这个纹彩在。"(《祖堂集·卷二·道信和尚》)

(39) 路边有一个树子，石头云："汝与我斫却，这个树碍我路。"(《祖堂集·卷五·长髭和尚》)

(40) 寺主自行疏，教化一切了，供养主相共上百丈。师委得这个消息，便下山来，迎接归山。(《祖堂集·卷十四·百丈政和尚》)

(41) 其僧竖起五指。师云："苦杀人！洎错放过者个汉。"(《祖堂集·卷五·云岩和尚》)

"这/者个"常作主语，《祖堂集》中这样的例句共有 51 例，例如：

(42) 侍者领兄参和尚一切后，侍者便谘白和尚："这个是某甲兄，欲投师出家，还得也无？"(《祖堂集·卷四·药山和尚》)

(43) 岩提起帚云："这个是第几月？"玄沙代云："此由是第二月。"(《祖堂集·卷十二·荷玉和尚》)

(44) 或时举一境云: "这个则且置,还诸方老宿意旨如何?"已上两则境智也。(《祖堂集·卷十八·仰山和尚》)

"这/者个"也可作宾语,其中在《祖堂集》中作动词宾语的例句有46例:

(45) 上座又问: "上来密语密意,只有这个,为当更有意旨?"(《祖堂集·卷二·弘忍和尚》)

(46) 和尚拈起和痒子曰: "彼中还有这个也无?"对曰: "非但彼中,西天亦无。"(《祖堂集·卷四·石头和尚》)

(47) 价曰: "即这个,别更有也无?"师曰: "莫闲言语!"(《祖堂集·卷六·投子和尚》)

(48) 上座拈起纳衣角。师云: "只这个,为当别更有?"(《祖堂集·卷十·长庆和尚》)

"这/者个"在《祖堂集》中作介词宾语的例句只有3例:

(49) 有俗官送物,充沩山赎钟。沩山谓仰山云: "俗子爱福也。"仰山云: "和尚将什摩酬他?"师把柱杖,敲丈床三两下云: "将这个酬得他摩?"(《祖堂集·卷十八·仰山和尚》)

(50) 有人问禾山: "古人云:'我因他得无三寸,所以不将这个供养。'未审将什摩供养?"禾山云: "将无三寸供养。"僧云: "古人为什摩道'不将这个供养'?"(《祖堂集·卷六·石霜和尚》)

(三) 这般

"这般"大约始于晚唐五代时期,"般"原本是量词,但进入复合词后变为词素,量词的语法特点也就不完全了,因此"这般"后可以跟助词"的"。"这般"最初可能主要用于指示性状,宋代以后,既用于指示,又用于称代。①《祖堂集》中"这般"共出现3次,主要作定语:

(51) 学云: "重多少?"师云: "这般底,论劫不奈何。"(《祖堂集·卷十二·中塔和尚》)

(52) 师云: "我不可著汝这般底,向后去别处打风颠去也。"(《祖堂集·卷十五·盘山和尚》)

(53) 僧云: "深领和尚尊旨。古人因什摩与摩道?"漳南云: "只为这般汉。"(《祖堂集·卷十五·五泄和尚》)

---

① 冯春田. 近代汉语语法研究 [M]. 济南: 山东教育出版社, 2000: 106.

（四）这/者里

根据冯春田的观点，"这/那"和方位词"里"组成"这里"大约是从晚唐五代时开始。因为"里"本身是方位处所词，所以"这里"多用于称代。① 《祖堂集》中"这/者里"的出现频率也较高，共出现137次，主要用于指称处所，在句中主要作宾语，其中作动词宾语的例句有51例，例如：

（54）祖曰："远来到这里，为什摩事？"子曰："一则明师难遇，正法难闻，特来礼觐祖师；二则投师出家，乞师垂慈摄受。"（《祖堂集·卷三·慧忠国师》）

（55）长庆云："古人与摩道，教阇梨来这里觅什摩？"（《祖堂集·卷六·洞山和尚》）

（56）师举起一物，问沩山云："与摩时如何？"沩山曰："分别属色尘。我到这里，与摩不与摩？"（《祖堂集·卷十八·仰山和尚》）

（57）师曰："有一人不从飞猿岭便到者里，作摩生？"对曰："此人无来去。"（《祖堂集·卷六·洞山和尚》）

《祖堂集》中"这/者里"作介词宾语的例句有43例，例如：

（58）药山在一处坐。师问："你在这里作什摩？"对曰："一物也不为。"（《祖堂集·卷四·石头和尚》）

（59）道尔千乡万里行脚来，为个什摩事？更向这里容易过，则知不得。（《祖堂集·卷八·云居和尚》）

（60）师云："老僧在这里坐，山河大地，森萝万像，总在这里，所以嫌他，与摩唾。"（《祖堂集·卷十四·江西马祖》）

（61）峰云："但从者里入。"师云："学人朦昧，再乞指示。"（《祖堂集·卷十·镜清和尚》）

"这/者里"常作主语，《祖堂集》中这样的例句有41例，例如：

（62）师曰："无言语动用亦勿交涉。"石头曰："这里针扎不入。"师曰："这里如石上栽花。"（《祖堂集·卷四·药山和尚》）

（63）师云："我这里有三棒，打你愚痴，会摩？"志超不会。（《祖堂集·卷十·玄沙和尚》）

（64）师云："者个事军国事一般，官家若判不得，须唤村公断。这里有三百来众，于中不可无人。大众与老僧断：宾主二家，阿那个是有路？"（《祖堂集·卷十八·赵州和尚》）

"这/者里"也可作定语，《祖堂集》中这样的例句只有2例：

---

① 冯春田. 近代汉语语法研究[M]. 济南：山东教育出版社，2000：95.

第四章　魏晋南北朝至晚唐五代时期指示代词的发展演变

（65）侍者便问："如何是这里佛法？"师抽一茎布毛示，侍者便悟。(《祖堂集·卷三·鸟窠和尚》)

（66）当时无人出问。师教僧问。其僧出来礼拜，问："未审这里事如何？"师云："入地狱去。"(《祖堂集·卷七·雪峰和尚》)

（五）这边

《祖堂集》中"这边"共出现 7 次，表示近指，在句中主要作动词宾语，共有 3 例：

（67）尘滴存乎未免僭，莫弃这边留那边，直似长空搜鸟迹，始得去中又更玄。(《祖堂集·卷四·丹霞和尚》)

（68）僧曰："如何是那边人？"师云："过这边来。"(《祖堂集·卷十·镜清和尚》)

（69）净修禅师答曰："仰山啗镞话，拟议都难会。指拟益后来，言损这边在。"(《祖堂集·卷十八·仰山和尚》)

《祖堂集》中"这边"作定语的例句共有 2 例：

（70）师曰："此犹是这边事，那边事作摩生？"雪峰无对。(《祖堂集·卷六·洞山和尚》)

（71）师自代曰："眼闻非眼。"问："被三衣即这边人，那边人事作摩生？"(《祖堂集·卷八·云居和尚》)

"这边"也可用作主语，《祖堂集》中这样的例句也只有 2 例：

（72）僧云："未审这边如何过？"师云："惺惺不惺惺。"(《祖堂集·卷十·镜清和尚》)

（73）沩山云："子何故不记？"仰山云："燃灯身前事，这边属众生。行解无凭。"(《祖堂集·卷十八·仰山和尚》)

可以发现，"这/者"系指示代词中，"这/者"单独出现时，绝大多数在句中作定语，近指代词"这/者个"除最常作定语外，还常在句中作宾语和主语，"这/者里"则多用于在句中作宾语，"这般"均作定语，"这边"则没有明显的偏向，作主语、宾语、定语的情况均常出现。

三、其他近指代词

（一）兹

"兹"在上古时期是比较典型的近指代词，《世说新语》中并没有发现"兹"的用例。而发展到晚唐五代时期，"兹"又开始出现，但明显使用不多。《祖堂集》中"兹"共出现了 10 次，在句中都作宾语，指示时间和地

点,例如:

(74) 大臣奏曰:"今在香山之北、雪山之南,二山中间有林,名曰舍夷。地沃丰饶,人民炽盛,百姓归之,犹如廛市。郁成大国,册立为王,名尼拘罗城。古仙迦毗罗得道之处,因兹立城名也。"(《祖堂集·卷一·释迦牟尼佛》)

(75) 尔时师既受已,勤苦修行,胁不至席,因兹立号,名胁尊者。(《祖堂集·卷一·伏陀密多尊者》)

(76) 寿年七十二。葬后三年四月八日,塔门无故自开,容貌端然,无异常日。自兹已后,门人更不取[敢]闭。(《祖堂集·卷二·道信和尚》)

(二)个中

"个"本身也是一个指示代词,出现于南北朝时期,唐代以前仅有2例。《祖堂集》中"个"主要和"中"字组合成"个中",在句中作主语,这样的例句共5例,例如:

(77) 劫石可移动,个中难改变。(《祖堂集·卷三·懒瓒和尚》)

(78) 个中若了全无事,体用无妨分不分。(《祖堂集·卷五·三平和尚》)

(79) 清云:"个中无肯路。"师云:"始称病僧意。"(《祖堂集·卷八·疏山和尚》)

"个中"也可用在名词前作定语,表示指示,这样的例句只有1例:

(80) 削除人我本,冥合个中意。(《祖堂集·卷三·懒瓒和尚》)

(三)斯

"斯"在先秦和魏晋南北朝时期都是比较常见的近指代词,在晚唐五代时期,"斯"作为近指代词仍然比较常见,且其句法功能从先秦到晚唐五代时期没有发生很大变化,仍然主要在句中作定语、宾语和主语。《祖堂集》中"斯"共出现了31次,主要在句中作宾语,这样的例句共16例,例如:

(81) 日日如斯,以为常准。师因于一日忽自讶之,乃问:"此饼是某甲持来,何乃返惠某甲?"(《祖堂集·卷五·龙潭和尚》)

(82) 师答:"日月丽天,六合俱照,而盲者不见,盆下不知。非日月不普,是障隔之咎也。度与不度,义类如斯,非局人天,

第四章　魏晋南北朝至晚唐五代时期指示代词的发展演变

拣于鬼畜。但人道能结集、传授不绝，故只知佛现人中也。灭度后委付迦叶，展转相承一人者，此亦盖论当代为宗教主，如土无二王，非得度者唯尔数也。"（《祖堂集·卷六·草堂和尚》）

（83）主者仰恋，渐办斋筵，至七日备，师亦少食。竟日，师云："僧家何太粗率！临行之际，喧恸如斯。"至八日，使开浴。浴讫，端坐长往。春秋六十二，僧夏四十一。（《祖堂集·卷六·洞山和尚》）

"斯"常作定语，用于名词前指示人或物，《祖堂集》中这样的例句共有9例，例如：

（84）时道俗咸异斯言。亲党之内多尚淫祀，率皆宰牲以祈福佑。（《祖堂集·卷四·石头和尚》）

（85）师持此问，在处不契其机，忽闻洞山斯言，当时失对。遂有抠衣之意，不慕他游。既罢禅征，宁有请益。（《祖堂集·卷八·龙牙和尚》）

（86）未妊之前，其父见白虹入室，又母梦中见僧同床而寝，觉闻香气芬馥，父母愕然，共相谓曰："据斯嘉瑞，必得圣子。"（《祖堂集·卷十七·雪岳陈田寺元寂禅师》）

"斯"也可用作主语，《祖堂集》中这样的例句共有6例，例如：

（87）及诞之夕，满室光明。父母怪异，询乎巫祝。巫祝曰："斯吉祥之徵也。"（《祖堂集·卷四·石头和尚》）

（88）思和尚良久。师作礼而退。斯之要旨，岂劣器之能持？乃佛佛径烛心灯，祖祖玄传法印。大师既投针而久亲于丈室，临歧而迥承方外之机，则能事将备，道可行矣。（《祖堂集·卷四·石头和尚》）

（89）师答曰："觉四大如坏幻，达六尘如空花，悟自心为佛心，见本性为法性，是发心也。知心无住，即是修行；无住而知，即为法味。住著于法，斯为动念。故如人入闇，即无所见。今无所住，不染不著，故如人有目，及日光明见，种种法，岂为定性之徒？既无所住著，何论处所阶位？同年同月二日沙门宗密谨对。"（《祖堂集·卷六·草堂和尚》）

我们可以发现，这一时期"斯"的句法功能仍然主要是作宾语和定语，也有作主语的情况，其句法功能情况比较稳定。

（四）是

"是"从上古时期就是典型的近指代词，魏晋南北朝时期其使用频率不高，逐渐转向系词，但到了晚唐五代时期又有了短暂的回升。《祖堂集》中"是"共出现了118次，其句法功能分布频率见表22。"是"在句中主要作宾语，这样的例句共82例，例如：

（90）"……因兹食者具男女根，如是展转，便为姻媾，遂始胎生。"《楼炭经》云："自然粳米，朝刈暮熟。"《中阿含经》云："米长四寸，人竞预取，如是相煞，预取之处，后更不生。"（《祖堂集·卷一·释迦牟尼佛》）

（91）师对云："岂不闻道：智慧过师，方传师教；智慧若与师齐，他后恐减师德。"德山云："如是如是，应当善护持。"问："如何是切急处？"师云："道什摩？"僧无对。（《祖堂集·卷七·岩头和尚》）

（92）师初开堂，示众曰："祖师西来，特唱此事。自是诸人不荐，向外驰求。投赤水以寻珠，就荆山而觅玉。所以道：从门入者非宝。认影为头，岂非大错？"问："如何是祖师西来意？"师云："梁殿不施功，魏邦没心迹。"（《祖堂集·卷九·黄山和尚》）

表22　《祖堂集》中"是"的句法功能分布频率表

句法功能	宾语	主语	定语	总计
用例数量/例	82	11	25	118
所占比例/%	69.49	9.32	21.19	100

"是"常作定语，这样的例句在《祖堂集》中共有25例，例如：

（93）思惟是事，晓夜经行。明相出时，身体疲极，兼卧之次，头未至枕，得证果位。心生欢喜，则往宾钵罗窟，击其石门。（《祖堂集·卷一·大迦叶尊者》）

（94）尔时伏驮密多得闻尊者说是妙法，则五体投地，深敬作礼。尔时尊者则与出家，而命贤圣，受具足戒。（《祖堂集·卷一·佛陀难提》）

（95）是时和尚至彼，为灶神说法。灶神闻法，便获生天，故现本身，礼辞和尚："蒙师说法，重得生天，故来谢师，便还天府。"言犹未讫，瞥然不见。（《祖堂集·卷三·破灶堕和尚》）

"是"也可作主语，《祖堂集》中这样的例句共有11例，例如：

（96）又《普曜经》云："佛初生时，放大光明，照十方界，地涌金莲，自然捧足，东南西北各行七步。观察四方，一手指天，一手指地，作师子吼：'天上天下，唯我独尊。'又偈曰：'我生胎

分尽,是最后末身。我已得解脱,当复度众生。'"(《祖堂集·卷一·释迦牟尼佛》)

(97) 二三者六,让大师传法弟子六人;言六人者,一道一得心,二智达得眼,三常浩得眉,四神照得鼻,五坦然得耳,六严峻得舌,是为六人也。(《祖堂集·卷二·菩提达摩和尚》)

(98) 朽床者,老字也;六脚者,则天、中宗、腾腾、坦然、圆寂百五十五年住世,破灶堕和尚六住嵩山,是为六脚也。(《祖堂集·卷二·菩提达摩和尚》)

可见,这一时期"是"的句法功能仍然只有作宾语、作主语和作定语三类,不同的是,"是"作定语的比重显著提升,作主语的比重降低,且"是"用来表示事物的情况逐渐增多,不再主要用于指示人。

(五) 尔

"尔"在上古和魏晋南北朝时期是典型的谓词性近指代词,在《祖堂集》中,"尔"的谓词性属性逐渐消失,继而转变成一个体词性的近指代词。《祖堂集》中近指代词"尔"共出现了73例,其句法功能分布频率见表23。"尔"主要在句中作定语,与时间名词"时"组成"尔时"一词,指示较近的时间,这样的例句共有67例,例如:

(99) 尔时释迦如来成道竟,示众曰:"夫出家沙门者,断欲去爱,识自心源,达佛本理,悟无为法;内无所得,外无所求,心不系道,亦不业结;无念无作;非修非证;不历诸位而自崇敬,名之为道。"(《祖堂集·卷一·释迦牟尼佛》)

(100) 尔时佛陀难提告伏驮密多曰:"如来以大法眼付嘱迦叶,如是展转,吾当第八。"(《祖堂集·卷一·佛陀难提尊者》)

(101) 尔时鹤勒告师子曰:"我今将此正法眼藏用付于汝,汝善护持,外方行化。当国有难,刑在汝身。汝受吾教而听偈曰:识得心性时,可说不思议,了了无可得,得时不说知。"(《祖堂集·卷二·鹤勒尊者》)

表23 《祖堂集》中"尔"的句法功能分布频率表

句法功能	定语	谓语	主语	宾语	总计
用例数量/例	67	4	1	1	73
所占比例/%	91.78	5.48	1.37	1.37	100

《祖堂集》中"尔"作谓语的例句有4例,例如:

(102) 师云:"不为身心,复谁出家?"子曰:"夫出家者,无我之故；无我之故，心不生灭；心不生灭，则是常故；既是常故，诸佛亦常。心无形相，其体亦尔。"（《祖堂集·卷一·优婆纷多》）

（103）师曰："无情尚尔，岂况有情乎？"（《祖堂集·卷三·慧忠国师》）

（104）师曰："今此亦尔。但令有情授记作佛之时，三千大千世界一切国土尽属毗卢遮那佛身，佛身之外般得更有无情而得授记耶？"（《祖堂集·卷三·慧忠国师》）

值得注意的是，《祖堂集》中新出现了"尔"用作主语的情况，这样的例句只有1例：

（105）尔时如来以大悲力，从心胸中火涌棺外，渐渐荼毗。经于七日，焚妙香薪，尔乃方尽。（《祖堂集·卷一·释迦牟尼佛》）

"尔"也可作动词宾语，在《祖堂集》中这样的例句也只有1例：

（106）师曰："此白是发，非心、头也。"子曰："身自十七岁，非姓尔也。"（《祖堂集·卷一·商那和修尊者》）

可见，到了晚唐五代时期，"尔"逐渐转变为一个体词性的近指代词，且句法功能由原来的以作谓语为主转变为绝大多数都作定语，作宾语的比重大幅度下降，同时还新出现了"尔"作主语的情况。

第二节　魏晋南北朝至晚唐五代时期远指代词的发展演变

魏晋南北朝时期的远指代词主要有"夫""彼""其""那"等，到了晚唐五代时期，远指代词"那"逐渐发展出"那个""那里""那边""那头"等"那"系双音节远指代词，"彼""其""夫"的使用也发生了一些变化。《祖堂集》中的远指代词主要有"彼""彼中""其""那""那个""那里""那边""那头"8个，其分布情况具体见表24。

表24　《祖堂集》中远指代词分布情况表　　　　单位：例

功能	频数							
	彼	彼中	其	那	那个	那里	那边	那头
主语	0	8	0	0	1	2	1	0
动宾宾语	8	12	0	0	3	5	5	2
介宾宾语	1	3	0	0	1	1	2	0

续表

功能	频数							
	彼	彼中	其	那	那个	那里	那边	那头
中心语	0	1	0	0	0	0	0	0
定语	24	6	188	3	6	0	11	0
总计	33	30	188	3	11	8	19	2

一、彼

"彼"在先秦以及魏晋南北朝时期都是比较常见的远指指示代词,远指代词"彼"在魏晋南北朝时期基本上很少单独出现,"彼中"则较为常见。在《祖堂集》中,"彼"单独作句法成分的用例比较常见,《祖堂集》中"彼"共出现了33次,在句中主要在名词前作定语,指示较远的人或事物,这样的例句共24例,例如:

(1) 道诚云:"我于蕲州黄梅县东冯母山礼拜第五祖弘忍大师,今现在彼山说法,门人一千余众。我于此处听受。大师劝道俗受持此经,即得见性,直了成佛。"惠能闻说,宿业有缘。(《祖堂集·卷二·惠能和尚》)

(2) 直到潭州,过大溪次,师伯先过。洞山离这岸,未到彼岸时,临水睹影,大省前事,颜色变异,呵呵底笑。(《祖堂集·卷五·云岩和尚》)

(3) 师曰:"法身无像,对翠竹以成形;般若无知,对黄花而现相。非彼黄花、翠竹,而有般若、法身乎?经云:'佛真法身,犹若虚空,应物现形,如水中月。黄花若是般若,般若则同无情;翠竹若是法身,翠竹还同应物不?'"(《祖堂集·卷十四·大珠和尚》)

"彼"常作宾语,其中作动词宾语的共有8例,例如:

(4) 太子问曰:"何方堪耶?"山神曰:"从此去摩竭提国南一十六里,有金刚座,贤劫千佛皆升此座,成等正觉。宜当往彼。"(《祖堂集·卷一·释迦牟尼佛》)

(5) 破灶堕和尚嗣安国师。师在北地,有一禅师唯善塞灶,频频感得灶神现身。彼地敬重剧于佛像。是时和尚至彼,为灶神说法。灶神闻法,便获生天,故现本身。(《祖堂集·卷三·破灶堕》)

(6) 后虽值宣宗再扬佛日,而彼海山隅,竟绝玄侣。后至西

院大沩兴世，众中好事者十数人往彼请而方转玄关。(《祖堂集·卷五·三平和尚》)

（7）先有亲妹出家为尼在彼，及谙其兄行迹，遂近前呵云："师兄！平生为人不依法律，死后亦不能徇于世情！"以手推倒，众获阇维，塔于北台之顶。(《祖堂集·卷十五·邓隐峰和尚》)

《祖堂集》中"彼"作介词宾语的例句只有1例：

（8）法中者，佛法也，会大师传佛知见甚深法也；无气味者，缘北宗秀大师弟子普寂于京盛行，通其经教，当此之时，曹溪宗旨于彼未盛行，故言无气味也。(《祖堂集·卷二·菩提达摩和尚》)

二、彼中

《祖堂集》中共有"彼中"30例，且主要在句中作宾语，"彼中"处于动宾结构中的例句共12例，例如：

（9）对曰："虽在彼中，不曾上他食堂。"(《祖堂集·卷四·药山和尚》)

（10）其第一鬼使云："若与摩，则放一日修行。某等去彼中谘白彼王。王若许，明日便来；王若不许，一饷时来。"(《祖堂集·卷十四·江西马祖》)

（11）南泉教僧："你去鲁祖处。到彼中便有来由。"(《祖堂集·卷十四·鲁祖和尚》)

《祖堂集》中"彼中"处于介宾结构中的例句有3例：

（12）有一日造书，书上说："石头是真金铺。江西是杂货铺。师兄在彼中堕根作什摩？千万千万，速来速来！"(《祖堂集·卷四·药山和尚》)

（13）师曰："你在彼中即如此，我这里作摩生？"(《祖堂集·卷五·长髭和尚》)

（14）南泉山下有僧住庵。有人向他道："此间有南泉，近日出世，何不往彼中礼拜去？"(《祖堂集·卷十六·南泉和尚》)

《祖堂集》中"彼中"在句中作主语的例句有8例，例如：

（15）和尚拈起和痒子曰："彼中还有这个也无？"(《祖堂集·卷四·石头和尚》)

（16）师机既不投，书亦不达，便归师处。思和尚问："彼中有信不？"师对曰："彼中无信。"(《祖堂集·卷四·石头》)

（17）师曰："彼中是什摩人道首？"对云："上字是良，下字是价。"（《祖堂集·卷七·夹山和尚》）

《祖堂集》中"彼中"作定语的例句有6例，例如：

（18）对云："彼中和尚问当头因缘，某甲情切，举似彼中和尚。"（《祖堂集·卷七·夹山和尚》）

（19）进曰："著弊垢衣，彼中消息如何？"师云："转高去也。"（《祖堂集·卷八·云居和尚》）

（20）彼中禅侣，皆增叹伏。（《祖堂集·卷二十·五冠山瑞云寺和尚》）

《祖堂集》中还有1例"彼中"作中心语的例句：

（21）云岩云："某甲虽在他彼中，只为是不会他这个时节，便特归来。"（《祖堂集·卷十六·南泉和尚》）

可见，到了晚唐五代时期，远指代词"彼中"在句中以作宾语为主，常作主语和定语，且新出现了"彼中"在句中作中心语的情况。

三、其

远指代词"其"从上古时期开始就主要在句中作定语，发展到晚唐五代时期，"其"只剩下作定语的句法功能，作主语、状语等句法功能全部消失，这样的例句共188例，例如：

（22）其时菩萨为平等故，并总受之；息贪欲故，按成一钵，以受乳糜。食充色力，欲诣正觉山。（《祖堂集·卷一·释迦牟尼佛》）

（23）达摩其年十月十九日，自知机不契，则潜过江北入于魏邦。志公特至帝所，问曰："我闻西天僧至，今在何所？"梁武帝曰："昨日逃过江向魏。"（《祖堂集·卷二·菩提达摩和尚》）

（24）其僧提起茶碗曰："会摩？"秀才曰："未测高旨。"僧曰："若然者，江西马祖今现住世说法，悟道者不可胜记，彼是真选佛之处。"（《祖堂集·卷四·丹霞和尚》）

四、"那"系指示代词

远指代词"那"在晚唐五代时期发展迅速，逐渐形成了表示远指的"那"系指示代词。《祖堂集》中的"那"系指示代词主要包括"那""那个""那里""那边""那头"，具体使用情况如下：

（一）那

"那"始见于魏晋南北朝时期，但用例甚少。发展到晚唐五代时期，"那"作远指代词的情况仍然不多，《祖堂集》中"那"单独出现作远指代词仅有3例，且均作定语，例如：

(25) 广利和尚对云："任汝世界烂坏，那人亦不彩［睬］汝。"(《祖堂集·卷九·乌岩和尚》)

(26) 师上堂云："说取一丈，不如行取一尺；说取一尺，不如行取一寸。说取那行处，行取那说处。"(《祖堂集·卷十七·大慈和尚》)

(二) 那个

"那个"是晚唐五代时期新出现的远指代词，《祖堂集》中"那个"共出现了11次，在句中主要在名词前作定语，表示指示，这样的例句共有6例，例如：

(27) 师云："那个人还喫不？"洞山云："行即喫。"(《祖堂集·卷五·云岩和尚》)

(28) 师遂拈问僧："尊者无头，什摩人觅牛？"对云："那个人。"师云："只如那个人还觅牛也无？"僧无对。(《祖堂集·卷十三·招庆和尚》)

(29) 师云："与我将取那个铜瓶来。"僧取瓶来。师云："却送本处安置。"(《祖堂集·卷十五·盐官和尚》)

(30) 至明日，三圣问讯曰："昨日答那个师僧一转因缘，为只是光前绝后，古今罕闻。"师又不语。(《祖堂集·卷十七·岑和尚》)

"那个"在《祖堂集》中常作宾语，其中作动词宾语的例句有3例：

(31) 师将锹子铲草次，隐峰问："只铲得这个，还铲得那个摩？"师便过锹子与隐峰。(《祖堂集·卷四·石头和尚》)

(32) 师云："还将得那个来不？"对云："将得来。"师云："在什摩处？"僧以手从顶上擎出，呈似师。(《祖堂集·卷十五·归宗和尚》)

(33) 师云："你什摩处见那个，便道不似？"对云："若约某甲见处，和尚亦须放下手中物。"(《祖堂集·卷十六·南泉和尚》)

在《祖堂集》中，"那个"作介词宾语的例句只有1例：

(34) 师一日见僧上来立次，竖起物问："你道这个与那个别不别？"僧无对。(《祖堂集·卷十一·齐云和尚》)

在《祖堂集》中，"那个"也可用作主语，这样的例句只有1例：

(35) 师又时拈起球子问僧："那个何似这个？"对云："不

似。"(《祖堂集·卷十六·南泉和尚》)

(三) 那里

"那里"也是晚唐五代时期新出现的远指代词。《祖堂集》中"那里"共出现了 8 次,在句中主要作宾语,这样的例句共 5 例:

(36) 禅师曰:"广南曹溪山有一善知识,唤作六祖,广六百众,你去那里出家。某甲未曾游天台,你自但去。"(《祖堂集·卷三·慧忠国师》)

(37) 马祖曰:"从这里去南岳七百里,迁长老在石头。你去那里出家。"秀才当日便发去。到石头,参和尚。(《祖堂集·卷四·丹霞和尚》)

(38) 儿子曰:"某甲祖公在南岳,欲得去那里礼觐,只是未受戒,不敢去。"(《祖堂集·卷五·长髭和尚》)

(39) 道吾曰:"观师精彩,甚是其器,奈缘不遇其人。某甲师兄在苏州花亭县,乘小船子江里游戏,长老才去那里,便有来由。这里若有灵利者,领二人,著座主衣服去。"(《祖堂集·卷五·华亭和尚》)

(40) 鼓山问静道者:"古人道:'这里则易,那里则难。'这里则且从,那里事作摩生?"道者曰:"还有这里、那里摩?"鼓山打之。(《祖堂集·卷十一·保福》)

"那里"常作主语,《祖堂集》这样的例句共有 2 例:

(41) 师问灵云:"那里何似这里?"云云:"也只是桑梓,别无他故。"(《祖堂集·卷十·玄沙和尚》)

(42) 鼓山问静道者:"古人道:这里则易,那里则难。这里则且从,那里事作摩生?"(《祖堂集·卷十一·保福》)

(四) 那边

这一时期还出现了一个新的远指代词——"那边"。《祖堂集》中"那边"共出现了 19 次,在句中主要在名词前作定语,表示指示,这样的例句共有 11 例,例如:

(43) 石头曰:"未审汝早晚从那边来?"师曰:"专甲不是那边人。"(《祖堂集·卷四·天皇和尚》)

(44) 师云:"那边事作摩生?"对曰:"无下手处。"师曰:"此犹是这边事,那边事作摩生?"雪峰无对。(《祖堂集·卷六·洞山和尚》)

(45) 问:"被三衣即这边人,那边人事作摩生?"师云:"那

边人被什摩衣服?"学人不会。(《祖堂集·卷八·云居和尚》)

在《祖堂集》中,"那边"常作宾语,其中作动词宾语例句的有5例,例如:

(46)尘滴存乎未免憾,莫弃这边留那边。(《祖堂集·卷四·丹霞》)

(47)湖两边各有一片板,忽有人过,打板一下。师便提起楫子,云:"是阿谁?"对云:"要过那边去。"师便划船过。(《祖堂集·卷七·岩头和尚》)

(48)僧云:"与摩则有顿有弱去也。师云:"我若说顿说弱,则落那边去也。"(《祖堂集·卷八·曹山和尚》)

(49)与二上座一处坐,喫茶次,便问:"今日离什摩处?"僧云:"离那边。"(《祖堂集·卷九·涌泉和尚》)

《祖堂集》中"那边"作介词宾语的例句有2例:

(50)师云:"岂有无心者?"帝云:"那边事作摩生?"师云:"请向那边问。"帝云:"道。"(《祖堂集·卷十三·报慈和尚》)

(51)首座云:"那边事作摩生?"师云:"向那边来商量。"(《祖堂集·卷十三·报慈和尚》)

"那边"也可作主语,《祖堂集》中这样的例句只有1例:

(52)师曰:"那边还有这个摩?"洞山曰:"有也过于这个,无用处。"(《祖堂集·卷五·云岩和尚》)

(五) 那头

"那头"也是晚唐五代时期新出现的一个远指代词。《祖堂集》中"那头"在句中均作宾语,这样的例句只有2例,例如:

(53)石头便抽刀,把柄过与刀子。曰:"何不过那头来?"师曰:"用那头作什摩?"新戒便大悟。(《祖堂集·卷五·长髭和尚》)

我们可以发现,"那"系远指代词中,"那"单独出现时均在句中作定语,"那边"和"那个"主要在句中作定语,"那里"和"那头"则主要作宾语。

第三节　魏晋南北朝至晚唐五代时期
其他类指示代词的发展演变

魏晋南北朝时期的其他类指示代词包括旁指代词、逐指代词、无定代词和泛指代词等几类，到了晚唐五代时期，我们仍然将除近指代词和远指代词之外的其他类指示代词分为旁指代词、逐指代词、无定代词和泛指代词这四大类，但具体每类下面指示代词的使用情况是有所变化的。

一、魏晋南北朝至晚唐五代旁指代词的发展演变

魏晋南北朝时期的旁指代词主要有"他（它）""余""别""异"4个，到了晚唐五代时期，旁指代词只剩下"异"和"他"2个，其使用情况具体如下：

（一）异

"异"在魏晋南北朝时期就已经极少出现，发展到晚唐五代时期，"异"的使用频率仍然很低，《祖堂集》中"异"仅有1例，且在句中作定语：

（1）师问大光："除却今时，还更有异时也无？"对云："渠亦不道今日是。"师云："我也拟道非今日。"（《祖堂集·卷六·石霜和尚》）

（二）他

"他"在魏晋南北朝时期有"他"和"它"两种形式，且主要在句中作定语，发展到晚唐五代时期，"他"写作"它"的情况完全消失，均以"他"的形式出现。《祖堂集》中"他"共出现了74次，且作定语仍然是其主要的句法功能，指示人、物或时间，这样的例句共有65例，例如：

（2）时四童子所生庶母并眷属等闻此事已，疾至王所，白大王言："我等四子奉王摈出，我愿随去。"王言："宜依。"遮王有敕续告四子："若欲姻娉，莫婚他族，宜亲内姓，无令种姓断绝。"（《祖堂集·卷一·释迦牟尼佛》）

（3）禅客曰："某甲为什摩不闻？"师曰："汝自不闻，不可妨他有闻者。"进曰："谁人得闻？"师曰："诸圣得闻。"禅客曰："与摩即众生应无分也。"师曰："我为众生说，不可为他诸圣说。"（《祖堂集·卷三·慧忠国师》）

（4）他日沩山密离宴室，独步林泉。洞山乃疾追，蹑迹其后，至于佛地之西、有作务之所。（《祖堂集·卷五·云岩和尚》）

其余例句均作动词宾语，且"他"作宾语时均前置于动词"往"之前，这样的例句共有 9 例，例如：

(5) 涌泉和尚嗣石霜，在台州。师讳景忻，仙游县人也，受业于白云山。才具尸罗，便寻祖道而参见石霜，便问："学人初入丛林，乞师指示个入路。"霜云："我道三只筯子抛不落。"师便契玄关，更无他往。(《祖堂集·卷九·涌泉和尚》)

(6) 自离闽越，便造曹源，顿契玄猷，更不他往。初住金峰山，后住报恩寺。师号玄明禅师矣。(《祖堂集·卷十一·金峰和尚》)

(7) 忽于文德二年酉西四月末，召门人曰："吾将他往，今须永诀。汝等莫以世情浅意，乱动悲伤，但自修心，不坠宗旨也。"即以五月一日右胁累足，示灭于山+窟山寺上房。(《祖堂集·卷十七·溟州山窟山故通晓大师》)

可见，相对于魏晋南北朝时期，晚唐五代时期的旁指代词种类减少，且旁指代词"他"的字形仅剩下"他"一种，"他"作宾语时均前置于动词之前。

二、魏晋南北朝至晚唐五代逐指代词的发展演变

魏晋南北朝时期的逐指代词主要有"每"和"各"2 个，到了晚唐五代时期，逐指代词仍然是"每"和"各"2 个，句法功能基本上也没发生变化。其使用情况具体如下：

（一）每

魏晋南北朝时期"每"均在句中作定语，发展到晚唐五代时期，"每"仍然全部用于作定语，这样的例句共有 15 例，例如：

(8) 每日踏碓供养师僧。木口和尚到，见行者每日踏碓供养僧，问："行者不易，甚难消？"师曰："开心垸子里盛将来，合盘里合取，说什摩难消易消！"木口失对。(《祖堂集·卷五·石室和尚》)

(9) 第九问曰："诸佛成道说法，只为度脱众生。众生既有六道，佛何但住在人中现化？又佛灭后付法于迦叶，以心传心，乃至此方七祖，每代只传一人。既云于一切众生皆得一子之地，何以传授不普？"(《祖堂集·卷六·草堂和尚》)

(10) 因一日，普会垂问以微浅深云："国家每年放五百人及第，朝堂门下还得好也无？"师对云："有一人不求进。"会云："凭何？"师云："且不为名。"(《祖堂集·卷九·大光和尚》)

第四章 魏晋南北朝至晚唐五代时期指示代词的发展演变

(二) 各

魏晋南北朝时期"各"主要在句中作主语,发展到晚唐五代时期,"各"的句法功能基本上没有发生变化。《祖堂集》中"各"共出现了40次,其中大多为作小句主语的情况,这样的例句共有21例,例如:

(11) 尔时众生既见不重生故,各怀忧恼,互封田宅,以为壃畔。其有自藏以来,盗他田谷,由是诤起,无能决者。议立一人,号平等主,赏善罚恶,仍共供给。(《祖堂集·卷一·释迦牟尼佛》)

(12) 我说法时,犹如普雨;汝有佛性,如地中种,若遇法雨,各得滋长。取吾语者,决证菩提;依吾行者,定证圣果。吾今不传此衣者,以为众信心不疑惑,普付心要,各随所化。(《祖堂集·卷二·惠能和尚》)

(13) 假使起模尽样,觅得片衣口食,总须作奴婢偿他定也。专甲敢保。先德云:"随其诸类,各有分齐。"既得人身,的不皮衣土食?任运随缘,莫生住著!(《祖堂集·卷六·洞山和尚》)

《祖堂集》中"各"前有先行语、"各"复指前面的名词的例句有8例,例如:

(14) 师说此偈已,乃告众曰:"其性无二,其心亦然;其道清净,亦无诸相。汝莫观净及空其心。此心本净,亦无可取。汝各努力,随缘好去!"(《祖堂集·卷二·惠能》)

(15) 太子才起此念时,有难陀、波罗奈姊妹二人捧上乳糜。太子又自念言:"当将何器而为受食?"才起此念时,四天王各捧石钵。(《祖堂集·卷一·释迦牟尼佛》)

(16) 二人分襟后,师在鄂州遇沙汰,只在湖边作渡船人。湖两边各有一片板,忽有人过,打板一下。师便提起楫子,云:"是阿谁?"对云:"要过那边去。"师便划船过。(《祖堂集·卷七·岩头和尚》)

"各自"在《世说新语》中仅出现了1例,到了《祖堂集》中才频繁出现,且均作定语,这样的例句共有11例,例如:

(17) 印宗是讲经论僧也。有一日正讲经,风雨猛动。见其幡动,法师问众:"风动也,幡动也?"一个云风动。一个云幡动。各自相争,就讲主证明。(《祖堂集·卷二·惠能和尚》)

(18) 道吾云:"两个师兄与某甲三人,隐于深邃绝人烟处,避世养道过生,岂不是埋没?"师云:"师弟元来有这个身心。若

然者,不用入山,各自分去。"(《祖堂集·卷五·华亭和尚》)

(19) 沩山云:"汝眼目既如此,随处各自修行,所在出家一般。"(《祖堂集·卷十八·仰山和尚》)

晚唐五代时期的逐指代词没有发生很大变化,"每"在句中全部作定语,而"各"则全部作主语,"各自"均作定语。

三、魏晋南北朝至晚唐五代无定代词的发展演变

魏晋南北朝时期的无定代词主要有"某""或""莫"3个。到了晚唐五代时期,"或"多作"有时""或者"义,不再表指称,"莫"则均表"不要"义,也不具有指称义。《祖堂集》中的无定代词只有"某"1个。"某"在魏晋南北朝时期不太常见,句法功能上以作定语为主,发展到晚唐五代时期,"某"的句法功能情况有了一定的变化。《祖堂集》中"某"共出现了11次,仍然主要在句中作定语,这样的例句共有9例,例如:

(20) 尔时阿难而说是言:"如是我闻,一时佛住某城某处,说某经教,乃至人、天等作礼奉行。"(《祖堂集·卷一·大迦叶尊者》)

(21) 秀才当日便发去。到石头,参和尚。和尚问:"从什摩处来?"对曰:"某处来。"(《祖堂集·卷四·丹霞和尚》)

(22) 雪峰遂作信。信云:"一自鹅山成道后,迄至于今。师兄一自鹅山成道后,迄至如今。同参某信付上师兄。"(《祖堂集·卷七·岩头和尚》)

晚唐五代时期新出现了"某"作宾语的情况,这样的例句有2例:

(23) 禅师见儿子有如是次第,便向儿子说:"你若如此,投某出家则不得。"(《祖堂集·卷三·慧忠国师》)

(24) 若有人将此相来问,圆月中心著某对之。此则问者把玉觅契,故答者识珠便下手。(《祖堂集·卷二十·五冠山瑞云寺和尚》)

可见,到了晚唐五代时期,"某"作无定代词的用例增多,且其句法功能仍然以作定语为主,新出现了"某"在句中作宾语的情形。

四、魏晋南北朝至晚唐五代泛指代词的发展演变

魏晋南北朝时期的泛指代词主要有"焉"和"诸"2个,到了晚唐五代时期,"焉"多在句中作语气词或疑问代词,"诸"也很少用于作泛指代词。这一时期新出现了新的泛指代词"伊摩""任摩""与摩"等,其使用情况具体如下。

除了"伊摩""任摩""与摩",这一时期新出现的泛指代词还有"只

没道""只磨""只麼""莫祇""異没""熠麼""溜麼"等,关于这些泛指代词,吕叔湘在其《近代汉语指代词》中指出:"第二个字原来是个入声字'没'(<物),后来转为平声,写作'摩'或'磨',最后采取了一个罕用字'麼'。第一音节就不这么简单了,'與'和'与'算一个字,也还有八个字,其中'只'、'祇'是章母字,'異'、'與'、'熠'是以母字,'伊'是影母字,'溜'是邪母字,'任'是日母字,韵类也有同有不同。如果归并一下,'只'、'祇'算一类,'任'算一类,其余的算一类。'只'、'祇'可能跟这有关系,'任'可能跟那有关系。"① 但据我们考察,这些指示代词在指代时有时指近,有时指远,故我们把它们归入泛指代词一类中。以下我们只讨论《祖堂集》中出现的几个泛指代词"伊摩""任摩""与摩"等,其句法功能情况见表25。

表25 《祖堂集》中泛指代词的句法功能情况表   单位:例

频数	功能					
	状语	主语	谓语	宾语	定语	总计
伊摩	0	0	0	0	1	1
任摩	8	0	2	0	4	14
与摩	191	26	198	15	71	501

(一) 伊摩

"伊摩"是这一时期新出现的泛指代词,《祖堂集》中"伊摩"仅出现了1例,在句中作定语,表示时间:

(25) 进曰:"与摩时鸟道何分?"师云:"正伊摩时行鸟道。"(《祖堂集·卷八·龙牙和尚》)

(二) 任摩

"任摩"也是这一时期新出现的泛指代词,王闽吉在《〈祖堂集〉语言问题研究》一书中将"任摩"归入"性状指示代词"一类中。② 冯春田在《近代汉语语法问题研究》中提道:"'任摩'与'恁么'异形同词,唐五代禅宗语录作'恁么',《祖堂集》作'任摩'。"③ 《祖堂集》中"任摩"共出现了14次,在句中主要作状语,表示动作的程度与方式,这样的例句共有8例,例如:

---

① 吕叔湘. 近代汉语指代词 [M]. 江蓝生,补. 上海:学林出版社,1985:299-300.
② 王闽吉. 《祖堂集》语言问题研究 [M]. 北京:中国社会科学出版社,2012:484.
③ 冯春田. 近代汉语语法问题研究 [M]. 济南:山东教育出版社,1991:262.

(26) 师云："诸人若未曾见知识则不可；若曾见作者来，便合体取些子意度，向幽岩雅峤独宿孤峰，木食草衣，任摩去，方有小分相应。若也驰求知解义句，则万里望乡关。珍重！"(《祖堂集·卷五·三平和尚》)

(27) 问："达摩未来时如何？"师答曰："可怜生！"进曰："任摩去时如何？"师曰："二祖得什摩？"(《祖堂集·卷八·龙牙和尚》)

(28) 师以手拿头曰："今日打这个师僧，得任摩发人业！"(《祖堂集·卷十·长生和尚》)

"任摩"常作定语，表示指示，《祖堂集》中这样的例句只有4例：

(29) 石室便摆手云："勿任摩事。"仰山却归，具陈前话。沩山便下床，向石室合掌。(《祖堂集·卷五·石室和尚》)

(30) 洞山云："三十年同行，作任摩语话！"师云："理长则就。老兄作摩生？"洞山云："只见湿湿，不知从何出。"(《祖堂集·卷六·神山和尚》)

(31) 女依言看已，报云："日当巳午，而日蚀阳精。"居士云："岂有任摩事？"遂起来自看。(《祖堂集·卷十五·庞居士》)

(32) 南泉便跷足云："惊觉则且置，任摩时作摩生？"其僧无对。南泉教僧："你去鲁祖处。到彼中便有来由。"(《祖堂集·卷十四·鲁祖和尚》)

"任摩"也可用作谓语，《祖堂集》中这样的例句只有2例：

(33) 师在党子谷时，麻谷来，绕师三匝，震锡一下。师曰："既然任摩，何用更见贫道？"又震锡一下。(《祖堂集·卷三·慧忠国师》)

(34) 师云："你若任摩，因何更就我觅？"仰山云："虽然如此，入义途中，与和尚提瓶挈水，亦是本分。"(《祖堂集·卷十六·沩山和尚》)

(三) 与摩

相对于"伊摩"和"任摩"，"与摩"在这一时期大量出现，成为这一时期使用频率最高的泛指代词。《祖堂集》中"与摩"共出现了501次，且在句中主要作状语，这样的例句共有191例，例如：

(35) 祖曰："什摩物与摩来？"对曰："说似一物即不中。"(《祖堂集·卷三·怀让和尚》)

(36) 洞山问："他屋里有多小典籍？"师曰："一字也无。"

进曰:"争得与摩多知生?"师曰:"日夜不曾睡。"(《祖堂集·卷五·云岩和尚》)

(37)问:"诸圣与摩来,将何供养?"师云:"土宿虽持锡,不是波罗门。"(《祖堂集·卷九·落浦和尚》)

"与摩"常作谓语,《祖堂集》中这样的例句共有198例:

(38)又代曰:"若不与摩,争识得和尚?"师与紫璘法师共论义次,各登坐了。法师曰:"请师立义,某甲则破。"(《祖堂集·卷三·慧忠》)

(39)洞山曰:"启师伯:得个先师从容之力。"师伯云:"若与摩,须得有语。"(《祖堂集·卷五·云岩和尚》)

(40)师云:"虽然与摩,摘一个字,添一个字,佛法大行。"众无对。(《祖堂集·卷八·曹山和尚》)

"与摩"也可在名词前作定语,《祖堂集》中这样的例句共有71例,例如:

(41)师曰:"岂有与摩事?"法师曰:"便请立义。"(《祖堂集·卷三·慧忠国师》)

(42)高僧云:"不打与摩鼓。"云岩云:"皮也无,打什摩鼓?"师云:"骨也无,打什摩皮?"药山曰:"大好曲调。"(《祖堂集·卷五·道吾和尚》)

(43)问:"不假言句,还达本源也无?"师云:"问取与摩人。"僧对云:"只今现问。"(《祖堂集·卷八·云居和尚》)

(44)问:"如何是不来不去底人?"师云:"向与摩时问将来。"又云:"还与摩问人摩?"(《祖堂集·卷十三·招庆和尚》)

"与摩"也可作主语,表示称代,《祖堂集》中这样的例句共有26例,例如:

(45)师曰:"若与摩,在我身边,时复要见。"因此在药山,去半里地卓庵过一生,呼为石室高沙弥也。(《祖堂集·卷四·药山和尚》)

(46)僧云:"与摩莫便是玄也无?"师云:"玄则不是流俗阿师。"(《祖堂集·卷八·曹山和尚》)

(47)师竖起拳云:"灵山会上,与摩唤作什摩教?"对云:"唤作拳教。"师笑云:"与摩是拳教。"(《祖堂集·卷九·罗山和尚》)

"与摩"也可作动词宾语，《祖堂集》中这样的例句共有 15 例，例如：

（48）有人拈问长庆："如何是'修多妙用勿功夫？'"庆云："用与摩作什摩？"（《祖堂集·卷九·肥田伏禅师》）

（49）师云："阇梨不见鳗鲤，鳗鲤不见阇梨。"云："总有与摩。"云："阇梨只解慎初，不解护末。"（《祖堂集·卷十·镜清和尚》）

（50）辞入闽岭，才登象骨，直奋鹏程。三礼欲施，雪峰便云："何得到与摩？"师不移丝发，重印全机，虽等截流，还同戴角。（《祖堂集·卷十一·云门和尚》）

可见，《祖堂集》中的泛指代词中，"与摩"出现频率最高，"与摩"和"任摩"的谓词性属性比较明显，"任摩"主要作状语，"与摩"主要作状语和谓语。冯春田在《近代汉语语法问题研究》中指出了"与摩"和"任摩"的区别："'与摩'在结构上与'如此'同；而'任（恁）么'则相当于'这（那）样（般）'。"[①] 我们认为这样的解释是行得通的。

---

① 冯春田. 近代汉语语法问题研究［M］. 济南：山东教育出版社，1991：263.

第五章 晚唐五代至宋元时期指示代词的发展演变

宋元时期是近代汉语词汇发展的重要阶段,指示代词也不例外。伴随着大量新的指示代词的产生和旧的指示代词的消亡,近代汉语指示代词在这一时期逐渐发展成熟。《三朝北盟会编》是一部编年体的史料性著作,保留了宋代许多口语的记录,对于研究早期白话具有重要意义。《元刊杂剧三十种》是现存最早的元杂剧剧本集,是这个时期比较典型的口语代表文献,其语言真实地反映了元代的语言面貌,是研究元代汉语乃至近代汉语不可忽视的文献材料。因此,我们试图通过对《三朝北盟会编》和《元刊杂剧三十种》的计量考察,勾勒出指示代词从晚唐五代至宋元时期的发展演变轨迹。

第一节 晚唐五代至宋元时期近指代词的发展演变

一、晚唐五代至宋代近指代词的发展演变

晚唐五代时期的近指代词主要有"此""如此""此个""兹""个""这/者""这/者个""这般""这/者里""这边""斯""是""尔"13个。到了宋代,近指代词从种类和语法特点都发生了一些变化。《三朝北盟会编》中的近指代词主要有"此""如此""兹""斯""这""这个""这里""尔""是""然""许"11个。其句法功能情况具体如表26所示。

表26 《三朝北盟会编》中近指代词的句法功能情况表　　单位:例

功能	频数										
	此	如此	兹	斯	这	这个	这里	尔	是	然	许
主语	68	10	0	3	0	0	2	0	0	0	0
动宾宾语	70	0	0	0	0	0	3	0	21	0	0

续表

功能	频数									
	此	如此	兹	斯	这	这个	这里	尔	是	然	许
介宾宾语	36	0	1	0	0	0	1	0	24	0	0
定语	128	8	2	0	1	1	0	0	113	0	0
状语	8	18	0	0	0	0	0	0	0	0	15
谓语	0	25	0	0	0	0	0	1	0	5	0
补语	0	3	0	0	0	0	0	0	0	0	0
总计	310	64	3	3	1	1	6	1	158	5	15

(一) 此

从先秦到晚唐五代时期，"此"一直是使用频率最高的近指代词，发展到宋代，"此"仍然是这一时期最主要的近指代词。晚唐五代时期"此"主要的句法功能是作定语，到了《三朝北盟会编》中，"此"在句中仍然主要作定语，这样的例句共128例，例如：

（1）且曰："臣下有邪谄奸佞、不忠不孝者，愿皇帝代上天，以此剑此弓诛杀之。"（《三朝北盟会编·邓洵武家传》）

（2）国相知有此牒，益怒曰："且待提兵去与李宣抚决胜负则个！"遂便不与若水等相见，乃以甲兵包拥若水等随大军南来。（《三朝北盟会编·奉使录》）

（3）赵不答，胡复回，良臣等退，绘至客次，语良臣曰："此事赵枢以不预和议，决不肯预此事。"良臣曰："不然。"（《三朝北盟会编·绍兴甲寅通和录》）

在《三朝北盟会编》中，"此"常作宾语，其中作介宾宾语的例句有36例，例如：

（4）余云："待某自去请。跃马至府衙中，悄然，问林经略在否？云已登城，即至城，又不见。到城西，问来往军民曾见林经略否？"云："着白布衣帕，自此擦城下去矣！"（《三朝北盟会编·逢虏记》）

（5）国相曰："大军安能久留于此？方在议间，会有人报南朝遣王侍郎一行奉使来到磁州，被百姓唤作贼臣，已撕擗了也。"（《三朝北盟会编·奉使录》）

在《三朝北盟会编》中，"此"作动宾宾语的例句有70例，例如：

(6) 若水曰:"某等与王侍郎等同日出国门,某等兼程先来,计王侍郎等今方到磁相间,更数日,可以到此。"(《三朝北盟会编·奉使录》)

(7) 故吕公求间见,便以言动之曰:"相公辅相两朝,人望为允,出使逾年,卒免灾祸。若非忠义所感,何以至此?"(《三朝北盟会编·回天录》)

(8) 王御带传道圣旨:大金元帅甚怪金银彩段数少,朕再三恳告云:"京师居民甚众,必不止此。"(《三朝北盟会编·遗史》)

在《三朝北盟会编》中,"此"也可用作主语,这样的例句共有68例,例如:

(9) 已得圣旨,便将西京画断,别做一项,此亦顺贵国之意。只以燕京、平、滦三州,尽许契丹旧日银绢之数,此乃是本朝一一相就之意。(《三朝北盟会编·燕云奉使录》)

(10) 仆答此系两朝大事,未商定间,恐人传播,别致异议,则难成事。(《三朝北盟会编·茅斋自叙》)

(11) 若皇子郎君能以中国为重,结为邻好,足以光辉史册,必欲以河为界,此乃恃强有所邀求耳!(《三朝北盟会编·奉使录》)

《三朝北盟会编》中"此"也用作状语,这样的例句有8句,例如:

(12) 仆徐答曰:"某之此来,非寻常礼貌之使。每切畏谨,唯恐为两国生事。今次乃招纳使人刘宗吉献诚款,安得不受?大军之来,初得朝旨,不许杀戮一人。昨日必是立旗招安,为贵朝军马袭取。万一宣抚司申取朝廷降一讨荡指挥,少俟西军毕集,恐非燕民之福。"(《三朝北盟会编·茅斋自叙》)

(13) 仆因相送,且笑谓之曰:"某此奉待行遣,只不可错了,一旦使燕人尽成血肉,则甚幸。"自是馆伴者凡三日不至。(《三朝北盟会编·茅斋自叙》)

(14) 若水曰:"某等此来,上荷国相元帅,尚书台眷,如伴使归见国相,烦斥若水等名致谢。"(《三朝北盟会编·和议录》)

我们可以看出,晚唐五代时期近指代词"此"绝大多数在句中作定语,到了宋代,"此"作定语的比重大幅度下降,作宾语的比重显著提升。

(二) 如此

"如此"是指示代词"此"的复合形式,在《三朝北盟会编》中"如此"共出现了64次,在句中主要作谓语,这样的例句共有25例,例如:

(15) 李云:"事既如此,日色已晚,四野无人居止,不若速回数里,由隰州路行至平阳府出头。"(《三朝北盟会编·河东逢虏记》)

(16) 梁尚书者,闻乱即驰入,呼诸万户曰:"事已如此,固无可奈何,然方与敌国相持,不知诸君何以善其后?"(《三朝北盟会编·遗史》)

(17) 杨朴谕云郎君们意思,不肯将平州画断作燕京地分,此高庆裔所见如此,须着个方便。(《三朝北盟会编·燕云奉使录》)

"如此"常作状语,在《三朝北盟会编》中,这样的例句共18例,例如:

(18) 贯反说洵武曰:"枢密在上前且承当,取商量也。商量得十来年里不要相拗,官家上方有意,相公如此说话,恐为他人所夺。"(《三朝北盟会编·邓洵武家传》)

(19) 适有关报金人已打破马邑县,游骑已至代州城下,仆以札子草示渥,渥云:"若能如此行之,则何以加诸,第恐后著耳。"(《三朝北盟会编·茅斋自叙》)

(20) 履曰:"东都尚未挟纩。"庆曰:"南北天气如此之异。"(《三朝北盟会编·和议录》)

"如此"也可作主语,在《三朝北盟会编》中,这样的例句共有10例,例如:

(21) 撒毋曰:"若是,和燕京、西京、平、滦州都要后,方许契丹旧日银绢之数。如此,则空费往来,和合不得。"(《三朝北盟会编·燕云奉使录》)

(22) 今闻得你家军马,却来搀夺,如此则更无好说话也。(《三朝北盟会编·茅斋自叙》)

(23) 十二月十九日,书上,当日在安肃军门外说与监守军官等,欲献讲和事,众人皆云:"甚好,如此,则花又不损,蜜又得成。"(《三朝北盟会编·南归录》)

"如此"可作定语,表示指示,在《三朝北盟会编》中,这样的例句共有8例,例如:

(24) 我家自上祖相传,止有如此风俗,不会奢饰,只得这个屋子冬暖夏凉,更不别修宫殿,劳费百姓也,南使勿笑!(《三朝北盟会编·茅斋自叙》)

(25) 我近已令发胆勇人马上边,更令李嗣本于代州近城,踏

第五章　晚唐五代至宋元时期指示代词的发展演变

屯十万人寨地，昨又曾摆阵耀兵，莫他闻得如此声势，亦未轻易入来也！（《三朝北盟会编·茅斋自叙》）

（26）但讶国家违盟，纳受归朝官及赐平州张珏杀金贼之诏，如此三五事，都不及和议。（《三朝北盟会编·奉使录》）

"如此"在《三朝北盟会编》中还可用作补语，这样的例句只有3例：

（27）蒲结奴、兀室勃然怒曰："汝家未下燕，已拒我如此，是不欲通和耳！况汝兵近为燕人击败，若旬日未下，岂不仰我力耶？"（《三朝北盟会编·燕云奉使录》）

（28）昨回来过邢州城下，铁骑不满千人，忽回城作一字阵，城中更无人敢出，中国人柔弱如此。（《三朝北盟会编·回天录》）

（29）尔等各抚谕子弟，无得扇摇，南朝军来，吾开门纳王师。其奸诈如此。（《三朝北盟会编·金虏节要》）

可见，发展到宋代，"此"仍然是最主要的近指代词，且仍然以作定语为主。"如此"的句法功能变化比较大，《三朝北盟会编》中"如此"仍然以作谓语为主，但"如此"作状语的情况大量增加，且新出现了"如此"在句中作主语和补语的用例。

（三）兹

"兹"从魏晋南北朝开始就很少出现，发展到宋代，"兹"的使用频率仍然很低。《三朝北盟会编》中"兹"仅出现了3例，其中作定语的有2例：

（30）今将所管押马步军，用申恳悃。伏愿皇帝陛下，副兹多望，悯此哀鸣。（《三朝北盟会编·燕云奉使录》）

（31）若水曰："某等兹者，特来议和，欲便两国，区区之意，已尝禀知，敢望国相元帅，早与开从。"（《三朝北盟会编·和议录》）

"兹"也可用作宾语，在《三朝北盟会编》中这样的例句只有1例：

（32）澶渊之役，规模宏远，昭然可见，比年诸将蓄锐练兵，士气思奋，百倍于前日，第以朝廷方笃信黠虏诈和之请，断然不疑，敛兵不动，以示诚意，遂使命淹延岁月，堕欲奋之士气，乖归附之民心；中外愤郁，累年于兹，和议未定，虏兵已集，背天逆理，不亡何待？（《三朝北盟会编·绍兴甲寅通和录》）

可见，到了宋代，"兹"的使用频率仍然很低，且在句中作定语和宾语。

(四) 斯

晚唐五代时期,"斯"主要在句中作宾语,也可作主语和定语。发展到宋代,"斯"作近指代词的情况不多。《三朝北盟会编》中"斯"仅出现了3例,且均在句中作主语:

(33) 又曰:初女真之域,尚无城郭,星散而居,虏主完颜晟常浴于河,牧于野,其为君草创,斯可见矣。(《三朝北盟会编·节要》)

(34) 而河南之地欲守之,则兵连祸结,卒无休息,欲付予人,以修豫之故事,则知后者必监豫之失,不无二心;于是割河南之地以归朝廷,朝廷得河南,皆挞懒之力也。不然,则割地何不以旧河为界,斯可见矣。(《三朝北盟会编·节要》)

(35) 上云:"女真贪暴残贼民物,虽黄巢不是过也。岂能久耶?然彼既入关先据燕京,朕恐为后患,故不惜岁增百万缗以啗之,且解目前之变。今既同山后许还,亦足见其归意,斯亦卿等之力。"(《三朝北盟会编·茅斋自叙》)

(五)"这"系近指代词

"这"系指示代词在晚唐五代时期就已普遍使用,《祖堂集》中与"这/者"有关的近指代词有"这/者""这/者个""这/者里""这般"等。到了宋代,"者"的字形已经不常使用,且"这"系近指代词的使用更加集中。《三朝北盟会编》中表示近指的"这"系指示代词主要包括"这""这个""这里"等,具体使用情况如下:

1. 这

《三朝北盟会编》中"这"单独出现的只有1例,且在句中作定语:

(36) 粘罕且笑且言:"贵国与契丹家厮杀多年,直候敌不得,方与银绢。莫且自家们如今且把这事放著一边,厮杀则个,待你败时多与银绢,我败时都不要一两一匹,不知何如?"良嗣谕以马宣赞之意无他。(《三朝北盟会编·燕云奉使录》)

2. 这个

"这个"在晚唐五代时期使用比较频繁,发展到宋代,"这个"的使用频率骤然下降,《三朝北盟会编》中"这个"也只有1例,在句中作定语:

(37) 这个事,是天教做,不恁地,后怎生?隔著个恁大海,便往来得?(《三朝北盟会编·燕云奉使录》)

3. 这里

"这里"在晚唐五代时期也经常出现,且主要作宾语,发展到宋代,

第五章 晚唐五代至宋元时期指示代词的发展演变

"这里"仍然主要作宾语，只是使用频率不高。《三朝北盟会编》中"这里"仅出现了6次，在句中主要作宾语，其中作宾语的有4例：

（38）折云："据公看到这里也到不得？"余云："将次第到都城下，亦未可知。"（《三朝北盟会编·河东逢虏记》）

（39）国相厉声曰："既有城下之盟，许割与他三镇，那租赋便是这里底，怎生更上说也。若如此便是败盟，不割三镇。"（《三朝北盟会编·和议录》）

（40）国相曰："公们不去劝谏贵朝皇帝，教早割与他三镇土地人民，便是好公事；却来这里弄唇舌，想捎空（谓脱空也），恐使不得。"（《三朝北盟会编·和议录》）

（41）虞侯又问云："既是虏主今日过江，因甚却只在这里？"（《三朝北盟会编·采石战胜录》）

《三朝北盟会编》中，"这里"作主语的例句共有2例：

（42）三宝奴云："河东国相二十万，皇子郎君一头项三十万。如今讲和，便遣人去止河东军，此事朝廷不要迟疑，早了便宜。这里许多军，住久是坏了你家人民田种。"（《三朝北盟会编·奉使录》）

（43）指挥使蒋宣、李福引卫士数百人，入祥曦殿中，大呼："请官家速出，遮里不是官家住处。"其势甚遽。（《三朝北盟会编·遗史》）

可见，到了宋代，"这"系指示代词的种类减少，且在使用频率上也降低了。在句法功能上，"这""这里""这个"的句法功能变化不大。

（六）尔

"尔"在晚唐五代时期是一个比较常见的近指代词，且主要在句中作定语，发展到宋代，"尔"很少用于作指示代词。《三朝北盟会编》中指示代词"尔"仅出现了1例，且在句中作谓语：

（44）武仲云："赖陛下圣德，阿骨打心服。不尔边患岂易量耶？"（《三朝北盟会编·茅斋自叙》）

（七）是

"是"在晚唐五代时期作近指代词的情况就比较常见，发展到宋代，"是"一跃成为仅次于"此"的近指代词，且在句法功能上也有了很大变化。《三朝北盟会编》中近指代词"是"共出现了158例，且在句中主要作定语，主要表示时间，这样的例句有113例，例如：

（45）是晚，粘罕言见皇帝，说："射得煞好，南使射中，我心上快活。"次日还馆，大迪乌见先君语甚喜。(《三朝北盟会编·茅斋自叙》)

（46）是时，城中尚有七八分人，寇不至即已，万一寇至，旋作处置。(《三朝北盟会编·逢虏记》)

（47）旧将去，新将未至，决不敢引去，是日，椎牛张燕以劳军，有说舍人及阁门宣赞者，及见枢密院人吏在虞侯前甚恭，问之云，乃中书舍人，非武官舍人也，军将乃尽礼致恭。(《三朝北盟会编·采石战胜录》)

"尔"常作宾语，《三朝北盟会编》中这样的例句有45例，例如：

（48）撒母曰："若是，和燕京、西京、平、滦州都要后，方许契丹旧日银绢之数。如此，则空费往来，和合不得。"(《三朝北盟会编·燕云奉使录》)

（49）今来又将银绢折当税赋，一定之后，不论凶荒水旱，每年依例送来，如是酌中方可成合。(《三朝北盟会编·燕云奉使录》)

（50）自是，御史台、大理寺、开封府追呼百官豪富之家，捶楚催督，哀怨之声，不忍闻矣。(《三朝北盟会编·遗史》)

可见，相对于晚唐五代时期，"是"的句法功能有了很大变化，出现了大量"是"在句中作定语的情况，大多用来表示时间，"是"作主语的情况逐渐消失。

（八）然

"然"在上古时期至魏晋南北朝时期是比较典型的谓词性近指代词，晚唐五代时期其作指示代词的情况不常见，但发展到宋代，"然"作谓词性近指代词的用法又重新出现。《三朝北盟会编》中近指代词"然"共有5例，且全部在句中作谓语：

（51）良嗣云："大国所行，必指天为言。前年皇帝与良嗣握手曰：'我已许南朝燕京，便我得之亦与南朝，不然，指天为誓。'料皇帝守信肯违天耶？"(《三朝北盟会编·燕云奉使录》)

（52）少待与靖别告，某，云，自到燕山三年，不谓与人如此相别，前路使之招诱州军，或留以为用，乃琯死所，但尽死节守燕，终始不忘者，惟大学与琯，大学他日得见主上，当与某明之，若某先得见，亦然。(《三朝北盟会编·南归录》)

（53）邦昌曰："非是少缓，兵戈如此，岂容遣使耶？"吕公曰："但预先差人，使军民知之。将来纵有别人策立，亦可验差人

第五章 晚唐五代至宋元时期指示代词的发展演变

月日,则心迹自明。不然,岂但相公不能自保,吾辈家属岂可保耶?"(《三朝北盟会编·回天录》)

可见,到了宋代,"然"基本上只保留了在句中作谓语的句法功能。

(九) 许

"许"是魏晋南北朝时期出现的近指代词,在晚唐五代时期不常见。发展到宋代,指示代词"许"又开始出现。刁晏斌在《〈三朝北盟会编〉语法研究》中提道:"'许'是一个含有强调程度因素的指示代词,大致相当于'这么'。"①《三朝北盟会编》中指示代词"许"共有15例,只有"许多"和"许大"两种搭配,这里的"许多"显然和我们今天说的"许多"语义不同,这里指"这么多","许大"也指"这么大","许"在句中作状语。《三朝北盟会编》中"许多"共出现了9例,例如:

(54) 上问:"金人何故要添许多岁物,及起燕京人民?"良嗣对以女真性贪暴,唯利是从,他不恤也。(《三朝北盟会编·茅斋自叙》)

(55) 仆曰:"国家挫威,皆自延庆之遁,倪当时再起种师道,提许多西兵举事,却不至如此误国家大事。"(《三朝北盟会编·茅斋自叙》)

(56) 此非是讲和之语,意在强取物耳!请太师问归朝官按月请受。尚有拖延不足之时,那里得许多金银。(《三朝北盟会编·奉使录》)

《三朝北盟会编》中"许大"共出现了6例,例如:

(57) 顾益等云:"南朝许大事,你几个使人商量了,功绩不小,来日好去复差。"(《三朝北盟会编·茅斋自叙》)

(58) 兵法云:攻者常自劳,守者常自逸,决可挫彼锐兵于坚城之下,投之,贯笑云:"许大紧急大事,此公容易来入议状。"(《三朝北盟会编·茅斋自叙》)

(59) 望之云:"太师开许大口,又似以河为界,好难商量。"(《三朝北盟会编·奉使录》)

我们可以发现,发展到宋代,"许"作指示代词的情况有了很大变化,魏晋南北朝时期"许"一般单独出现指代事物,到了宋代,"许"一般与"多""大"等组合,多用于表示程度,"许"在句中均作状语。

---

① 刁晏斌.《三朝北盟会编》语法研究[M]. 开封:河南大学出版社,2007:14.

二、宋代至元代近指代词的发展演变

宋代的近指代词主要有"此""如此""兹""斯""这""这个""这里""尔""是""然""许"11 个,在《元刊杂剧三十种》中,近指代词的使用情况有了很大变化。《三朝北盟会编》中的"兹""尔""是""然""许"等代词发展到这一时期已经不再用作近指代词,"这""此""如此""斯"等代词得以保留。其分布情况具体如表 27 所示。

表 27 《元刊杂剧三十种》中近指代词分布情况表

词目	"这"系词	此	如此	斯	总计
用例数量/例	898	59	18	2	977
所占比例/%	91.91	6.04	1.84	0.20	100

可见,到了元代,近指代词基本上绝大多数均用"这"系指示代词来表示,表示近指的"这"系指示代词在《元刊杂剧三十种》中多次出现,充当不同的成分,这些词主要包括"这""这个""这的""这般""这里""这等""这些(儿)",具体使用情况如下:

(一)"这"系词

1. 这

"这"单独在句中作句法成分的情况从魏晋南北朝到晚唐五代时期一直比较少见,发展到元代,"这"发展迅速,成为这一时期主要的近指代词。《元刊杂剧三十种》中"这"共出现了 679 例,其中绝大多数"这"在句中作定语,这样的例句有 660 例,例如:

(60)这南阳耕叟村诸亮,辅助着洪福齐天汉帝王,一自为臣不曾把君诳。(《元刊杂剧三十种·关张双赴西蜀梦》)

(61)婆婆,咱为人子是这几文钱上,死生不顾,投至积得家缘成,咱又无孩儿!(《元刊杂剧三十种·散家财天赐老生儿》)

(62)一个力拔山,一个量容海,这两个一时开创。(《元刊杂剧三十种·关大王单刀会》)

元代新出现了"这"在句中作主语的情况,这样的例句共有 17 例,例如:

(63)这是你自立下条划。你做的私倒金银买卖,子是打劫我小民山寨。(《元刊杂剧三十种·看钱奴买冤家债主》)

(64)这是打家贼勘完赃,这是犯界私盐写下榜,这公事正与咱一地方。这是恰下符样,这是官差纳送远仓粮。(《元刊杂剧三十种·张鼎智勘魔合罗》)

第五章　晚唐五代至宋元时期指示代词的发展演变

作宾语的情况也是"这"在元代新发展出来的句法功能，这样的例句仅2例：

(65) 末不眼花？到这怕甚么？(《元刊杂剧三十种·马丹阳三度任风子》)

(66) 自摧残，自争竞！几番待共这说我的随何不干净！(《元刊杂剧三十种·汉高皇濯足气英布》)

2. 这个

"这个"始见于魏晋南北朝时期，在宋代不常见。发展到元代，"这个"的句法功能发生很大的变化，新出现了"这个"在句中作主语的情况，这样的例句有26例，例如：

(67) 这个更藉不得儿孙！这个更救不得父母！(《元刊杂剧三十种·赵氏孤儿》)

(68) 这个曾手扶万丈擎天柱，这个曾口吐千年照殿珠。(《元刊杂剧三十种·李太白贬夜郎》)

(69) 我驾天风摩娑星斗，这个曾慷慨运机筹，这个独泛灵槎把天关参透，这个在月殿里遨游。(《元刊杂剧三十种·陈季卿悟道竹叶舟》)

"这个"在《元刊杂剧三十种》中常作定语，这样的例句有27例，例如：

(70) 这个拳来到眼跟前，躲闪过把臂忙搠。(《元刊杂剧三十种·马丹阳三度任风子》)

(71) 交这个牧童村叟蠢芒郎，倒能够暮登天子堂。(《元刊杂剧三十种·东窗事犯》)

(72) 这个小婴孩，我送来，你全家宁奈。你只望着太安州磕头礼拜。(《元刊杂剧三十种·小张屠焚儿救母》)

3. 这的

"这的"是元代新出现的一个"这"系词，《元刊杂剧三十种》中共出现了51例"这的"，且在句中主要作主语，这样的例句有48例，例如：

(73) 止不住泪若杷推，嗨！这的是自寻的没头罪！(《元刊杂剧三十种·好酒赵元遇上皇》)

(74) 不比咱那泼街衢妓馆画楼西，这的是好人家大院深宅内。(《元刊杂剧三十种·诸宫调风月紫云亭》)

(75) 这的是前人田土后人收，可正是长江后浪催前浪。(《元

刊杂剧三十种·霍光鬼谏》)

"这的"也可作宾语，主要有两种情况：一种是做动词的宾语，一种是做介词的宾语。《元刊杂剧三十种》中"这的"处于动宾结构中的例句有2例：

(76) 兀的须显出我那不乐愿，量这的有甚难见？(《元刊杂剧三十种·闺怨佳人拜月亭》)

(77) 有这的呵！不动刀砧半年，更撩丁不见，散甚娘利市神仙！(《元刊杂剧三十种·马丹阳三度任风子》)

《元刊杂剧三十种》中"这的"处于介宾结构中的例句仅有1例：

(78) 急切里无片纸，将这的铺在田地，就着水渠中，插手在青泥内，与你个泥手模便当休离。(《元刊杂剧三十种·马丹阳三度任风子》)

4. 这般

"这般"在魏晋南北朝时期就已经出现，且均作定语，发展到元代，"这般"的句法功能情况有了很大变化，这一时期的"这般"多表示形状、程度，相当于"这样"。《元刊杂剧三十种》中"这般"共出现了70次，且主要在句中作状语，这样的例句共有44例，例如：

(79) 你把我真心待，将筵宴设，你这般攀今览古闲枝节。(《元刊杂剧三十种·关大王单刀会》)

(80) 你这般欺良压善心偏向，将性命偿，自身做自身当。(《元刊杂剧三十种·看钱奴买冤家债主》)

(81) 死生交金石友志诚心，又不是谎，人都道是狂，都这般讲，讲。(《元刊杂剧三十种·死生交范张鸡黍》)

"这般"常作定语，《元刊杂剧三十种》中这样的例句有17例，例如：

(82) 觑了他兀的模样，这般身分，若脱过这好郎君？(《元刊杂剧三十种·诈妮子调风月》)

(83) 你则是风流不在着衣多，你这般浪子何须自开呵。(《元刊杂剧三十种·诸宫调风月紫云亭》)

(84) 似这般大雪呵，街上黎庶也懊恼；似这般大雪呵，山上樵夫也怎熬；似这般大雪呵，江上渔翁也冻倒。(《元刊杂剧三十种·萧何月夜追韩信》)

"这般"也可作宾语，《元刊杂剧三十种》中这样的例句共有7例，例如：

(85) 似这般青铜对面妆，翠钿侵鬓贴！（《元刊杂剧三十种·闺怨佳人拜月亭》）

(86) 又下着这大雪。大嫂，似这般怎生呵！（《元刊杂剧三十种·看钱奴买冤家债主》）

(87) 似这般坏家邦，损忠良，疾忙分付江山，递纳龙床。（《元刊杂剧三十种·霍光鬼谏》）

"这般"还可作谓语，这样的例句在《元刊杂剧三十种》中只有 2 例，例如：

(88) 我这般这般。（《元刊杂剧三十种·诸葛亮博望烧屯》）

5. 这里

近指代词"这里"在《三朝北盟会编》只出现 6 例，发展到元代，"这里"的使用明显增多，共出现了 75 次，主要作状语，这样的例句共有 42 例，例如：

(89) 婆婆，咱今夜子这里宿睡，明早五更时赶烧头炉香咱。（《元刊杂剧三十种·看钱奴买冤家债主》）

(90) 我这里扯住环绦礼拜他，听的道火焚了尸骸好交我没乱杀！（《元刊杂剧三十种·岳孔目借铁拐李还魂》）

(91) 我这里苦痛嚎咷，捶胸高叫，母亲！你指望养儿来防备老。（《元刊杂剧三十种·张千替杀妻》）

"这里"常作宾语，其中在《元刊杂剧三十种》中作动词宾语的例句有 19 例，例如：

(92) 窜先交人掩扑了我几夜恩情，来这里被他骂得我百节酸疼，我便似墙贼蝎螫嗫声！（《元刊杂剧三十种·诈妮子调风月》）

(93) 嗏！刘大，你来这里子末？去！这钱没与你。（《元刊杂剧三十种·散家财天赐老生儿》）

(94) 婆婆，你子在这里，我那壁谢官人去。（《元刊杂剧三十种·公孙汗衫记》）

"这里"作介词宾语的例句在《元刊杂剧三十种》中仅有 1 例：

(95) 你向这里撒殢滞，休寻自缢，菜园中搦葱人脆。（《元刊杂剧三十种·马丹阳三度任风子》）

"这里"也可作主语，《元刊杂剧三十种》中这样的例句共有 10 例，例如：

（96）不比九重龙凤阙，这里是千丈虎狼穴。(《元刊杂剧三十种·关大王单刀会》)

（97）这里是竞性命的沙场地面，且讲不得君臣体面，则怕犯风流见罪您。(《元刊杂剧三十种·尉迟恭三夺槊》)

（98）这里是沙堤岸口，又不是家前院后，这唤渡船行人在那答儿有？(《元刊杂剧三十种·陈季卿悟道竹叶舟》)

"这里"还可用作定语的中心语，《元刊杂剧三十种》中这样的例句有3例：

（99）俺这里山水周遭，松柏围着，疏竹潇潇，落叶飘飘。(《元刊杂剧三十种·马丹阳三度任风子》)

（100）俺这里景致好。(《元刊杂剧三十种·东窗事犯》)

（101）你朝野里不如我这里。(《元刊杂剧三十种·李太白贬夜郎》)

6. 这等

"这等"也是元代新出现的近指指示代词，表示程度、状态、性质等，也相当于"这样"。《元刊杂剧三十种》中"这等"共出现了16次，且全部在句中作定语，这样的例句有16例，例如：

（102）这等人轻视贫乏，不恤鳏寡，天生下，狡佞奸猾，和我这神鬼都谩吓。(《元刊杂剧三十种·看钱奴买冤家债主》)

（103）哎！为甚您这五陵人把俺这等嘿交易难成？(《元刊杂剧三十种·诸宫调风月紫云亭》)

（104）则我那岳孔目似这等模样！(《元刊杂剧三十种·岳孔目借铁拐李还魂》)

7. 这些（儿）

近指代词"这"加上词缀"些"构成其固定的复数形式"这些"，"这些"也是这一时期新出现的近指代词，《元刊杂剧三十种》中，"这些"共出现了15次，在句中主要作定语，这样的例句共有14例，例如：

（105）婆娘家子管里夸贤惠，有甚早行不的这些田地。(《元刊杂剧三十种·马丹阳三度任风子》)

（106）这些腌臜病，都是俺业上遭，也是俺杀人多一还一报。(《元刊杂剧三十种·尉迟恭三夺槊》)

（107）俺哥哥离别未团圆，这些时有甚末准见。(《元刊杂剧三十种·张千替杀妻》)

第五章 晚唐五代至宋元时期指示代词的发展演变

"这些（儿）"还可以用于动词后面作宾语，《元刊杂剧三十种》中这样的例句仅有1例：

（108）量这些儿早不将心记想。（《元刊杂剧三十种·张鼎智勘魔合罗》）

《元刊杂剧三十种》中"这"系指示代词的句法功能分布情况见表28。

表28　《元刊杂剧三十种》中"这"系指示代词句法功能情况表

单位：例

频数	功能							
	主语	宾语		定语	中心语	状语	谓语	总计
		动宾	介宾					
这	17	1	1	660	0	0	0	679
这个	26	0	0	27	0	0	0	53
这的	48	2	1	0	0	0	0	51
这般	0	7	0	17	0	44	2	70
这里	10	19	1	0	3	42	0	75
这等	0	0	0	16	0	0	0	16
这些（儿）	0	1	0	14	0	0	0	15

可见，到了元代，新出现了"这的""这等""这些"等"这"系词，"这的"主要在句中作主语，"这等"和"这般"则主要作定语。"这"单独出现时仍然主要在句中作定语，但使用频率明显提升。"这个"新出现了在句中作主语的用法，"这里"新出现了作状语的用法，性质有了很大变化。

（二）此

"此"从魏晋南北朝时期到宋代一直是最主要的近指代词，到了元代，"此"的使用频率大幅度下降。《元刊杂剧三十种》中"此"共出现了59次，其句法功能分布情况见表29。"此"在句中主要作定语，这样的例句共有40例，例如：

（109）紧跐定葵花镫趓鞭催，走似飞坠的双镝，此腿脡无气力。（《元刊杂剧三十种·关张双赴西蜀梦》）

（110）这一件件得歇心，此一桩桩得解脱，暂不见那官身祗候闲差拨。（《元刊杂剧三十种·诸宫调风月紫云亭》）

（111）此件事不为轻，怎敢诣谀龙情？臣依着天道人心顺处

行。(《元刊杂剧三十种·辅成王周公摄政》)

表29 《元刊杂剧三十种》中"此"的句法功能分布情况表

句法功能	主语	宾语		定语	总计
		动宾	介宾		
用例数量/例	3	5	11	40	59
所占比例/%	5.08	8.47	18.64	67.80	100

在《元刊杂剧三十种》中,"此"常作宾语,其中用于介词后作宾语的例句有11例,例如:

(112)说谈诸国游天下,卖卦处逢着圣君,以此入山来访道修真。(《元刊杂剧三十种·泰华山陈抟高卧》)

(113)见一日十三次金字牌,差天臣将宣命开,宣微臣火速临京阙,以此上无明夜离了寨栅。(《元刊杂剧三十种·东窗事犯》)

(114)幼年习学儒业,来到京师应举,不及第,流落于此。(《元刊杂剧三十种·陈季卿悟道竹叶舟》)

在《元刊杂剧三十种》中,"此"用于动词后作宾语的例句有5例,例如:

(115)是他不寻思到此怎收罗?(《元刊杂剧三十种·汉高皇濯足气英布》)

(116)似此怎生了!(《元刊杂剧三十种·汉高皇濯足气英布》)

(117)陛下,今日三监和武庚流言至此,只因微臣呵反了。(《元刊杂剧三十种·辅成王周公摄政》)

"此"也可以用作主语,《元刊杂剧三十种》中这样的例句只有3例,例如:

(118)昔日四皓隐于商山,巢由遁于颍水,此乃达道之仙。(《元刊杂剧三十种·陈季卿悟道竹叶舟》)

(119)北据汉沔,利尽南海,东通吴会,西通巴蜀,此乃用武之国,其主刘表不能守,此殆天所以资将军也。(《元刊杂剧三十种·诸葛亮博望烧屯》)

(三)如此

"如此"在《元刊杂剧三十种》中共出现了18次,其句法功能分布情况见表30。"如此"主要作状语,这样的例句共有7例,例如:

(120)知我着忙,不争如此颠狂。(《元刊杂剧三十种·泰华

第五章 晚唐五代至宋元时期指示代词的发展演变

山陈抟高卧》）

（121）若不是师父点觉吵，怎能够如此快活呵！（《元刊杂剧三十种·马丹阳三度任风子》）

（122）臣既能如此持威柄，其教不严而治，其政不肃而成。（《元刊杂剧三十种·辅成王周公摄政》）

表30 《元刊杂剧三十种》中"如此"的句法功能分布情况表

句法功能	动宾	定语	谓语	状语	补语	总计
用例数量/例	2	2	6	7	1	18
所占比例/%	11.11	11.11	33.33	38.89	5.56	100

"如此"常作谓语，《元刊杂剧三十种》中这样的例句共有6例，例如：

（123）马有垂缰之报，狗有展草之恩，禽兽尚然如此，何况为类你人！（《元刊杂剧三十种·张鼎智勘魔合罗》）

（124）我如今有儿无儿皆如此！（《元刊杂剧三十种·晋文公火烧介子推》）

（125）若不如此。怎敢看稳拍拍文武班齐。（《元刊杂剧三十种·辅成王周公摄政》）

"如此"在句中还可用于动词后作宾语，《元刊杂剧三十种》中这样的例句共有2例：

（126）不想如此？（《元刊杂剧三十种·李太白贬夜郎》）

（127）力士，我只道官里宣唤，谁想如此！（《元刊杂剧三十种·李太白贬夜郎》）

"如此"也可用作定语，《元刊杂剧三十种》中这样的例句也只有2例：

（128）二百口家属笑语喧，如此般深宅院，休信我一时间在口言，便那里有冤魂现。（《元刊杂剧三十种·闺怨佳人拜月亭》）

（129）似微臣常人有数，如此公国士无双。（《元刊杂剧三十种·死生交范张鸡黍》）

"如此"也可用作补语，《元刊杂剧三十种》中这样的例句只有1例：

（130）哥哥，你醒也！张千出于无奈，逼得如此！（《元刊杂剧三十种·张千替杀妻》）

可见，从宋代到元代，"此"的使用频率骤然降低，但句法功能没有发生很大变化，仍然主要作定语。"如此"的句法功能也没有发生很大变化，仍然主要在句中作谓语和状语。

（四）斯

"斯"在宋代就不太常见，到了元代，也仅有零星几例。《元刊杂剧三十种》中"斯"只出现了2次，且用作定语：

(131) 命矣夫，斯人也！老亲无子，幼子无爷。（《元刊杂剧三十种·死生交范张鸡黍》）

(132) 休道人，子这天无语垂象也报斯民，便阴阳二气和调。（《元刊杂剧三十种·辅成王周公摄政》）

《三朝北盟会编》中"斯"均用作主语，到了《元刊杂剧三十种》中，"斯"的句法功能发生了一些变化，均用于作定语。

第二节 晚唐五代至宋元时期远指代词的发展演变

一、晚唐五代至宋代远指代词的发展演变

晚唐五代时期的远指代词主要有"夫""彼""其""那""那个""那里""那边""那头"8个，到了宋代，"夫"已经不用于作指示代词。《三朝北盟会编》中的远指代词主要有"彼""其""那"3个，其句法功能情况具体见表31。

表31 《三朝北盟会编》中远指代词的句法功能情况表　　　单位：例

频数	句法功能				
	主语	动词宾语	介词宾语	定语	总计
彼	1	4	2	12	19
其	0	0	0	13	13
那	1	0	0	5	6

（一）彼

"彼"从上古时期开始就一直是最主要的远指代词之一，到了宋代，"彼"仍然是最主要的远指代词。晚唐五代时期"彼"主要在句中作定语，发展到宋代，"彼"的句法功能没有发生很大变化。《三朝北盟会编》中"彼"共出现了19例，且仍然主要作定语，这样的例句有12例，例如：

(1) 粘罕云："所言都好，但蔚、应州亦恐阿适走去。彼处候我家兵马到日，来商量，所要系官财物，曾思量来，也系不是，便待除去。"（《三朝北盟会编·各邓洵武家传》）

（2）而复纡回山险，人疲马乏反为彼贼以间离之，以逸待之，宜乎身死军覆无以成功所以详论此者，盖太原之围，乃中国祸乱之原也。(《三朝北盟会编·节要》)

（3）彼亡殁者，往往是先登效命之人，亦依获级例支银绢，赐其妻孥；有竭力鏖战以死者，厚以金帛旌别之宠，贲其英魂，官其子孙，则军兵不患不战矣。(《三朝北盟会编·遗史》)

"彼"常作宾语，《三朝北盟会编》中这样的例句有6例，例如：

（4）后军统制冀景不见敌先走，张灏军一次陷郭栅，一次陷文水，所失七万余众，余被宣抚司指挥，往彼点勘军马，止有八十余人，马五百匹；每贼至城下，杜门谨守不敢出战。(《三朝北盟会编·河东逢虏记》)

（5）仲熊请见彦质，忽曰："今有圣旨来说，更不差大河守御使，只令彦质一面主管，仍云访闻河阳大扰，令彦质往彼抚定，见说河阳人情惶惑，过如怀州，彦质须索自去。"(《三朝北盟会编·北记》)

（6）朱曰：何故？绘曰："前此王伦归，言虏人要遣使商量，故遣潘致尧等行，自还云，虏人欲大臣往彼，故韩胡二枢密往寻虏使，李永寿王诩来聘，所需三事，故以章尚书孙侍郎往章返归，所议互有可否，独疆界一事未定。今绘辈之行，所授使指，皆章孙已陈之迹，别无所议。虏人每以逗留为言，此行逗留之迹明矣。今三尺之童，皆谓虏不可和，未知庙堂以谓如何？"(《三朝北盟会编·绍兴甲寅通和录》)

"彼"也可与"此"连用，在句中作主语，这样的例句在《三朝北盟会编》中只有1例：

（7）若能以厚赏激其战心，使人人皆有希觊富贵之路，则彼此有所顾藉，不患其不效矣。(《三朝北盟会编·遗史》)

可见，到了宋代，"彼"的句法功能没有发生很大变化，仍然以作定语为主。

(二) 其

远指代词"其"在晚唐五代时期在句中仅作定语，到了宋代，"其"的句法功能没有发生变化。《三朝北盟会编》中"其"共出现了13例，且全部用于作定语，例如：

（8）兼宣赞受刘宗吉之约，其人已陈首。即探怀取所付书履，作色云："宣赞却如何归得？"(《三朝北盟会编·茅斋自叙》)

(9) 唯是皇帝言:"赵皇大度,我要岁添一百万贯物色,一字不违。千年万岁,却是多少。今却觅西京,如何违得?兼我在奉圣州时,心上许了,不若与去,共他大朝交欢,也胜似与河西家(谓夏国也)。然其间人户,却待起遣将去。"(《三朝北盟会编·茅斋自叙》)

(10) 盖是夜来三宝奴等已说了详细,知使人难其事,故更不说及。(《三朝北盟会编·奉使录》)

(三) 那

"那"系远指代词在晚唐五代时期比较常见,发展到宋代,"那个""那里""那边"等"那"系指示代词很少出现。《三朝北盟会编》中只出现了远指代词"那",这样的例句共有5例,且主要在句中作定语,这样的例句有4例:

(11) 一乞摘那胜捷军一千人,付某充衙兵,以为招置军马之本。(《三朝北盟会编·茅斋自叙》)

(12) 使司当契勘速攒那支拨应副军前遇贼,又不纳级、及数处有溃散军兵哨聚作过,如温泉县汾州回牛岭一带,可速筑堡寨,以为篱落。(《三朝北盟会编·逢虏记》)

(13) 指挥数内军器更切,于见有州军攒,那宣抚司重行应副,降赐库造旗二面,付某招集溃散军兵武勇,使臣并效勇各诏召募十员名,差拨人马。(《三朝北盟会编·逢虏记》)

(14) 国相厉声曰:"既有城下之盟,许割与他三镇,那租赋便是这里底,怎生更上说也。若如此便是败盟,不割三镇。"(《三朝北盟会编·和议录》)

《三朝北盟会编》中还出现了"那"在句中作主语的情况,这样的例句只有1例:

(15) 国相曰:"那收燕山时杀了底许多人,是生灵也。"(《三朝北盟会编·和议录》)

可见,近指代词"这"和远指代词"那"的发展在这一时期具有不平衡性,"这"系指示代词发展迅速,"那"系指示代词在这一时期却不太常见。"那"的句法功能仍然以作定语为主,且新出现了"那"在句中作主语的情况。

二、宋代至元代远指代词的发展演变

宋代的远指代词主要有"彼""其""那"3个,到了元代,远指代词"彼"和"其"的变化不太大,而"那"系指示代词则获得了迅猛的发展。

第五章　晚唐五代至宋元时期指示代词的发展演变

《元刊杂剧三十种》中的远指代词主要有"彼""其""那""那个""那般""那的""那里""那等""那些（儿）""兀那"，其出现频率具体如表32所示。

表32　《元刊杂剧三十种》中远指代词出现频率统计表

词目	彼	其	"那"系词	总计
用例数量/例	2	37	665	704
所占比例/%	0.28	5.26	94.46	100

可见，到了宋代，"那"系远指代词获得了迅猛发展，成为这一时期主要的远指代词。

（一）彼

《三朝北盟会编》中，"彼"还是最主要的远指代词，到了元代，"彼"的使用频率逐渐降低。《元刊杂剧三十种》中"彼"只出现了2例，且均在句中作定语：

（16）休只管央及俺菩提，道不得念彼观音力。（《元刊杂剧三十种·东窗事犯》）

（17）彼纣王火中燔死，妲己氏剑下尸呈。秉金钺吊民伐罪，偃旗鼓众庶欢腾。（《元刊杂剧三十种·辅成王周公摄政》）

（二）其

发展到了元代，"其"的句法功能没有发生变化，仍然均作定语。"其"在《元刊杂剧三十种》中共出现了37例，均用作定语，例如：

（18）你道三条计决难逃？若是一句话不相饶，那其间使不着武官粗鲁文官狡。（《元刊杂剧三十种·关大王单刀会》）

（19）嗨！注着咱命里，勘不出其中情意，张鼎索耽干系。（《元刊杂剧三十种·张鼎智勘魔合罗》）

（20）如今官人着我问你，你依着我者，推你老的，到其间有个觑当。（《元刊杂剧三十种·张鼎智勘魔合罗》）

（三）"那"系代词

表示远指的"那"系代词在《元刊杂剧三十种》中多次出现，充当不同的成分，这些词主要包括"那""那个""那的""那般""那里""那等""那些（儿）""兀那"等，其句法功能分布情况见表33。

表 33　《元刊杂剧三十种》中"那"系词的句法功能分布情况表

单位：例

频数	句法功能					
	主语	宾语	定语	状语	中心语	总计
那	1	0	542	0	0	543
那个	3	0	7	0	0	10
那的	12	0	0	0	0	12
那般	0	0	1	1	0	2
那里	33	9	0	3	22	67
那等	0	0	3	0	0	3
那些（儿）	9	0	2	2	0	13
兀那	0	0	15	0	0	15

1. 那

发展到了元代，"那"的使用频率有了很大变化。《三朝北盟会编》中"那"只出现了6例，而《元刊杂剧三十种》中的远指代词主要以"那"为主，"那"共出现了543例，绝大多数在句中作定语，这样的例句共有542例，例如：

（21）也不须香共灯，酒共果，但得那腔子里的热血往空泼，超度了哥哥发莫我！（《元刊杂剧三十种·关张双赴西蜀梦》）

（22）我唱的那七国里庞涓也没这短命，则是个八怪洞里爱钱精。（《元刊杂剧三十种·诸宫调风月紫云亭》）

（23）将缘由苦苦遗留，明明说透，把那禽兽，剐割肌肉，号令签头，豁不尽心上忧。（《元刊杂剧三十种·东窗事犯》）

在《元刊杂剧三十种》中，"那"还有1例作主语的情况：

（24）那是安禄山义子台意怒，子是杨贵妃贼儿胆底虚。（《元刊杂剧三十种·李太白贬夜郎》）

2. 那个

"那个"在晚唐五代时期主要作定语，发展到了元代，"那个"的句法功能变化不大。《元刊杂剧三十种》中"那个"在句中作定语的例句共出现了7例，例如：

（25）今后去了这驼汉子的小鬼头，看怎结末那吃憨儿的老业魔，再怎施展那个打鸳鸯抖擞的精神儿大。（《元刊杂剧三十种·

诸宫调风月紫云亭》）

（26）那个老宰相，不肯躲那火，抱着黄芦树，现今烧死了也！（《元刊杂剧三十种·晋文公火烧介子推》）

（27）你依吾将令听我差，休睬这个言那个语，我交你手里不要赢则要输。（《元刊杂剧三十种·诸葛亮博望烧屯》）

在《元刊杂剧三十种》中，"那个"还有3例在句中作主语：

（28）你看凌烟阁那个是真英武，金谷园都是些浊男女。（《元刊杂剧三十种·陈季卿悟道竹叶舟》）

（29）这个那个相牵情肠肚，难分生死，怎辨亲疏。你有留人诏书，你有免死赦书，你又有义断休书。（《元刊杂剧三十种·楚昭王疏者下船》）

（30）干嚎啕相思得后生，那个不害这般干使钞干嘿病。（《元刊杂剧三十种·诸宫调风月紫云亭》）

3. 那的

"那的"是元代新出现的远指代词，一般用于指人、事物和处所，相当于"那个""那里"。《元刊杂剧三十种》中"那的"共出现了12例，且全部在句中作主语，例如：

（31）说得儿女夫妻，似水如鱼；撇得我鳏寡孤独，那的是撮合山养身处！（《元刊杂剧三十种·诈妮子调风月》）

（32）元来亲的子是亲，恨后须当恨。那的是女不将娘敬重，却是钱引的人生分。（《元刊杂剧三十种·散家财天赐老生儿》）

（33）嗳！你个小业冤，听你爷爷劝，恁娘别寻一个姻眷，则那的便是你买服钱！（《元刊杂剧三十种·岳孔目借铁拐李还魂》）

4. 那般

根据冯春田先生的观点，"那般"是元代才出现的，比"那样"出现的时间晚，它既可用于指示也可用于称代。但他在《近代汉语语法研究》一书中所举的关于"那样"的例句中最早的是出自《朱子语类》，这说明"那般"出现的时间可以再往前上推到南宋，从而说明"那般"的产生不晚于"那样"。"那般"一般用来表示性状、程度，相当于"那样"。《元刊杂剧三十种》中"那般"共出现了2例，其中1例在句中作定语：

（34）兀的那般恶缘恶业镇相随，好交人难摘难离。（《元刊杂剧三十种·诸宫调风月紫云亭》）

另1例在句中作状语：

(35) 这神针法灸那般疾,似蓝采和舞不的看花回。(《元刊杂剧三十种·好酒赵元遇上皇》)

5. 那里

"那里"是在晚唐五代时期出现的远指指示代词,主要在句中作宾语。发展到《元刊杂剧三十种》时期,"那里"的句法功能有了很大变化。《元刊杂剧三十种》中"那里"共出现了67例,主要表示处所,且多在句中作主语,这样的例句共有33例,例如:

(36) 二百口家属笑语喧,如此般深宅院,休信我一时间在口言,便那里有冤魂现。(《元刊杂剧三十种·闺怨佳人拜月亭》)

(37) 那里是尊前误草吓蛮书,便是我醉中纳了风魔状。(《元刊杂剧三十种·李太白贬夜郎》)

(38) 那里哭的声音大,到来日只少个殃人货。(《元刊杂剧三十种·小张屠焚儿救母》)

"那里"常作中心语,《元刊杂剧三十种》中这样的例句共有22例,例如:

(39) 我这里劝着,道着,他那里不睬分毫,别人的首级他强要。(《元刊杂剧三十种·马丹阳三度任风子》)

(40) 他那里问言多伤行,絮得些家宅神常是不安宁。(《元刊杂剧三十种·诸宫调风月紫云亭》)

(41) 你那里四时开宴充肥鹿,我这里万里摇船捉醉鱼,胸卷江湖。(《元刊杂剧三十种·三朝北盟会编·李太白贬夜郎》)

在《元刊杂剧三十种》中,"那里"作状语的例句有3例:

(42) 你待要着死撞活,将功折过,你休那里信口开呵。(《元刊杂剧三十种·汉高皇濯足气英布》)

(43) 休那里俄延岁月,打捱时光。(《元刊杂剧三十种·霍光鬼谏》)

(44) 你看他跋扈形骸,毒害心肠,不着他家破人亡那里采,直待失了火遭了丧恁时节改!(《元刊杂剧三十种·看钱奴买冤家债主》)

"那里"还可以在句中作宾语,《元刊杂剧三十种》中这样的例句共有9例,例如:

(45) 婆娘家到得那里,子三句言语,早走将回去。(《元刊杂剧三十种·马丹阳三度任风子》)

（46）这里却是那里，则管里唇三口四，唱叫扬疾。(《元刊杂剧三十种·诸宫调风月紫云亭》)

（47）我在他这里，可知他在那里，天那！几时能够父子妻夫完备？(《元刊杂剧三十种·岳孔目借铁拐李还魂》)

（48）则就那里先肝肠眉黛千千结，烟水云山万万叠。(《元刊杂剧三十种·闺怨佳人拜月亭》)

6. 那等

"等"虽然是较早产生的词，但"等"与"这/那"的结合却是较晚的事，"这/那等"大约始见于元代，且主要用于指示。"那等"也是这一时期新出现的远指代词，指示代词"那等"一般用于表示程度、方式、形状等，相当于"那样"。《元刊杂剧三十种》中，"那等"只出现了3例，用于名词前作定语，表示指示：

（49）虽是搽胭粉，子争不裹头巾，将那等不做人的婆娘恨。(《元刊杂剧三十种·诈妮子调风月》)

（50）我是你心头病，你是我眼内钉，都是那等不贤慧的婆娘传槽病。(《元刊杂剧三十种·诈妮子调风月》)

（51）他见我待怎的？有那等厮图谋谎汉每心坚。(《元刊杂剧三十种·岳孔目借铁拐李还魂》)

7. 那些（儿）

指示代词"那"加上词缀"些（儿）"构成其复数形式"那些（儿）"，"那些（儿）"也是这一时期新出现的远指代词。《元刊杂剧三十种》中"那些（儿）"共出现了13例，且主要在句中作主语，这样的例句共有9例，例如：

（52）你养着别个的，看我如奴婢！燕燕那些儿亏负你？(《元刊杂剧三十种·诈妮子调风月》)

（53）那些儿最难熬，一阵头疼似劈碎脑。(《元刊杂剧三十种·张鼎智勘魔合罗》)

（54）那些那些咱欢喜，那些那些咱伶俐。一行人取情招伏讫，那些那些他愁慽。(《元刊杂剧三十种·张鼎智勘魔合罗》)

在《元刊杂剧三十种》中，"那些（儿）"有2例在句中作定语：

（55）九江王那些儿英雄处，火尖枪轻轻早放过去。(《元刊杂剧三十种·汉高皇濯足气英布》)

（56）岂止这模样儿俊俏，则那些举止儿忒谦和。(《元刊杂剧三十种·诸宫调风月紫云亭》)

在《元刊杂剧三十种》中，"那些（儿）"还有 2 例在句中作状语，例如：

（57）元帅却是那些儿慌，那些忙。(《元刊杂剧三十种·尉迟恭三夺槊》)

8. 兀那

"兀那"也是元代新出现的远指代词，相当于"那个""那"，"兀那"在《元刊杂剧三十种》中共出现了 15 例，且均用作定语，表示指示，例如：

（58）妹子，我和你哥哥厮认得了也！你却招取兀那武举状元呵，如何？(《元刊杂剧三十种·闺怨佳人拜月亭》)

（59）兀那酒务儿里，着孩儿去灶窝儿里向把火咱！(《元刊杂剧三十种·看钱奴买冤家债主》)

（60）兀那老子，我在哥哥面前说了这半日，我放你，你把些钞与我买酒吃。(《元刊杂剧三十种·岳孔目借铁拐李还魂》)

可见，"那"系指代词中，"那"的使用频率最高，且绝大多数都在句中作定语，"那个""兀那""那等""那个"也均主要作定语，而"那的""那里""那些"则主要在句中作主语。"那的""那等""那些（儿）""兀那"都是元代新出现的远指代词。

第三节　晚唐五代至宋元时期其他类指示代词的发展演变

晚唐五代时期的其他类指示代词包括旁指代词、逐指代词、无定代词和泛指代词等几类，到了宋元时期，这几类指示代词无论从代词的种类还是句法功能上都有了很大变化，我们仍然将这个时期的其他指示代词分为旁指代词、逐指代词、无定代词和泛指代词四大类。

一、晚唐五代至宋元时期旁指代词的发展演变

（一）晚唐五代至宋代旁指代词的发展演变

晚唐五代时期的旁指代词有"异"和"他"两个，到了宋代，旁指代词基本上变化不大，仍然只有"他（它）"和"异"两个，其使用情况具体如下：

1. 他（它）

《祖堂集》中的"他"只有"他"一种形式，到了《三朝北盟会编》中，"他"有时会以"它"这种形式出现。《三朝北盟会编》中"他"共出

现了 19 例，且绝大多数在句中作定语，这样的例句有 18 例，例如：

（1）洵武乃约童贯到枢密院，具以利害晓之。贯反说洵武曰："枢密在上前且承当，取商量也。商量得十来年里不要相拗，官家上方有意，相公如此说话，恐为他人所夺。"语已而笑。(《三朝北盟会编·邓洵武家传》)

（2）良嗣曰："兀室三日不来，此必生变。适欲呼李靖令勿议侍郎言，且更请公面议之。"仆曰："赖侍郎令呼某来，若龙图一面与李靖画断，即他日御史台公事有所在矣。"(《三朝北盟会编·茅斋自叙》)

（3）盖东北乃金人来路也，燕山之东，以韩城镇为界，东北以符家口为界，韩城符家，去燕山皆四百余里，斡离不既寇东北，探骑溃军，络绎而来，燕山得预闻之故，药师出常胜军屯于燕山之东白河，以待贼，西则居庸关为绝边，去燕无百里之远，但闭关而已，更无他备。(《三朝北盟会编·南归录》)

"他（它）"也可作宾语，《三朝北盟会编》中这样的例句只有 1 例：

（4）粘罕且笑且言："贵国与契丹家厮杀多年，直候敌不得，方与银绢。莫且自家们如今且把这事放著一边，厮杀则个，待你败时多与银绢，我败时都不要一两一匹，不知何如？"良嗣谕以马宣赞之意无他。(《三朝北盟会编·燕云奉使录》)

可见，相对于晚唐五代时期，"他（它）"的句法功能变化不大，仍然主要在句中作定语。

2. 异

《祖堂集》中"异"仅出现了 1 例，且在句中作定语，发展到了宋代，"异"的句法功能基本上没有发生变化。《三朝北盟会编》中"异"共出现了 4 例，仍然全部在句中作定语，例如：

（5）后来与粘罕议事，谕以两朝议酌既定，务在明白，庶免异时计校。(《三朝北盟会编·燕云奉使录》)

（6）仆曰："彼方内顾，未暇南来。内忧既绝，然后逞志。某今所论，盖欲弭异时之患，乞公相深思之！"(《三朝北盟会编·茅斋自叙》)

（7）上恐发禁卫厢兵益少，朝廷内虚，异时无兵可为两淮之用。(《三朝北盟会编·采石战胜录》)

（二）宋代至元代旁指代词的发展演变

在元代，旁指代词有了很大变化，出现了新的旁指代词"另"。《元刊杂剧三十种》中共有"他""别""另"三个旁指代词，具体情况如下：

1. 他

《元刊杂剧三十种》中"他"共出现了12例，且全部在句中用作定语，例如：

（8）几句良言耳边道，三载忠心眼前报，一志心怀这一着，你一日坟中走一遭，乡内寻钱买纸烧，他处烦人沽酒浇。（《元刊杂剧三十种·散家财天赐老生儿》）

（9）我若献利便图名分，便是安自己损他人。三百口家属斩灭门，枝叶都诛尽。（《元刊杂剧三十种·赵氏孤儿》）

（10）你一程程乘骑去他邦，我子索慢慢的硝步还家。（《元刊杂剧三十种·晋文公火烧介子推》）

2. 别

"别"的旁指代词用法始于东汉时期，且"别"表"另外的，别的"，多充当定语。到了魏晋南北朝时期，这种用法更为普遍，多在句中作定语和状语。发展到了元代，"别"的句法功能有了一些变化。《元刊杂剧三十种》中"另"共出现了59例，绝大多数在句中作定语，这样的例句共有31例，例如：

（11）你休别处招魂！我这一灵儿不离了酒糟房！（《元刊杂剧三十种·好酒赵元遇上皇》）

（12）说与你刘文叔有分付处别处分付，我不做官呵有甚么没发付您那襕袍靴笏？（《元刊杂剧三十种·严子陵垂钓七里滩》）

（13）我不合将人上了神灵的纸马，又将来卖与别人还愿。（《元刊杂剧三十种·小张屠焚儿救母》）

"别"常作状语，《元刊杂剧三十种》中这样的例句共有21例，例如：

（14）只愿的南京有俺亲娘，我宁可独自孤孀，怕他待抑勒我别寻个家长，那话儿便休想！（《元刊杂剧三十种·闺怨佳人拜月亭》）

（15）世上子有莲子花，我别无甚弟兄，没甚房下。（《元刊杂剧三十种·公孙汗衫记》）

（16）当日哥哥不曾见半点儿文墨与我许多资本，哥哥请吃兄弟这一盏酒除外别无甚孝顺。（《元刊杂剧三十种·张千替杀妻》）

这一时期还出现了"别"在句中作主语的情况，《元刊杂剧三十种》中这样的例句共有6例，例如：

（17）别无甚献贺，为救俺母亲活，上圣，交张屠无奈何。（《元刊杂剧三十种·小张屠焚儿救母》）

（18）别无甚倚仗，受孤孀耽疾病受凄凉。（《元刊杂剧三十种·小张屠焚儿救母》）

（19）大嫂，这假朱砂，母亲吐了，别无救母之方。（《元刊杂剧三十种·小张屠焚儿救母》）

"别"还新出现了在句中作宾语的情况，《元刊杂剧三十种》中这样的例句只有1例：

（20）咱散这钱呵不为别，子求俺刘家后嗣来！（《元刊杂剧三十种·散家财天赐老生儿》）

可见，"别"的句法功能有了很大变化，在元代虽然仍以作定语为主，但新出现了在句中作主语和宾语的句法功能。

3. 另

"另"是元代新出现的远指代词，《元刊杂剧三十种》中"另"共出现了3例，均在句中作状语：

（21）搬的亲兄弟分的另住，好相知恶的绝交，把平人陷倒。（《元刊杂剧三十种·散家财天赐老生儿》）

（22）俺这里别是个三街市井，另置下二连等秤，恰好的交您一分银买一分情。（《元刊杂剧三十种·诸宫调风月紫云亭》）

（23）据论天拨地，移星换斗，另有神功。夺旗扯鼓，排军布阵，别是家风。（《元刊杂剧三十种·诸葛亮博望烧屯》）

可见，"他"和"别"主要在句中作定语，在语义上属于体词性的旁指代词，而"另"在句中主要作状语，带有谓词性的属性。

二、晚唐五代至宋元时期逐指代词的发展演变

(一) 晚唐五代至宋代逐指代词的发展演变

逐指代词从晚唐五代至宋元时期变化不大，晚唐五代时期的逐指代词主要有"每"和"各"两个，《三朝北盟会编》中的旁指代词也仅有"每"和"各"两个，其使用情况具体如下：

1. 每

《三朝北盟会编》中"每"共出现了34例，且均在句中作定语，表示个体之间的共性，强调没有例外，例如：

（24）每三五里之间，有一二族帐，每帐族不过三五十家。自过咸州至混同江以北，不种谷麦，所种止稗子。（《三盟北盟会编·茅斋自叙》）

(25) 兀室出文字二件，一件言税赋二百年旧额，每岁出缗钱四十万，后来新额四百余万。(《三朝北盟会编·燕云奉使录》)

(26) 仆初入燕诸路，正兵有十五万余，童宣抚带还外尚有八九万人，选三万备战，余尚五六万，除诸处占破外，可以入役者三万人，离而为四；又于诸处雇募万人，每城得二万余人，齐举贴筑蓟景檀顺四州，每州计雇工不过五万缗，更以五万缗充犒。(《三朝北盟会编·茅斋自叙》)

2. 各

《三朝北盟会编》中逐指代词"各"共有63例，且均在句中作主语，例如：

(27) 介儒云："燕人久属大辽。各安乡土。贵朝以兵挠之，决皆死战，于两地生灵非便。"(《三朝北盟会编·茅斋自叙》)

(28) 国主饮讫，令在位者皆拜，遂各就座。(《三盟北盟会编·燕云奉使录》)

(29) 两国之兵，各尽死以忠于国，而使肝胆涂地，非皇太子入燕之初所以谕人民之本意也。(《三朝北盟会编·南归录》)

(二) 宋代至元代逐指代词的发展演变

在元代，逐指代词"每"的句法功能没有发生什么变化，"各"的句法功能有了一定变化，具体情况如下：

1. 每

在元代，逐指代词"每"与在宋代一样，均在句中作定语，这样的例句有34例，例如：

(30) 每日家作念煞关云长、张翼德，委得俺宣限急，西川途路受驱驰。每日知他过几重深山谷，不曾行十里平田地。(《元刊杂剧三十种·关张双赴西蜀梦》)

(31) 每朝席上宴佳宾，抵多少十年窗下无人问。(《元刊杂剧三十种·诈妮子调风月》)

(32) 我每一年三月二十八，去太安神州做一遭买卖，到那里卖与人的纸马，上了神灵，我又将来卖。(《元刊杂剧三十种·小张屠焚儿救母》)

2. 各

逐指代词"各"在《三朝北盟会编》中全部用作主语，在元代，"各"的句法功能有了很大变化。《元刊杂剧三十种》中"各"在句中主要作定语，这样的例句共有10例，例如：

第五章 晚唐五代至宋元时期指示代词的发展演变

（33）许来大中都城内，各家烦恼各家知。且说君臣分散，想俺父子别离。(《元刊杂剧三十种·闺怨佳人拜月亭》)

（34）读书的志气高，为商的肚量小，是各人所好，便苦做争似勤学。(《元刊杂剧三十种·散家财天赐老生儿》)

（35）这的是鹞鹏斥鹢非相抗，大刚来各自徜徉：一个趁草莱一生跳荡，一个驾天风万里翱翔。(《元刊杂剧三十种·死生交范张鸡黍》)

"各"常作主语，《元刊杂剧三十种》中这样的例句共有7例，例如：

（36）怕不待相随相从相将去，子怕逢虎将无人祭祖。各分路逃生，两下里祷告青虚。(《元刊杂剧三十种·楚昭王疏者下船》)

（37）我想今日人才，各居朝代，为臣宰。怕不都立在舜殿尧阶，一个个将古圣风俗坏！(《元刊杂剧三十种·晋文公火烧介子推》)

（38）争奈本人志大，耻为州县之职。今请假省亲，小子亦上冢拜扫，各还乡里。(《元刊杂剧三十种·死生交范张鸡黍》)

可见，从晚唐五代到宋元时期，逐指代词"每"的句法功能没有发生很大变化，"各"由原来的全部用作主语逐渐转变为在句中主要作定语。

三、晚唐五代至宋元时期无定代词的发展演变

(一) 晚唐五代至宋代无定代词的发展演变

《祖堂集》中的无定代词仅有"某"一个，到了宋代，"莫"和"或"重新有了无定代词的用法，因此，这一时期的无定代词有"某""或""莫"三个，其使用情况具体如下：

1. 某

"某"在晚唐五代时期比较常见，句法功能上可在句中作定语、宾语，在《三朝北盟会编》中，"某"的使用频率降低。《三朝北盟会编》中"某"仅出现了3例，且全部在句中作定语，例如：

（39）虞侯曰："我今日只办两眼随你们，成得功大，与你填大底官诰，立得功小，填小底官诰；若死于此，则当同死于此，若你们走，我亦随你去，你们道我走去甚处，我便去见官家，说统制以下，某人肯杀，某人不肯杀。"(《三朝北盟会编·采石战胜录》)

2. 或

"或"从上古到魏晋南北朝时期一直主要作主语，在宋代，"或"的句法功能基本上没有什么变化。《三朝北盟会编》中"或"共出现了40例，

且全部在句中作主语，例如：

（40）令徽曰："大朝有兵来乎？"或对曰："必无。"又曰："粮可运乎？"或对曰："不能至。"（《三朝北盟会编·南归录》）

（41）良臣等曲谢退到都堂，见宰执具道宣谕之旨，诸公唯唯，或曰，极是，或曰，须当如此，或曰，只得如此，及闻上宣谕亲擢之语，朱相曰："胜非得旨，各具四人姓名，上亲指二公，是出上意。"（《三朝北盟会编·绍兴甲寅通和录》）

（42）是时，边事未动，鄂州军中罔测其情，或劝都统田师中善为备者。（《三朝北盟会编·遗史》）

3. 莫

"莫"在上古时期和魏晋南北朝时期一般有两种形式：一种情况下"莫"前无先行词，"莫"在句中作小句的主语；一种情况下"莫"前有先行词，"莫"在主谓作宾句中作主语。在宋代，"莫"仅剩下前一种形式，《三朝北盟会编》中"莫"共出现了9例，且全部在句中作主语，例如：

（43）于是贼势如大厦已仆，洪流已决，莫能御焉。（《三朝北盟会编·金虏节要》）

（44）德安人闻之，莫不堕泪，然犹未知其的。（《三盟北盟会编·遗史》）

（45）继先遭遇，绍兴中富与贵冠绝人臣，诸路大帅，承顺下风，莫敢侔。（《三朝北盟会编·遗史》）

（二）宋代至元代无定代词的发展演变

发展到了元代，"莫"和"或"均没有了无定代词的用法。《元刊杂剧三十种》中无定代词只有"某"一个，其使用情况具体如下：

《元刊杂剧三十种》中"某"在句中主要作定语，出现了2例，例如：

（46）兀的那般恶缘恶业镇相随，好交人难摘难离。也是某年某月不曾离，无是无非。（《元刊杂剧三十种·诸宫调风月紫云亭》）

可见，从晚唐五代到宋元时期，无定代词经历了从原来的只有"某"一个到有"某""或""莫"三个，最后又只剩下"某"一个这三个阶段，无定代词"莫"在宋元时期也只剩下前面无先行词，"莫"在句中作小句主语这一种情况。

四、晚唐五代至宋元时期泛指代词的发展演变

（一）晚唐五代至宋代泛指代词的发展演变

晚唐五代时期的泛指代词主要有"伊摩""任摩""与摩"等，且"与摩"出现频率最高，"与摩"和"任摩"均以作状语为主。在宋代，泛指代

第五章　晚唐五代至宋元时期指示代词的发展演变

词有了很大变化，原来的泛指代词已经基本上不再出现，新出现了"恁""恁地"等新的泛指代词。《三朝北盟会编》中的泛指代词主要有"之""恁""恁地"三个。

1. 之

指示代词"之"在魏晋南北朝和晚唐五代时期不常见，在宋代，出现了少数"之"在句中作泛指代词的情况。《三朝北盟会编》中指示代词"之"共有44例，且全部在句中作宾语，例如：

（47）邈遂尽削发为僧，终不从彼之俗。又且示其不仕。彦宗憾之，闻于粘罕，命彦宗杀之，邈谈笑赴市，至死不改。（《三朝北盟会编·节要》）

（48）德安人闻之，莫不堕泪，然犹未知其的。（《三朝北盟会编·遗史》）

（49）邦昌曰："非是少缓，兵戈如此，岂容遣使耶？"吕公曰："但预先差人，使军民知之。将来纵有别人策立，亦可验差人月日，则心迹自明。不然，岂但相公不能自保，吾辈家属岂可保耶？"（《三朝北盟会编·回天录》）

2. 恁

关于代词"恁"，吕叔湘在《近代汉语指代词》中认为"恁"等于"这么、那么"，并指出："'恁'字虽然是'那'的一系，可是它兼有'这么'和'那么'之用……可以说'恁'是中性的。"① 可见，"恁"既可以指近，又可以指远，我们把它归入泛指代词一类中。"恁"用作指示代词最早见于唐代，《全唐词》中已见多例，且"恁"多用于指示时间，例如：

（50）东风次第有花开，恁时须约却重来。（《全唐词·忆江南》）

（51）恁时得气力，思量我。（《全唐词·失调名》）

（52）待三千功圆行满，恁时是了。（《全唐词·永遇乐》）

"恁"也可修饰动词或形容词，在句中作状语，例如：

（53）想韶颜非久，终是为伊，只恁偷瘦。（《全唐词·贺明朝》）

（54）误他永劫在迷津，似恁欺心安忍。（《全唐词·西江月》）

"恁"与"么"结合，相当于"这么""那么"，例如：

（55）圣贤三教不异门，昧者劳心休恁么。（《全唐诗·窑头

---

① 吕叔湘. 近代汉语指代词［M］. 江蓝生, 补. 上海：学林出版社, 1985：271.

坏歌》）

（56）全真养命，只在怎么之间。（《全唐词·八声甘州》）

虽然"恁"在唐代已经出现，但真正用到白话文献中要到宋代。关于"恁"的用法，吕叔湘在《近代汉语指代词》中指出："'恁'有'恁'、'恁麽'、'恁地'、'恁（的）般'等形式：'恁麽'最早见，'恁地'是用作谓语的优先形式。"① 《三朝北盟会编》中仅出现了"恁"和"恁地"两种形式，且用例不多。

《三朝北盟会编》中"恁"共出现了5例，主要作状语，这样的例句有3例，例如：

（57）我亦曾听得数年前，童贯将兵到边，却恁空回。对以此探报传言之误，若是实曾领兵上边，只恁休得？（《三朝北盟会编·燕云奉使录》）

（58）三宝奴云："枢密侍郎们，各自尽忠尽节，为国家说得甚是？但许多人马远来，只成则恁空去也。大金人马不似南朝健儿，逐月有请受。"（《三朝北盟会编·奉使录》）

"恁"常作定语，这样的例句在《三朝北盟会编》中只有2例：

（59）这个事，是天教做，不恁地，后怎生？隔著个恁大海，便往来得？我从生来，不会说脱空。（《三朝北盟会编·燕云奉使录》）

（60）去年本国，专遣使臣理会，恁大年情公事，屯着人马，传言底等候。（《三朝北盟会编·燕云奉使录》）

3. 恁地

指示代词"恁"加"地"构成"恁地"，义同"这样地"，《三朝北盟会编》中"恁地"共出现6例，主要作状语，这样的例句有4例：

（61）自家南朝是天地齐生底国主皇帝，有道有德，将来只恁地好相待通好，更不争要做兄弟。（《三朝北盟会编·燕云奉使录》）

（62）本朝与贵国通好五六年。自贵国兵马未到上京时，已有要约。今来却恁地翻变说话，是甚义理？（《三朝北盟会编·燕云奉使录》）

（63）也得与我三关四镇，每岁更与岁币二百万来，你且恁地差人去大宋皇帝处说，我且留军在怀泽之间，等你回报。（《三朝北盟会编·北记》）

---

① 吕叔湘.近代汉语指代词［M］.江蓝生，补.上海：学林出版社，1985：267.

（64）为道是范仲熊小官，没人主张，言语不足听；不道是我交将我文字去，你南宋恁地无信行？（《三朝北盟会编·北记》）

"恁地"也可作谓语，《三朝北盟会编》中这样的例句只有1例：

（65）这个事，是天教做，不恁地，后怎生？隔著个恁大海，便往来得？我从生来，不会说脱空。（《三朝北盟会编·燕云奉使录》）

"恁地"还可作定语，《三朝北盟会编》中这样的例句也仅有1例：

（66）城上人皆不答。又问："如何不做声？今都来攻打你城也！日已晚，且去也，更与你们一夜商量，来日恁地时城破也。"

从"恁"和"恁地"的句法功能来看，"恁"的谓词性属性比较明显，多在句中表"这么""那么"。吕叔湘在《近代汉语指代词》中对"这""那"和"这么""那么"的分别进行了总结："'这'、'那'指示事物，扩展到指示性状和动作，也就是把它当做事物看；'这么'、'那么'指示事物的性状和动作的样式，扩展到具有某种性状的事物。因此，我们可以说，'这'、'那'是实体指示代词，'这么'、'那么'是性状指示代词（这里的'性状'包括动作的'样式'）。"①

（二）宋代至元代泛指代词的发展演变

到了元代，泛指代词仍然主要由"恁"系指代词组成，且"恁"系指代词新发展出了"恁的""恁般""恁末"等多种形式。《元刊杂剧三十种》中的"恁"系指示代词主要包括"恁""恁地""恁的""恁般""恁末"等，其句法功能分布情况见表34。

表34 《元刊杂剧三十种》中"恁"系指示代词的句法功能分布情况表

单位：例

频数	句法功能					
	主语	宾语	定语	状语	谓语	总计
恁	0	0	19	5	0	24
恁地	3	1	1	5	1	11
恁的	0	2	0	7	1	10
恁般	0	0	1	5	0	6
恁末	0	1	0	0	2	3

---

① 吕叔湘. 近代汉语指代词[M]. 江蓝生，补. 上海：学林出版社，1985：272.

1. 恁

"恁"在《三朝北盟会编》中主要作状语和定语,在元代,"恁"作定语的句法功能发展迅速。《元刊杂剧三十种》中"恁"绝大多数都在句中作定语,这样的例句共 19 例,例如:

(67) 直等你身体安康,来寻觅夷门街巷,恁时节再相访。(《元刊杂剧三十种·闺怨佳人拜月亭》)

(68) 你看他跋扈形骸,毒害心肠,不着他家破人亡那里采,直待失了火遭了丧恁时节改!(《元刊杂剧三十种·看钱奴买冤家债主》)

(69) 折末恁皓齿讴,锦臂鞲,列两行翠裙红袖,制造下百味珍羞。(《元刊杂剧三十种·汉高皇濯足气英布》)

在《元刊杂剧三十种》中,"恁"作状语的例句仅有 5 例,例如:

(70) 呵!则见那骨刺刺征旗遮了太阳,赤力力征辔振动上苍,那单雄信恁高强。(《元刊杂剧三十种·尉迟恭三夺槊》)

(71) 这老子若到那里,不分个等级,莫想问周室宗族纣苗裔,他恁大年纪统领着军骑。(《元刊杂剧三十种·辅成王周公摄政》)

(72) 一回家怨天公直恁困英豪!(《元刊杂剧三十种·萧何月夜追韩信》)

2. 恁地

"恁地"在《三朝北盟会编》中可作状语、谓语和定语,在《元刊杂剧三十种》中又发展出作主语、宾语等新的句法功能。《元刊杂剧三十种》中"恁地"共出现了 11 例,主要作状语,这样的例句有 5 例,例如:

(73) 你若是雪不得冤,报不得恨,则恁地空干罢,太子呵!(《元刊杂剧三十种·晋文公火烧介子推》)

(74) 那婆婆古君子没恁地直,那婆婆烈丈夫也无这般刚,专教他不拘小节修高尚。(《元刊杂剧三十种·死生交范张鸡黍》)

(75) 更做道一人有庆,汉君王真恁地将銮驾别无处施呈。(《元刊杂剧三十种·严子陵垂钓七里滩》)

"恁地"也可作谓语,《元刊杂剧三十种》中这样的例句只有 1 例:

(76) 不恁地呵!这人说是非的除天可害。(《元刊杂剧三十种·辅成王周公摄政》)

"恁地"还可作定语,《元刊杂剧三十种》中这样的例句也仅有 1 例:

(77) 直到再团圆被儿里得些温存,恁地后便可!(《元刊杂剧

第五章 晚唐五代至宋元时期指示代词的发展演变

三十种·诸宫调风月紫云亭》）

这一时期"恁地"新出现了在句中作主语的句法功能，这样的例句共有 3 例，例如：

（78）将叔鲜进封管叔，叔度封蔡叔，叔处封霍叔，名为三监。恁地呵怎生？（《元刊杂剧三十种·辅成王周公摄政》）

（79）恁地、却依、正理，坏了臣于法合宜，坏了臣于民有益，不坏臣于君不利。（《元刊杂剧三十种·辅成王周公摄政》）

"恁地"还新出现了作宾语的句法功能，《元刊杂剧三十种》中这样的例句只有 1 例：

（80）元来是恁地！今日俺子父每能够团圆，无过谢我女儿一个。（《元刊杂剧三十种·散家财天赐老生儿》）

3. 恁的

"恁的"是元代新出现的"恁"系指示代词，"恁的"义同"恁地"，其句法功能也与"恁地"基本一致。《元刊杂剧三十种》中"恁的"共有 10 例，主要作状语，这样的例句共有 7 例，例如：

（81）陛恁的纳谏如流，轻贤傲士慢诸侯。无勤厚，恼犯我如泼水怎生收？（《元刊杂剧三十种·汉高皇濯足气英布》）

（82）恁的显八面威风统军众，摆两行朱衣列车从。（《元刊杂剧三十种·赵氏孤儿》）

（83）将秦桧剖棺椁，剉尸骸，恁的呵恩和仇报的明白。（《元刊杂剧三十种·东窗事犯》）

"恁的"也可用于作宾语，《元刊杂剧三十种》中这样的例句有 2 例：

（84）似恁的呵，嗏从今后越索着疼热，休想似在先时节。（《元刊杂剧三十种·闺怨佳人拜月亭》）

（85）似恁的呵！都受了清净无为愿，觅不得温暖养家钱。（《元刊杂剧三十种·马丹阳三度任风子》）

"恁的"也可作谓语，《元刊杂剧三十种》中这样的例句只有 1 例：

（86）子这绿水何曾洗是非，白首无堪问鼎彝。现如今内外差池，事难为当恁的。（《元刊杂剧三十种·辅成王周公摄政》）

4. 恁般

"恁般"也是元代新出现的泛指代词，相当于"这样""那样"，《元刊杂剧三十种》中，"恁般"共出现了 6 例，主要在句中作状语，这样的例句共有 5 例：

（87）出家儿心地本清凉，缠煞我也恁般闹攘，便是一千年不见也不思量。(《元刊杂剧三十种·泰华山陈抟高卧》)

（88）莲子花官人愿的你一千岁，嗨！怎直恁般下得！(《元刊杂剧三十种·诸宫调风月紫云亭》)

（89）知他是甚娘乔为，直吃得恁般来杀势。(《元刊杂剧三十种·薛仁贵衣锦还乡》)

（90）又是个五霸诸侯王。将军直恁般狠！(《元刊杂剧三十种·诸葛亮博望烧屯》)

（91）直恁般无道理无廉耻，失上下没尊卑。(《元刊杂剧三十种·诸葛亮博望烧屯》)

"恁般"也可用作定语，《元刊杂剧三十种》中这样的例句只有 1 例：

（92）恁般一个秦家基业人，客尽东愁甚末刘项不分。(《元刊杂剧三十种·萧何月夜追韩信》)

5. 恁末

元代还出现了一个新的泛指代词"恁末"，主要作宾语。《元刊杂剧三十种》中泛指代词"恁末"共出现了 3 例，其中作宾语的例句有 1 例：

（93）从来撒欠飐风爱恁末，敲才古自不改动些儿个。(《元刊杂剧三十种·诸宫调风月紫云亭》)

"恁末"也可作谓语，《元刊杂剧三十种》中这样的例句有 2 例：

（94）这汉似三岁孩儿小觑我，怎生敢恁末！是他不寻思到此怎收罗？(《元刊杂剧三十种·汉高皇濯足气英布》)

（95）我觑了这般势杀，不发闲病，决定风魔。既不呵，便恁末，人行赸躲。(《元刊杂剧三十种·诸宫调风月紫云亭》)

可见，在元代，"恁"主要在句中作定语，这一时期新出现了"恁的""恁般""恁末"等"恁"系指示代词，"恁地""恁般""恁的"均主要在句中作状语，"恁末"则以作宾语为主。

第六章 宋元至明代指示代词的发展演变①

宋元之后的明代时间跨度近三百年，其时汉语正处于从近代汉语向现代汉语过渡的重要时期，指示代词也发展到了向现代汉语指示代词迈进的重要阶段。作为保存着这一时期丰富语法资料的一部文献——《金瓶梅词话》，其极其口语化的语言比较真实地反映了明代中后期汉语语法的基本概貌，并保存了大量的明人口语语法资料，其中有相当一部分还不见于它以前的其他文献，这些首见资料更是弥足珍贵，是我们研究明代中后期语言不可或缺的材料。对《金瓶梅词话》中指示代词的研究无疑对近代汉语虚词的研究，对汉语虚词史的建构，乃至对现代汉语虚词系统形成问题的探讨，均具有重大的理论意义和重要的参考价值。因此，本章我们试图通过对《金瓶梅词话》中指示代词的计量考察，勾勒出指示代词从宋元时期到明代的发展演变轨迹。

第一节 宋元至明代近指代词的发展演变

宋元时期的近指代词主要有"此""如此""兹""斯""这""这个""这里""这的""这般""这等""这些（儿）""尔""是""之""然""许"等。在明代，"兹""斯""尔""许"等均已不再作近指代词，"这"系代词有了很大的发展，新出现了三音节的"这"系代词。《金瓶梅词话》中的近指代词主要有"这""此""是""这里""这边""这咱""这咱晚""这般""这等""这样"等。它们在《金瓶梅词话》中的分布情况可以见表35。

---

① 本章是作者与其导师曹炜教授商量讨论而定的。

表35 《金瓶梅词话》中近指代词分布情况表

词目	这	此	是	这里	这边	这咱	这咱晚	这般	这等	这样	总计
用例数量/例	3 455	1 211	34	659	110	45	25	261	255	44	6 099
所占比例/%	56.65	19.86	0.56	10.81	1.80	0.74	0.41	4.28	4.18	0.72	100

一、"这"系代词

（一）这

"这"是《金瓶梅词话》的近指代词中使用频率最高的一个，用例多达3 455例，占《金瓶梅词话》全部近指代词的56.65%。《金瓶梅词话》中的"这"概括起来讲，主要有以下一些用法：

一是直接放在名词或名词性成分前面，作定语，表示近指。这是《金瓶梅词话》中的"这"最常见的用法，共有1 792例，占"这"的全部用例的51.87%。如：

（1）金莲接过来道："这一家子，只我是好欺负的……"（《金瓶梅词话·18回》）

（2）（金莲）因令春梅："你取那只鞋来与他瞧。——你认的这鞋是谁的鞋？"（《金瓶梅词话·28回》）

（3）寻常时在俺每根前，到且提精细撇清，谁想暗地却和这小伙子儿勾搭。（《金瓶梅词话·24回》）

（4）这奴才当我的鞋，又翻出来，教我打了几下。（《金瓶梅词话·28回》）

这种用法的"这"有时候近指的意味很淡，而纯粹是一种叙述、描写的形式，在《金瓶梅词话》中成为一种套路，也便成了套话。这种套话若放在句群或篇章中去考察，则会发现，实际上，它是一种提示下文或转换话题的最便捷的手段，当然很多时候是可用可不用的。如：

（5）这宋惠莲自从拿了来旺儿去后，头也不梳，脸也不洗，黄看脸儿，裙腰不整，倒趿了鞋，只是关闭房门哭泣，茶饭不吃。（《金瓶梅词话·26回》）

二是同量词"些""伙""干"等构成指量短语，作定语，表示近指。这也是《金瓶梅词话》中的"这"比较常见的用法，共有1 138例，占"这"的全部用例的32.94%。如：

（6）（金莲）说道："姐夫，你多分付，好歹饮奴这杯酒儿。"

(《金瓶梅词话·24回》)

(7) 为今之计，不如把这位先生招他进来，过其日月，有何不可。(《金瓶梅词话·17回》)

(8) 怎禁这伙人死拖活拽，于是同进去院中。(《金瓶梅词话·15回》)

(9) 太太既分付，学生到衙门里，即时把这干人处分惩治……(《金瓶梅词话·69回》)

三是插在两个名词性成分之间，并在同后者组成偏正短语后与前者构成同位短语，在语义上有一种复指关系。这种用法在《金瓶梅词话》中的使用频率要大大少于前两者，共出现183例，仅占"这"的全部用例的5.30%。如：

(10) 到别人犹可，惟有潘金莲这妇人，青春未及三十岁，欲火难禁一丈高……(《金瓶梅词话·12回》)

(11) 跷起脚儿来，比你这淫妇好些儿。(《金瓶梅词话·24回》)

(12) 左右破着把老婆丢与你，坑了你这头子，拐的往那头里停停脱脱去了，看哥哥两眼儿哩！(《金瓶梅词话·26回》)

四是单用，或带上量词构成指量短语，直接称代，作主语。"这"的这种用法在《金瓶梅词话》中更为少见，有171例，仅占"这"的全部用例的4.95%。如：

(13) 陈亲家是我的亲家，女儿、女婿两个业障，搬来咱家住着，这是一件事。(《金瓶梅词话·17回》)

(14) 翟管家答道："这是老爷教的女乐。……"(《金瓶梅词话·55回》)

(15) 这怎的这等生分，大白日里借不出个干灯盏来。(《金瓶梅词话·72回》)

(16) 西门庆道："这也罢了。"(《金瓶梅词话·78回》)

五是同"这么"，附加于数量短语之前，强调事物的数量。"这"的这种用法在《金瓶梅词话》中是最为少见的，共计74例，仅占"这"的全部用例的2.14%。如：

(17) 你两口子聒聒了这半日，也勾了，休要误了勾当。(《金瓶梅词话·8回》)

(18) 兄弟到府上几遍，见大门关着，又不敢叫，整闷了这几日。(《金瓶梅词话·18回》)

（19）玳安道："乔大爹、花大爹、大舅、二舅、谢爹，都来了这一日了。"（《金瓶梅词话·32回》）

（20）你每说了这一日，我不懂，不知说的是那家话。（《金瓶梅词话·32回》）

六是放在谓词性成分之前，作状语，或表动作行为的方式，或表强调，同"这么"。"这"的这种用法在《金瓶梅词话》中也不多见，共有97例，仅占"这"的全部用例的2.81%。如：

（21）既你这说，我明日打发他去便了。（《金瓶梅词话·25回》）

（22）你老人家寻他怎的？这早来问着我，第二个人也不知他。（《金瓶梅词话·8回》）

（23）李瓶儿道："我也往屋里穿件衣服去，这回来冷，只怕夜深了。"（《金瓶梅词话·24回》）

（24）大姐已是嫁出女，如同卖出田一般，咱顾不的他这许多。（《金瓶梅词话·86回》）

（25）武松道："如何要这许多？"（《金瓶梅词话·87回》）

（二）这里、这边

指示代词"这"和方位词"里"组合构成的表处所的代词"这里"早在晚唐五代的文献里就已经出现了，最初的形式有"这里""者里"等，宋代以后渐渐地统一作"这里"。《金瓶梅词话》中，"这里"的用例有659例，占全部近指代词的10.81%，也不算少了。

《金瓶梅词话》中的"这里"主要有以下两种用法：

一是单独作主语、宾语，称代离说话人较近的处所。这种用法出现的频率较高，全文共有626例，占"这里"全部用例的94.99%。如：

（26）这里是姑奶奶大人，有话不先来和姑奶奶说，再和谁说！（《金瓶梅词话·7回》）

（27）这里无人，他出去了，早晚爹和我说句话儿也方便些。（《金瓶梅词话·25回》）

（28）韩道国道："这里使着了人做卖手，南边还少个人立庄置货，老爹已定还裁派我去。"（《金瓶梅词话·59回》）

（29）李瓶儿把西门庆抱在怀里叫道："……休丢我在这里日夜悬望。"（《金瓶梅词话·16回》）

（30）冯妈妈道："好哥哥，我在这里等着……"（《金瓶梅词话·17回》）

（31）一般三个人在这里，只踢我一个人。（《金瓶梅词话·

18回》）

有时"这里"前有人称代词作定语，如：

（32）也罢，我这里还差个人同你去。（《金瓶梅词话·18回》）

（33）玳安说："他那里说不认的，教咱这里转送送儿罢。"（《金瓶梅词话·78回》）

（34）我这里替你封上分帕礼儿，你差应宝早送去就是了。（《金瓶梅词话·78回》）

二是同"那里"配合使用，泛指处所。如：

（35）当下这里推那里，那里推这里，就耽误了半日。（《金瓶梅词话·24回》）

（36）这相这回子，这里叫那里叫，把儿子痨病都使出来了，也没些气力使。（《金瓶梅词话·25回》）

"这边"是由指示代词"这"和方位词"边"组合所构成的表处所的代词。"这边"早在晚唐五代的文献里也已经出现了，最初有"这边""这伴""这畔"等形式，宋代以后渐渐地统一作"这边"。"这边"的用法按理应同"这里"大体一致，但由于《金瓶梅词话》中"这边"的用例要大大少于"这里"，有110例，所以其用法也就比"这里"显得狭窄了些。"这边"主要有以下两种用法：

一是作主语中心语，称代离说话人较近的处所，前面常常有人称代词等修饰。《金瓶梅词话》中这种用法的"这边"使用频率最高，共计76例，占"这边"全部用例的69.09%。如：

（37）李瓶儿道："奴午斋后叫进他到房中，就说大官人这边做亲之事，他满口说好……"（《金瓶梅词话·16回》）

（38）况且奴家这边没人，不好了一场，险不丧了性命。（《金瓶梅词话·17回》）

（39）远远的见月娘这边一簇男女过来，拉请月娘进去。（《金瓶梅词话·46回》）

（40）妇人道："没他的主儿，那里着落？倒常时来我这边，和我做伴儿。"（《金瓶梅词话·79回》）

单用作主语的用例是难得一见的，如：

（41）左右没人，这边是二叔和小人与黄四哥，他那边还有两个伙计，二八分钱使。（《金瓶梅词话·78回》）

有时也作定语，如：

（42）那月儿不信，还伸手往他这边袖子里掏……（《金瓶梅词话·59回》）

二是单用，作宾语，直接称代离说话人较近的处所。《金瓶梅词话》中共有34例，占"这边"全部用例的30.91%。如：

（43）（三官儿娘子）等闲不过这边来。（《金瓶梅词话·78回》）
（44）春梅道："刚才吃了酒，打发他两个睡下了，我来这边瞧瞧姥姥。……"（《金瓶梅词话·78回》）
（45）春梅便归这边来，推了推角门，开着，进入院内。（《金瓶梅词话·78回》）

有时也作"这面"，当然这种情况较为罕见，《金瓶梅词话》中仅有1例：

（46）我的香茶不放在这面，只用纸包儿包着。（《金瓶梅词话·59回》）

（三）这咱、这咱晚

"这咱"不见于明代以前的文献中，而且从目前已有的文献来看也只见于《金瓶梅词话》。冯春田认为"这咱"来源于早在元代的文献里就已出现的"这早晚"，其中的"咱"是"早晚"的合音；而"这早晚"，等同于"这时候"，指称时间。冯氏所提供的例证（共4例）全部出自《金瓶梅词话》，并指出："这咱"受旧形式"这早晚"的影响，还形成了另一种形式"这咱晚"，所提供的例证（共3例）也全部出自《金瓶梅词话》。① 关于"这咱"的源流演变还有待于做进一步的研究。"来源于'这早晚'"说可以解释"这咱"的由来，但无法解释"这咱时""咱晚"等的由来。尤其是"这咱晚"是否"这咱"的另一种形式，即"这咱晚"是否完全等同于"这咱"，恐怕还不能轻易下结论。因为有的时候"这咱"还不能用"这咱晚"来替换。此外，《金瓶梅词话》中还有"那咱""那咱晚"等形式，而且"那咱"和"那咱晚"的差异尤为明显，两者一般不能替换。因此，需要联系起来全面地加以考察、归纳。

《金瓶梅词话》中的"这咱"主要有以下一些用法：

一是用在谓词性成分前面，作状语，称代现在的时候，多用来强调行为动作在时间上的拖延，所以后面往往有"还""才"等时间副词与其呼应。这是《金瓶梅词话》中"这咱"最为常见的用法，共有39例，占其全

---

① 冯春田.近代汉语语法研究［M］.济南：山东教育出版社，2000：108-109.

部用例的 86.67%。如：

(47) 婆子道："今日这咱还没来，教老身半夜三更开门闭户等着他。"(《金瓶梅词话·24 回》)

(48) 今早他汉子来家，一顿好打的，这咱还没起来哩。(《金瓶梅词话·24 回》)

(49) 月娘便问："你怎的衙门中这咱才来？"(《金瓶梅词话·76 回》)

(50) 好贼囚，你这咱还来描眉画眼儿的，爹吃了粥便出来。(《金瓶梅词话·31 回》)

以上的"这咱"均可以用"这咱晚"来替换。但下面的"这咱"却不可以用"这咱晚"来替换：

(51) 西门庆便问月娘道："你这咱好些了么？"(《金瓶梅词话·75 回》)

二是用在介词之后作宾语，或独立成小句，也多用来强调行为动作在时间上的推延。《金瓶梅词话》中共有 6 例：

(52) "这咱哩！从李桂儿家拿出来，在县里监了一夜，第二日，三个一条铁索，都解上东京去了。"(《金瓶梅词话·52 回》)

(53) 傅伙计老头子，熬到这咱，已是不乐坐，搭下铺，倒在炕上就睡了。(《金瓶梅词话·64 回》)

(54) 月娘道："这咱哩！未曾念经，经钱写法都找完了与他了。早是我还与你留下一匹衬钱布在此。"(《金瓶梅词话·68 回》)

(55) 文嫂儿道："这咱哩！那一年吊死人家丫头，打官司，为了场事，把旧房儿也卖了，且说驴子哩！"(《金瓶梅词话·68 回》)

(56) 春梅道："这咱哩！后边散了，来到屋里就睡了。"(《金瓶梅词话·75 回》)

(57) 玉箫道："郁大姐往家去不耐烦了，这咱哩！"(《金瓶梅词话·75 回》)

这种用法的"这咱"均可以用"这咱晚"来替换，有所不同的是：前者略微含蓄，而后者则比较直露，更加突出时间的"晚"。

《金瓶梅词话》中"这咱晚"共有 25 例，用法同"这咱"基本一致：

一种是作状语的，共有 11 例。如：

(58) 白来创道："既是送行，这咱晚也来家了。"(《金瓶梅词话·35 回》)

（59）月娘道："这咱晚那里买烧鸭子去。"(《金瓶梅词话·35回》)

（60）洪四儿道："大爷，这咱晚，七八有二更，放了俺每去罢了。"(《金瓶梅词话·58回》)

（61）早是他妈妈没在跟前，这咱晚平白抱出他来做什么？(《金瓶梅词话·32回》)

一种是作介词宾语的，共有7例：

（62）要不是，过了午斋我就来了，因与众人在吴道官房里算帐，七担八柳，缠到这咱晚。(《金瓶梅词话·14回》)

（63）不想又撞见两个朋友，都拉去院里家走，撞到这咱晚。(《金瓶梅词话·16回》)

（64）谁知他安心早买了礼，就先来了，倒教我等到这咱晚。(《金瓶梅词话·32回》)

（65）想必两个打伙儿养老婆去来，去到这咱晚才来。你讨的银子在那里？(《金瓶梅词话·51回》)

（66）论起这咱晚，这狗也该打发去了，只顾还放在这屋里做甚么？(《金瓶梅词话·58回》)

（67）老身该催促了几遍，说："老爹今日来，你早些起来，收拾了罢。他不依，还睡到这咱晚。"(《金瓶梅词话·59回》)

（68）西门庆无得说，"我在应二哥家，留坐到这咱晚"。(《金瓶梅词话·78回》)

还有一种是独立成小句的，共有7例：

（69）因向西门庆道："这咱晚，武大还未见出门，待老身往他家，推借瓢看一看。"(《金瓶梅词话·4回》)

（70）这西门庆听了，只顾犹豫："这咱晚端的有甚缘故？须得到家瞧瞧。"(《金瓶梅词话·17回》)

（71）进来见大姐正在灯下纳鞋，说道："这咱晚热刺刺的还纳鞋。"(《金瓶梅词话·52回》)

（72）李瓶儿催促道："你睡去罢，这咱晚了。"(《金瓶梅词话·62回》)

（73）（西门庆）说道："这咱晚了，料大舅也不拜人了，宽了衣裳，咱房里坐罢。"(《金瓶梅词话·78回》)

（74）薛嫂儿道："这咱晚了，不吃罢。你只教大官儿写了帖儿，我拿了去罢。你不知，我一身的事在我身上哩。"(《金瓶梅词

（75）经济道："这咱晚了，回去不得，明日起身去罢。"（《金瓶梅词话·98回》）

《金瓶梅词话》中还有作"这咱时"的，其用法同"这咱"，其中有的可用"这咱晚"来替换，如：

（76）李大姐好自在，这咱时还睡，懒龙才伸腰儿。（《金瓶梅词话·21回》）

有的则不能替换，如：

（77）月娘道："这咱时不说，如今忙匆匆的，你择定几时起身？"（《金瓶梅词话·55回》）

有时也作"咱晚"，如：

（78）王婆道："咱晚来茶前酒后，他定也不来。待老身明日侵早，往大官人宅上请他去罢。"（《金瓶梅词话·8回》）

（四）这般

"这般"是近代汉语中新出现的一个指称样态的近指代词，早在晚唐五代的文献里就已出现，最初有"这般""遮般"等不同形式，到元明时期随着"者""遮"两种形式的逐渐隐没乃至消失，也就仅存了"这般"一种形式。"这般"在《金瓶梅词话》中的用例共有261例，占《金瓶梅词话》全部近指指示代词的4.28%。

《金瓶梅词话》中的"这般"概括起来讲，主要有以下一些用法：

一是单用，作宾语，直接称代样态。这种用法不多见，《金瓶梅词话》中仅有3例：

（79）那妇人看了这般，心内焦燥起来，骂道："不识时浊物！……"（《金瓶梅词话·2回》）

（80）（王婆）说道："大娘子，只怪老身不去请大官人来。就是这般的。还不与他带上，着试了风。"（《金瓶梅词话·8回》）

（81）伯爵把二物与众人看，都道："既是这般，须着完了。"（《金瓶梅词话·54回》）

二是单用，作主语，直接称代样态。这种用法很罕见，《金瓶梅词话》中仅有1例：

（82）月娘道："这般有些不均了。各人赌胜，亏了一个就不是了。……"（《金瓶梅词话·23回》）

三是单用，用在谓词性成分之前，作状语，指示动作行为的方式、状态。《金瓶梅词话》中这种用法的"这般"共有 97 例，占"这般"全部用例的 37.16%。如：

（83）今日花大哥也是这般说。（《金瓶梅词话·62 回》）

（84）他妈妈原来不在屋里，他怎这般哭？（《金瓶梅词话·32 回》）

（85）林氏道："好大人，怎生这般说！……"（《金瓶梅词话·72 回》）

（86）武二哥比旧时保养，胡子楂儿也有了，且是好身量，在外边又学得这般知礼。（《金瓶梅词话·87 回》）

四是单用，用在名词性成分之前，作定语，表示人或事物的性质。《金瓶梅词话》中共出现 24 例，占"这般"全部用例的 9.20%。如：

（87）只因小女出嫁，忙了几日，不曾得闲工夫来看你。就是这般话。（《金瓶梅词话·8 回》）

（88）妇人道："人家倒也不论乎大小，只像先生这般人物的。"（《金瓶梅词话·17 回》）

（89）你也是男子汉大丈夫，房子没间住，吃这般懊恼气。（《金瓶梅词话·56 回》）

（90）你娘勾了，官人这等费心追荐，受这般大供养，勾了。（《金瓶梅词话·78 回》）

有时"这般"也作"是般"，《金瓶梅词话》中仅有 1 例：

（91）西门庆道："我问春梅，他也是般说。"（《金瓶梅词话·12 回》）

五是与副词"如此"合用，构成"如此这般"及"如此如此""这般这般"等固定格式，属于一种叙述用的避免内容重复的套话，或作谓语，或作定语、状语。这种用法的"这般"全书共有 136 例。

其中构成"如此这般"格式的有 112 例，占"这般"全部用法的 42.91%。如：

（92）玳安如此这般，把家中娶孟玉楼之事，从头至尾告诉了一遍。（《金瓶梅词话·8 回》）

（93）（蔡攸）就差管家高安同去见李老爷，如此这般替他说。（《金瓶梅词话·18 回》）

（94）宅里大老爹昨日到那边房子里，如此这般对我说……

(《金瓶梅词话·37回》)

(95) 大娘，你头里还要不出去，怎么知道你心中如此这般病。(《金瓶梅词话·76回》)

(96) 一日春梅向经济商议："守备教你如此这般，河下寻些买卖，搭个主管，觅得些利息，也勾家中费用。"(《金瓶梅词话·98回》)

而构成"如此如此，这般这般"格式的例句有12例，占"这般"全部用法的4.60%。如：

(97) 如今如此如此，这般这般，武二差土兵寄了书来。(《金瓶梅词话·8回》)

(98) 我实对你说罢了，前者打太医那两个人，是如此如此，这般这般，使的手段。(《金瓶梅词话·19回》)

(99) 悄悄向伯爵耳边，如此如此，这般这般，说未数句。(《金瓶梅词话·45回》)

(100) 西门庆因附耳低言，如此如此，这般这般，分付："拿我帖儿，上覆夏老爹，借过那里房子的原契来，与何公公——要瞧瞧。就同贲四一答儿来。"(《金瓶梅词话·71回》)

(101) 依我，不如如此如此，这般这般，悄悄送上二十两银子与吴大舅，只当兖州府干了事来了。(《金瓶梅词话·79回》)

(五) 这样、这等

"这样"和"这等"均是近代汉语中新出现的指称样态的近指代词。在时间上，"这样"始见于宋代文献，而"这等"是元代以后才出现的。在《金瓶梅词话》中"这等"的用例有255例，占《金瓶梅词话》全部近指代词用例的4.18%；"这样"的用例仅有44例，占《金瓶梅词话》全部近指代词用例的0.72%，前者要大大多于后者。大概宋元明时期，"这样"始终是弱势的，而"这般""这等"则是强势的①，估计是清代以降"这样"才渐渐走强，到了现代汉语中"这样"完全取代了"这般""这等"而一统天下。

《金瓶梅词话》中的"这等"概括起来讲，主要有以下一些用法：

一是单用，直接称代样态，可以作主语、宾语、谓语和补语，也可独立成小句。表称代的"这等"在《金瓶梅词话》中共有42例，占"这等"全部用例的16.47%。

其中"这等"作主语和宾语的例句如：

---

① 冯春田指出：在宋代"这样"的用例也不如"这般"常见。

（102）荆统制说道："这等就不是了……"（《金瓶梅词话·78回》）

（103）伯爵道："这等才好。事要早干，多才疾足者得之。"（《金瓶梅词话·78回》）

（104）李瓶儿道："便是这等。前日迎春说……"（《金瓶梅词话·53回》）

（105）合理都象这等，好人歹人，都乞他骂了去，也休要管他一管儿了？（《金瓶梅词话·75回》）

"这等"作谓语的例句如：

（106）月娘便道："银姐，你这等我才喜欢……"（《金瓶梅词话·45回》）

（107）伯爵道："哥，你这等就不是了。难说他来说人情，哥你赔出礼去谢人，也无此道理。……"（《金瓶梅词话·67回》）

（108）老者便道："阿呀贤侄！你这等就不是过日子的道理。……"（《金瓶梅词话·93回》）

"这等"作补语的例句如：

（109）可可今日轮他手里，便骄贵的这等的了！（《金瓶梅词话·11回》）

（110）如何狐迷变心这等的！（《金瓶梅词话·12回》）

（111）春梅手里拿着茶，推泼一身，骂玉箫："怪淫妇，不知甚么张致！都顽的这等，把人的茶都推泼了，早是没曾打碎盏儿！"（《金瓶梅词话·64回》）

"这等"独立成小句的例句如：

（112）西门庆踌躇了半晌，道："既这等，也不难。且问你，要多少房子才勾住了？"（《金瓶梅词话·56回》）

（113）月娘道："这等，叫刘婆子来瞧瞧，吃他服药，再不头上剎两针，由他自好了。"（《金瓶梅词话·75回》）

二是放在谓词性成分之前，作状语，指示样态。这种用法的"这等"在《金瓶梅词话》中使用频率最高，共有154例，占其全部用例的60.39%。如：

（114）不然，怎的把他的鞋这等收藏的娇贵，到明日好传代。（《金瓶梅词话·28回》）

（115）怎小丫头，原来这等贼头鼠脑的。（《金瓶梅词话·

44回》）

（116）那玉箫还只顾嘻笑，被西门庆听见，使下玳安儿来问："是谁笑？怎的这等欢起？"（《金瓶梅词话·46回》）

（117）统制便道："这厮，我倒看他，原来这等无恩，等我慢慢差人拿他去。"（《金瓶梅词话·100回》）

三是放在名词性成分之前，作定语，指示事物的性质。这种用法的"这等"在《金瓶梅词话》中共出现59例，占其全部用例的23.14%。如：

（118）怪不的一物一主，那里有哥这等大福，偏有这样巧价儿来寻你的。（《金瓶梅词话·45回》）

（119）原来贼囚根子成日只瞒着我，背地替他干这等茧儿！（《金瓶梅词话·59回》）

（120）……平安在铺子里歇了，他就和老婆在屋里睡了一宿。有这等的事！（《金瓶梅词话·78回》）

（121）不知原来家中小大姐这等躁暴性子，就是打狗也看主人面。（《金瓶梅词话·79回》）

"这等"有时也作"这等样"，这种情况并不多见，《金瓶梅词话》中仅见2例：

（122）（薛姑子）叫声："佛阿！老爹，你这等样好心作福，怕不的寿年千岁，五男二女，七子团圆。……"（《金瓶梅词话·57回》）

（123）傅伙计闲中因话题话，问起玳安，说道："你六娘没了，这等样棺椁，祭祀念经发送，也勾他了。"（《金瓶梅词话·64回》）

二、此、是

"此""是""斯"均是古代汉语中表示近指的指示代词。在古代汉语中这三个近指代词虽然在用法上看不出有什么分工，但在使用频率上是有所不同的。如在《尚书》《诗经》《左传》《公羊传》《穀梁传》《论语》《孟子》《墨子》《庄子》《荀子》这10部典籍中，"是"的用例为2 948例，为最多，"此"的用例为1 884例，为其次，"斯"的用例为113例，为最少。[①] 可见，"是"在古代汉语的近指代词中是最为活跃的。而到了近代汉语中这种情形有了变化，尤其是"此"的使用频率大大高于"是"。如在敦煌变文中，

---

① 郭锡良.试论上古汉语指示代词的体系［C］//吕叔湘，等.语言文字学术论文集.北京：知识出版社，1989：89.

"此"的用例为1 155例，而"是"的用例仅为198例，"斯"为70例。①从《金瓶梅词话》的情况来看，"此"的走强、"是"的走弱这种态势更加明显。"此"在《金瓶梅词话》中的用例多达1 211例，是《金瓶梅词话》中"这"以外的9个近指代词中使用频率最高的一个，占《金瓶梅词话》全部近指代词的19.86%，而"是"的用例仅为34例，占《金瓶梅词话》全部近指代词的0.56%。

《金瓶梅词话》中的"此"概括起来讲，主要有以下一些用法：

一是单用，直接称代，作主语或宾语。"此"的这种用法在《金瓶梅词话》中使用频率最高，共有573例，占"此"全部用例的47.32%。如：

（124）迎春道："此是上边筛酒的执壶，你平白拿来做甚么？"（《金瓶梅词话·31回》）

（125）此是哥打着绵羊驹骣战，使李桂儿家中害怕，知道哥的手段。（《金瓶梅词话·69回》）

（126）交与西门庆说："此列位奉贺哥的分资。"（《金瓶梅词话·76回》）

（127）陈经济道："有书在此。"（《金瓶梅词话·17回》）

（128）公人禀道："离此不远，就是慈惠寺。"（《金瓶梅词话·48回》）

二是放在名词性成分之前，作定语，表近指。"此"的这种用法在《金瓶梅词话》中使用频率仅次于直接作主语或宾语的，共有526例，占"此"全部用例的43.44%。如：

（129）西门庆道："他真个说此话来？"（《金瓶梅词话·16回》）

（130）这蒋竹山不听便罢，听了此言，喜欢的势不知有无……（《金瓶梅词话·17回》）

（131）那里有此话！俺每就代他赌个大誓！（《金瓶梅词话·76回》）

这种用法的"此"有时还同"这"连用，一起作定语，起突出、强调的作用。"此这"连用在《金瓶梅词话》中共有7例。如：

（132）经济道："五娘可怜见儿子来，真吃不得了。此这一钟，恐怕脸红，惹爹见怪。"（《金瓶梅词话·33回》）

（133）此这一不来倒好，若来，正是……（《金瓶梅词话·79回》）

---

① 吴福祥. 敦煌变文语法研究[M]. 长沙：岳麓书社，1996：32.

三是用在谓词性成分之前，作状语，指示样态，同"这样"。《金瓶梅词话》中这样的用法并不多见，共有58例。如：

（134）原来西门庆有心要梳笼桂姐，故此发言先索落他唱。（《金瓶梅词话·11回》）

（135）西门庆笑道："到不是此说……"（《金瓶梅词话·26回》）

（136）因问："二公此回去，还到船上？"（《金瓶梅词话·36回》）

（137）此这一去，不为身名离故土，争知此去少回程。（《金瓶梅词话·100回》）

"此"有时还同"彼"连用，表虚指，共有54例。例如：

（138）金莲道："左右的皮靴儿——没番正，你要奴才老婆，奴才暗地里偷你的小娘子，彼此换着做贼。……"（《金瓶梅词话·26回》）

（139）彼此攀话之间，语言调笑之际，只见丫鬟进来安放桌儿……（《金瓶梅词话·59回》）

（140）当下唱毕，彼此穿杯换盏，倚翠偎红。吃得酒浓时，常言：世财红粉歌楼酒，谁为三般事不迷？（《金瓶梅词话·94回》）

此外，值得注意的现象还有：现代汉语中"此日"指的是"今日"之外的任何一天，而《金瓶梅词话》中的"此日"指的是"今日"，如：

（141）周守备道："二位老太监，此日又是西门大人公子弥月之辰，俺每同僚都有薄礼庆贺。"薛内相道："我等……"因向刘太监道："刘家，咱每明日都补礼来庆贺。"（《金瓶梅词话·32回》）

《金瓶梅词话》中的"是"用例不多，所以在用法上也就显得比"此"狭窄了许多：

一是单用，直接称代，作主语或宾语。这样的例句共有20例，如：

（142）西门庆道："老九是必记心，不可泄漏，改日另有补报。"（《金瓶梅词话·6回》）

（143）妇人道："是必累你请的他来……"（《金瓶梅词话·8回》）

（144）由是要一奉十，宠爱愈深。（《金瓶梅词话·11回》）

(145) 那时孟玉楼兄弟外边做买卖去了,五六年没来家,昨至是来家。(《金瓶梅词话·65 回》)

二是放在名词性成分之前,作定语,表近指。这样的例句共有 14 例。如:

(146) 于是几句把西门庆说的窝盘住了,是夜与他淫欲无度。(《金瓶梅词话·12 回》)

(147) 西门庆一见便道:"岂有是理。"(《金瓶梅词话·69 回》)

(148) 西门庆道:"无是理。如此,教棋童打灯笼送到家。"(《金瓶梅词话·58 回》)

可见,从宋元时期发展到明代,近指代词发生了很大的变化。从近指代词的种类来看,宋元时期的很多近指代词如"兹""斯""尔""之""然""许"等到了这一时期均不再使用。这一时期的近指代词以"这"系代词为主,且"这"系代词内部也发生了很大变化:"这"仍然以作定语为主,这一时期新出现了"这"在句中作状语和同位语的情况;出现了新的"这"系指示代词"这边""这咱""这咱晚""这样"等;"这边"主要在句中作主语中心语,"这般""这等""这咱""这咱晚"则主要在句中作状语,"这里"在宋元时期主要作状语,到了明代则主要作主语和宾语。

第二节 宋元至明代远指代词的发展演变

宋元时期的远指代词主要有"彼""其""那""那个""那般""那的""那里""那等""那些(儿)""兀那"。在《金瓶梅词话》中,基本上远指代词全部由"那"系代词来表示。《金瓶梅词话》中的远指代词主要有"那""那里""那边""那咱""那样""那等""那们",它们在《金瓶梅词话》中的使用情况可以见表 36,其在《金瓶梅》中的句法功能情况见表 37。

表 36 《金瓶梅词话》中远指代词使用情况表

词目	那	那里	那边	那咱	那样	那等	那们	总计
用例数量/例	3 109	455	224	24	16	64	1	3 893
所占比例/%	79.86	11.69	5.75	0.62	0.41	1.64	0.03	100

第六章 宋元至明代指示代词的发展演变

表37 《金瓶梅词话》中远指代词的句法功能情况表 单位：例

频数	句法功能						
	主语	宾语	定语	状语	同位语	中心语	总计
那	4	7	3 041	32	25	0	3 109
那里	0	182	0	47	5	221	455
那边	6	35	102	8	0	73	224
那咱	0	1	4	19	0	0	24
那样	0	2	10	4	0	0	16
那等	0	0	14	50	0	0	64
那们	0	0	0	1	0	0	1

一、那

"那"是近代汉语中新出现的跟"这"相对的一个表示远指的指示代词，最早出现在唐代的文献里，到宋金元时期已大量使用，并最终取代了"彼"。《金瓶梅词话》中"那"是使用频率最高的远指代词，用例多达3 109个，约占《金瓶梅词话》全部远指代词的79.86%。《金瓶梅词话》中的"那"概括起来讲，主要有以下三种用法：

一是直接放在名词或名词性成分前面，作定语，表示远指。这是《金瓶梅词话》中的"那"最常见的用法，共有2 599例，占其全部用例的83.60%。如：

（1）陈经济取出他那五百两银子，交与西门庆打点使用。（《金瓶梅词话·17回》）

（2）那官吏道："管家翟叔也不在了，跟出老爷去了。"（《金瓶梅词话·18回》）

（3）即令堂侯官："取过昨日科中送的那几个名字与他瞧。"（《金瓶梅词话·18回》）

（4）小的穿青衣抱黑柱，不先来告五娘说声，早晚休乞那厮暗算。（《金瓶梅词话·25回》）

这种用法的"那"有时候远指的意味很淡，而纯粹是一种叙述、描写的形式，在《金瓶梅词话》中成为一种套路，也便成了套话。这种套话若放在句群或篇章中去考察，则会发现，实际上，它是一种提示下文或转换话题的最便捷的手段，当然很多时候是可用可不用的。如：

（5）……迎春便道："……"那金莲取过来……向李瓶儿道："……"潘姥姥道："……"（《金瓶梅词话·33回》）

(6) 那经济走到铺子里，袖内摸摸，不见钥匙，一直走到李瓶儿房里寻。(《金瓶梅词话·33回》)

　　二是同量词"个""些""伙""起"等构成指量短语，作定语，表示远指，这也是《金瓶梅词话》中的"那"比较常见的用法，共有442例，占其全部用例的14.22%。如：

　　(7) 这金莲才待下台基，往花园那条路上走，正撞见西门庆。(《金瓶梅词话·25回》)

　　(8) 那起人正在那里饮酒喧闹，被公人进去，不由分说都拿了，带上镯子。(《金瓶梅词话·69回》)

　　(9) 我还差人把那几个光棍拿了，要枷号。(《金瓶梅词话·69回》)

　　(10) 这陈经济对着那些人，作要当真说道……(《金瓶梅词话·86回》)

　　三是插在两个具有属种关系的名词性成分之间，并在同后者（多数为"奴才"一词）组成偏正短语后与前者构成同位短语，在语义上有一种复指关系。这种用法在《金瓶梅词话》中数量较少，共有25例。如：

　　(11) 就是我罢了，俺春梅那小肉儿，他也不肯容他。(《金瓶梅词话·25回》)

　　(12) 月娘因问："琴童儿那奴才如今在那里？"(《金瓶梅词话·31回》)

　　(13) 又问："书童那奴才穿的谁的衣服？"(《金瓶梅词话·35回》)

　　(14) 你教西门庆那厮垫发我充军去，今日我怎生又回家了？西门庆那厮却在那里？(《金瓶梅词话·87回》)

　　四是"那"有时也可用在谓词性成分之前，作状语，指示样态，同时也强调程度深。这种用法的"那"在《金瓶梅词话》中共有32例。如：

　　(15) 想着迎头儿俺每使着你，只推不得闲，"爹使我往桂姨家送银子去哩"，叫的桂姨那甜。(《金瓶梅词话·21回》)

　　(16) 贼不逢好死的强人，就睁着眼骂起我来，骂的人那绝情绝义！(《金瓶梅词话·41回》)

　　(17) 老冯妈妈急得那哭，只要寻死。(《金瓶梅词话·44回》)

　　(18) 月娘又是那恼，又是那笑。(《金瓶梅词话·86回》)

　　五是"那"也可以单用，表称代，作主语或宾语。只是这种用法的

"那"在《金瓶梅词话》中比较少见，仅有11例。如：

（19）翟谦道："那是老爷的，此是我的，不必推辞。"（《金瓶梅词话·30回》）

（20）恰便似前不着店后不着村里来呵，那是我叶落归根，收园结果？（《金瓶梅词话·89回》）

（21）西门庆分付平安："我不在，有甚人来拜望，帖儿接下，休往那去了。派下四名排军把门。"（《金瓶梅词话·75回》）

（22）月娘道："别要说嘴，看那看儿便怎的？却把他唬了。"（《金瓶梅词话·90回》）

二、那里

远指代词"那"和方位词"里"组合构成的指称处所的代词"那里"早在唐代的文献里就已经出现了，晚唐五代以后更是大量使用。《金瓶梅词话》中，"那里"的用例有455例，占全部远指代词用例的11.69%。

这一时期"那里"均用来称代处所，没发现用作指示的。从语法功能来看最常见的是作主语中心语，前面有名词性成分作定语，起限定作用。《金瓶梅词话》中属于这种用法的"那里"共有221例，占其全部用例的48.57%。如：

（23）冯妈妈道："你二娘使我来请你爹来……请你爹那里瞧去，你二娘还和你爹说话哩。"（《金瓶梅词话·17回》）

（24）你二娘那里好不恼我哩。（《金瓶梅词话·17回》）

（25）因说谢子纯："哥这里请你，也对我说一声儿，三不知就走的来了，教我只顾在粘梅花处那里寻你。"（《金瓶梅词话·42回》）

（26）落后老爹那里又差了人来。（《金瓶梅词话·59回》）

有时候"那里"会同其所称代的那个名词性成分共现，构成同位语，且"那里"居前。这种情况并不多见，《金瓶梅词话》中仅见5例：

（27）这妇人不听便罢，听了由不的那里眼中泪珠儿顺着香腮流将下来。（《金瓶梅词话·8回》）

（28）那里藏春坞是爹的暖房儿，娘这一向又没到那里。（《金瓶梅词话·28回》）

（29）金莲一把扯住西门庆道："那里人家睡得这般早，起得恁的晏，日头也沉沉的待落了，还走往那里去？"（《金瓶梅词话·53回》）

（30）便交付薛姑子与那王姑子："即便同去，随分那里经坊，与我印下五千卷经。待完了，我就算帐找他。"（《金瓶梅词话·57回》）

（31）孩儿，那里猪八戒走在冷铺中坐着，你怎的丑的没对

儿!(《金瓶梅词话·73回》)

例(28)中的"那里藏春坞"在现代汉语中不说,而会说成"藏春坞那里"。

"那里"作宾语或宾语中心语,《金瓶梅词话》中共出现182例,占其全部用例的40%。如:

(32)不知几时与了贼强人,不敢拿到屋里,悄悄藏放在那里……(《金瓶梅词话·28回》)

(33)看见玳安与琴童站着高凳,在那里挂灯——那三大盏珠子吊挂灯。(《金瓶梅词话·78回》)

(34)今日门外花大舅生日,请你往那里走走去。(《金瓶梅词话·79回》)

(35)你还往到李爷那里说去。(《金瓶梅词话·18回》)

"那里"也可作状语,但出现频率并不高,《金瓶梅词话》中共有47例,只占其全部用例的10.33%。如:

(36)只见陈经济那里封蟒衣尺头。(《金瓶梅词话·25回》)

(37)只象那里换了分儿一般,睁着眼和我两个叫。如今却怎么好?(《金瓶梅词话·48回》)

(38)西门庆即令小厮收拾前厅西厢房干净,放下两条宽凳,要把孩子连枕席被褥抬出去,那里挺放。(《金瓶梅词话·59回》)

(39)……先往那十里长堤杏花村酒楼下,拣高阜去处,人烟热闹,那里设放桌席等候。(《金瓶梅词话·89回》)

例(36)中的"那里"即表"在那里",称代的是实施动作行为的处所,同时也表动作行为正处于进行状态。

此外,《金瓶梅词话》中的"那里"还可同"这里"配合使用,表泛指。

三、那边

"那边"也是近代汉语中新出现的一个指称处所的远指代词,由远指代词"那"和方位词"边"组合而成。"那边"的出现稍晚于"那里",最早出现在晚唐五代的文献里。《金瓶梅词话》中,"那边"的用例共有224例,占全部远指代词用例数量的5.75%,较之"那里"的用例要少一些。

同"那里"有所不同,《金瓶梅词话》中的"那边"既可称代处所,也可指示处所。主要有以下几种用法:

一是直接称代处所,作主语或宾语,共有41例,占其全部用例的18.30%。如:

（40）妇人就知西门庆来了在那边，婆子拿瓢出了门，一力撺掇武大吃了饭，挑担出去了。(《金瓶梅词话·4回》)

（41）良久，只听的那边赶狗关门。(《金瓶梅词话·13回》)

（42）（李瓶儿）对西门庆道："方才你在应家吃酒，奴已候得久了，又恐怕你醉了，叫玳安来请你早些归来，不知那边可有人觉道么。"(《金瓶梅词话·16回》)

二是作主语中心语或宾语中心语，前面有名词性成分作定语，起限定作用。《金瓶梅词话》中总共出现了73例，占其全部用例的32.59%。如：

（43）他陈亲家那边为事，各人冤有头，债有主，你平日焦愁些甚么？(《金瓶梅词话·17回》)

（44）李瓶儿道："我那边楼上还有几件没裁的蟒，等我瞧去。"(《金瓶梅词话·25回》)

（45）众妇人都乱走不迭，往李瓶儿那边去了。(《金瓶梅词话·52回》)

（46）（春梅）因央及绣春："你那边教秋菊掇了来，我已是攒下了。"(《金瓶梅词话·78回》)

三是放在表处所的名词性成分之前，作定语，远指处所。这是《金瓶梅词话》中"那边"最常见的用法，共有102例，占其全部用例的45.54%。如：

（47）李瓶儿看见他那边墙头开了个便门，通着他那壁，便问："西门爹几时起盖这房子？"(《金瓶梅词话·14回》)

（48）把婆子喜欢的屁滚尿流。过这边来拿与金莲瞧，说："此是那边姐姐与我的。"(《金瓶梅词话·33回》)

（49）李瓶儿也不题金莲那边指骂之事，只说："我心中不自在。"(《金瓶梅词话·41回》)

四是"那边"有时也可用在谓词性成分之前，作状语。这样的用法数量并不多，《金瓶梅词话》中仅现8例。如：

（50）令画童儿："你好好送你温师父那边歇去。"(《金瓶梅词话·67回》)

（51）八月里哥儿死了，他每日那边指桑树，骂槐树，百般称快。(《金瓶梅词话·62回》)

（52）但是各人勾当，不干他事，三婶那边干事，他怎得晓的，你到休要屈了他。(《金瓶梅词话·72回》)

（53）他说教对何老爹那里说声，明早差人那边看守去。(《金

瓶梅词话·77回》)

四、那等、那样、那们

"那样"和"那等"也均是近代汉语中新出现的指称样态的远指代词。在时间上，"那样"要早于"那等"，前者始见于宋代文献，而后者是元代以后才出现的。在《金瓶梅词话》中"那等"的用例有64例，大大少于"这等"的用例，占《金瓶梅词话》全部远指代词用例的1.64%；"那样"的用例更少，仅有16例，占《金瓶梅词话》全部远指代词用例的0.41%。

《金瓶梅词话》中的"那等"主要有以下一些用法：

一是用在谓词性成分之前，作状语，指示状态。这是"那等"在《金瓶梅词话》中最常见的用法，共有50例，占其全部用例的78.13%。如：

（54）二娘那等使老身送过头面，往你家去了几遍，不见你。（《金瓶梅词话·18回》）

（55）我那等和你说了一场，就没些情分儿？（《金瓶梅词话·26回》）

（56）爹来家，那等问着娘，只是不说。（《金瓶梅词话·62回》）

（57）今早是姐姐你看着，我来你家讨冷饭吃来了？你下老实那等扛我！（《金瓶梅词话·78回》）

二是用在名词性成分之前，作定语，指示状态，这样的例句共有14例。如：

（58）月娘见他唬的那等腔儿，心中又下般不的，"此时你怎害怕，当初大家省言一句儿便了。"（《金瓶梅词话·26回》）

（59）说姐姐会那等虔婆势，乔坐衙。别人生日，乔作家管。（《金瓶梅词话·51回》）

（60）那里像这贼瞎淫妇大胆，不道的会那等腔儿。（《金瓶梅词话·75回》）

（61）我又听不上人家那等毡声氍气。（《金瓶梅词话·78回》）

《金瓶梅词话》中的"那样"可以直接称代样态，作宾语，不过仅见2例：

（62）你看那样，倒相没尾股的。（《金瓶梅词话·35回》）

（63）伯爵道："你春姨这两日瘦的相你娘那样哩。"（《金瓶梅词话·67回》）

还可以作定语，指示样态，这样的例句共有10例。如：

（64）妇人倚定门儿，长叹了一口气，说道："玳安，你不知

道，我与他从前已往那样恩情，今日如何一旦抛闪了。"(《金瓶梅词话·8回》)

（65）奴不是那样人，他又不是我的丫头。(《金瓶梅词话·10回》)

（66）杏庵道："可怜！贤侄，你原来讨吃哩。想着当初，你府上那样根基人家。……"(《金瓶梅词话·93回》)

"那样"也可以放在谓词性成分前面，作状语，表示样态。这种用法的"那样"在《金瓶梅词话》中仅出现4例：

（67）哥儿着了惊唬，不好，娘昼夜忧戚，那样劳碌，连睡也不得睡，实指望哥儿好了，不想没了。(《金瓶梅词话·62回》)

（68）自从发送他出去了，又乱着接黄太尉，念经，直到如今，心上是那样不遂。(《金瓶梅词话·67回》)

（69）想起当初，有西门庆在日，姊妹们那样热闹，往人家赴席来家，都来相见说话，一条板凳姊妹们都坐不了，如今并无一个儿子。(《金瓶梅词话·91回》)

（70）杨大郎和经济押着货物车走，一路上扬鞭走马，那样欢喜。(《金瓶梅词话·92回》)

指称样态的远指代词，除了"那等""那样"之外，《金瓶梅词话》中还有1个"那们"：

（71）棋童道："我那们说，他强着夺去了。"(《金瓶梅词话·35回》)

这一例句中的"那们"作状语，指示样态。不过，"那们"的用例极为罕见，仅见此1例。

五、那咱、那咱晚

"那咱""那咱晚"也不见于明代以前的文献中，而且从目前已有的文献来看也只见于《金瓶梅词话》。"那咱"并非由"那早晚"转化而来，因为从目前看来"那早晚"这种形式似乎并不存在。冯春田所提供的唯一一个例证，经查证系"这咱晚"之误。① 而且《金瓶梅词话》中的"那咱"一般不能用"那咱晚"来替换，两者差异非常明显。

---

① 冯春田所提供的一个例证是出自《金瓶梅词话》59回的"你爹昨日坐轿子，往谁家吃酒？吃到那早晚才来家"，经仔细核对，"那早晚"系"那咱晚"之误，原本即作"那咱晚"。冯春田在此处提供的另三个出自《金瓶梅词话》的例证中还有一个出处也有误，即"不如那咱哥做会首时还有个张主"一例实出自35回，而非其所注的"36回"。冯春田.近代汉语语法研究[M].济南：山东教育出版社，2000：131-132.

（一）那咱

《金瓶梅词话》中的"那咱"经常用在谓词性成分之前，作状语，称代过去的时间。如：

(72) 你说，你那咱不得来，亏了谁？（《金瓶梅词话·21回》）

(73) 也是我那咱在家做女儿时……（《金瓶梅词话·25回》）

(74) 又说五娘那咱在家，毒药摆杀了亲夫，多亏了他上东京去打点，救了五娘一命。（《金瓶梅词话·25回》）

(75) 月娘便问："你昨日早辰使他往那里去，那咱才来？"（《金瓶梅词话·33回》）

以上诸例中的"那咱"除例（74）中的勉强可以替换外，其他均不能替换为"那咱晚"。

（二）那咱晚

《金瓶梅词话》中的"那咱晚"同"那咱"不同。一是所表意思不同："那咱"说的是"那时候"，"那咱晚"说的是"那么晚"，后者对时间的拖延有所强调，而前者没有，至少是不明显；二是在语法功能上也有所差异，《金瓶梅词话》中的"那咱晚"经常作介词宾语，一般不作状语。如：

(76) 大娘后边拉住我听宣《红罗宝卷》，与他听，坐到那咱晚，险些儿没把腰累罗锅了。（《金瓶梅词话·82回》）

(77) 你爹昨日坐轿子，往谁家吃酒？吃到那咱晚才来家。（《金瓶梅词话·59回》）

(78) 今日林太太在席，与荆大人娘子好不喜欢，坐到那咱晚才去了。（《金瓶梅词话·79回》）

(79) 谁家一个拜年，拜到那咱晚！（《金瓶梅词话·79回》）

《金瓶梅词话》中还有"那咱时分"的形式：

(80) 前日你往何千户家吃酒，他爹也是那咱时分才来。（《金瓶梅词话·79回》）

这一例句中"那咱时分"作状语，"那咱"作定语。不过这样的用例极为罕见，仅有1例。

可见，发展到明代，远指代词有了很大的变化。宋元时期的"那的""那般""那些""兀那"等在这一时期已经不再出现，新出现了"那样""那咱""那门""那边"等远指代词。"那"在宋元时期句法功能比较单一，主要作定语，到了这一时期，可作定语、主语、宾语、同位语等；"那里"在宋元时期主要用于作主语，《金瓶梅词话》中则主要作主语或宾语的中心语和宾语；"那等"在宋元时期仅有作定语的用例，到了这一时期主要在句中作状语；新出现的"那边""那样"主要在句中作定语，"那咱"和"那们"则多用于作状语。

第三节　宋元至明代其他类指示代词的发展演变

一、宋元至明代旁指代词的发展演变

宋元时期的旁指代词主要有"他""异""别""令"等，到了明代，旁指代词的种类没有发生很大变化，《金瓶梅词话》中的旁指代词有"异""他""别""另"4个。

（一）异

明代时"异"作旁指代词的情况已经不常见，《金瓶梅词话》中旁指代词"异"仅在"异日""异处"中出现，例如：

（1）风云际会异日飞腾，鸾凤配今谐缱绻。料应夫妇非今世，前生种玉蓝田。（《金瓶梅词话·36回》）

（2）此子转身托化你家，本要荡散其财本，倾覆其产业，临死还当身首异处。（《金瓶梅词话·100回》）

（二）他

这一时期旁指代词"他"的使用频率也不高，绝大多数"他"用作第三人称代词，《金瓶梅词话》中旁指代词"他"多在"他人""他物"等中出现，在句中作定语，例如：

（3）到次早起来，别无他话，只差小玉问官哥下半夜有睡否，还说："大娘吃了粥，就待过来看官哥了。"（《金瓶梅词话·53回》）

（4）正是：各人自扫檐前雪，莫管他人屋上霜。这里二捣鬼与妇人被捉不题。（《金瓶梅词话·33回》）

（5）爱姐便道："奶奶说那里话！奴既为他，虽刳目断鼻，也当守节，誓不再配他人。"（《金瓶梅词话·99回》）

（6）就是今晚三更正子时，用白灰界面，建立灯坛，以黄绢围之，镇以生辰坛斗，祭以五谷枣汤，不用酒脯，只用本命灯二十七盏，上浮以华盖之仪，馀无他物。（《金瓶梅词话·62回》）

（三）别

元代旁指代词"别"可在句中作定语、主语、状语和宾语，到了明代，"别"的句法功能有所减少，《金瓶梅词话》中"别"主要作定语和主语，也有少量作状语的情况。"别"作定语的例句如：

（7）当晚武大挑了担儿归来，也是和往日一般，并不题起别

事。(《金瓶梅词话·5回》)

(8) 西门庆道:"桂姐,你休恼。这帖子不是别人的,乃是舍下第五个小妾投寄,请我到家有些事儿计较,再无别故。"(《金瓶梅词话·12回》)

(9) 这西门庆吃他激怒了几句话,归家已是酒酣,不往别房里去,径到前边潘金莲房来。(《金瓶梅词话·12回》)

"别"作主语的例句如:

(10) 西门庆道:"别无甚事。少刻他家自有些辛苦钱。只是如今殓武大的尸身,凡百事周全,一床锦被遮盖则个。馀不多言。"(《金瓶梅词话·6回》)

"别"作状语的例句如:

(11) 知县道:"这厮胡说!你岂不认的他是县中皂隶!想必别有缘故,你不实说……"(《金瓶梅词话·10回》)

(四) 另

发展到明代,"另"的句法功能基本上没有发生变化。《金瓶梅词话》中"另"仍然主要在句中作状语,例如:

(12) 两个饮匀多时,只见西门庆去袖子里摸出一锭雪花银子,放在面前,说道:"老九,休嫌轻微,明日另有酬谢。"(《金瓶梅词话·6回》)

(13) 家人、吏书、门子人等,另在厢房中管待,不必用说。(《金瓶梅词话·49回》)

二、宋元至明代逐指代词的发展演变

在整个指示代词系统的发展演变中,逐指代词的变化不大,相对比较稳定。《金瓶梅词话》中逐指代词也只有"每"和"各"2个。

(一) 每

《金瓶梅词话》中"每"的用例不多,大多表时间,例如:

(14) 武大每日自挑炊饼担儿出去,卖到晚方归。(《金瓶梅词话·1回》)

(15) 譬如在家俗人,或士农工商,富贵长者,小相俱全,每被利名绊。(《金瓶梅词话·8回》)

(二) 各

"各"也是比较常见的一个逐指代词,《金瓶梅词话》中逐指代词"各"绝大多数作主语,例如:

(16) 刚才过世俺爹、五娘、六娘,和陈姐夫、周守备、孙雪娥、来旺儿媳妇子、大姐,都来说话,各四散去了。(《金瓶梅词话·100回》)

(17) 不一时摆上酒来,吴月娘居上,李娇儿对席,两边孟玉楼、孙雪娥、潘金莲、西门大姐,各依序而坐。(《金瓶梅词话·19回》)

(18) 众人俱出位说道:"生等深扰,酒力不胜。"各躬身施礼相谢。(《金瓶梅词话·31回》)

三、宋元至明代无定代词的发展演变

与元代一样,明代无定代词也只有"某"一个,《金瓶梅词话》中无定代词"某"有18例,且均作定语,例如:

(19) 唬的小厮半日开口不得,说道:"这是小的某日打扫花园,在花园内拾的,并不曾有人与我。"(《金瓶梅词话·12回》)

(20) 冯妈妈悉把半夜三更妇人被狐狸缠着,染病着,看看至死;怎的请了大街上住的蒋竹山来看,吃了他的药怎的好了,某日怎的倒踏门招进来,成其夫妇;见今二娘拿出三百两银子,与他开了生药铺;从头至尾说了一遍。(《金瓶梅词话·18回》)

(21) 这个人道:"我便姓鲁,叫做鲁华。你某年借了我三十两银子,发送妻小,本利该我四十八两银子,少不的还我。"(《金瓶梅词话·19回》)

可见,无定代词在整个宋元明时期变化很小。

四、宋元至明代泛指代词的发展演变

宋元时期的泛指代词主要有"恁""恁地(的)""恁般""恁末"等,均为"恁"系指示代词。发展到了明代,泛指代词变化不大,仍然全部为"恁"系指示代词,但"恁末"已经不再出现,新出现了泛指代词"恁样"。《金瓶梅词话》中的泛指代词主要有"恁""恁的(地)""恁样""恁般"4个,其中"恁"的使用频率最高,"恁的(地)"次之,"恁样""恁般"最低。其详细使用情况见表38,其句法功能情况见表39。

表38 《金瓶梅词话》中泛指代词使用情况表

词目	恁	恁的(地)	恁样	恁般
用例数量/例	337	42	14	14
所占比例/%	82.80	10.32	3.44	3.44

表39　《金瓶梅词话》中泛指代词的句法功能情况表　　单位：例

频数	句法功能					
	同位语	宾语	定语	状语	谓语	总计
恁	6	0	102	229	0	337
恁的（地）	0	4	10	24	4	42
恁样	0	0	3	0	11	14
恁般	0	3	3	6	2	14

（一）恁、恁的（地）

"恁"是近代汉语中新出现的一个表示泛指的指示代词，在这一时期发展迅速。《金瓶梅词话》中"恁"的用例多达337例，占《金瓶梅词话》全部泛指代词的82.80%；相对于"恁"，"恁的（地）"比较少，仅有42例，占《金瓶梅词话》全部泛指代词的10.32%。

《金瓶梅词话》中的"恁"主要有以下一些用法：

一是用在谓词性成分之前，作状语，指示样态，同"这么""那么"。这种用法出现的频率较高，共有206例，占其全部用例的61.13%。如：

（22）西门庆道："他既恁说，我容他上门走走也不差甚么……"（《金瓶梅词话·16回》）

（23）举的恁高，只怕唬着他。（《金瓶梅词话·32回》）

（24）恁不合理的行货子，只说人和他合气。（《金瓶梅词话·62回》）

（25）没来由，教我恁惹气刺刺的。（《金瓶梅词话·21回》）

二是用在作补语或谓语的数量短语之前，作状语，指示样态，同"这么""那么"，并含有夸张强调的意味。《金瓶梅词话》共有23例，占其全部用例的6.82%。如：

（26）妇人道："就是家中有事，那里丢我恁个半月，音信不送一个儿？只是不放在心儿上。"（《金瓶梅词话·8回》）

（27）俺们刚才替你劝了恁一日。（《金瓶梅词话·20回》）

（28）说他小厮一点尿不晓孩子，晓得什么，便唆调打了他恁一顿。（《金瓶梅词话·29回》）

（29）你恁十五六岁，也知道些人事儿，还这等懵懂。（《金瓶梅词话·44回》）

三是用在名词性成分之前，作定语，或表示近指或远指，同"这"和"那"，或表示样态，同"这么"和"那么"。"恁"的这种用法在《金瓶梅词话》中共有 102 例，占其全部用例的 30.27%。如：

(30) 妇人道："爹你许我编荻髻，怎的还不替我编？恁时候不戴，到几时戴？……"（《金瓶梅词话·25 回》）

(31) 那里有恁黄狗皮，与我一件穿也罢了。（《金瓶梅词话·46 回》）

(32) 早辰好好出去，如何来家恁个腔儿。（《金瓶梅词话·18 回》）

(33)（贲四嫂）因问西门庆："他怎的去恁些时不来？"（《金瓶梅词话·78 回》）

"恁"的这种用法在《水浒传》中没有出现。

四是插在两个具有属种关系的名词性成分之间，并在同后者组成偏正短语后与前者构成同位短语，在语义上有一种复指关系。这种用法的"恁"在《金瓶梅词话》中共有 6 例，例如：

(34) 你去扶持你爹，爹也得你恁个人儿扶持他，才可他的心。（《金瓶梅词话·23 回》）

(35) 你看玳安恁贼献勤的奴才！（《金瓶梅词话·35 回》）

(36) 月娘道："那来安小奴才敢分付你？俺们恁大老婆还不敢使你哩！……"（《金瓶梅词话·46 回》）

(37) 孟玉楼便向金莲说："刚才若不是我在旁边说着，李大姐恁哈帐行货，就要把银子交姑子拿了印经去。……"（《金瓶梅词话·58 回》）

"恁"有时也作"自恁"或"是恁"，如：

(38) 俺两个自恁下一盘耍子，平白赌什么！（《金瓶梅词话·11 回》）

(39) 我当初又不曾图你钱财，自恁跟了你来。如何今日交人这等欺负！（《金瓶梅词话·11 回》）

(40) 老爹家中闷的慌，来这里自恁散心走走罢了，如何多计较，又见赐将礼来，又多谢与姐儿的衣服。（《金瓶梅词话·59 回》）

(41) 大节下自恁散心去走走儿才好。（《金瓶梅词话·78 回》）

"恁的（地）"用法本应同"恁"基本一致，但《金瓶梅词话》中"恁的（地）"用例比起"恁"来要少得多，所以其用法就显得狭窄一些：

(42) 那婆子听了道："大郎直恁地晓事！既然娘子这般说时，老身且收下。"（《金瓶梅词话·3 回》）

(43) 你没偏受用，谁偏受用？恁的贼不识高低货……(《金瓶梅词话·18 回》)

(44) 月娘道："你枉恁的口拔舌骂人。你家孩儿现吃了他药好了，还恁舒着嘴子骂人！"(《金瓶梅词话·33 回》)

(二) 恁样

"恁样"在《水浒传》中没有用例，估计是明代以后才出现的。《金瓶梅词话》中"恁样"共有 14 例，占《金瓶梅词话》全部泛指代词的 3.44%。

《金瓶梅词话》中的"恁样"概括起来讲，主要有以下两种用法：

一是作谓语，直接称代样态，共有 11 例。这是"恁样"在《金瓶梅词话》中最主要的用法。如：

(45) 哥哥儿，你醉的眼花恁样了，簪子落地下，就看不见？(《金瓶梅词话·8 回》)

(46) 叫一遍，只是不在，通不来这里走走儿，忙的你恁样儿的！(《金瓶梅词话·37 回》)

(47) 因说："爹清减的恁样的，每日饮馔也用些儿？"(《金瓶梅词话·79 回》)

(48) 玉楼见月娘多心，就不肯在他屋里，走出对着金莲说："原来大姐姐恁样的！死了汉子，头一日就防范起人来了。"(《金瓶梅词话·79 回》)

二是用在名词性成分之前，作定语，指示样态。《金瓶梅词话》中仅见 3 例：

(49) 奴明日若嫁得恁样个人也罢了。(《金瓶梅词话·17 回》)

(50) 这挺辣骨待死，越发顿恁样茶上去了。(《金瓶梅词话·24 回》)

(51) 月娘道："还缠甚么温葵轩、乌葵轩哩！平白安扎恁样行货子，没廉耻，传出去教人家知道，把丑来出尽了！"(《金瓶梅词话·76 回》)

(三) 恁般

"恁般"出现的时间要早于"恁样"，《水浒传》中就有用例——除了"恁般"外还有"恁的般"，估计是宋元时期产生的。《金瓶梅词话》中"恁般"共有 14 例，占《金瓶梅词话》全部泛指代词的 3.44%。

《金瓶梅词话》中的"恁般"主要有以下三种用法：

一是用在谓词性成分之前，作状语，指示样态，同"这么""那么"，共有6例，例如：

（52）谁知这花二哥年纪小小的，房里恁般用人。（《金瓶梅词话·10回》）

（53）婆子道："怎的恁般的说！……"（《金瓶梅词话·37回》）

（54）你倒还对着丫头，说我几时恁般大起来，搂搜索落，我要你何用！（《金瓶梅词话·94回》）

（55）春梅听了说道："这厮恁般无礼，雪娥那贱人卖了，他如何又留住在外！"（《金瓶梅词话·99回》）

二是作宾语或谓语，称代样态，同"这样""那样"，共出现5例。如：

（56）既是恁般，我分付原解，且宽限他几日拿他。（《金瓶梅词话·47回》）

（57）恁般如此，你不如把前头这孩子的房儿，借情跑出来使了罢。（《金瓶梅词话·40回》）

（58）都相恁一个死了，你恁般起来，把骨秃肉儿也没了。（《金瓶梅词话·62回》）

（59）他如今恁般恁般，要拿文书提刑所告你每哩。（《金瓶梅词话·79回》）

三是作定语，称代样态，同"这样""那样"，仅出现3例：

（60）饶吴月娘恁般贤淑的妇人，居于正室，西门庆听金莲衽席睥睨之间言，卒致于反目，其他可不慎哉！（《金瓶梅词话·18回》）

（61）爷哗哗！这位大姐怎的恁般粗鲁性儿？（《金瓶梅词话·75回》）

（62）你看今日福至心灵，恁般造化！（《金瓶梅词话·90回》）

可见，从元代发展到明代，泛指代词全部由"恁"系词构成，明代出现了新的泛指代词"恁样"，在句法功能上，"恁"由宋元时期的作定语为主，逐渐发展为主要在句中作状语，"恁的（地）""恁般"仍然主要作状语，"恁样"则以作谓语为主。

第七章　明代至民国末期指示代词的发展演变

明清时期是汉语指示代词发展的巅峰期，大量的新形式以各领风骚一百年的姿态涌现。我们关注的问题：自明末清初到民国末期，指示代词究竟经历了一种怎样的发展演变？基于十八世纪中叶出现的《红楼梦》（前80回）、十九世纪中叶出现的《儿女英雄传》及二十世纪中叶出现的《正红旗下》是学界公认的这一时期典型的代表作品，我们试以此三部文献中指示代词个体的此消彼长及指示代词系统的发展变化作为依据，来初步厘清自十八世纪中叶到二十世纪中叶指示代词的发展演变轨迹。①

第一节　明代至民国末期近指代词的发展演变

明代的近指代词主要有"此""是""这""这里""这边""这咱""这咱晚""这般""这等""这样"等。发展到十八世纪中叶，近指代词全部由"这"系指示代词构成，主要有21个，它们分别是：这、这个、这里、这么样、这样儿、这样、这样个、这般、这么、这们、这等、这等样、这么着、这们着、这会子、这会、这早晚、这时候、这时、这起、这些个。

发展到十九世纪中叶，《儿女英雄传》的近指代词种类有所减少，主要有17个，分别是：这、这个、这里、这么样、这样、这样个、这般、这么、这等、这等样、这么着、这会子、这早晚、这时候、这起、这起子、这些个。相较于《红楼梦》，此时期新出现的近指代词是"这起子"，消失的近指代词是"这样儿""这们""这们着""这会""这时"。

到了二十世纪中叶，《正红旗下》中的近指代词种类明显减少，主要有

---

① 本章的数据来自谭芳芳的毕业论文《〈儿女英雄传〉代词计量研究》和袁艳的毕业论文《〈红楼梦〉前80回代词计量研究》。

8个，分别是：这、这个、这里、这么样、这样、这么、这会、这时候。相较于十九世纪中叶，此时期消失的近指代词有10个："这样个""这般""这等""这等样""这么着""这会子""这早晚""这起""这起子""这些个"，此时期新增的近指代词有2个："这会""这会儿"。详见表40。

表40 《红楼梦》《儿女英雄传》《正红旗下》中近指代词的使用频率表

词目	文献	用例数量/例	所占比例/%
这	《红楼梦》	2 936	58.74
	《儿女英雄传》	5 701	71.51
	《正红旗下》	258	61.43
这个	《红楼梦》	522	10.44
	《儿女英雄传》	726	9.11
	《正红旗下》	34	8.10
这里	《红楼梦》	546	10.92
	《儿女英雄传》	397	4.98
	《正红旗下》	21	5.00
这么样	《红楼梦》	7	0.14
	《儿女英雄传》	4	0.05
	《正红旗下》	1	0.24
这样儿	《红楼梦》	3	0.06
	《儿女英雄传》	0	0
	《正红旗下》	0	0
这样	《红楼梦》	421	8.42
	《儿女英雄传》	236	2.96
	《正红旗下》	35	8.33
这样个	《红楼梦》	3	0.06
	《儿女英雄传》	1	0.01
	《正红旗下》	0	0
这般	《红楼梦》	73	1.46
	《儿女英雄传》	24	0.30
	《正红旗下》	0	0

续表

词目	文献	用例数量/例	所占比例/%
这么	《红楼梦》	178	3.56
	《儿女英雄传》	266	3.34
	《正红旗下》	56	13.33
这们	《红楼梦》	9	0.18
	《儿女英雄传》	0	0
	《正红旗下》	0	0
这等	《红楼梦》	33	0.66
	《儿女英雄传》	528	6.62
	《正红旗下》	0	0
这等样	《红楼梦》	1	0.02
	《儿女英雄传》	1	0.01
	《正红旗下》	0	0
这么着	《红楼梦》	31	0.62
	《儿女英雄传》	30	0.38
	《正红旗下》	0（龙：1）	0
这们着	《红楼梦》	1	0.02
	《儿女英雄传》	0	0
	《正红旗下》	0	0
这会子	《红楼梦》	208	4.16
	《儿女英雄传》	16	0.20
	《正红旗下》	0	0
这会	《红楼梦》	4	0.08
	《儿女英雄传》	0	0
	《正红旗下》	1	0.24
这会儿	《红楼梦》	0	0
	《儿女英雄传》	0	0
	《正红旗下》	2	0.48

续表

词目	文献	用例数量/例	所占比例/%
这早晚	《红楼梦》	5	0.10
这早晚	《儿女英雄传》	3	0.04
这早晚	《正红旗下》	0	0
这时候	《红楼梦》	2	0.04
这时候	《儿女英雄传》	29	0.36
这时候	《正红旗下》	12	2.86
这时	《红楼梦》	3	0.06
这时	《儿女英雄传》	0	0
这时	《正红旗下》	0（龙：1）	0
这起	《红楼梦》	9	0.18
这起	《儿女英雄传》	3	0.04
这起	《正红旗下》	0	0
这起子	《红楼梦》	0	0
这起子	《儿女英雄传》	4	0.05
这起子	《正红旗下》	0	0
这些个	《红楼梦》	3	0.06
这些个	《儿女英雄传》	3	0.04
这些个	《正红旗下》	0	0

一、这

"这"和"那"都始见于唐代。到了清代,"这"系代词发展迅速,尤其是三音节"这"系代词的大量出现。《红楼梦》中,单用的"这"共有2 936个用例,占所有近指代词用例的58.72%,可作定语、主语、状语、宾语。

"这"在句中作定语的例句如:

（1）这拐子先已得了我家的银子,我家小爷原说第三日方是好日子,再接入门。(《红楼梦·4回》)

（2）这三千银子,不过是给打发说去的小厮做盘缠,使他赚几个辛苦钱,我一个钱也不要他的。(《红楼梦·15回》)

（3）这其间你们有高兴的,你们只管另择日子补开,那怕一个月每天都开社,我只不管。(《红楼梦·37回》)

"这"在句中作主语的例句如：

（4）这是老太太的几件衣服，都是往年间生日节下众人孝敬的，老太太从不穿人家做的，收着也可惜，却是一次也没穿过的。（《红楼梦·42回》）

（5）这是你凤姐姐的屋子，回来你好往这里找他来，少什么东西，你只管和他说就是了。（《红楼梦·3回》）

（6）这是太婆婆，快磕头。（《红楼梦·69回》）

"这"在句中作状语的例句如：

（7）我们家因没有这大量的，所以没人敢使他。（《红楼梦·41回》）

（8）但只一件：虽然这一改新妙之极，但你居此则可，在我实不敢当。（《红楼梦·79回》）

"这"在句中作宾语的例句如：

（9）你们玩去罢，趁着二爷不在家，我要在这静坐一坐，养一养神。（《红楼梦·64回》）

发展到十九世纪中叶，近指代词"这"使用频率大幅度增加，在《儿女英雄传》中"这"有5 701例，占所有近指代词用例的71.51%，这一时期"这"主要用作定语、主语和宾语。具体情况如下：

"这"在句中作定语，如：

（10）玉格又年轻，万一有个紧要些的事儿，以至寄家信、带东西这些事情，我都托了乌明阿乌老大了。（《儿女英雄传·2回》）

（11）妹子，你想我在五十里地的那边，你在五十里地的这边，我就不知道这府、这县、这山、这庙有你这等一个人，怎的知道今年、今月、今日、今时有你遭难的这桩事，会前来搭救呢？（《儿女英雄传·8回》）

（12）这随缘儿媳妇是戴勤的女孩儿——并其馀的婆子丫鬟，共有二十馀人。（《儿女英雄传·2回》）

"这"在句中作主语，如：

（13）这都因唐明皇没有英雄至性，空谈些儿女情肠，才哭坏世间儿女。（《儿女英雄传·缘起首回》）

（14）安公子一见，心里说："这可怎么好？怕他进来，他进来了；盼他出来，他索性坐下了！"（《儿女英雄传·4回》）

（15）只见玉凤姑娘一把拉住他道："好妹妹，你今日可断不

许怄我了！回来你还得嘱咐嘱咐褚大姐姐，你们闹的这可真不是件事。再要怄我，我可就急了！"（《儿女英雄传·28回》）

"这"在句中作宾语，如：

（16）我爹是每月初——一趟前门关帝庙，十五一趟前门菩萨庙。这要在内城住，出趟前门可费着甚么呢？姐姐想，从这里去这是多远道儿？他老人家是风雨无阻，步行去步行回来，还带着来回不吃一口东西，不喝一点儿水，嘴里不住声儿的念佛。（《儿女英雄传·26回》）

（17）老爷道："这话好糊涂！你就讲'虎兕出于柙，龟玉毁于椟中'——方才也是我自己在这看着——究竟'是谁之过与'？不必说了，我们干正经的，看凤凰去罢。"（《儿女英雄传·38回》）

发展到二十世纪中叶，《正红旗下》中的"这"有258例，占所有近指代词用例的61.43%，"这"在句中除了用作定语、主语、宾语之外，还可作状语。

"这"在句中作定语，如：

（18）于是，她的几十套单、夹、棉、皮、纱衣服，与冬夏的各色首饰，就都循环地出入当铺，当了这件赎那件，博得当铺的好评。（《正红旗下》）

（19）这一程子，他玩腻了鹞子与胡伯喇，改为养鸽子。（《正红旗下》）

（20）在这激烈舌战之际，大姐把我揣在怀里，一边为母亲的昏迷不醒而落泪，一边又为小弟弟的诞生而高兴。（《正红旗下》）

"这"在句中作主语，如：

（21）按照那时代的科学说法，这叫作"鬼打墙"。（《正红旗下》）

（22）还要声明一下：这并不是为来个对比，贬低大姐婆婆，以便高抬我的姑母。（《正红旗下》）

（23）但是，这都与鬼毫无关系。（《正红旗下》）

"这"在句中作宾语，如：

（24）到了我这一代，我只记得大家以杏仁茶、面茶等作早点，就连喝得起牛奶的，如大舅与大姐的公公也轻易不到牛奶铺里去。（《正红旗下》）

（25）大姐含着泪，一边擦，一边想主意：要在最恰当的时

机，去请教婆母怎么作这，或怎么作那。(《正红旗下》)

(26) 在人群里，她挤来挤去，看看这，看看那，非常冷静，以免上当。(《正红旗下》)

"这"在句中作状语，如：

(27) 云翁与正翁这才又安下心去，常在天泰轩会面。(《正红旗下》)

(28) 典礼这才开始。(《正红旗下》)

(29) 众人把彩虹挡住，请安的请安，问候的问候，这才看清一张眉清目秀的圆胖洁白的脸，与漆黑含笑的一双眼珠，也都发着光。(《正红旗下》)

(30) 多甫这才看见客人。(《正红旗下》)

二、这个

"这个"自唐代开始一直是比较常见的近指代词，《红楼梦》中"这个"共出现 522 例，占所有近指代词用例的 10.44%，主要用作定语、宾语、主语和状语。

"这个"在句中作定语，如：

(31) 那冯家也无甚要紧的人，不过为的是钱，见有了这个银子，想来也就无话了。(《红楼梦·4 回》)

(32) 这个妈妈，他吃了酒，又拿我们来醒脾了！(《红楼梦·8 回》)

(33) 这个月的月钱，我们奶奶早已支了，放给人使呢。(《红楼梦·39 回》)

(34) 你又说不通的话了，这个上头那里又用的着草虫？(《红楼梦·42 回》)

例（31）中的"这个"用于指示事物；例（32）中的"这个"用于指示人；例（33）中的"这个"用于指示时间；例（34）中的"这个"用于称代事物。

"这个"在句中作主语，如：

(35) 孩子道："这个容易，你跟我来。"(《红楼梦·6 回》)

(36) 琴妹妹送你的，如何又转送人，这个断使不得。(《红楼梦·52 回》)

(37) 这个自然要问的，只是真赏的也有不是。(《红楼梦·74 回》)

例（35）中的"这个"用于称代事物；例（36）中的"这个"用于称代行为；例（37）中的"这个"用于称代事物。

"这个"在句中作宾语，如：

(38) 因此他只说没有这个，不便自己夸张之意。(《红楼梦·3回》)

(39) 在这里吃惯了，明年家去，那里有这闲钱吃这个。(《红楼梦·57回》)

例（38）、例（39）中的"这个"用于称代事物。

"这个"在句中作状语，仅见1例，用于指示程度：

(40) 我的姑娘，你这么大年纪儿，又这么个好模样，还有这个能干，别是神仙托生的罢。(《红楼梦·40回》)

发展到十九世纪中叶，《儿女英雄传》中"这个"共出现726例，占所有近指代词用例的9.11%，使用频率有所减少，主要用作定语、主语、宾语。在这一时期，"这个"还用作说话迟疑（一边想一边说）时候的敷衍，《红楼梦》中没有这样的用法。

"这个"在句中作定语，如：

(41) 所以这些人宁可考到老，不得这个"中"字，此心不死。(《儿女英雄传·1回》)

(42) 只倒茶的这个工夫儿，又进来了两个人。(《儿女英雄传·4回》)

(43) 那穿月白的女子纳闷道："这个人来的好生作怪！"(《儿女英雄传·7回》)

(44) "只是这个地方，这个时候，那里去说亲去呀？"(《儿女英雄传·9回》)

"这个"在句中作主语，如：

(45) 一时，程师爷便让老爷带了公子进去歇息，又笑道："今日老翁自然要有些奖赏，才好叫学生益知勉学。"老爷道："这个自然。"(《儿女英雄传·34回》)

(46) 安老爷因自己还没得带儿子过去叩谢先生，先生倒过来了，一时心里老大的不安，说道："这个怎么敢当。"(《儿女英雄传·37回》)

"这个"在句中作宾语，如：

(47) 大凡到工的官儿们送礼，谁不是缂绣呢羽绸缎皮张，还

有玉玩金器朝珠洋表的,怎么这位爷送起这个来了?(《儿女英雄传·2回》)

(48)又对那穿月白的女子道:"你瞧,娼妇头上戴这个?身上也穿这个?你怎么说呢!"(《儿女英雄传·7回》)

"这个"还可以用作说话迟疑(一边想一边说)时候的敷衍,如:

(49)(张金凤):"一般儿大的人,怎的姐姐的父母之命就该这等认真,人家的父母之命就该那等将就?这是个甚么道理?姐姐讲给我听。"姑娘(何玉凤)还是平日那不服输不让话的牌子儿[七],把眉儿一挑,说道:"这个……",不想只说了这两个字,底下却一时抓不住话头儿。(《儿女英雄传·26回》)

(50)姑娘见了他干娘,脸上却一阵大大的磨不开,要告诉这件事,一时竟不知从那里告诉起。忙上前拉住舅太太说道:"娘,你怎么这时候儿才来?只瞧……这里叫他们闹的这个……"(《儿女英雄传·27回》)

(51)舅太太被安老爷累赘的不耐烦,他便站起身来,也学安老爷那个至诚样子,还了他一躬,口里说道:"这个,愚嫂当得效力。"(《儿女英雄传·40回》)

发展到二十世纪中叶,"这个"的使用频率继续减少。《正红旗下》中共有34例"这个",占所有近指代词用例的8.10%,主要用作定语、主语、宾语。此时期未见用"这个"用作说话迟疑(一边想一边说)时候的敷衍。

"这个"在句中作定语,如:

(52)可也正是这个刀刃儿使母亲关到钱粮发愁,关不下来更发愁。(《正红旗下》)

(53)于是,这个传统似乎专为折磨我的大姐。(《正红旗下》)

(54)福海二哥笑起来:"老太太,这个小兄弟跟我小时候一样的不体面!"(《正红旗下》)

"这个"在句中作主语,如:

(55)这个,大姐婆婆似乎也看了出来,可是不便说什么;娘家人理当贴补出了嫁的女儿,女儿本是赔钱货嘛。(《正红旗下》)

(56)"我这个白莲教不会造反!"(《正红旗下》)

"这个"在句中作宾语,如:

(57)"有这个,我就饿不着!"(《正红旗下》)

三、这里

"这里"始见于晚唐五代时期,之后一直是比较常见的近指代词,且使用频率逐步递增。《朱子语类辑略》中"这里"有 70 例,《三朝北盟会编》中只有 7 例,《型世言》中有 86 例,《水浒传》中则有 538 例。

到了十八世纪中叶,《红楼梦》中"这里"的数量进一步增大,共出现 546 例,占全部近指代词用例的 10.42%,作宾语最多,其次分别是状语、主语、定语。其中有 7 例为"这里头"。"这里"主要用于称代方位处所,也有少数用于称代事物。

"这里"在句中作主语,共 88 例,如:

(58) 这里还不好,可往那里去呢?不然往我屋里去吧。(《红楼梦·5 回》)

(59) 可惜这新衣裳也沾了,这里有你花妹妹的衣裳,何不换了下来,拿些烧酒喷了熨一熨。(《红楼梦·44 回》)

(60) 这里有点心,且点补一点儿,回来再吃饭。(《红楼梦·71 回》)

"这里"在句中作宾语,共 281 例,如:

(61) 再说荣府你听,方才所说异事,就出在这里。(《红楼梦·2 回》)

(62) 我何曾又不想到这里,只是这几次有事就忘了。(《红楼梦·34 回》)

(63) 凤姐听到这里,使劲啐道:"呸!没脸的忘八蛋!他是你那一门子的姨奶奶!"(《红楼梦·67 回》)

"这里"在句中作定语,可加"的"可不加"的",共 36 例,如:

(64) 今黛玉见了这里许多事情不合家中之式,不得不随的,少不得一一改过来,因而接了茶。(《红楼梦·3 回》)

(65) 你们自然也知道这里的规矩的,也不用我嘱咐了。(《红楼梦·51 回》)

(66) 你姑娘家,如何知道这里头的利害。(《红楼梦·73 回》)

"这里"在句中作状语,共 141 例,如:

(67) 嬷嬷、姐姐们,请宝叔随我这里来。(《红楼梦·5 回》)

(68) 姑娘这里说话,也有你我混插口的礼!(《红楼梦·73 回》)

(69) 这是谁家的规矩?婆婆这里说话,媳妇隔着窗子拌嘴。(《红楼梦·80 回》)

值得注意的是：

一是当"这里"与人称代词连用时，"这里"的指代意义逐渐减弱，有点虚化了，例如：

（70）他这里自有弟兄奴仆在此料理，也并非为此些些小事值得他一逃走的。（《红楼梦·4回》）

（71）又向宝玉的奶娘丫鬟等道："嬷嬷、姐姐们，请宝叔随我这里来。（《红楼梦·5回》）

（72）惜春笑道："我这里正和智能儿说，我明儿也剃了头同他作姑子去呢，可巧又送了花儿来；若剃了头，可把这花儿戴在那里呢？"（《红楼梦·7回》）

二是"这里"的语义功能可以被分为直指、回指和虚指三种。

"这里"直指时，指称说话人所在的处所或离说话人较近的处所，该处所一定出现在说话现场，例如：

（73）王夫人笑指向黛玉道："这是你凤姐姐的屋子，回来你好往这里找他来，少什么东西，你只管和他说就是了。"（《红楼梦·3回》）

（74）吓得袭人辈众丫鬟忙上来搂住，叫："宝玉别怕，我们在这里！"（《红楼梦·5回》）

（75）他在里间不是，你去瞧他，里间比这里暖和，那里坐着，我收拾收拾就进去和你说话儿。（《红楼梦·8回》）

"这里"一般指称上文提到的事物，"这里"回指时，将该事物处所化了，例如：

（76）再说荣府你听，方才所说异事，就出在这里。（《红楼梦·2回》）

（77）刚说到这里，只听二门上小厮们回说："东府里的小大爷进来了。"（《红楼梦·6回》）

（78）那先生说道："方才这里大爷也向我说了。"（《红楼梦·10回》）

"这里"虚指时，与"那里"对举，指称不确定的处所。虚指在三种功能中出现得较少。例如：

（79）宝玉便趿了鞋晃出了房门，只装着看花儿，这里瞧瞧，那里望望，一抬头，只见西南角上游廊底下栏杆上似有一个人倚在那里，却恨面前有一株海棠花遮着，看不真切。（《红楼梦·

(80) 贾政等心中也有些烦难，顾了这里，丢不下那里。(《红楼梦·25 回》)

(81) 一样的分例，这里添了，那里减了。(《红楼梦·51 回》)

到了十九世纪中叶，《儿女英雄传》中"这里"的用例较以往少了一半，共有 397 例，占全部近指代词用例的 4.98%。在具体的语法功能分布上略有变化，仍是宾语最多，但其次分别是主语、状语、定语。"这里"在《红楼梦》中出现的一些较特殊的用法，如直接与人称代词连用，语义功能上表示直指、回指、虚指等，这在《儿女英雄传》中都存在。

《儿女英雄传》中"这里"作主语的例句有 135 例，如：

(82) 只是这官项，这里才有了几百银子，给乌大爷带了信去，这些日子了也没个回信儿。真叫人怎的不着急呢！(《儿女英雄传·12 回》)

(83) 因告诉公子道："这里没个东庄儿，你照直的往东去，八里地，就是青云堡，到那里问去。"(《儿女英雄传·14 回》)

(84) 姑娘一听，心里说道："这是怎么说呢！我这里又不曾冲锋打仗，又不曾放炮开山，不过是我用刀砍了几个不成材的和尚，何至于就把他吓的溺了呢？"(《儿女英雄传·8 回》)

《儿女英雄传》中"这里"作宾语的例句有 238 例，如：

(85) 老爷看毕，正在心里纳闷，说："我到这里不久，又调署了高堰，这是何意？"(《儿女英雄传·2 回》)

(86) 要上二十八棵红柳树，打这里就岔下去了：往前不远，有个地方叫桐口，顺着这桐口进去，斜半签着就奔了二十八棵红柳树了。(《儿女英雄传·14 回》)

(87) 纪献唐道："他会弹琵琶？走，咱们去看看去。"说着，丢下这里，一窝蜂跑到书房。(《儿女英雄传·18 回》)

"这里"作定语，可加"的"可不加"的"，《儿女英雄传》中这样的例句有 10 例，如：

(88) 这里的二府就合茌平的这位胡太爷是儿女亲家。奴才有个舅舅跟胡太爷，昨日打发来看姑奶奶，他也是这等说。(《儿女英雄传·13 回》)

(89) 姑娘望着他道："这作甚么呀？我这里的东西还嫌归着不清楚呢，你又扛了这么些东西来了。"(《儿女英雄传·17 回》)

(90) 不要紧的家伙，我都给了这里照应服侍的人了，也算他

们伺候我母亲一场。(《儿女英雄传·17 回》)

《儿女英雄传》中"这里"作状语的例句有 14 例，如：

(91) 两个人这里说话，刘住儿已经爬在地下，哭着给安公子磕头，求着先放他回去发送他妈。(《儿女英雄传·3 回》)

(92) 那穿红的姑娘一把拉住，说："不许跑，跟姐姐这里坐着。"(《儿女英雄传·8 回》)

(93) 公公只管安坐前厅，静听消息，让媳妇这里求姐姐，磨姐姐，央及姐姐。幸而说得成，不敢领公婆的赏赐；万一说不成，再受公婆的责罚。(《儿女英雄传·25 回》)

以下几点值得注意：

一是"这里"能直接与人称代词连用，此时"这里"的指代意义减弱，有点虚化了。如以上所举的例子，"这里"与"我""咱""老爷"连用。

二是"这里"的语义功能还有直指、回指和虚指三种。

"这里"直指时，指称说话人所在的处所或离说话人较近的处所，该处所一定出现在说话现场，例如：

(94) 褚大娘子也说："既那样，二叔可不早说？我们娘儿们也该见见，亲香亲香；再说，既到了这里，有个不请到我家吃杯茶的？"(《儿女英雄传·16 回》)

(95) 一时，戴勤进来，隔窗回道："请示太太合大奶奶：还要甚么不要？外头送铺盖的车还在这里等着呢。"(《儿女英雄传·20 回》)

(96) 姑娘先说道："娘有事只管去罢，这里的事都妥当了，况且还有伯母、妈妈在这里，难道还丢的了我不成？"(《儿女英雄传·24 回》)

"这里"一般指称上文提到的事物，"这里"回指时，将该事物处所化了，例如：

(97) 公子擦着眼泪低头想了一想，说："有那样的，就从这里打发人去约他来，再见见你，不更妥当吗？"华忠说："我也想到这里了，一则，隔着一百多地……"(《儿女英雄传·3 回》)

(98) 姑娘，你问到这里，我安骥诚惶诚恐，愧悔无地！(《儿女英雄传·8 回》)

(99) 便见那人笑容可掬的答道："小弟姓尹，名字叫作其明，北京大兴人氏。合一位在旗的安学海安二老爷是个至交朋友。因他分发南河，便同到淮安，帮他办办笔墨。"说到这里，邓九公称

第七章 明代至民国末期指示代词的发展演变

了一句，说："原来是尹先生！"（《儿女英雄传·17 回》）

"这里"虚指时，与"那里"对举，指称不确定的处所，例如：

（100）（何玉凤）却又一时因这弹弓想起那块砚台来，因说："可是的，那块砚台你们大家赚了我会子，又说在这里咧那里咧，此刻忙忙叨叨的，不要再丢下，早些拿出来还人家。"（《儿女英雄传·21 回》）

（101）舅太太自便打点了，一件件的分给那些仆妇丫鬟作起来，自己合张太太也亲动手。姑娘看看这里，又帮帮那里，无事忙，觉得这日子倒好过。（《儿女英雄传·24 回》）

（102）只有张亲家老爷只管在席上坐着，却一会儿这里看看火烛，又去那里看看门户，但有家人们没空儿吃饭的……（《儿女英雄传·28 回》）

民国末期，《正红旗下》中的"这里"的使用频率未有大的变化，有 21 例，占全部近指代词用例的 5%。以往有的"这里与人称代词直接连用"的情况在《正红旗下》中未出现。在具体的语法功能分布上略有变化，仍是宾语最多，但其次分别是主语、定语、状语。语义功能上仍可表示直指、回指、虚指。

"这里"在句中作主语，这样的例句在《正红旗下》中有 4 例：

（103）窗台上这里厚些，那里薄些，堆着一片片的浅黄色细土像沙滩在水退之后，留下水溜的痕迹。（《正红旗下》）

（104）这里很清静，苇塘边上只有两三个钓鱼的，都一声不出。（《正红旗下》）

（105）这里是比较凉爽的地方，有水，有树，有芦苇，还有座不很高的小土山。（《正红旗下》）

（106）远处是一座小土山，这里那里安排着一些奇形怪状的石头，给土山添出些棱角。（《正红旗下》）

"这里"在句中作宾语，这样的例句在《正红旗下》中有 13 例，例如：

（107）在另一方面，姑母之所以敢和大姐婆婆分庭抗礼者，也在这里找到一些说明。（《正红旗下》）

（108）想到这里，她恨不能马上到娘家去，抱一抱小弟弟！（《正红旗下》）

（109）说到这里，定大爷觉得自己就是最要强的人。（《正红旗下》）

（110）牛牧师估计，从大门到这里，至少有一里地。（《正红

旗下》)

"这里"在句中作定语，都加"的"，这样的例句在《正红旗下》中有3例：

（111）虽然这里的桌椅都是红木的，墙上挂着精裱的名人字画……（《正红旗下》）

（112）看，这里的人竟自肯花五十两买一块破石头！（《正红旗下》）

（113）这里的陈设都是洋式的，洋钟、洋灯、洋磁人儿……地上铺着洋地毯。（《正红旗下》）

"这里"在句中作状语，这样的例句在《正红旗下》中有1例：

（114）在这一片声响之上，忽然这里，忽然那里，以压倒一切的声势，讨债的人敲着门环……（《正红旗下》）

以下几点值得我们注意：

一是《正红旗下》中没有出现"这里"直接与人称代词连用的情况，而这在《红楼梦》《儿女英雄传》中都存在。

二是"这里"的语义功能仍有直指、回指和虚指三种。

"这里"直指时，指称说话人所在的处所或离说话人较近的处所，该处所一定出现在说话现场，例如：

（115）这里很清静，苇塘边上只有两三个钓鱼的，都一声不出。（《正红旗下》）

（116）虽然这里的桌椅都是红木的，墙上挂着精裱的名人字画……（《正红旗下》）

（117）牛牧师估计，从大门到这里，至少有一里地。（《正红旗下》）

"这里"一般指称上文提到的事物，"这里"回指时，将该事物处所化了，例如：

（118）说到这里，定大爷觉得自己就是最要强的人……（《正红旗下》）

（119）于是这五虎将就种地的种地，学手艺的学手艺，日子过得很不错。福海二哥大概是从这里得到了启发，决定自己也去学一门手艺。（《正红旗下》）

"这里"虚指，与"那里"对举，指称不确定的处所，例如：

（120）在这一片声响之上，忽然这里，忽然那里，以压倒一切的声势……（《正红旗下》）

（121）窗台上这里厚些，那里薄些，堆着一片片的浅黄色细土。（《正红旗下》）

（122）远处是一座小土山，这里那里安排着一些奇形怪状的石头，给土山添出些棱角。（《正红旗下》）

四、这么样

"这么样"是这一时期新出现的近指代词。在《红楼梦》中，"这么样"共出现7例，占所有近指代词用例的0.14%，这7个例句为：

（123）这话从那里说起？我要是这么样，立刻就死了！（《红楼梦·28回》）

（124）我看他素日在姑娘身上就好，皆因姑娘小性儿，常要歪派他，才这么样。（《红楼梦·30回》）

（125）因为这么样，我现叫裁缝赶两套给他。（《红楼梦·32回》）

（126）袭姑娘从小儿只见宝兄弟这么样细心的人，你何尝见过天不怕地不怕、心里有什么口里就说什么的人。（《红楼梦·34回》）

（127）既这么样，就开了脸，明放他在屋里岂不好？（《红楼梦·36回》）

（128）既这么样，怎么不进来？又作鬼作神的。（《红楼梦·47回》）

（129）二则姨妈老人家嘴碎，饶这么样，我还听见常说你们不知过日子，只会糟蹋东西，不知惜福呢。（《红楼梦·62回》）

例（123）中的"这么样"作宾语，用于指示性状；例（124）、例（125）中的"这么样"分别用作谓语和宾语，用于称代行为；例（126）中的"这么样"作状语，用于指示性状；例（127）、例（128）、例（129）中的"这么样"作谓语，用于称代状况。

到了十九世纪中叶，《儿女英雄传》中"这么样"的使用频率明显降低，只有4例，占所有近指代词用例的0.05%。在语义功能和语法功能上与《红楼梦》的不尽相同，新出现了后指的用法，例如：

（130）譬如咱们早在外任，如今从外任打发他进京乡试，难道我合太太还能跟着他不成？况且他也这么样大了，历练历练也好。（《儿女英雄传·2回》）

（131）褚大娘子是个敞快人，见这光景，便道："这么样罢，"

因合他父亲说:"竟是你老人家带了女婿陪了二叔合大爷回去,我们娘儿三个都住下,这里也挤下了。"(《儿女英雄传·20回》)

(132) 你们三家子也不知怎样修来的,姑老爷、姑太太有这么样一个好儿子,我们这位何大妹子合这张亲家一家有这么样一个好女儿。(《儿女英雄传·22回》)

例(130)中的"这么样"作状语,指示性状的程度;例(131)中的"这么样"作谓语,称代下文的内容,是后指;例(132)中的"这么样"作定语,指示对象的性状。

发展到二十世纪中叶,"这么样"的使用数量仍极少。《正红旗下》中只有1例,占所有近指代词用例的0.24%。《茶馆》《龙须沟》中都未出现。这1例是:

(133) 对了,定大爷就是这么样的一个阔少爷,时代潮浪动荡得这么厉害,连他也没法子听而不闻,没法子不改变点老旗人的顽固看法。(《正红旗下》)

可见,从清代到民国末期,"这么样"在自然语言中始终极少使用。

五、这样、这样般、这样儿

"这样"始见于宋代,是一个主要用于指示性状和方式的指示代词,还能构成"这样般""这样儿"两种形式。根据我们的考察,《红楼梦》《儿女英雄传》《正红旗下》《茶馆》《龙须沟》这5本书中均未出现"这样般"的用例,仅在《红楼梦》中出现了3例"这样儿",占全部近指代词用例的0.06%。

《红楼梦》中"这样"共有421例,占全部近指代词用例的8.42%。句法功能上主要用作状语、定语和宾语,也有用作主语、谓语和补语。指称功能上既可用于指示,有指示程度、方式和性状三种用法,也可用于称代,有称代情态、行为、状况三种用法。但是,根据我们的考察,《红楼梦》中所有的"这样"都是回指,没有1例后指。

《红楼梦》中"这样"在句中作主语的例句仅见2例,均用于称代状况:

(134) 你回去说这样很好,若老爷们再要改时,全仗大爷谏阻,万不可另寻地方。(《红楼梦·16回》)

(135) 宝玉笑道:"这样还算不得什么。"(《红楼梦·80回》)

《红楼梦》中"这样"在句中作宾语的例句有112例,例如:

(136) 你爱打就打,这些东西原不过是借人所用,你爱这样,我爱那样,各自性情不同。(《红楼梦·31回》)

（137）左右也不过是这样，三日好两日不好的。(《红楼梦·64回》)

（138）我们也想不到这样，须得老太太带领着，我们也得开些心胸。(《红楼梦·76回》)

例（136）、例（137）中的"这样"用于称代状况，例（138）中的"这样"用于虚指。

《红楼梦》中"这样"在句中作定语的例句有94例，用于指示性状，例如：

（139）这样诗礼之家，岂有不善教育之理？(《红楼梦·2回》)

（140）我们那里这样的庙宇最多，都是这样的牌坊，那字就是庙的名字。(《红楼梦·41回》)

（141）薛蟠本是个怜新弃旧的人，且是有酒胆无饭力的，如今得了这样一个妻子，正在新鲜兴头上，凡事未免尽让他些。(《红楼梦·79回》)

《红楼梦》中"这样"在句中作状语的例句有151例，例如：

（142）今日敝友有事，我因闲步至此，且歇歇脚，不期这样巧遇！(《红楼梦·2回》)

（143）纵然有这样大气，也不过是个糊涂人，也不为可惜。(《红楼梦·32回》)

（144）不送些玩器来与你妹妹，这样小器。(《红楼梦·40回》)

例（142）中的"这样"用于指示程度，例（143）、例（144）中的"这样"用于指示方式。

《红楼梦》中"这样"在句中作补语的例句有11例，例如：

（145）就拿今日天气比，分明今儿冷的这样，你怎么倒反把个青肷披风脱了呢？(《红楼梦·20回》)

（146）不知说了一句话半句话，名儿姓儿知道了不曾呢，就把他兴的这样！(《红楼梦·27回》)

（147）你这小蹄子，要掂多少过子才罢。看我病的这样，还来怄我。(《红楼梦·55回》)

例（145）、例（146）中的"这样"用于称代情态，例（147）中的"这样"用于称代状况。

《红楼梦》中"这样"在句中作谓语的例句有51例，例如：

（148）我成日家里说你太软弱了，纵的家里人这样还了得了？

(《红楼梦·7回》)

（149）偏生那些人又肯亲近他，也怨不得他这样，总是我们劝的倒不好了。(《红楼梦·34回》)

（150）宝玉见他这样，便怅然如有所失，呆呆的站了半天，思前想后，不觉滴下泪来，只得没精打彩，还入怡红院来。(《红楼梦·79回》)

例（148）中的"这样"用于称代行为，例（149）中的"这样"用于称代状况，例（150）中的"这样"用于称代情态。

有一个现象值得我们注意，根据我们的考察，《红楼梦》中所有的"这样"都是回指，没有1例后指。在这421例回指中，"这样"前有两种非常常见的回指标志——"既""既是"，构成"既这样"和"既是这样"，分别有36例和9例，分别占"这样"所有用例的8.55%和2.14%。当然，这两种回指标志是可有可无的，加上后回指的意味更浓。

《红楼梦》中"既这样"的用例如下：

（151）凤姐忙向贾蔷道："既这样，我有两个在行妥当人，你就带他们去办，这个便宜了你呢。"(《红楼梦·16回》)

（152）香菱听了，笑道："既这样，好姑娘，你就把这书给我拿出来，我带回去，夜里念几首也是好的。"(《红楼梦·48回》)

（153）我因为听你说的有理，我想你们既这样说，自然别人也是这样说，将来渐渐的都不理我了，我所以想着自己伤心。(《红楼梦·57回》)

《红楼梦》中"既是这样"的用例如下：

（154）他既是这样，就该行些正经事，人也没的说。(《红楼梦·10回》)

（155）贾芸听了，半晌说道："既是这样，我就等着罢。"(《红楼梦·24回》)

（156）宝玉想了一想，道："既是这样，倒是回避他为是。"(《红楼梦·47回》)

《红楼梦》中"这样儿"仅出现3例：

（157）别说你这样儿的，就是你爹、你爷爷，也不敢和焦大挺腰子！(《红楼梦·7回》)

（158）又要照着这样儿慢慢的画，可不得二年的工夫！(《红楼梦·42回》)

（159）尤氏笑道："你瞧他兴的这样儿！我劝你收着些儿好。

第七章　明代至民国末期指示代词的发展演变

太满了就泼出来了。"(《红楼梦·43回》)

上述例子中，例（157）中的"这样儿"和"的"构成"的"字短语，共同作宾语，用于指示人；例（158）中的"这样儿"作宾语，用于称代物；例（159）中的"这样儿"作补语，用于称代情态。

发展到十九世纪中叶，《儿女英雄传》中并未出现"这样般"和"这样儿"的用例。《儿女英雄传》中指示代词"这样"的用法有一个很大的变化，那就是新出现了4例后指的用例，均作谓语，占"这样"所有用例的1.69%，这在《红楼梦》中是没有的。《儿女英雄传》中"这样"共有236例，占全部近指代词用例的2.96%，使用频率大幅减少。句法功能上主要用作状语、定语和宾语，也有几例用作主语和谓语。指称功能上既可以指示又可以称代。

"这样"在句中作主语，称代某种情况，《儿女英雄传》中这样的例句只有3例：

（160）霍士端笑道："难道老爷打算这样就完了不成？"(《儿女英雄传·2回》)

（161）张老道："这样敢是好，我可招护车去了，你们娘儿们收拾收拾，也是时候儿了，上车罢。"(《儿女英雄传·10回》)

（162）太太这话不但二位少奶奶觉得是这样好，连那个不须他过虑的"司马长卿"也望着老爷俯允。(《儿女英雄传·34回》)

"这样"在句中作谓语，称代某种情况，称代的对象既可以出现在上文，也可以出现在下文。"这样"既可以回指又可以后指，《儿女英雄传》中这样的例句有6例。

《儿女英雄传》中"这样"回指的例句如：

（163）那店主人说了两句闲话，便问公子道："客官，方才走的那个娘儿们，是一路来的么？"公子答说："不是。"店主人又问："这样，一定是向来认识，在这里遇着了？"(《儿女英雄传·5回》)

（164）只是安老爷那个方正脾气，那里弄得来这些勾当？见他这样，登时勃然大怒，把桌子一拍，喝道："哎！你这妮子，怎的这等不中抬举！我倒问你，你这委屈安在？"(《儿女英雄传·40回》)

《儿女英雄传》中"这样"后指的例句如：

（165）那褚家娘子低头想了一想，笑道："这样罢，老爷要得合我父亲说到一处，却也有个法儿，只是屈尊老爷些。"(《儿女英雄传·14回》)

(166) 这样罢,这个日子我们竟定在出榜这天罢。(《儿女英雄传·35回》)

"这样"在句中作宾语,称代某种情况,这样的例句在《儿女英雄传》中有45例,如:

(167) 公子虽是不愿意,无如自己要见父母的心急,除了这样也再无别法,就照着华忠的话,一边问着,替他给那褚一官写了一封信。(《儿女英雄传·3回》)

(168) 安太太听了,说:"狠好,就是这样。咱们娘儿们都是十五那天还愿。"(《儿女英雄传·12回》)

(169) 你看我三言两语,定叫他歇了这条报仇的念头;不但这样,还要叫他立刻穿孝尽礼;不但这样,还要叫他扶柩还乡;不但这样,还要叫他双亲合葬;不但这样,还要给他立命安身。(《儿女英雄传·16回》)

"这样"在句中作定语指示事物的性状,有时可以直接修饰名词。这样的例句在《儿女英雄传》中有80例,如:

(170) 要是这样的顽法,这岂不是拿着国家有用的帑项钱粮,来供大家的养家肥己、胡作非为么?这我可就有点子弄不来了。(《儿女英雄传·2回》)

(171) 从来说"父子至性",有了安老爷这样一个慈父,自然就养出安公子这样一个孝子。(《儿女英雄传·3回》)

(172) 要知女婿有半子之亲,夫妻为人伦之始;有了这样天性,才有这样人情。(《儿女英雄传·11回》)

"这样"在句中作状语,这种情况占"这样"所有用例最多。这样的例句在《儿女英雄传》中有102例,如:

(173) 老爷见的自然不错,就这样定规了罢。但是老爷前日不是说带了华忠去么?如今既是这样说定了,把华忠给玉格留下。那个老头子也勤谨,也嘴碎,跟着他里里外外的,又放一点儿心。(《儿女英雄传·2回》)

(174) 如果褚老一不在家,我那妹子他也不好跑出这样远来。(《儿女英雄传·3回》)

(175) 女子说:"不信门关得这样牢靠,他会进来?"(《儿女英雄传·6回》)

(176) 你看,这等的深更半夜,古庙荒山,虽说救了你两家性命,这个所在被我闹得血溅长空,尸横遍地,请问,就这样撂

下走了，叫你们两家四个无依无靠的人怎么处？（《儿女英雄传·9 回》）

以下几点值得我们注意：

一是发展到十九世纪中叶，"这样"出现了一个全新的用法，即有 4 例后指的用例，均作谓语，均构成"这样罢"，占"这样"所有用例的 1.69%，这在《红楼梦》中是没有的。出现这种现象尤为值得我们关注。我们是否可以推测，"这样"的回指功能就是从十九世纪中叶开始出现的？这 4 例用例是：

（177）那褚家娘子低头想了一想，笑道："这样罢，老爷要得合我父亲说到一处，却也有个法儿，只是屈尊老爷些。"老爷忙问："怎样？"（《儿女英雄传·14 回》）

（178）张金凤道："这样罢"，他便恭恭敬敬深深的向那神主福了两福，祝告道："叔父、婶母！只得惊动你二位老人家了，请你二位老人家向前升一升儿，自己吩咐我姐姐一句，想来他就没的说了。"（《儿女英雄传·25 回》）

（179）他低着头，掐指寻纹算了半日，口里还呐呐的念道："这日不妥，那日欠佳。"忽然抬头向大家道："这样罢，这个日子我们竟定在出榜这天罢。"（《儿女英雄传·35 回》）

（180）安老爷因自己还没得带儿子过去叩谢先生，先生倒过来了，一时心里老大的不安，说道："这个怎么敢当。"低头为难了半日，便合太太说道："这样罢，既是先生这等多礼，倒不可不让进上房来。莫如太太也见见他，我夫妻就当面叫玉格在上屋给他行个礼，倒显得是一番亲近恭敬之意。"太太也以为狠是。（《儿女英雄传·37 回》）

二是关于回指标志。在《儿女英雄传》这 232 例回指中，在"这样"前有两种非常常见的回指标志——"既""既是"，构成"既这样"和"既是这样"，分别有 13 例和 1 例，分别占"这样"所有用例的 5.51% 和 0.42%。相较于《红楼梦》，《儿女英雄传》中"这样"的回指标志所占数量有明显减少。当然，这两种回指标志是可有可无的，加上后回指的意味更浓。

《儿女英雄传》中"既这样"回指的用例如：

（181）说话间，安公子也过来了。便把方才的话告诉明白张老，张老自是欢喜，因说道："既这样，姑爷，你先同了他娘儿两个过去，我在这里看着行李。"（《儿女英雄传·12 回》）

(182）说着，便向褚一官道："既这样，不用闹茶了。家里不是有前日得的那四个大花雕吗，今日咱们开他一坛儿，合你二叔喝。"（《儿女英雄传·15回》）

(183）姑娘一听这话，又正钻到心眼里来了，暗道："他既这样，我何不认他作个干娘，就叫他'娘'，岂不借此把'舅母'两字也躲开了？"（《儿女英雄传·22回》）

《儿女英雄传》中"既是这样"回指的用例如：

(184）如今既是这样说定了，把华忠给玉格留下。（《儿女英雄传·2回》）

《正红旗下》中指示代词"这样"的用法有较大的变化，使用频率骤增，共出现35例，占所有近指代词用例的8.33%。就语法功能而言，"这样"主要作状语、定语、宾语、谓语，少了作主语和补语的情况。就语义功能而言，"这样"均是回指，无后指的用例。尤为注意的是，二十世纪中叶新出现了两个回指标记，并且出现了回指标志的后移，《正红旗下》中未见回指标记"既""既是"，而是构成"连这样""这样一来"。《红楼梦》《儿女英雄传》中没有"这样一来"，《红楼梦》中有1例"既连这样"。

《正红旗下》中"这样"作状语的例句共有17例，如：

(185）能够这样俘获一只别人家的鸽子，对大姐丈来说，实在是最大最美的享受！（《正红旗下》）

(186）大姐这样称呼他，觉得十分时髦、漂亮。（《正红旗下》）

(187）这样发泄一阵，他觉得痛快了一些，没有发了财，可是发了威，也是一种胜利。（《正红旗下》）

(188）这样支持了一会儿，他试探着伸开一条腿。（《正红旗下》）

(189）某些有钱有势的满人也还看不起汉人与回民，因而对我们这样与汉人、回民来来往往也不大以为然。（《正红旗下》）

《正红旗下》中"这样"作定语的例句有9例，如：

(190）这样分量完全相同的客人，也许还是同年同月同日生的呀！（《正红旗下》）

(191）那年月，像王掌柜这样的人，还不敢乱穿衣裳。（《正红旗下》）

(192）教堂里还有位中国牧师，很不高兴收多大爷这样的人作教徒。（《正红旗下》）

(193）他也想到：洋人也许不会管这样的小事吧？（《正红

旗下》）

《正红旗下》中"这样"作宾语的例句有 5 例，如：

（194）尽管是这样，他也得到一种快感。（《正红旗下》）

（195）像多老大这样，他便对一切都失去信心。（《正红旗下》）

（196）问问你的上帝，是这样不是？（《正红旗下》）

《正红旗下》中"这样"独立作复句中的分句的例句有 4 例：

（197）这样，一家子若有几个白丁，生活就不能不越来越困难。（《正红旗下》）

（198）这样一来，明知自己没有学问的牛牧师，忽然变成有学问的人了。（《正红旗下》）

（199）这样，手指和飞快的刀碰到一起，就难免流点血什么的，造成严重的纠纷，甚至于去打官司。（《正红旗下》）

（200）这样，一来二去，就创造了，并且巩固下来，那条"敬"烟的规矩。（《正红旗下》）

值得注意的是，《正红旗下》中"这样"均是回指，无后指的用例，同时，未见回指标记"既""既是"，而是出现了回指标志的后移，构成"连这样""这样一来"，例如：

（201）这样一来，明知自己没有学问的牛牧师，忽然变成有学问的人了。

（202）连这样，管家可是还没有替他通禀一声的表示。（《正红旗下》）

根据我们的考察，《红楼梦》《儿女英雄传》中没有"这样一来"，《红楼梦》中有 1 例"既连这样"，占所有近指代词用例的 0.02%。我们猜测，回指标志"一来"的出现及回指标志的后移产生于十九世纪中叶之后。

六、这样个

《红楼梦》中"这样个"只出现 3 例，占所有近指代词用例的 0.06%，全部用作定语，用于名词前，指示性状，这 3 个例句如下：

（203）你老虽说的是，但只你我这样个嘴脸，怎么好到他门上去的。（《红楼梦·6 回》）

（204）这也说不得了，你又是个男人，又这样个嘴脸，自然去不得；我们姑娘年轻媳妇子，也难卖头卖脚的，倒还是舍着我这付老脸去碰一碰。（《红楼梦·6 回》）

（205）这女孩子一定有什么话说不出来的大心事，才这样个形

景。外面既是这个形象，心里不知怎么熬煎。(《红楼梦·30回》)

发展到十九世纪中叶，《儿女英雄传》只有 1 例，占所有近指代词用例的 0.01%，也是用作定语，用于名词前，指示性状：

（206）不然的时候，可惜这样个好缺，只怕咱们站不稳。(《儿女英雄传·2回》)

我们考察了《正红旗下》《龙须沟》《茶馆》3 本著作，总共 14 多万字，未发现 1 例"这样个"的用例。

由此我们推测，从十八世纪中叶到二十世纪中叶，这一段时间内，"这样个"在自然语言中始终极少使用，到了二十世纪中叶以后已基本不用。

七、这般

"这般"最早见于晚唐五代时期，《红楼梦》中"这般"共出现 73 例，占所有近指代词用例的 1.46%。其中有 3 例是"这般的"，1 例与"那般"形成对举。

《红楼梦》中"这般"作谓语的例句有 11 例，例如：

（207）后面宝钗黛玉随着，见凤姐儿这般，都拍手笑道："亏这一阵风来，把个老婆子撮了去了。"(《红楼梦·20回》)

（208）众人见他这般，一时忙乱起来，又不敢造次去回贾母，先便差人出去请李嬷嬷。(《红楼梦·57回》)

（209）还是亏了平儿，时常背着凤姐，看他这般，与他排解排解。(《红楼梦·69回》)

例（207）中的"这般"用于称代情态；例（208）中的"这般"用于称代行为；例（209）中的"这般"用于称代状况。

《红楼梦》中"这般"作宾语的例句有 17 例，如：

（210）湘云见这般，自为得趣，又是笑，又忙联道：煮酒叶难烧。(《红楼梦·50回》)

（211）袭人见了这般，慌起来，只说时气所感，热汗被风扑了。(《红楼梦·57回》)

（212）贾母见这般，知无甚大不好，便问："怎么样？"(《红楼梦·75回》)

例（210）中的"这般"用于称代行为；例（211）、例（212）中的"这般"用于称代状况。

《红楼梦》中"这般"作定语、指示性状的例句有 20 例，例如：

（213）今黛玉虽客寄于斯，日有这般姐妹相伴，除老父外，

余者也都无庸虑及了。(《红楼梦·4回》)

（214）我的娘，怎么下这般的狠手！你但凡听我一句话，也不得到这步地位。(《红楼梦·34回》)

（215）再四妹妹为画园子，用的东西这般那般不全，回了老太太，老太太说："只怕后头楼底下还有当年剩下的，找一找，若有呢拿出来，若没有，叫人买去。"(《红楼梦·45回》)

其中例（215）中的"这般"与"那般"构成对举。
《红楼梦》中"这般"作状语的例句有22例，如：

（216）二人便如此这般的商议。(《红楼梦·40回》)

（217）邢夫人见他这般说，便又喜欢起来，又告诉他道："我的主意先不和老太太要。老太太要说不给，这事便死了……"(《红楼梦·46回》)

（218）尤氏见他这般的好心，思想，"既有他，何必我又多事……"(《红楼梦·68回》)

（219）林之孝家的便笑说何曾不家去的，如此这般进来了。(《红楼梦·71回》)

（220）方才我们奶奶这般如此在老爷前说了你。(《红楼梦·73回》)

例（216）中的"这般"用于指示动作；例（217）中的"这般"用于指示方式；例（218）中的"这般"用于指示程度；例（219）中的"这般"用于称代行为；例（220）中的"这般"用于称代状况。
《红楼梦》中"这般"独立作复句中的分句的例句有3例：

（221）想毕，也装作出小恭，走至外面，悄悄的把跟宝玉的书童名唤茗烟者唤到身边，如此这般。调拨他几句。(《红楼梦·9回》)

（222）如此如此，这般这般，"我自有道理"。(《红楼梦·68回》)

（223）且说贾蓉等正忙着贾珍之事，忽有人来报信，说有人告你们如此如此，这般这般，快作道理。(《红楼梦·68回》)

发展到十九世纪中叶，《儿女英雄传》中的"这般"有较大变化，不仅使用频率大幅降低，在语法功能和语义功能上都简单了许多。《儿女英雄传》中"这般"共有24例，占所有近指代词用例的0.30%。就语法功能而言，只充当定语和状语，原本的宾语、谓语、独立作复句中的分句消失了。就语义功能而言，没有称代功能，都用于指示，指示动作的方式、事物的性状及性状的程度。此外，这 24 例中，有 1 例与"那般"形成对举。可见，"这般"在《儿女英雄传》中已经势弱。

《儿女英雄传》中"这般"作状语的例句有 9 例，例如：

（224）到那里，九兄，你却如此如此说，我便如此如此说，却劳动姑奶奶这般这般的暗中调度，便不愁他不出来见我了。（《儿女英雄传·16 回》）

（225）我想莫如把他如此这般的一办，岂不更完成一段美事？（《儿女英雄传·16 回》）

（226）姑娘见他干娘说得这般合式，便说道："既这样，就遵伯父的话罢。等我过去再谢伯父、伯母。"（《儿女英雄传·24 回》）

《儿女英雄传》中"这般"作定语、指示事物的性状的例句有 15 例，例如：

（227）我看姐姐这等细条条的个身子，这等娇娜娜的个模样儿，况又是官宦人家的千金，怎生有这般的本领？（《儿女英雄传·8 回》）

（228）我听了，便想作这般一个举动，他若推托，却请九兄从旁如此如此的一团和，我便得又进一步直入后堂了。（《儿女英雄传·16 回》）

（229）纪府又本是个巨族，只那些家人孩子就有一二十个，他便把这般孩子都聚在一处，不是练着挥拳弄棒，便是学着打仗冲锋，大家顽耍。（《儿女英雄传·18 回》）

我们考察了《正红旗下》《龙须沟》《茶馆》3 本著作，总共 14 多万字，未发现 1 例"这般"的用例。

我们由此推测，从十八世纪中叶到二十世纪中叶这一段时间内，近指代词"这般"的使用频率、语法功能、语义功能都在逐渐减少。在十八世纪中叶，"这般"的语法功能比较丰富，可以作定语、状语、宾语、谓语、独立语，既可指示又可称代。到了十九世纪中叶，"这般"已经更少使用，语法功能变得单一，只充当定语和状语，只有指示功能，称代功能消失。至二十世纪中叶，"这般"基本完全消失。

八、这么

"这/那么"，还有另外几种书写形式"这/那麼""这/那们""这/那每"。江蓝生认为，词尾"们"与"么"都来源于等类、色样义的"物"。[①]

---

① 江蓝生．说"麼"与"们"同源 [J]．中国语文，1995（3）：180-191．

根据吕叔湘所说,"这/那么"是出现得较晚的形式,在《红楼梦》中才开始大量使用,而"这/那麽""这/那们""这/那每"的出现时间最早也不早于元代。

《红楼梦》中没有出现"这麽""这每",只出现了"这么"和"这们",既可用于指示,也可用于称代。"这么"共出现178例,占所有近指代词用例的3.56%。当其用于指示时,多用于指示程度、方式、性状和数量,主要用作状语和定语。当用于称代时,作谓语和宾语。

《红楼梦》中"这么"用作状语的例句有153例,例如:

(230) 你头里过那府里去,嘱咐贴在这门斗上,这会子又这么问。(《红楼梦·8回》)

(231) 怎么宝姐姐和你说的这么热闹,见我进来就跑了?(《红楼梦·21回》)

(232) 这么怪热的,又穿衣裳,我不去姨妈也未必恼。(《红楼梦·36回》)

(233) 他也再想不到他这会子来,既来了,又有老太太这么疼他。(《红楼梦·49回》)

(234) 这小娼妇也见过些东西,怎么这么眼皮子浅。(《红楼梦·52回》)

"这么"可用于指示方式,如例(230);可用于指示程度,如例(231)、例(232)。"这么"修饰的成分不尽相同,如例(230)中的"这么"修饰动词,例(231)中的"这么"修饰形容词,例(232)中的"这么"修饰形容词短语,例(233)中的"这么"修饰动宾短语,例(234)中的"这么"修饰主谓短语。

《红楼梦》中"这么"用作定语的例句有23例。用作定语的"这么"多指示性状,修饰名词短语和数量短语等,例如:

(235) 蓉大爷才是他的正经侄儿呢,他怎么又跑出这么一个侄儿来了。(《红楼梦·6回》)

(236) 除了怡红院,也更还有这么一个院落。(《红楼梦·56回》)

(237) 每日清早吃这么一个梨,吃来吃去就好了。(《红楼梦·80回》)

《红楼梦》中"这么"用于称代的例句仅出现2例,分别作谓语和宾语,称代行为、状况:

(238) 这算什么!再这么我就叫唤。(《红楼梦·15回》)

(239) 什么要紧的事！小孩子们年轻，馋嘴猫儿似的，那里保的住不这么着。从小儿世人都打这么过的。(《红楼梦·44回》)

例（238）中的"这么"作谓语，称代行为；例（239）中的"这么"作宾语，称代状况。

《红楼梦》中，"这们"仅出现9例，占所有近指代词用例的0.18%。其中，有8例用作状语，例如：

(240) 周瑞家的又问板儿道："你都长这们大了！"(《红楼梦·6回》)

(241) 凤姐道："我也这们想着，所以讨你的口气。我若私自添了东西，你又怪我不告诉明白你了。"(《红楼梦·22回》)

(242) 这倒是四个人的，难道小子们也记得这们清白？(《红楼梦·31回》)

只有1例用作定语：

(243) 家里姐姐妹妹都没有，单我有，我说没趣；如今来了这们一个神仙似的妹妹也没有，可知这不是个好东西。(《红楼梦·3回》)

发展到十九世纪中叶，《儿女英雄传》中也没有出现"这么""这每"。《红楼梦》中有的"这们"，在《儿女英雄传》中也消失不见了。

这一时期，"这么"的使用频率和语法功能没有发生大的变化。《儿女英雄传》中共有266例，占所有近指代词用例的3.34%。就语义功能而言，多用于指示方式、程度、性状和数量，所以它主要用作状语和定语，有时也用称代，作宾语。《红楼梦》中1例作谓语的情况在此时期消失。

《儿女英雄传》中"这么"作状语的例句有142例，例如：

(244) 那知他不但不醋心，敢则从这一顿起，"一念吃白斋，九牛拉不转"，他就这么吃下去了。你看他有多大横劲！(《儿女英雄传·21回》)

(245) 邓九公道："照姑娘你这么说起来，我们爷儿们今日大远的跑了来，干甚么来了？"(《儿女英雄传·25回》)

(246) 姑娘看见，一把手抢过来，道："拿来啵，纫个针也值得这么累赘！"(《儿女英雄传·24回》)

(247) 你怎么这么糊涂？你瞧，这如何比得方才？也有来不来的我就大马金刀的先坐下的？(《儿女英雄传·27回》)

(248) 褚大娘子一见，先说道："这么冷天，怎么衣裳也不穿就跑出来了？"(《儿女英雄传·31回》)

例（244）、例（245）是"这么+动词"，指示动作的方式；例（246）、例（247）、例（248）是"这么+形容词"，指示性状的程度。

《儿女英雄传》中"这么"作定语的例句有114例，例如：

（249）只是我假如昨日果然死了，在我，死这么一千个，也不过臭一块地；只是大爷你，前进不能，后退不能，那可怎么好？（《儿女英雄传·3回》）

（250）好妹子，你瞧，你我在一块儿过了这么二三年，我的话从没瞒过你一个字，到了今日的事，可是出在没法儿了。（《儿女英雄传·19回》）

（251）太太昨儿晚上就说了，说爷合二位奶奶家里外头都累了这么一程子，昨儿又整整的忙了一天。（《儿女英雄传·38回》）

"这么"用于称代时，都作宾语，称代方式或处所。这样的例句在《儿女英雄传》中有10例，例如：

（252）邓九公听了，乐得拍桌子打板凳的连说："有理！"又说："就照这么办了！"（《儿女英雄传·20回》）

（253）大不是前番青云山的样子了；再照这么闹会子文诌诌，这事不散了吗？（《儿女英雄传·25回》）

（254）幸而那里有我个亲戚，在他家住了一夜。今日四更天就往这么赶，还好，算赶上今日的事了。（《儿女英雄传·24回》）

（255）安太太未曾合老爷提这件事，本就捏着一把汗儿，心里却也把老爷甚么样儿的左缝眼儿的话都想到了，却断没想到老爷会往这么一左。（《儿女英雄传·40回》）

例（252）、例（253）称代方式，例（254）、例（255）称代处所，相当于"这里"。

发展到二十世纪中叶，《正红旗下》中没有出现"这麽""这每""这们"。此时期，"这么"的使用频率大幅度增加，但语法功能和语义功能都有所减少。《正红旗下》中"这么"共有56例，占所有近指代词用例的13.33%，只作状语和定语，少了谓语、宾语的用法，因此语义功能多用于指示方式、程度、性状和数量，不作称代。

《正红旗下》"这么"作状语的例句有50例，例如：

（256）这么一办，我母亲的眼圈儿就分外湿润那么一两天！（《正红旗下》）

（257）二姐也这么想，而且她已经学的很不错：下至衲鞋底袜底，上至扎花儿、钉钮襻儿，都拿得起来。（《正红旗下》）

(258) 即使大姐心中有不少的牢骚，她也不能不痛快地这么说出来。(《正红旗下》)

《正红旗下》中"这么"作定语的例句有6例，例如：

(259) 是这么回事，要是酒味儿太大，还可以再对点水！(《正红旗下》)

(260) 她并不恼帮了姑母这么好几天，连点压岁钱也没得到。(《正红旗下》)

(261) 就是这么一笔账！(《正红旗下》)

九、这等、这等样

"这等"最早产生于元代，如：

(262)【后庭花】似这等害相思怎地忍？不由人上心来雨泪频。避不的老母将将怪，好教我留连心上人。(《东墙记》明脉望馆钞校本)

在近代汉语里，"等"与"这"的组合晚于"们、般、样"，而且，在现代汉语口语里，大多数方言在说"这么（们）、这样"，而不说"这等"。① "等"和"般"一样，在复合词中是词素，所以"这等"后面可以有助词"的"。从十八世纪中叶到二十世纪中叶的这200年间，"这等"的使用频率有非常大的变化，"这等"一度在十九世纪中叶时期骤增，语法功能也变得丰富，但发展到二十世纪中叶已经销声匿迹。

《红楼梦》中，"这等"共出现33例，占所有近指代词用例的0.66%。"这等样"仅出现1例，占所有近指代词用例的0.02%。

"这等"在句中作状语，用于指示程度、方式和性状。这样的例句在《红楼梦》中有20例，例如：

(263) 今见女婿这等狼狈而来，心中便有些不乐。(《红楼梦·1回》)

(264) 赖大妈妈见贾母尚这等高兴，也少不得来凑趣儿，领着些嬷嬷们也来敬酒。(《红楼梦·44回》)

(265) 你两个既这等说，你们就带了作徒弟去如何？(《红楼梦·77回》)

例(263)、例(264)中的"这等"指示程度，例(265)中的"这等"则指示方式。

---

① 冯春田．近代汉语语法研究［M］．济南：山东教育出版社，2000：108．

"这等"在句中作定语,用于指示性状,这样的例句在《红楼梦》中有11例,例如:

（266）你看,这等子弟,必不能守祖父之根基,从师长之规谏的。(《红楼梦·2回》)

（267）我并不知是这等刚烈贤妻,可敬,可敬。(《红楼梦·66回》)

（268）又见有香菱这等一个才貌俱全的爱妾在室,越发添了"宋太祖灭南唐"之意,"卧榻之侧岂容他人酣睡"之心。(《红楼梦·79回》)

"这等"在句中作宾语,用于称代状况,这样的例句在《红楼梦》中仅有1例:

（269）薛蟠忙止住不语,便说:"既是这等,这门亲事定要做的。"(《红楼梦·66回》)

"这等"独立构成复句的分句,用于称代情况,这样的例句在《红楼梦》中仅有1例:

（270）既这等,再起个番名,叫作"耶律雄奴"。(《红楼梦·63回》)

"这等样"在《红楼梦》中仅仅出现1例,用作定语,指示性状:

（271）举止形容也不怪厉,一般是鲜花嫩柳,与众姊妹不差上下的人,焉得这等样情性,可为奇之至极。(《红楼梦·80回》)

发展到十九世纪中叶,近指代词"这等"的使用数量大幅度增加。《儿女英雄传》中共有528例,占近指代词所有用例的6.62%,大多用作状语和定语,指示方式和程度,也有几例用作宾语、主语、谓语、独立构成复句的分句,称代某种情况。

《儿女英雄传》中"这等"作状语的例句有310例,例如:

（272）我不懂,这些人走这样的长道儿,乏也乏不过来,怎么会有这等的高兴?(《儿女英雄传·4回》)

（273）怎么我的行藏他知道得这等详细?(《儿女英雄传·5回》)

（274）那穿红的女子问他道:"这等说,你还不曾劝动他。少停你们大师傅回来,你怎么对他呢?"(《儿女英雄传·7回》)

（275）若论安公子方才这番话,所虑也不为无理;只是我们作女孩的,被人这等当面拒绝,难消受些。(《儿女英雄传·10回》)

(276) 这里安老爷见他一家这等个至诚向热，心下十分不安。（《儿女英雄传·40 回》）

例（274）、例（275）是"这等+动词"，指示动作的方式；例（272）、例（273）、例（276）是"这等+（的、个）+形容词"，指示性状的程度。

"这等"在句中作定语，指示事物的性状，这样的例句在《儿女英雄传》有205例，例如：

(277) 如今短了这等一个人，安公子自然益发受累起来。（《儿女英雄传·4 回》）

(278) 况且在大路上大店里，大约也没有这样的笨贼来做这等的笨事。（《儿女英雄传·5 回》）

(279) 他这等的一个孝义性情，英雄志量，如何肯甘心忍受？（《儿女英雄传·18 回》）

"这等"在句中作宾语，称代某种情况，这样的例句在《儿女英雄传》中有9例，例如：

(280) 只见那师爷咬文嚼字的说道："规矩是这等的，要东家批定了报多少钱粮，晚生才好照着那钱粮的数目核算工料的。"（《儿女英雄传·2 回》）

(281) 邓九公道："有理，不错的，就是这等，不妨。便是他有甚话说，有我从中和解呢。"（《儿女英雄传·16 回》）

(282) 自己合自己商量了半日，忽然说道："有了，便是这等。"那知姑娘心里打的却又是个断断行不去的主意！（《儿女英雄传·27 回》）

"这等"在句中作主语，称代某种情况，这样的例句在《儿女英雄传》中有2例：

(283)（安公子）转了一会，想了想："这等不是道理，等我静一静儿罢。"（《儿女英雄传·4 回》）

(284) 老爷便将公子在途中遭难的事大略说了几句，把个华忠急得哭一阵叫一阵，又打着自己的脑袋骂一阵。老爷道："此时是幸而无事了，你这等也无益。"（《儿女英雄传·14 回》）

"这等"在句中作谓语，称代某种情况，这样的例句在《儿女英雄传》中有1例：

(285) 不想这樊迟是话不问，偏偏的要"请学稼""请学圃"起来，夫子深恐他走入长沮、桀溺的一路，倘然这班门弟子都要

第七章　明代至民国末期指示代词的发展演变

这等起来，如苍生何？（《儿女英雄传·33 回》）

"这等"独立构成复句的分句，这样的例句在《儿女英雄传》中有 1 例：

（286）安公子听了，说："这等，难道姑娘你在云端里住不曾？"（《儿女英雄传·8 回》）

"这等样"就是"这等、这样"，这样的例句在《儿女英雄传》中只有 1 例，占所有近指代词用例的 0.01%，用作定语，指示事物性状：

（287）安公子听他絮絮叨叨，闹了半天才说完了，敢则是这等样一套话，才得把心放下。（《儿女英雄传·12 回》）

我们考察了《正红旗下》《龙须沟》《茶馆》3 本著作，总共 14 多万字，未发现 1 例"这等""这等样"的用例。

十、这么着、这们着

"这么着"也是这一时期新出现的近指代词，在《红楼梦》中共出现 31 例，占所有近指代词用例的 0.62%。绝大部分用于称代，可作谓语、宾语和补语。

"这等样"作谓语的例句在《红楼梦》中有 15 例，例如：

（288）你再这么着，这个地方可就难住了。（《红楼梦·24 回》）
（289）今儿你也这么着了。（《红楼梦·29 回》）

"这等样"作宾语的例句在《红楼梦》中有 14 例，例如：

（290）你别在这里只管这么着，倒招的媳妇也心里不好。（《红楼梦·11 回》）
（291）先时我们平儿也是这么着，我就问着他：难道必定装蚊子哼哼就是美人了？（《红楼梦·27 回》）
（292）这东西亏他托生在诗书大宦名门之家做小姐，出了嫁又是这样，他还是这么着……（《红楼梦·45 回》）

"这等样"作补语的例句在《红楼梦》中仅有 2 例：

（293）怎么几日不见，就瘦的这么着了。（《红楼梦·11 回》）
（294）宝玉悄悄的笑道："就困的这么着？"（《红楼梦·30 回》）

"这们着"在《红楼梦》中仅仅出现 1 例，占所有近指代词用例的 0.02%，称代状况，作谓语：

（295）既这们着，你老人家老天拔地的跑什么，就带他去瞧了，叫他进来，岂不省事？（《红楼梦·29 回》）

发展到十九世纪中叶,"这么着"的使用频率明显减少,就语法功能而言,比以往多了作主语的用法。《儿女英雄传》中"这么着"有30例,占所有近指代词用例的0.38%,相当于"这样",多用来称代行为或指示行为的状态,所以,它可以用作谓语、宾语、主语和补语。

"这么着"作谓语,称代前面的行为或后面紧跟着的行为,这样的例句在《儿女英雄传》中有4例,如:

(296)姑老爷,你这么着,你这会子再把你那位程大哥叫进来,你就当着我们大家伙儿,拿起他那根烟袋来,亲自给他装袋烟,我就服了你了!(《儿女英雄传·37回》)

(297)真要这么着,我就先给姐姐磕头。这不但是疼孩子,直是疼我了!(《儿女英雄传·40回》)

"这么着"作宾语的例句在《儿女英雄传》中有11例,例如:

(298)我回家,咱就喝;我出去,我们就逛。是这么着,我就住些日子,不我可就不敢从命了。(《儿女英雄传·29回》)

(299)他才听完这句话,乐得把那大把掌一抡,拍得桌子上的碟儿碗儿山响,说道:"着着,着着,着,是这么着!这话我心里可有,就只变不过这个弯儿来。真小不起你们这文字班儿的就结了!"(《儿女英雄传·32回》)

(300)只这一句,便听何小姐高声说道:"妹妹,不是这么着。这桩事,你我两个一般儿大的沉重,怎么叫我看着你呢?要说因为这是个初次就饶他,我正为这是个初次,所以才饶不得他。"(《儿女英雄传·36回》)

"这么着"作主语,称代前面的内容,这样的例句在《儿女英雄传》中有4例,例如:

(301)姑娘还未及开言,张太太的话也来了,说:"这么着好哇!可是我们亲家太太说的一个甚么'一秤不抵一秤'的。"(《儿女英雄传·23回》)

(302)那霍士道听了这话,心里先说道:"好,作贼的算叫我们四个出了样子咧!有这么着的,还不及饱饱的作顿打,远远的作溜发干净呢!"(《儿女英雄传·32回》)

(303)如今他既出外,媳妇们两个又一时不能同去,请示婆婆,趁这个当儿给他弄个人跟了去,外头又有舅母调理管教,这么着使得使不得?(《儿女英雄传·40回》)

"这么着"作补语,称代前面的内容,这样的例句在《儿女英雄传》中有 4 例，例如：

（304）舅太太只没事人儿似的说道："也没见我们这位姑太太，一句话也值得笑的这么着！"（《儿女英雄传·33 回》）

（305）呸！不害臊！这还不亏了人家俩媳妇儿呀！还有那德呼合人家赌气呢！就狂，狂的你这么着？别扯他娘的臊了！（《儿女英雄传·37 回》）

（306）老爷这又来了，那儿就至于忙得这么着呢！（《儿女英雄传·40 回》）

"这么着"独立构成复句的分句，这样的例句在《儿女英雄传》有 7 例，例如：

（307）这么着，不信咱们爷儿们较量较量。（《儿女英雄传·15 回》）

（308）这么着，我们就认了义弟兄。（《儿女英雄传·19 回》）

（309）这么着，我合姑太太倒个过儿：姑太太在家里招护媳妇，我跟了外甥去，这放心不放心呢？"（《儿女英雄传·40 回》）

《儿女英雄传》中没有出现"这们着"。

到了二十世纪中叶，我们考察了《正红旗下》《龙须沟》《茶馆》3 本著作，总共 14 多万字，只在《龙须沟》中发现 1 例"这么着"，未见"这们着"的用例。可见，"这么着"的使用频率大幅度减少，近乎消失。"这们着"本身就用得极少，消失后未再出现。

十一、这会子

"这会子"也是这一时期新出现的近指代词。关于"这会子"，太田辰夫在《中国语历史文法》指出："'这会子'从清代开始使用。"① 但张桂梅在查阅语料时发现，在明代中后期的小说《西游记》和明末清初的小说《醒世姻缘传》中就有"这/那会子"的少量使用了，她认为："'这/那会子'至迟产生于明代后期。"② 所以，她认为"这/那会子"至迟产生于明代后期。

《红楼梦》中"这会子"主要用作状语、主语和宾语，用于称代时间，共出现 208 例，占所有近指代词用例的 4.16%。

《红楼梦》中"这会子"作主语的例句仅有 4 例：

---

① 太田辰夫. 中国语历史文法 [M]. 蒋绍愚，徐昌华，译. 北京：北京大学出版社，1987：119.

② 张桂梅.《红楼梦》前八十回"这"、"那"两系指示代词研究 [D]. 北京：北京语言大学，2006.

(310) 这会子也好早晚了,我妈病了,等着我去请大夫。(《红楼梦·39回》)

(311) 要不是我,你要伤了他的命,这会子怎么样?(《红楼梦·44回》)

(312) 太太,这会子不早不晚的,过来做什么?(《红楼梦·46回》)

(313) 又不是我自己寻来的,你又浪着劝我,我原不依,你反说我反了,这会子又这样。(《红楼梦·65回》)

《红楼梦》中"这会子"作宾语的例句有6例,如:

(314) 早告诉我一声儿,有什么不成的,多大点子事,耽误到这会子。(《红楼梦·24回》)

(315) 不如这会子,你要打要骂,凭着你怎么样,千万别不理我。(《红楼梦·30回》)

(316) 还等这会子呢,他早就去了。(《红楼梦·54回》)

《红楼梦》中"这会子"作状语的例句共有198例,如:

(317) 我等烦了,自己先到了老太太跟前请了安了,这会子请太太的安去。(《红楼梦·7回》)

(318) 我这会子请姨太太去呢,奶奶和姑娘们先上去罢。(《红楼梦·49回》)

(319) 这会子人也来了,金的银的也赔了,略有个眼睛鼻子的也霸占去了,该挤发我了!(《红楼梦·80回》)

发展到十九世纪中叶,"这会子"的数量锐减,《儿女英雄传》中"这会子"只有16例,占所有近指代词用例的0.20%。就语法功能而言,少了作状语的情况,主要作主语和宾语。

《儿女英雄传》中"这会子"作主语的例句有14例,如:

(320) 那大爷才坐下,瞅着那么怪腼腆的,被我怄了他一阵,这会子熟化了,也吃饱了,同女婿合他大舅倒说的热闹中间的。(《儿女英雄传·15回》)

(321) 这会子没我的事,我过那边儿帮他们归着归着东西去,早些儿弄完了,好让戴奶奶他们早些过来。(《儿女英雄传·24回》)

《儿女英雄传》中"这会子"作宾语的例句只有2例:

(322) 褚一官道:"还等这会子呢?头晌午就来了!这里话设

说结，我又不敢让进来，没法儿，我把他老人家娘儿两个让到隔壁林大嫂家坐着呢。方才打发人来问过两三回了。等我过去言语一句。"（《儿女英雄传·20 回》）

（323）张姑娘听了，两只小眼睛儿一愣，心里说："这是甚么话？挤到这会子了，怎么说白说了呢？"（《儿女英雄传·28 回》）

到了二十世纪中叶，我们考察了《正红旗下》《龙须沟》《茶馆》3 本著作，总共 14 多万字，未见任何"这会子"的用例。

可见，从十八世纪中叶到二十世纪中叶这一段时间内，"这会子"的使用频率逐渐降低。

十二、这会、这会儿、这早晚

《红楼梦》中，未见"这会儿"，仅出现 4 例"这会"，占所有近指代词用例的 0.08%，均作状语，用于称代时间，例句：

（324）周瑞家的忙问："你这会跑来作什么？"（《红楼梦·7 回》）

（325）晴雯道："我告诉了你，难道你这会退还太太去不成？"（《红楼梦·37 回》）

（326）麝月笑道："他早起就嚷不受用，一日也没吃饭。他这会还不保养些，还要捉弄人。明儿病了，叫他自作自受。"（《红楼梦·51 回》）

《儿女英雄传》中未见"这会儿""这会"。

关于"这早晚"，根据冯春田的观点，"这早晚"产生于元代，为"这时候"的意思，和它形近义同的还有两个产生于明代的词："这咱晚"和"这咱"。

《红楼梦》中，"这早晚"仅出现 5 例，占所有近指代词用例的 0.10%，均作状语，用于称代时间：

（327）（林黛玉）因说道："这早晚就跑过来作什么？"（《红楼梦·21 回》）

（328）原来卜世仁现开香料铺，方才从铺子里来，忽见贾芸进来，彼此见过了，因问他这早晚什么事跑了来。（《红楼梦·24 回》）

（329）今儿这早晚不来，必有原故。（《红楼梦·35 回》）

（330）今儿老太太高兴，这早晚就来了。（《红楼梦·40 回》）

（331）这早晚门还大开着，明灯亮烛，出入的人又杂，倘有不防的事，如何使得？（《红楼梦·71 回》）

发展到十九世纪中叶，《儿女英雄传》中"这早晚"的使用频率明显减少，仍保持着个位用例，共3例，占所有近指代词用例的0.04%：

(332) 就是这早晚那去买个馍馍饼子去呢？（《儿女英雄传·9回》）

(333) "大约这早晚也就好回来了。大爷你此时还问他作甚么？"（《儿女英雄传·14回》）

(334) 这早晚老爷、太太也该歇下了，有甚么要紧事半夜里请我过船？（《儿女英雄传·22回》）

到了二十世纪中叶，我们在《正红旗下》中只找到了1例"这会"，占所有近指代词用例的0.24%；2例"这会儿"，占所有近指代词用例的0.47%；未见"这早晚"。《正红旗下》中的"这会"和"这会儿"例句如下：

(335) 他没想到，这会得到王掌柜的夸赞……（《正红旗下》）

(336) 恰好定大爷这会儿很高兴，马上传见。（《正红旗下》）

(337) 二哥这会儿很为难，怎么办呢？（《正红旗下》）

可见，从十八世纪中叶到十九世纪中叶这200多年间，表示时间的近指代词中，"这会""这会儿""这早晚"始终处于弱势，极少被使用。

十三、这时、这时候

在《红楼梦》中，"这时"用于称代时间、作宾语和状语的例句仅见2例，占所有近指代词用例的0.04%：

(338) 宝玉想道："这时下雨。他这个身子，如何禁得骤雨一激！"（《红楼梦·30回》）

(339) 原是我妈一早教我取去的，我忘了，挨到这时我才想起来了。（《红楼梦·61回》）

例(338)中的"这时"作主语；例(339)中的"这时"作宾语。《红楼梦》中还出现了近指代词"这时候"，用于称代时间，均作状语，仅有3例，占所有近指代词用例的0.06%：

(340) 只见宝玉才睡下，晴雯等犹在床边坐着，大家顽笑，见他来了，都问："什么事，这时候又跑了来作什么？"（《红楼梦·73回》）

(341) 黛玉说道："这时候可知一步难似一步了。"（《红楼梦·76回》）

(342) 我听了这话，竟不大信，及进来到房里留神看时辰表时，果然是未正二刻他咽了气，正三刻上就有人来叫我们，说你

来了。这时候倒都对合。(《红楼梦·78 回》)

到了十九世纪中叶,"这时候"的使用频率大幅度增加。《儿女英雄传》中"这时候"共有 29 例,占所有近指代词用例的 0.36%,是《红楼梦》中所占比例的 6 倍,其中 25 例作状语,4 例作宾语。但《儿女英雄传》中未出现"这时"。如:

(343)如今到了这时候不见动静,大约早报完了,不必再等。(《儿女英雄传·1 回》)

(344)公子说:"只要他好,只是这时候可那里去找会扎针的代服去呢?"(《儿女英雄传·3 回》)

(345)张姑娘道:"咱们娘儿两个车上睡了一道儿了,你老人家这时候又困了?(《儿女英雄传·11 回》)

(346)你看你二叔合妹妹进门儿就说起,直说到这时候,这天待好晌午歪咧,管保也该饿了。(《儿女英雄传·20 回》)

(347)他这时候不是方才那个打扮儿了,脸儿也洗干净了,穿着件旧短襟袍儿,石青马褂儿,穿靴戴帽,并且是个高提梁儿。(《儿女英雄传·38 回》)

到了二十世纪中叶,"这时候"的使用频率骤增。《正红旗下》中"这时候"有 12 例,占所有近指代词用例的 2.86%。其中 9 例作状语,3 例充当介词的宾语。如:

(348)这时候,切齿痛恨暴政与国贼的诅咒,与仇视侵略者的呼声……(《正红旗下》)

(349)这时候,姑母带着"小力笨"从西庙回来。(《正红旗下》)

(350)这时候,多老大也告诉自己:"行!行!"(《正红旗下》)

(351)正在这时候,来了一辆咯噔咯噔响的轿车,在我们的门外停住。(《正红旗下》)

我们考察了《正红旗下》《龙须沟》《茶馆》3 本著作,总共 14 多万字,只在《龙须沟》中找到 1 例"这时":

(352)这时有远处驻军早操喊"一二三——四"声,军号练习声,鸡叫声,大车走的辘辘声等。(《龙须沟》)

由于语料的篇幅和情境所限,我们尽管在二十世纪中叶的 3 部作品中未找到大量的"这时""这时候","这时""这时候"在表示时间的近指代词中的"霸权"地位并不明显,但是事实上,"这时""这时候"在现代汉语表示时间的近指代词中是占绝对优势的，当人们想表达现在的时间时，基本上会说"这时""这时候"。

十四、这起、这起子

量词"起"和指代词"这/那"的结合是在元明时期才见到的，主要用于指称复数。《红楼梦》中，"这起"仅出现 9 例，占所有近指代词用例的 0.18%，全部用作定语，例如：

（353）我们这起东西，可是白"玷辱了好名好姓"的。（《红楼梦·21 回》）

（354）你们这起烂了嘴的！得了空就拿我取笑打牙儿。（《红楼梦·37 回》）

（355）比如这水仙庵里面因供的是洛神，故名水仙庵，殊不知古来并没有个洛神，那原是曹子建的谎话，谁知这起愚人就塑了像供着。（《红楼梦·43 回》）

发展到十九世纪中叶，产生出了一个相近的近指代词"这起子"，"这起"仍然存在。《儿女英雄传》中"这起"一共有 3 例，占所有近指代词用例的 0.04%；"这起子"共有 4 例，占所有近指代词用例的 0.05%。二者均作定语，均指称复数。如：

（356）据书办的风闻，这起子和尚平日本就不是善男信女。（《儿女英雄传·11 回》）

（357）这几句分明说他路见不平，替民除害，劈空而来，如同从云端里下来的一般，把这起子和尚屠了。（《儿女英雄传·11 回》）

（358）此时听说这起行李在茌平老程住了，特来报知众位寨主。（《儿女英雄传·21 回》）

（359）安老爷、安公子听了倒不怎的，只有安太太、张姑娘听说要把这起人让进来，早吓得满手冷汗。（《儿女英雄传·21 回》）

到了二十世纪中叶，我们考察了《正红旗下》《龙须沟》《茶馆》3 本著作，总共 14 多万字，未见任何"这起""这起子"的用例。

可见，从十八世纪中叶到二十世纪中叶这 200 多年间，"这起""这起子"这两个近指代词始终处于弱势，到了二十世纪中叶基本消失。

十五、这些个

在《红楼梦》中，"这些个"仅出现 3 例，占所有近指代词用例的 0.06%：

（360）嗳哟哟，不怕他恼，他能多大呢，就忌讳这些个！（《红楼梦·5 回》）

（361）我就怕有这些个，留神搜了一搜，竟一点破绽也没有。（《红楼梦·21回》）

（362）既听见你在外头，岂有不告诉他的。谁知生出这些个事来。（《红楼梦·69回》）

例（360）、例（361）中的"这些个"都作宾语，用于称代事物；例（362）中的"这些个"作定语，用于指示较多的事物。

到了十九世纪中叶，《儿女英雄传》中"这些个"也仅出现3例，占所有近指代词用例的0.04%：

（363）如今把井面石撬起来，把这些个无用的死和尚都撑下去。（《儿女英雄传·11回》）

（364）请教，一个曾经沧海的十三妹，这些个顽意儿可有个不在行的？（《儿女英雄传·31回》）

（365）我瞧着他也不是拧，也不是这些个那些个的，共总阿哥还是脸皮儿薄，拉不下脸来磕这个头。（《儿女英雄传·40回》）

例（363）、例（364）中的"这些个"作定语，例（365）中的"这些个"作宾语。

到了二十世纪中叶，我们考察了《正红旗下》《龙须沟》《茶馆》3本著作，总共14多万字，未见任何"这些个"的用例。

可见，从十八世纪中叶到二十世纪中叶这一段时间内，"这些个"始终处于弱势，到了二十世纪中叶基本消失。

第二节　明代至民国末期远指代词的发展演变

明代的远指代词主要有"那""那里""那边""那咱""那样""那等""那门"7个，发展到清代，远指代词仍然主要由"那"系指示代词构成，《红楼梦》中远指代词主要有"那""那么""那样""那么样""那般""那等""那壁厢""那厢""那时""那时候""那时节""那里""其"13个。到了十九世纪中叶，《儿女英雄传》中远指代词主要有"那""那么""那样""那般""那等""那厢""那时""那时候""那时节""那里""其"11个，"那么样""那壁厢"在此时期消失。发展到民国末期，《正红旗下》中远指代词主要有"那""那么""那样""那时""那时候""那里""其"7个，相较于《儿女英雄传》少了"那般""那等""那厢""那时节"4个。《红楼梦》《儿女英雄传》《正红旗下》的远指代词系统中均以"那"居多，但《正红旗下》中"那"的使用频率较以往已有大幅度减少，这或许是由于另一个远指代词"那么"的兴起。详见表41。

表 41 《红楼梦》《儿女英雄传》《正红旗下》中"那"系词的使用频率表

词目	文献	用例数量/例	所占比例/%
那	《红楼梦》	1 745	81.89
	《儿女英雄传》	4 890	87.01
	《正红旗下》	202	58.05
那么	《红楼梦》	11	0.52
	《儿女英雄传》	72	1.28
	《正红旗下》	107	30.75
那样	《红楼梦》	41	1.92
	《儿女英雄传》	44	0.78
	《正红旗下》	19	5.46
那么样	《红楼梦》	1	0.05
	《儿女英雄传》	0	0
	《正红旗下》	0	0
那般	《红楼梦》	3	0.14
	《儿女英雄传》	3	0.05
	《正红旗下》	0	0
那等	《红楼梦》	9	0.42
	《儿女英雄传》	92	1.64
	《正红旗下》	0	0
那壁厢	《红楼梦》	1	0.05
	《儿女英雄传》	0	0
	《正红旗下》	0	0
那厢	《红楼梦》	1	0.05
	《儿女英雄传》	3	0.05
	《正红旗下》	0	0
那时	《红楼梦》	53	2.49
	《儿女英雄传》	122	2.17
	《正红旗下》	1	0.29

续表

词目	文献	用例数量/例	所占比例/%
那时候	《红楼梦》	3	0.14
那时候	《儿女英雄传》	29	0.52
那时候	《正红旗下》	6	1.72
那时节	《红楼梦》	1	0.05
那时节	《儿女英雄传》	5	0.09
那时节	《正红旗下》	0	0
那里	《红楼梦》	262	12.29
那里	《儿女英雄传》	360	6.41
那里	《正红旗下》	13	3.74

一、那

指示代词"那"在晚唐五代之后大量出现，"那"先侧重指示，宋代以后偶尔可见到用于称代的例子，并且开始作主语。《朱子语类辑略》中"那"有269例，多用作定语，《水浒传》中有3 574例，全部用作定语。到了《红楼梦》中，"那"共出现1 745例，是所考察的远指代词中使用最多的一个，占所有远指代词用例的81.89%。《红楼梦》中的"那"主要用作定语，也可用作主语和宾语；主要用于指示，可指示人、事、物、处所、时间、行为和性状，也可用于称代，可称代人、事、物和处所。如：

(1) 说着，便袖了这石，同那道人飘然而去，竟不知投奔何方何舍。(《红楼梦·1回》)

(2) 去岁我到金陵地界，因欲游览六朝遗迹，那日进了石头城，从他老宅门前经过。(《红楼梦·2回》)

(3) 你看看就过去罢，那是侄儿媳妇。(《红楼梦·11回》)

(4) 你到我们家，告诉你平姐姐：外头屋里桌子上汝窑盘子架儿底下放着一卷银子，那是一百六十两，给绣匠的工价，等张材家的来要，当面称给他瞧了，再给他拿去。(《红楼梦·27回》)

(5) 早起我就看见那螃蟹了，一斤只好秤两个三个。(《红楼梦·39回》)

(6) 你快尝尝罢，那冷了就不好吃了。(《红楼梦·40回》)

(7) 不用放在我跟前，也放在老太太的那一处罢……(《红楼梦·47回》)

(8) 请老奶奶早和二姨定了那事，明日爷来，好作定夺。

(《红楼梦·66回》)

例（1）中的"那"用于指示人，例（2）中的"那"用于指示时间，例（5）中的"那"用于指示物，例（7）中的"那"用于指示处所，例（8）中的"那"用于指示事，这几例中的"那"作定语。例（4）、例（6）中的"那"用于称代物，例（3）中的"那"用于称代人，这几例中的"那"作主语。

发展到十九世纪中叶，远指代词"那"的使用频率有所增加。《儿女英雄传》中"那"有4 890例，是所考察的远指代词中使用最多的一个，占所有远指代词用例的87.01%。语法功能没有发生大的变化，绝大多数用作定语，少数用作主语和宾语，主要用于指示，可指示人、事、物、处所、时间、行为和性状，也可用于称代，可称代人、事、物和处所。如：

（9）老爷道："那早已办妥当了。我上次在淮安，首县就说过，每人备银五十两，公办寿屏寿礼，我已经交给首县了。"（《儿女英雄传·2回》）

（10）到了五更，华忠便叫了送公子去的店伙来，又张罗公子洗脸吃些东西，又嘱咐了两个骡夫一番，便催着公子会着那一起客人同走。(《儿女英雄传·3回》)

（11）你方才口口声声骂的那个欺负你的畜生，正是你的救命恩人。(《儿女英雄传·8回》)

（12）原来他只得母女二人，他那母亲又是个既聋且病的，看那光景，也露着十分清苦。(《儿女英雄传·16回》)

（13）邓九公道："我不管那些。我好容易见着老弟你了，你只当面儿给弄齐全了，我就放心了。"（《儿女英雄传·39回》)

例（9）中的"那"作主语，称代物；例（10）、例（11）中的"那"作定语，指示人；例（12）中的"那"作定语，指示物；例（13）中的"那"作宾语，称代物。

发展到民国末期，远指代词"那"的独立性增强，新出现了独立构成复句的分句的用法，这在《红楼梦》和《儿女英雄传》中都是没有的。《正红旗下》中"那"有202例，使用频率有所降低，原因是另一个远指代词"那么"的兴起。"那"占所有远指代词用例的58.05%，但仍是所考察的远指代词中使用最多的一个。就语法功能而言，绝大多数用作定语，少数用作主语、宾语及独立语。就语义功能而言，主要用于指示，可指示人、事、物、处所、时间、行为和性状，也可用于称代，可称代人、事、物、行为和处所。如：

(14) 在那年代，北京在没有月色的夜间，实在黑的可怕。(《正红旗下》)

(15) 看，不要说红、蓝颏儿们怎么养，怎么蹓，怎么"押"，在换羽毛的季节怎么加意饲养，就是那四个鸟笼子的制造方法，也够讲半天的。(《正红旗下》)

(16) 是的，我一辈子忘不了那件事。(《正红旗下》)

(17) 对于李鸿章那伙兴办实业的人，他不愿表示意见，因为他既不明白实业是什么，又觉得"实业"二字颇为时髦，不便轻易否定。(《正红旗下》)

(18) 在人群里，她挤来挤去，看看这，看看那，非常冷静，以免上当。(《正红旗下》)

(19) 别再拿洋人吓唬人，那无耻！(《正红旗下》)

例（14）、例（15）、例（16）、例（17）中的"那"作定语。例（14）中的"那"指示时间，例（15）中的"那"指示物，例（16）中的"那"指示事，例（17）中的"那"指示人。例（18）中的"那"作宾语，称代处所。例（19）中的"那"作主语，称代行为。

值得注意的是，《正红旗下》中新出现了18例独立构成复句的分句，可见远指代词"那"的独立性增强，例如：

(20) 至于因此而引起纠纷，那，他就敢拿刀动杖，舍命不舍鸽子，吓得大姐浑身颤抖。(《正红旗下》)

(21) "那，"多大爷的脸不象弟弟的那么长，而且一急或一笑，总把眉眼口鼻都挤到一块儿去，像个多褶儿的烧卖。(《正红旗下》)

(22) "那，我不去上坟，你去，不是两面都不得罪吗？"(《正红旗下》)

(23) "那"，牛牧师抓了抓稀疏的黄头发。(《正红旗下》)

(24) "那，'启示录'是最难懂的。"(《正红旗下》)

(25) "那，您就先忙着吧，我改天再来！"(《正红旗下》)

(26) "那，我还留着银子娶媳妇呢！"(《正红旗下》)

(27) "那，也不尽然！"(《正红旗下》)

(28) "那，为什么不辞掉他呢？"(《正红旗下》)

(29) 他赶紧把话拉回来："那，那什么，定大爷，您看王掌柜的事儿怎么办呢？"(《正红旗下》)

(30) "那，他不过是个老山东儿！"(《正红旗下》)

(31) "那，您就分心吧！"(《正红旗下》)

(32) 那，头一招，他就算输给咱们了！（《正红旗下》）
(33) "那，那，轿子，不，不能随便坐呀！"（《正红旗下》）
(34) "那，你等着瞧！（《正红旗下》）
(35) 那，可就有个混头儿了！（《正红旗下》）

二、那么

"这/那么"，还有另外几种书写形式"这/那麽""这/那们""这/那每"。江蓝生认为，词尾"们"与"么"都来源于等类、色样义的"物"。① 根据吕叔湘所说，"这/那么"是出现得较晚的形式，在《红楼梦》中才开始大量使用，而"这/那麽""这/那们""这/那每"的出现时间最早也不早于元代。《老乞大》《朴通事》中没有直接修饰动词的例子，而是组成"那们时"的形式，相当于"那样、那样的话"，大多带有承接的作用。如《朴通事》："然虽那们时，且说一说看。"明代中叶以后才出现修饰动词的例子，如《金瓶梅》："我那们说，他强着夺了去。"入清以后，"那么"开始大量使用。② 从十八世纪中叶到二十世纪中叶这200多年间，远指代词"那么"的使用频率是逐渐增加的。

《红楼梦》中的"那么"既可用于指示，也可用于称代。"那么"用于指示时，多用于指示程度、方式，主要用作状语，也可用作主语，共出现11例，占所有远指代词用例的0.52%。

"那么+动词/形容词"，作状语，有10例，占"那么"所有用例的90.91%，用于指示程度、方式，如：

(36) 况且能多大年纪的人，略病一病儿就这么想那么想的，这不是自己倒给自己添病了么？（《红楼梦·11回》）
(37) 前儿亏你还有那么大脸，打发人和我要鹅黄缎子去！（《红楼梦·29回》）
(38) 那会子咱们那么好，后来我们太太没了，我家去住了一程子，怎么就把你派了跟二哥哥，我来了，你就不像先待我了。（《红楼梦·32回》）
(39) 太太是那么佛爷似的，事情上不留心，他都知道。（《红楼梦·39回》）
(40) 想来父母跟前，别说一个丫头，就是那么大的活宝贝，不给老爷给谁？（《红楼梦·46回》）

例(36)中的"那么"用于虚指；例(37)、例(38)中的"那么"

---

① 江蓝生．说"麽"与"们"同源[J]．中国语文，1995（3）：180-191.
② 冯春田．近代汉语语法研究[M]．济南：山东教育出版社，2000：128-129.

用于指示程度；例（39）中的"那么"用于指示方式；例（40）中的"那么"用于指示程度。

值得我们注意的是，在作状语的这10例中，有1例比较特别：

（41）你们就弄他那么一个真珠的人来，不会说话也无用。（《红楼梦·47回》）

这一例句中"那么"后面跟的是名词短语"一个真珠的人"，我们认为这一例中的"那么"兼有状语和定语的性质。但是，"那么+名词/名词短语"的情况在《红楼梦》中只出现了1例。

《红楼梦》中"那么"作主语的例句仅见1例，占"那么"所有用例的9.09%，用于称代：

（42）依我劝，你正经下个气，陪个不是，大家还是照常一样，这么也好，那么也好。（《红楼梦·29回》）

发展到十九世纪中叶，"那么"的数量有明显增加，《儿女英雄传》中有72例"那么"，占所有远指代词用例的1.28%。相较于《红楼梦》而言，"那么"消失了作主语的用法，新出现了作定语的用法。因此，《儿女英雄传》中的"那么"只有指示的功能。

《儿女英雄传》中"那么+动词/形容词"作状语的例句有44例，占"那么"所有用例的61.11%，句中"那么"用于指示程度、方式，如：

（43）谁知大师傅那么耐着烦儿俯给他，他还不愿意。（《儿女英雄传·7回》）

（44）你那套儿打那么紧，回来怎么穿肩扛啊？（《儿女英雄传·17回》）

（45）不早了，老太太今日那么早起来，也闹了一天了，咱们喝点儿粥，吃点儿东西睡罢。（《儿女英雄传·20回》）

（46）都是老爷的管家干的，给人家打了那么大圈口，怎么不脱落下来呢？（《儿女英雄传·34回》）

（47）安老爷懂得这个，说了句："岂敢。"连忙赶过去，合他膀子靠膀子的也那么闹了一阵，口里却说的是："还叩，还叩，还叩。"（《儿女英雄传·37回》）

例（43）、例（44）中"那么+动词"，指示动作的方式。例（45）、例（46）、例（47）构成"那么+形容词"，指示性状的程度。

《儿女英雄传》中"那么+名词/名词短语"作定语的例句有28例，占"那么"所有用例的38.89%，如：

(48) 我向来说一是一，说二是二，早间既有那等一句话，此时再没个说了不算的理，只不合晌午多了那么一层。(《儿女英雄传·31回》)

(49) 我只问你，你上回带我逛的那稻田场，那么一大片，人家怎么种的？(《儿女英雄传·33回》)

(50) 我看着只怕也是咱们同行的爷们，我见他也背着像老爷子使的那么个弹弓子么。(《儿女英雄传·17回》)

在这一时期，"那么"修饰名词或名词短语的用例明显增多，其作定语的这一语法功能也基本稳定。

发展到民国末期，远指代词"那么"不仅数量上急剧增加，语法功能也更加丰富。"那么+名词/名词短语"的数量明显增加，"那么"作定语的用法更加稳定、成熟。此外，"那么"还新出现了独立构成复句的分句的用法。《正红旗下》中"那么"共有107例，占全部远指代词用例的30.75%，其中有72例作状语，26例作定语，9例作独立语。"那么"的兴起也直接导致了远指代词"那"使用频率的下降。

《正红旗下》中"那么+动词/形容词"作状语的例句有72例，占"那么"所有用例的67.29%，句中"那么"用于指示程度、方式。如：

(51) 赶到这位老太太对丈夫或儿子示威的时候，她的气派是那么大，以至把神佛都骂在里边，毫不留情！(《正红旗下》)

(52) 因此，直到今天，我还摸不清她的丈夫怎么会还那么快活。(《正红旗下》)

(53) 这些婚丧大典既是那么重要，亲友家办事而我们缺礼，便是大逆不道。(《正红旗下》)

《正红旗下》中"那么+名词/名词短语"作定语的例句有26例，占"那么"所有用例的24.30%。如：

(54) 每逢赢那么三两吊钱的时候，她还会低声地哼几句二黄。(《正红旗下》)

(55) 况且，大姐的要求又不很大，有几吊钱就解决问题，姑母何必不大仁大义那么一两回呢。(《正红旗下》)

(56) ……说那么一两小句，使老太太们高兴，从而谈得更加活跃。(《正红旗下》)

《正红旗下》中独立构成复句的分句的例句有9例，占"那么"所有用例的8.41%。这是"那么"新出现的语法功能。如：

(57) 那么，书归正传，还说我的生日吧。(《正红旗下》)

(58) 那么，以她的威望而肯来给我洗三，自然是含有道歉之意。(《正红旗下》)

(59) 那么，非来不可的就没话可说了……(《正红旗下》)

(60) 那么，土怎么变成了肉呢？(《正红旗下》)

回顾历史我们发现，从十八世纪中叶到二十世纪中叶的这200年，是远指代词"那么"逐渐"飞黄腾达"的历程。"那么"不仅在使用频率上急剧上升，语法功能上也变得日趋丰赡。其作定语的用法在清代初期初见端倪，到了清代末期基本稳定，到了民国末期更加稳定、成熟。

三、那样、那么样

根据蒋冀骋、吴福祥的观点，"那样"始见于宋代，但由于宋元明时期"恁（恁地）"的广泛使用，使得它不仅在宋代很少见，在元明时代也属罕见，清代以后"那样"的用例才多起来。

《红楼梦》中"那样"共出现41例，占全部远指代词用例的1.92%。既可用于指示，也可用于称代，可用作谓语、宾语、定语、状语和补语。

《红楼梦》中"那样"作谓语的例句如：

(61) 时常我劝你，别为我们得罪人，你只顾一时为我们那样，他们都记在心里，遇着坎儿，说的好说不好听，大家什么意思。(《红楼梦·20回》)

(62) 原来他起先那样竟是不知的，如今听人说还不信。(《红楼梦·57回》)

(63) 宝玉的心倒实，听见咱们去就那样起来。(《红楼梦·57回》)

《红楼梦》中"那样"作宾语的例句如：

(64) 秦氏也有几日好些，也有几日仍是那样。(《红楼梦·11回》)

(65) 你那令姨表兄还是那样，再坐着未免有事，不如我回避了倒好。(《红楼梦·47回》)

(66) 没的赵姨奶奶听了又气不忿，又说太便宜了我，隔不了十天，也打发个小丫头子来寻这样寻那样，我倒好笑起来。(《红楼梦·61回》)

《红楼梦》中"那样"作定语的例句如：

(67) 那样的人不配穿红的，谁还敢穿。(《红楼梦·19回》)

(68) 我有那样工夫和他走？不过告诉了他，回来打发个小丫头子或是老婆子，带进他来就完了。(《红楼梦·26回》)

(69) 喜的是平儿竟能体贴自己；气的是坠儿小窃；叹的是坠儿那样一个伶俐人，作出这丑事来。(《红楼梦·52回》)

《红楼梦》中"那样"作状语的例句如：

(70) 如今虽说不及先年那样兴盛，较之平常仕宦之家，到底气象不同。(《红楼梦·2回》)

(71) 我想着，你宝兄弟老太太那样疼他，他又生的那样，若要外头说去，老太太断不中意。(《红楼梦·57回》)

(72) 路上工夫忙忙的就那样再三要来定，难道女家反赶着男家不成。(《红楼梦·66回》)

《红楼梦》中"那样"作补语的例句如：

(73) 眼面前的倒想不起来，别人冷的那样，你急的只出汗。(《红楼梦·19回》)

(74) 他哭的那样，不好撇下就回来，所以多等了一会子。(《红楼梦·43回》)

(75) 说句顽话，就唬的那样起来。你们作什么来，我还要找了你奶奶去呢。(《红楼梦·65回》)

发展到十九世纪中叶，"那样"的使用频率明显减少。《儿女英雄传》中有44个用例，占全部远指代词用例的0.78%。"那样"主要用作状语和定语，有指示功能，也可以作宾语和谓语，有称代功能。

《儿女英雄传》中"那样"作状语的例句如：

(76) 你看人家，那样大年纪，都在那里张罗，你难道连剥个蒜也不会么？(《儿女英雄传·9回》)

(77) 公子此时是"前度刘郎今又来"，也用不着那样害臊，惟有恪遵亲命，静候吉期而已。(《儿女英雄传·24回》)

《儿女英雄传》中"那样"作定语的例句如：

(78) 就算他有本事罢，一个女孩儿家，可怎么合你同行同住呢？莫非不是个正道人罢？只是他怎么又有那样的大力量呢？这可闷煞人了！(《儿女英雄传·12回》)

(79) 褚大娘子道："这我又不明白了，既这样说，他怎的又是那样个打扮呢？"(《儿女英雄传·16回》)

(80) 你算，人家连你的门儿都进不来，就有一肚子话，合谁说去？所以才商量着作成那样假局子，我们爷儿三个先来，好把人家引进门儿来。(《儿女英雄传·19回》)

《儿女英雄传》中"那样"作宾语的例句如：

（81）那张老夫妻虽然有些乡下气，初来时众人见了不免笑他；及至处下来，见他一味诚实，不辞劳，不自大，没一些心眼儿，没一分脾气，你就笑他也是那样，不笑他也是那样。（《儿女英雄传·13回》）

（82）这是人人作得来的，只苦于人人不肯照他那样作了去。（《儿女英雄传·29回》）

《儿女英雄传》中"那样"作谓语的例句如：

（83）太太说："这是甚么话呢！要那样，可叫我们怎么活着呀！"（《儿女英雄传·12回》）

（84）太太见老爷说得有理，便说："既那样，就多带两个人儿去。"（《儿女英雄传·14回》）

发展到二十世纪中叶，"那样"的使用频率明显增加。《正红旗下》中"那样"共有19例，占全部远指代词用例的5.46%，主要作宾语、状语、定语。

《正红旗下》中"那样"作宾语的例句如：

（85）假若是那样，他怎么办呢？（《正红旗下》）

（86）也能像姑母那样，坐在炕沿上吸两袋兰花烟。（《正红旗下》）

（87）大家并没有大吃一惊，像定大爷来到时那样。（《正红旗下》）

（88）他直看牛牧师的腿，要证实鬼子腿，像有些人说的那样，确是直的。（《正红旗下》）

《正红旗下》中"那样"作状语的例句如：

（89）我们的胡同里没来过那样体面的轿车。（《正红旗下》）

（90）他不晓得自己为什么那样激动，只觉得这样脸红脖子粗的才舒服，才对得起真理。（《正红旗下》）

（91）这使他有点伤心，几乎要责备自己，为什么那样冒失，不打听明白了行市就受洗入了教。（《正红旗下》）

《正红旗下》中"那样"作定语的例句如：

（92）以她的洗作本领和不怕劳苦的习惯，她常常想去向便宜坊老王掌柜那样的老朋友们说说，给她一点活计是，得些收入，就不必一定非喝豆汁儿不可了。（《正红旗下》）

（93）出那样主意的人该剐！（《正红旗下》）

（94）至少是不像管家那样的旗人。（《正红旗下》）

《红楼梦》中还出现了远指代词"那么样"，仅见 1 例，占全部远指代词用例的 0.05%，作定语，用于指示性状。《儿女英雄传》中未出现"那么样"。我们考察了《正红旗下》《龙须沟》《茶馆》3 本著作，总共 14 多万字，也未发现 1 例"那么样"的用例。可见从十八世纪中叶到二十世纪中叶这段时间内，在人们日常语言中基本不用远指代词"那么样"，而是用相近的词"那样"。《红楼梦》中的这 1 例是：

（95）先时连那么样的玻璃缸、玛瑙碗不知弄坏了多少，也没见个大气儿，这会子一把扇子就这么着了。（《红楼梦·31 回》）

四、那般

到了《红楼梦》中，"那般"仍然不太常见，仅仅出现 3 例，占全部远指代词用例的 0.14%：

（96）次后忽然宝玉去了，他二个又是那般景况，他母子二人心下更明白了，越发石头落了地，而且是意外之想，彼此放心，再无赎念了。（《红楼梦·19 回》）

（97）凤姐儿见人来了，便不似先前那般泼了，丢下众人，便哭着往贾母那边跑。（《红楼梦·44 回》）

（98）再四妹妹为画园子，用的东西这般那般不全，回了老太太。老太太说："只怕后头楼底下还有当年剩下的，找一找，若有呢拿出来，若没有，叫人买去。"（《红楼梦·45 回》）

例（96）中的"那般"作定语，指示性状；例（97）中的"那般"作状语，指示程度；例（98）中的"那般"用于虚指。

《儿女英雄传》中"那般"只有 3 例，占全部远指代词用例的 0.05%，都用于指示：

（99）至于后来的那般秃厮，都是经公子你眼见的。我原无心要他的性命，怎奈他一个个自来送死，也是他们恶贯满盈，莫如叫他早把这口气还了太空，早变个披毛戴角的畜生，倒也是法门的方便。（《儿女英雄传·8 回》）

（100）只是我看那般人的汉仗气概，大约本领也不弱，为何如此的敬重这位十三妹姑娘？是何原故呢？（《儿女英雄传·11 回》）

（101）难道他果的看得他那个老玉那般重，看得他这个一官这般轻，无端的就肯叫他到乌里雅苏台给老玉保镖去不成？非也。（《儿女英雄传·40 回》）

例（99）、例（100）中"那般"作定语，指示人的样态；例（101）中的"那段"作状语，指示性状的程度。

我们考察了《正红旗下》《龙须沟》《茶馆》3本著作，总共14多万字，未发现1例"那般"的用例。

可见，从十八世纪中叶到二十世纪中叶这一段时间内，"那般"始终极少使用，且使用频率在逐步减少。我们推测，其原因可能是"那般"偏向于书面用语。

五、那等

《红楼梦》中，"那等"共出现9例，占全部远指代词用例的0.42%，均作状语，用于指示，可指示程度、方式和性状。如：

（102）我进去看其光景，谁知他家那等显贵，却是个富而好礼之家，倒是个难得之馆。(《红楼梦·2回》)

（103）众鬼见都判如此，也都忙了手脚，一面又报怨道："你老人家先是那等雷霆电雹，原来见不得'宝玉'二字……"(《红楼梦·16回》)

（104）至二十二日，一齐进去，登时园内花招绣带，柳拂香风，不似前番那等寂寞了。(《红楼梦·23回》)

（105）那丫头听说，方知是本家的爷们，便不似先前那等回避，下死眼把贾芸钉了两眼。(《红楼梦·24回》)

（106）宝玉思及当时姊妹们一处，耳鬓厮磨，从今一别，纵得相逢，也必不似先前那等亲密了。(《红楼梦·79回》)

例（102）、例（103）、例（104）中的"那等"用于指示程度；例（105）中的"那等"用于指示方式；例（106）中的"那等"用于指示性状。

发展到十九世纪中叶，"那等"使用频率是原来的近4倍，语法功能也变得丰富。"那等"作定语的用法在此时期兴起且迅速与作状语的用法平分秋色。《儿女英雄传》中有92例"那等"，占全部远指代词用例的1.64%，可以用作状语和定语，都是指示功能。"等"在复合词中是词素，所以"那等"后面可以有助词"的"。

《儿女英雄传》中"那等"作状语的例句有48例，《儿女英雄传》中"那等"作状语分两种情况：

一是"那等+动词"作状语，指示动作的方式，如：

（107）及至我那等拒绝他，他不着一些恼，还是和容悦色，宛转着说，看他竟是一片柔肠，一团侠气。(《儿女英雄传·7回》)

（108）你只看我那等的剖白嘱咐，你还自寻苦恼，弄到这步

田地；那时再告诉你这话，不知又该吓成怎的个模样。(《儿女英雄传·8回》)

(109) 水心先生，我当日是那等的陷你，你今日是这等的救我，这等看起来，你直头是个圣贤，我直脚是个禽兽了！(《儿女英雄传·39回》)

二是"那等+形容词"作状语，指示性状的程度，如：

(110) 前番我家得了一个媳妇张金凤，是那等的深明大义；今番我遇见这褚家娘子，又是这等的通达人情。(《儿女英雄传·14回》)

(111) 只他这个中军，从纪大将军那等轰轰烈烈的时候，早看出纪家不是个善终之局，这人不是个载福之器，宁甘一败涂地，不肯辱没了自己门第，耽误了儿女终身，也就算得个人杰了！(《儿女英雄传·18回》)

(112) 你再看他满口里那等狂妄，举步间那等轻佻，可是个有家教的？学他则甚！(《儿女英雄传·34回》)

《儿女英雄传》中"那等"作定语的例句有44例，句中"那等"指示事物的性状。如：

(113) 我从晌午起，闹到这时候儿了，这如今便再有这等的五六十里地，我还赶得来；就再有那等的三二十和尚，我也送的了。(《儿女英雄传·9回》)

(114) 再不想那等一个小小女子，有许大的声名！偌大的神煞！(《儿女英雄传·11回》)

(115) 岂有此理！难道我好欺老弟你不成？你是不曾见过他那等的光景，就如生龙活虎一般！(《儿女英雄传·16回》)

我们考察了《正红旗下》《龙须沟》《茶馆》3本著作，总共14多万字，未发现1例"那等"的用例。"那等"尽管在十九世纪中叶一度兴起，但仍迎来了衰落。

六、那厢、那壁厢

"这/那厢"同"这/那壁厢"的广泛使用见于金元以后，如《西厢记》："当初那巫山远隔如天样，听说罢又在巫山那厢。"《型世言》中有41例，然而《红楼梦》中未见"这厢""这壁厢"，"那厢"和"那壁厢"也仅仅各出现1例，各占全部远指代词用例的0.05%。可见，到了《红楼梦》产生的那个时代，"这/那厢""这/那壁厢"基本已被同样表处所的"这/那边"和"这/那里"所取代，而在现代汉语中"这/那厢"已不再使用，彻底消失了。如：

（116）一日，炎夏永昼，士隐于书房闲坐，至手倦抛书，伏几少憩，不觉朦胧睡去。梦至一处，不辨是何地方。忽见那厢来了一僧一道，且行且谈。（《红楼梦·1回》）

（117）正说着闲话，猛不防只听那壁厢桂花树下，呜呜咽咽，悠悠扬扬，吹出笛声来。（《红楼梦·76回》）

例（116）中的"那厢"作主语，用于称代较远的处所；例（117）中的"那壁厢"作定语，同样用于称代较远的处所。

《儿女英雄传》中没有出现"那壁厢"，"那厢"也只有3例，占全部远指代词用例的0.05%，都用作定语：

（118）公子此时也不及从头细说，便指给他看道："你看，那厢茶馆外面坐的不是老爷？"（《儿女英雄传·14回》）

（119）何玉凤此时临近一看，又听得说话的声音，才晓得是他救的那个结义妹子张金凤，那厢站的那个少年，便是安公子。（《儿女英雄传·20回》）

（120）正在纳闷，却见褚大娘子把灵前跪的那个穿孝的少妇搀起来，那厢那个穿孝的少年也便站起身来，还在那里捂着脸擦眼泪。（《儿女英雄传·20回》）

我们考察了《正红旗下》《龙须沟》《茶馆》3本著作，总共14多万字，未发现1例"那厢、那壁厢"的用例。

七、那时、那时候、那时节

在《红楼梦》中，"那时"用于称代时间，可以作主语、宾语和状语，共有54例，占全部远指代词用例的2.49%。

《红楼梦》中"那时"作主语的例句仅有1例：

（121）刚来到沁芳桥畔，那时正是夏末秋初，池中莲叶新残相间，红绿离披。（《红楼梦·67回》）

《红楼梦》中"那时"作状语的例句共有48例，如：

（122）那时王夫人已知薛蟠官司一事，亏贾雨村维持了结，才放了心。（《红楼梦·4回》）

（123）下剩的，我写个欠银子文契给你，你要什么保人也有，那时我照数给你。（《红楼梦·25回》）

（124）你这一去且在园里住两天，等我设个法子回明白了，那时再见方妥。（《红楼梦·68回》）

《红楼梦》中"那时"作宾语的例句仅见 3 例：

（125）到那时不要忘我二人，便可跳出火坑矣。（《红楼梦·1 回》）

（126）趁如今我不拿他们取乐作践准折，到那时白落个臭名，后悔不及。（《红楼梦·65 回》）

（127）到那时你纵有了书，你的字写的在那里呢？（《红楼梦·70 回》）

到了十九世纪中叶，远指代词"那时"的使用频率略有减少，语法功能没有大的变化，仍是作状语的用法最多。《儿女英雄传》中"那时"共有 122 例，占全部远指代词用例的 2.17%。

《儿女英雄传》中"那时"作状语的例句有 107 例，如：

（128）我安骥果然不死，父子相见，那时一定重修庙宇，再塑金身！（《儿女英雄传·6 回》）

（129）那时无论他是骑牲口是步行，你先下了牲口，只管上前合他搭话，切记不可说车上没银子。（《儿女英雄传·10 回》）

（130）那时纪大将军参一员官，也只当抹个臭虫，那个敢出来辩这冤枉？（《儿女英雄传·18 回》）

《儿女英雄传》中"那时"作主语的例句有 14 例，如：

（131）那时正是秋末初冬，小阳天气。（《儿女英雄传·14 回》）

（132）他听得这中军的女儿有怎般的人才本领，那时正置他第二个儿子纪多文求配，续作填房。（《儿女英雄传·18 回》）

（133）那时正是十月上旬天气，北地菊花盛开，他早购了些名种，院子里小小的堆起一座菊花山来。（《儿女英雄传·30 回》）

《儿女英雄传》中"那时"作宾语的例句只有 1 例：

（134）到那时，听凭世叔吩咐再定就是了。（《儿女英雄传·23 回》）

《红楼梦》中还出现了远指代词"那时候"，用于称代时间，均作状语，仅有 3 例，占全部远指代词用例的 0.14%：

（135）那时候我才记事儿，咱们贾府正在姑苏扬州一带监造海舫，修理海塘，只预备接驾一次，把银子都花的倘海水似的！（《红楼梦·16 回》）

（136）马道婆听了，低了头，半晌说道："那时候事情妥了，又无凭据，你还理我呢！"（《红楼梦·25 回》）

发展到十九世纪中叶，远指代词"那时候"的使用频率是《红楼梦》的四倍，语法功能也变得丰富。《儿女英雄传》中"那时候"共出现29例，占全部远指代词用例的0.52%，依次作状语、主语、定语、宾语。

《儿女英雄传》中"那时候"作状语的例句有20例，如：

（137）那时候谁驾了孙猴儿的筋斗云赶你去呀！（《儿女英雄传·19回》）

（138）那时候，消闲无事，我找了你们老弟兄们来，寻个树荫凉儿，咱们大家多喝两场子，岂不是个乐儿吗？（《儿女英雄传·21回》）

（139）但是我想，我那时候虽说无靠，到底还有我的爹妈；他虽说无靠，合我还算得上个彼此。（《儿女英雄传·26回》）

《儿女英雄传》中"那时候"作主语的例句有4例：

（140）就是我过来那年，舅母跟我姐姐在园里住的那一程子的事么，那时候还有他妈呢。（《儿女英雄传·40回》）

（141）原来那时候有个"罚镶助饷助工"的功令。（《儿女英雄传·13回》）

（142）不知这却是八旗吊祭的一个老风气，那时候还行这个礼。（《儿女英雄传·21回》）

（143）那时候正值顺天府派来的那一群佐杂官儿要当好差使，不住的来往的喊道："老爷们，东边归东边，西边的归西边。（《儿女英雄传·34回》）

《儿女英雄传》中"那时候"作定语的例句有3例：

（144）那时候的时势，讲到我朝，自开国以来，除小事不论外，开首办了一个前三藩的军务，接着办了一个后三藩的军务，紧跟着又是平定西北两路的大军务，通共合着若干年，多大事！（《儿女英雄传·21回》）

（145）想来还是那时候的世家子弟、家生女儿的排场，今则不然。（《儿女英雄传·35回》）

（146）那时候的风气，如安太太、舅太太也还懂得眼面前几句满洲话儿，都在那里静静的听着。（《儿女英雄传·40回》）

《儿女英雄传》中"那时候"作宾语的例句有2例：

（147）难道他从那时候就算计我来着不成？（《儿女英雄传·25回》）

（148）到那时候，大家可得原谅我个没法儿。（《儿女英雄传·33回》）

关于另一个表示时间的远指代词"那时节"，《红楼梦》中只出现了1例，占全部远指代词用例的0.05%：

（149）若等他们来劝咱们，那时节岂不倒觉生分了？（《红楼梦·30回》）

到了十九世纪中叶，《儿女英雄传》中有5例"那时节"，占全部远指代词用例的0.09%。它们是：

（150）到那时节，倒用不着和解。（《儿女英雄传·16回》）

（151）只是那时节彼此心里都在有事，究竟不曾谈到一句儿女衷肠，今日重得相逢，更是依依不舍。（《儿女英雄传·20回》）

（152）无如那时节他正在那里鼓瑟，茫然不曾理会到夫子这番神理。（《儿女英雄传·39回》）

（153）然则其为那时节他便在那里鼓瑟可知。（《儿女英雄传·39回》）

（154）其为那时节他依然还在那里鼓瑟又可知。（《儿女英雄传·39回》）

发展到二十世纪中叶，我们考察了《正红旗下》《龙须沟》《茶馆》3本著作，总共14多万字，发现"那时"的使用频率明显减少，"那时候"的使用频率增加为《儿女英雄传》的3倍，未出现"那时节"。"那时"只在《正红旗下》中出现了1例，占全部远指代词用例数量的0.29%，"那时"在《茶馆》《龙须沟》中未出现。"那时候"在《正红旗下》《茶馆》《龙须沟》中分别出现了6例（1.72%）、1例、1例，如：

（155）说时迟，那时快，他还没来得及"哎呀"一声，身子已飘然而起，直奔甬路下的泥塘。（《正红旗下》）

（156）那时候，山西人开的烟铺、回教人开的蜡烛店，和银号钱庄一样，也兑换银两。（《正红旗下》）

（157）那时候，我既不懂儒、释、道都是怎么一回事，也就不懂二哥的话意。（《正红旗下》）

（158）那时候，我还不会听戏，更不会评论，无法说出金四把到底唱的怎样。（《正红旗下》）

（159）康顺子：那时候，你不是才一岁吗？（《茶馆》）

（160）她爱吃喝玩乐，她长得不寒碜——那时候我也怪体面——我挣的不够她花的！（《龙须沟》）

由于受所查语料和情境的限制，尽管"那时""那时候"出现的较少，现代汉语中人们在选择表示时间的远指代词时多选用这两个词。

八、那里

"那"和方位处所词"里"组合成"那里"，唐代就可见，晚唐五代后使用比较普遍，而且基本上用作处所的称代。《朱子语类辑略》中"那里"有21例，《型世言》中的"那里"有18例，《水浒传》中的"那里"有196例。

在《红楼梦》中，远指代词"那里"共出现262例，占全部远指代词用例数量的12.29%。均用于称代，主要用于称代处所或事物，作主语、宾语、定语和状语。

《红楼梦》中"那里"作主语的例句共有42例，如：

（161）只见一个丫鬟来回："老太太那里传晚饭了。"（《红楼梦·3回》）

（162）今日这般热闹，想那里自然无人，那美人也自然是寂寞的，须得我去望慰他一回。（《红楼梦·19回》）

（163）我那里还有两个绝好的孩子，从没出门。（《红楼梦·47回》）

《红楼梦》中"那里"作宾语的例句共有201例，如：

（164）后面又是一座荒村野店，有一美人在那里纺绩。（《红楼梦·5回》）

（165）我因为到了老祖宗那里，鸦没雀静的，问小丫头子们，他又不肯说，叫我找到园里来。（《红楼梦·50回》）

（166）这话还等你说，我才已将他素日所有的衣裳以至各什各物总打点下了，都放在那里。（《红楼梦·77回》）

《红楼梦》中"那里"作定语的例句有7例，如：

（167）这叉爬子比俺那里铁锹还沉，那里犟的过他？（《红楼梦·40回》）

（168）我们那里最巧的姐儿们，也不能铰出这么个纸的来。（《红楼梦·41回》）

《红楼梦》中"那里"作状语的例句有12例，如：

（169）宝玉便趿了鞋晃出了房门，只装着看花儿，这里瞧瞧，那里望望……（《红楼梦·25回》）

（170）我们那里这样的庙宇最多，都是这样的牌坊，那字就是庙的名字。（《红楼梦·41回》）

(171) 倘或这里短了什么，你琏二爷事多，那里人杂，你只管去回我。(《红楼梦·65回》)

发展到十九世纪中叶，"那里"的使用频率明显减少。《儿女英雄传》中共有360例，占全部远指代词用例的6.41%。"那里"都是称代处所，句法功能上主要用作宾语，也可以用作主语、定语和状语。

《儿女英雄传》中"那里"作主语的例句有37例，如：

(172) 不则一日，到了新任，只见那里人烟辐辏，地道繁华，便是衙门的气概，吏役的整齐，也与那冷清清的邳州小衙门不同。(《儿女英雄传·2回》)

(173) 施主辛苦了！这里不洁净，一位罢咧，请到禅堂里歇罢。那里诸事方便，也严紧些。(《儿女英雄传·5回》)

(174) 我一直送你们过了县东关，那里自然有人接着护送下去，管保你们老少四口儿一路安然无事，这算完了我的事了。(《儿女英雄传·10回》)

(175) 老弟，咱们也不用喝那早粥了，你侄女儿那里给你包的煮饺子也得了，咱们就趁早儿吃饭。(《儿女英雄传·17回》)

(176) 华忠到京，奴才遵老爷的谕贴，也没敢给各亲友家送信，连乌大爷那里差人来打听，奴才也回复说没得到家的准信。(《儿女英雄传·22回》)

(177) 好容易大家住了笑，安太太那里还笑得喘不过气儿来，只拿着条小手巾儿不住的擦眼泪。(《儿女英雄传·33回》)

例（175）、例（176）、例（177）中的"那里"跟在代词、名词后面，指代义有所减弱。

《儿女英雄传》中"那里"作宾语的例句有306例，如：

(178) 公子送了老爷、太太动身，眼望着那车去得远了，还在那里呆呆的呆望。(《儿女英雄传·2回》)

(179) 如今场期将近，丢下出京，倘然到那里，老人家的公事已有头绪了，恐怕倒大不是老人家的意思。(《儿女英雄传·3回》)

(180) 谈到婆家那里，张姑娘又低了头，含羞不语。(《儿女英雄传·9回》)

《儿女英雄传》中"那里"作定语的例句有6例，如：

(181) 又承他的推情，那里村中众人的仗义，每日倒有三五个村庄妇女轮流服侍，老人家颇不寂寞。(《儿女英雄传·8回》)

(182) 那里饭食、油烛、草料以至店钱，看你老合我东人二位交

情在那里，敝东回来，自然有个地主之情。(《儿女英雄传·14回》)

（183）再说，我是淮安府根生土长，他作那里的知县，就是我的父母官。(《儿女英雄传·15回》)

《儿女英雄传》中"那里"作状语的例句有11例，如：

（184）忙着叫宋官儿，只听他那里说睡语，说："我的老爷子！你是谁呀？"(《儿女英雄传·20回》)

（185）进了大门，便是众家丁迎着叩喜。走到穿堂，又有业师程老夫子那里候着道贺。(《儿女英雄传·36回》)

（186）张姑娘见他那里发呆，只望着他笑。(《儿女英雄传·27回》)

发展到二十世纪中叶，"那里"的使用频率再度明显减少。《正红旗下》中远指代词"那里"共有13例，占全部远指代词用例数量的3.74%。其中，9例宾语，3例主语，1例状语，未出现定语的用法。

《正红旗下》中"那里"作主语的例句有：

（187）窗台上这里厚些，那里薄些……(《正红旗下》)

（188）到我会去买东西的时候，我总喜欢到他那里买羊肉或烧饼，他那里是那么清爽……(《正红旗下》)

（189）远处是一座小土山，这里那里安排着一些奇形怪状的石头，给土山添出些棱角。(《正红旗下》)

《正红旗下》中"那里"作宾语的例句如：

（190）十成呢，像棵结实的小松树似的，立在那里，生了根……(《正红旗下》)

（191）母亲端着茶壶，愣在那里。(《正红旗下》)

（192）是呀，谁能够因为天泰轩的掌柜的与跑堂的都是汉人，就不到那里去喝茶吃饭呢？(《正红旗下》)

《正红旗下》中"那里"作状语的例句：

（193）在这一片声响之上，忽然这里，忽然那里，以压倒一切的声势，讨债的人敲着门环，啪啪啪啪……(《正红旗下》)

九、其

"其"在上古以后已经很少用作指示代词，它在《红楼梦》《儿女英雄传》《正红旗下》中均有出现，其使用频率见表42。《红楼梦》中指示代词"其"共出现87例，占全部远指代词数量的97.75%，全部用作定语。如：

（194）自上了轿，进入城中，从纱窗向外瞧了一瞧，其街市之繁华，人烟之阜盛，自与别处不同。(《红楼梦·3回》)

（195）宝玉抬头看见一幅画贴在上面，画的人物固好，其故事乃是《燃藜图》，也不看系何人所画，心中便有些不快。(《红楼梦·5回》)

表42 《红楼梦》《儿女英雄传》《正红旗下》中远指代词"其"使用频率表

词目	文献	用例数量/例	所占比例/%
其	《红楼梦》	87	97.75
	《儿女英雄传》	12	42.86
	《正红旗下》	7	100

《儿女英雄传》中兼指代词"其"使用频率大幅减少，共有12个用例，占全部兼指代词数量的42.86%。多用于指示名词，作定语，有的是近指，译为"这个"，有的是远指，译为"那个"，还有1例作主语，称代某种情况。

《儿女英雄传》中"其"作定语的例句有11例，如：

（196）今日适逢其会，遇着你置这席酒，方才妹妹止说了个"酒倒罢了"，你便有些不耐烦。(《儿女英雄传·30回》)

（197）原来这人的乃翁作过一任南监掣，他本身也捐了个候选同知，其人小有别才，未闻大道。(《儿女英雄传·35回》)

（198）某浪迹江湖，交游满天下，求其真知某者无如吾子。(《儿女英雄传·39回》)

《儿女英雄传》中"其"作主语的例句只有1例：

（199）你看这位老爷，他只抱定了"人而无信，不知其可也"的两句书，直到这个场中，还绝绝不肯撒个谎，说："我不识文，我不断字。"(《儿女英雄传·38回》)

这一例句中"其"回指"人而无信"，引文意思是"一个人不讲信用，真不知道那个怎么可以"，即人不讲信用是不行的。

发展到二十世纪中叶，《正红旗下》中远指代词"其"有7个，作主语、宾语、定语。

《正红旗下》中"其"作定语的例句有3例，如：

（200）姑母和大姐的婆婆若在这种场合相遇，她们就必须出奇制胜，各显其能，用各种笔法，旁敲侧击，打败对手，传为美谈。(《正红旗下》)

第七章 明代至民国末期指示代词的发展演变

（201）……使她们的席位各得其所，心服口服，吃个痛快。（《正红旗下》）

《正红旗下》中"其"作主语的例句有3例，如：

（202）……我的生日与时辰也许会发生些混乱，其说不一了。（《正红旗下》）

《正红旗下》中"其"作宾语的例句有1例：

（203）她把"大概"总说成"大概其"，有个"其"字，显着多些文采。（《正红旗下》）

第三节 明代至民国末期其他类指示代词的发展演变

一、明代至民国末期旁指代词的发展演变

明代之后，旁指代词系统发生了很大变化。原先的"他""异"等已经没有了旁指代词的用法，旁指代词"别"得以保留，且这一时期发展出了与"别"有关的"别"系旁指代词。我们主要考虑了4个旁指代词："别""别的""别个""其馀（其余）"。《红楼梦》和《儿女英雄传》中这4个词都有，且都以"别的"居多。到了二十世纪中叶，我们考察了《正红旗下》《龙须沟》《茶馆》3本著作，总共14多万字，未发现1例"别个"的用例，旁指代词中以"别"的使用居多。详见表43。

表43 《红楼梦》《儿女英雄传》《正红旗下》中旁指代词的使用频率表

词目	文献	用例数量/例	所占比例/%
别	《红楼梦》	84	37.50
	《儿女英雄传》	33	30.84
	《正红旗下》	25	69.44
别的	《红楼梦》	117	52.23
	《儿女英雄传》	42	39.25
	《正红旗下》	8	22.22
别个	《红楼梦》	12	5.36
	《儿女英雄传》	1	0.93
	《正红旗下》	0	0
其馀（其余）	《红楼梦》	11	4.91
	《儿女英雄传》	31	28.97
	《正红旗下》	3	8.33

(一) 别

《红楼梦》中，旁指代词"别"共出现 84 例，占全部旁指代词用例数量的 37.50%，绝大部分作定语，用于指示，也有少数用作状语。

《红楼梦》中"别"作定语的例句有 81 例，用于指示人、处所、事物等。如：

(1) 这林黛玉常听得母亲说过，他外祖母家与别家不同。(《红楼梦·3 回》)

(2) 湘莲道："既如此说，弟无别物，此剑防身，不能解下。"(《红楼梦·66 回》)

(3) 一时安歇之时，金桂便故意的撺薛蟠别处去睡，"省得你馋痨饿眼。"(《红楼梦·80 回》)

其中有 1 例，在"别"和名词中间还加有量词：

(4) 四人回说："老太太和哥儿、两位小姐并别位太太都没来，就只太太带了三姑娘来了。"(《红楼梦·56 回》)

《红楼梦》中"别"作状语的例句仅有 3 例：

(5) 此离吾境不远，别无他物，仅有自采仙茗一盏，亲酿美酒一瓮，素练魔舞歌姬数人，新填《红楼梦》仙曲十二支，试随吾一游否？(《红楼梦·5 回》)

(6) 自此宝玉视袭人更比别个不同，袭人待宝玉更为尽心。暂且别无话说。(《红楼梦·6 回》)

(7) 七日后便送殡掩埋了，别无述记。(《红楼梦·17-18 回》)

到了十九世纪中叶，"别"的使用数量有所减少，语法功能也变得单一。《儿女英雄传》有 33 例，占全部旁指代词用例数量的 30.84%，都用作定语，指示事物、处所，译为"别的"。如：

(8) 安公子听说，惊疑不定，要着人到乌宅打听。偏偏的乌大爷新近得了阁学钦差，往浙江查办事件去了，别处只怕打听得不确，转致误事。(《儿女英雄传·3 回》)

(9) 侄女儿若再起别念，便是不念父母深恩，谓之不孝；不遵伯父教训，谓之不仁。(《儿女英雄传·19 回》)

(10) 鹅的别名叫作"家雁"，又叫作"舒雁"，怎么必定用这"舒雁"？取其"家室安舒"之意。(《儿女英雄传·27 回》)

发展到二十世纪中叶，《正红旗下》中旁指代词"别"共有 25 例，占全部旁指代词用例数量的 69.44%，指示人、事物、处所，作定语和状语。

构词形式变得单一，其中有 20 例指示人，均构词"别人"；3 例指示事物，都组成"别人家"；1 例指示处所，组成"别处"。

《正红旗下》中"别"作定语的例句有 24 例，如：

（11）她大概是想用二目圆睁表达某种感情，在别人看来却空空洞洞，莫名其妙。（《正红旗下》）

（12）姑母似乎在半夜里就策划好：别人办喜事，自己要不发发脾气，那就会使喜事办的平平无奇，缺少波澜。（《正红旗下》）

（13）他和别人一样，不大知道到底洋人有多大力量，而越摸不着底就越可怕。（《正红旗下》）

《正红旗下》中"别"作状语的例句仅 1 例：

（14）别无办法，他只好极诚恳地高喊：救命啊！（《正红旗下》）

（二）别的

在《红楼梦》中，旁指代词"别的"共出现 117 例，占全部旁指代词用例的 52.23%，既有指示的功能，用于指示人或事物，也有称代的功能，用于称代事物或情况，用作主语、宾语、定语和状语。

《红楼梦》中"别的"作主语的例句有 18 例，用于称代事物或情况。如：

（15）昨日开了方子，吃了一剂药，今日头眩的略好些，别的仍不见怎么样大见效。（《红楼梦·11 回》）

（16）这个就算了，别的一概不要，别罔费了心。（《红楼梦·42 回》）

（17）别的都罢了，惟有这斗笠有趣，竟是活的。（《红楼梦·45 回》）

《红楼梦》中"别的"作宾语的例句有 36 例，用于称代事物或情况。如：

（18）原来宝玉急于要和秦钟相遇，却顾不得别的，遂择了后日一定上学。（《红楼梦·9 回》）

（19）我想二爷不止用这个呢，只怕还要用别的。（《红楼梦·43 回》）

（20）探春只命蠲了这个，再行别的，众人断不肯依。（《红楼梦·63 回》）

《红楼梦》中"别的"作定语的例句有 62 例，用于指示人或事物。如：

（21）别的一家子爷们都被琏二叔并蔷兄弟让过去听戏去了。

(《红楼梦·11 回》)

（22）若是别的事我不管，若是为小和尚们的事，好歹依我这么着。(《红楼梦·23 回》)

（23）依我说，从明日起，把别的心全收了起来，天天快临几张字补上。(《红楼梦·70 回》)

《红楼梦》中"别的"作状语的例句仅有 1 例：

（24）如今姑爷家里有了这样大事，我们不能别的出力，白看一看家，还有什么委屈了的呢。(《红楼梦·64 回》)

到了十九世纪中叶，"别的"的使用频率有所减少，语法功能中少了作状语的用例。《儿女英雄传》中"别的"有 42 例，占全部旁指代词用例数量的 39.25%，兼有指示和称代的功能，可以用作主语、定语和宾语。

《儿女英雄传》中"别的"作主语的例句有 13 例，称代事物或情况。如：

（25）把茶留下，别的一概不用，要饭要水，听我的信。(《儿女英雄传·4 回》)

（26）姑爷，你先同了他娘儿两个过去，我在这里看着行李。别的不打紧，这银子可是你拿性命换来的，好容易到了地土了，咱们保重些好。(《儿女英雄传·12 回》)

（27）罢咧！罢咧！连你那拉青屎的根子都叫人家抖翻出来了，别的还有甚么怕说的！(《儿女英雄传·20 回》)

《儿女英雄传》中"别的"作定语的例句有 13 例，指示人或事物。如：

（28）他便合别的丫头说道："我怪不舒服的，家里躺躺儿去。太太要问我，就答应我作甚么去了。"(《儿女英雄传·40 回》)

（29）假如是桩别的东西，也就不犯着再去取了，偏偏是这等一件东西，他自己既不能去，就不能不托附姐姐。(《儿女英雄传·26 回》)

（30）你就知道你这位公公拘泥到甚么分儿上。别的话，更不用深分讲了。(《儿女英雄传·40 回》)

《儿女英雄传》中"别的"作宾语的例句有 16 例，称代事物或情况。如：

（31）尹先生道："我不笑别的，我笑你倒底要算一个'寻常女子'。"(《儿女英雄传·18 回》)

（32）慢说别的，只他那幕中那几个参谋，真真的是上知天文，下知地理，深明韬略，广有机谋；就便他帐下那班奔走的健儿，也是一个个有飞空蹴壁之能，虎跳龙拿之技。(《儿女英雄传·18回》)

（33）如今没别的，"水过地皮湿"，姑娘就是照师傅的话，实打实的这么一点头，算你瞧得起这个师傅了。(《儿女英雄传·27回》)

发展到二十世纪中叶，《正红旗下》中旁指代词"别的"的使用频率再度减少，只有8例，占全部旁指代词用例数量的22.22%，作定语、主语、宾语。

《正红旗下》中"别的"作定语的例句有4例，如：

（34）他不养别的鸟，红、蓝颏儿雅俗共赏，恰合佐领的身分。(《正红旗下》)

（35）一个比别的民族都高着一等的旗人若是失去自信，像多老大这样，他便对一切都失去信心。(《正红旗下》)

《正红旗下》中"别的"作宾语的例句有2例：

（36）别说母亲只生了一个娃娃，就是生了双胞胎，只要大姐婆婆认为她是受了煤气，便必定是受了煤气，没有别的可说！(《正红旗下》)

（37）牛牧师在国内就传过道，因为干别的都不行。(《正红旗下》)

《正红旗下》中"别的"作主语的例句有2例：

（38）咱们旗人，别的不行，要讲吃喝玩乐，你记住吧，天下第一！(《正红旗下》)

（39）别的他不知道，他可忘不了甲午之战，和英法联军焚烧圆明园啊。(《正红旗下》)

(三) 别个

《红楼梦》中"别个"共有12例，占全部旁指代词用例数量的5.36%，兼有指示和称代的功能，可以用作定语和宾语。

《红楼梦》中"别个"作定语的例句仅有2例，用于指示人：

（40）其中因与黛玉同随贾母一处坐卧，故略比别个姊妹熟惯些。(《红楼梦·5回》)

（41）王夫人亲身守着，不许别个人进来。(《红楼梦·25回》)

《红楼梦》中"别个"作宾语的例句共有10例，用于称代事物或情况。如：

（42）自此宝玉视袭人更比别个不同，袭人待宝玉更为尽心。（《红楼梦·6回》）

（43）三人唬了一跳，回身一看，不是别个，正是宝玉走来。（《红楼梦·46回》）

（44）他自恃是邢夫人陪房，连王夫人尚另眼相看，何况别个。（《红楼梦·74回》）

其中有1例，"别个"作宾语，用于指示人：

（45）那傅试原是贾政的门生，历年来都赖贾家的名势得意，贾政也着实看待，故与别个门生不同，他那里常遣人来走动。（《红楼梦·35回》）

到了十九世纪中叶，"别个"的使用频率大幅度减少，语法功能也变得单一。《儿女英雄传》中"别个"只有1例，占全部旁指代词用例的0.93%，用作主语，有称代功能。

（46）单单的放我这样一个不会弄钱的官在里头，便不遇着那位谈大人，别个也自容我不得。（《儿女英雄传·39回》）

这一例中的"别个"称代别的官员。

我们考察了《正红旗下》《龙须沟》《茶馆》3本著作，未发现1例"别个"的用例。

从十八世纪中叶到二十世纪中叶，旁指代词"别个"的使用频率在逐渐减少，语法功能也变得单一。

（四）其馀（其余）

敦煌变文和《水浒传》中均可见"其馀"的用例，《水浒传》中"其馀"共出现80例，① 《红楼梦》中"其馀"的用例已经变少，共有11例，占全部旁指代词用例数量的4.91%，绝大部分作定语，也有作主语，用来指示或称代人和事物。

《红楼梦》中"其馀"作定语的例句共有10例，其中指示人的例句有4例，如：

（47）其馀老嬷嬷散众丫鬟俱沿河随行。（《红楼梦·40回》）

（48）其馀贾赦、贾琏、邢夫人、王夫人等率领家人仆妇，都送至铁槛寺，至晚方回。（《红楼梦·64回》）

《红楼梦》中"其馀"指示事物的例句有6例，如：

---

① 冯芳.《水浒传》代词研究［D］.苏州：苏州大学硕士论文，2007.

(49) 其馀彩缎百端，金银千两，御酒华筵，是赐东西两府凡园中管理工程、陈设、答应及司戏、掌灯诸人的。(《红楼梦·17—18回》)

(50) 其馀诗词，不过是闺中游戏，原可以会可以不会。(《红楼梦·64回》)

(51) 其馀家信事务之帖，自有贾琏和王夫人开读。(《红楼梦·70回》)

《红楼梦》中"其馀"作主语的例句仅有1例，用于称代人：

(52) 只有凤姐儿和李纨房中粗使的大丫鬟出去了，其馀年纪未足。(《红楼梦·70回》)

发展到十九世纪中叶，《儿女英雄传》中"其余"的使用频率大幅度增加，共有31例，占全部旁指代词用例的28.97%，主要用作定语，也用作主语，用来指示和称代人或事物。此时期写作"其余"，而非"其馀"，其使用情况如下：

《儿女英雄传》中"其余"作定语的例句有21例，其中一部分用来指示人，如：

(53) 内里带的是晋升家的、梁材家的、戴勤家的、随缘儿媳妇——这随缘儿媳妇是戴勤的女孩儿——并其余的婆子丫鬟，共有二十余人。(《儿女英雄传·2回》)

(54) 当下满屋里的人，只有太太支应着回答，其余亲族女眷，上上下下大大小小，无一不掩口而笑。(《儿女英雄传·28回》)

(55) 珍姑娘这一见，除了那几个陈些的家人只嘴里说声"姑娘大喜"之外，其余如平日赶着他叫姑姑的那些丫头小厮不用讲了。(《儿女英雄传·40回》)

一部分用来指示事物，如：

(56) 只有那士女的脸手是画工，其余衣饰都是配着颜色半扎半绣，连那头上的鬓发珠翠，衣上的花样褶纹都绣出来，绣得十分工致。(《儿女英雄传·29回》)

(57) 安太太便把其余的东西该归着的归着，该分散的分散，公子也去周旋了周旋那个陆秀才。(《儿女英雄传·38回》)

(58) 这个当儿，叶通早把公子那封禀帖拣起来递给老爷，拆开一看，见上面无非禀知这件事的原由，却声明其余不尽的话都等老爷回家面禀。(《儿女英雄传·40回》)

《儿女英雄传》中"其余"作主语的例句有 10 例，有时与"的"组成"的"字结构，其中一部分用来称代人，如：

（59）安老爷道："不但你想见他们，他们也正在那里想见你。除了我们张亲家老夫妻二位照应行李不得来，其余都在庄上。"（《儿女英雄传·20 回》）

（60）这年，安老爷的门生，除了已经发过科甲的几个之外，其余的都是这年乡试。（《儿女英雄传·34 回》）

（61）何小姐还道珍姑娘没个贴己的人照应，那知他不知甚么空儿早认了戴嬷嬷作干妈了，何小姐又添派了戴嬷嬷跟了他去。其余的便是两个粗使的老婆儿、小丫头子。（《儿女英雄传·40 回》）

一部分用来称代事物，如：

（62）你留下几件，其余的送你们姨奶奶，剩下破的烂的都分散给你家那些妈妈子们。（《儿女英雄传·17 回》）

（63）这正面是个正座，东厢房算个客座，西厢房便是你的座落，其余作个下房。这边还有个夹道儿，通着后院。（《儿女英雄传·24 回》）

（64）又往下看去，见是孔陵蓍草、尼山石砚、《圣迹图》、莱石文玩、蒙山茶、曹州牡丹根子，其余便是山东棉绸大布、恩县白面挂面、耿饼、焦枣儿、巴鱼子、盐砖。（《儿女英雄传·38 回》）

发展到二十世纪中叶，《正红旗下》中有 3 例"其余"，占全部旁指代词用例数量的 8.33%：

（65）除了我大姐没有随便赊东西的权利，其余的人是凡能赊者必赊之。（《正红旗下》）

（66）灵感一来，他便写出一句，命令同学们补足其余。（《正红旗下》）

（67）今天，他只放起二十来只鸽子，半数以上是白身子，黑凤头，黑尾巴的"黑点子"，其余的是几只"紫点子"和两只黑头黑尾黑翅边的"铁翅乌"。（《正红旗下》）

我们考察了《正红旗下》《龙须沟》《茶馆》3 本著作，总共 14 多万字，未发现 1 例"其馀"的用例。

二、明代至民国末期逐指代词的发展演变

逐指代词发展到这一时期有了一定变化，新出现了"每每"等逐指代词。我们这里主要考察五种主要的逐指代词——"每""每每""各""各

第七章 明代至民国末期指示代词的发展演变

各""各自"的发展演变情况。"每"和"各"都指称全体中的任一个个体,但是"每"侧重个体的共性,"各"侧重个体的特性。在《红楼梦》中,这5个逐指代词都有,以"每"居多。在《儿女英雄传》中,"每每"消失,只有"每""各""各各""各自"4个,以"各"居多。到了二十世纪中叶,"各各"消失,只有"每""每每""各""各自"4个,以"每"居多。详见表44。

表 44 《红楼梦》《儿女英雄传》《正红旗下》中逐指代词的使用频率表

词目	文献	用例数量/例	所占比例/%
每	《红楼梦》	260	74.07
	《儿女英雄传》	39	18.40
	《正红旗下》	57	66.28
每每	《红楼梦》	21	5.98
	《儿女英雄传》	0	0
	《正红旗下》	2	2.33
各	《红楼梦》	58	16.52
	《儿女英雄传》	137	64.62
	《正红旗下》	27	31.40
各各	《红楼梦》	12	3.42
	《儿女英雄传》	36	16.98
	《正红旗下》	0	0

(一)每

"每"指称全体中每一个个体。"每"在《红楼梦》中共有260例,它是所考察的逐指代词中使用最多的一个,占所有逐指代词用例数量的74.07%,主要作定语,也可作状语,用于指示时间、人、事物等。

"每"在《红楼梦》中作定语的例句共有192例,用于指示时间、人、事物和处所,例如:

(68)你家的三位姑娘,每人一对,剩下的六枝,送林姑娘两枝,那四枝给了凤哥罢。(《红楼梦·7回》)

(69)故启奏太上皇、皇太后,每月逢二六日期,准其椒房眷属入宫请候看视。(《红楼梦·16回》)

(70)这两包,每包里头五十两,共是一百两,是太太给的,叫你拿去或者作个小本买卖,或者置几亩地,以后再别求亲靠友

的。(《红楼梦·42回》)

(71) 每一处添两个老嬷嬷,四个丫头,除各人奶娘亲随丫鬟不算外,另有专管收拾打扫的。(《红楼梦·23回》)

"每"在《红楼梦》中作状语的例句共有68例,例如:

(72) 愚每有此心,但每遇兄时,兄并未谈及,愚故未敢唐突。(《红楼梦·1回》)

(73) 每于夜间针线暇时,临寝之先,坐了小轿带领园中上夜人等各处巡察一次。(《红楼梦·55回》)

(74) 又要环兰二人举业之馀,怎得亦同宝玉才好,所以每欲作诗,必将三人一齐唤来对作。(《红楼梦·78回》)

发展到十九世纪中叶,逐指代词"每"的用例大幅度减少,语法功能也变得简单,《儿女英雄传》中有39例,占所有逐指代词用例数量的18.40%,都充当定语。"每"有指示功能,可以指示时间、人、事物等,如:

(75) 我上次在淮安,首县就说过,每人备银五十两,公办寿屏寿礼,我已经交给首县了。(《儿女英雄传·2回》)

(76) 姑娘又不知这"点主"是怎么样一桩事,只得"入太庙,每事问"。(《儿女英雄传·24回》)

(77) 却说安公子这个翰林院编修,虽说是个闲曹,每月馆课以至私事应酬,也得进城几次。(《儿女英雄传·38回》)

发展到民国末期,"每"用例使用频率大幅度增加,《正红旗下》中共有57例,是所考察的逐指代词中使用最多的一个,占所有逐指代词用例数量的66.28%。"每"的语法功能再一次变得丰富,可作定语和状语,可指示时间、人、事物等。

"每"在《正红旗下》中作定语的例句有28例,如:

(78) 生活的意义,在他们父子看来,就是每天要玩耍,玩得细致,考究,入迷。(《正红旗下》)

(79) ……就居然补上了缺,每月领四两银子的钱粮。(《正红旗下》)

(80) 就是给咱们每人一百亩地,自耕自种,咱们有办法没有?(《正红旗下》)

"每"在《正红旗下》中作状语的例句有29例,如:

(81) ……可是每逢遇见福海二哥,他就甘拜下风,颇有意把

他的满天飞的元宝都廉价卖出去。(《正红旗下》)

(82) 他最爱花草,每到夏季必以极低的价钱买几棵姥姥不疼、舅舅不爱的五色梅。(《正红旗下》)

(83) 每当母亲叫他去看看亲友,他便欣然前往。(《正红旗下》)

(二) 每每

"每每"在晚唐五代时期就已出现,但在《祖堂集》《古尊宿语要》《五灯会元》中未见用例,在《水浒传》中出现了8处。①《红楼梦》中出现了"每每"的例句,共有21例,占所有逐指代词用例数量的5.98%,均用作状语,如:

(84) 只因宝玉性情乖僻,每每规谏宝玉不听,心中着实忧郁。(《红楼梦·3回》)

(85) 太太满心疼我,因姨娘每每生事,几次寒心。(《红楼梦·55回》)

(86) 凤姐因当家理事,每每看开帖并帐目,也颇识得几个字了。(《红楼梦·74回》)

到了十九世纪中叶,"每每"在《儿女英雄传》中消失。

发展到二十世纪中叶,"每每"再次出现。《正红旗下》中出现2例:

(87) ……每月不过才领三两银子,里面还每每搀着两小块假的……(《正红旗下》)

(88) 他的话每每被他的哈哈哈与啊啊啊扰乱;雪白的牙齿一闪一闪地发着光。(《正红旗下》)

《茶馆》《龙须沟》中未出现"每每"。

(三) 各

在《红楼梦》中,逐指代词"各"共出现58次,占所有逐指代词用例数量的16.52%,绝大部分用作主语,也可用作定语和兼语。

绝大部分"各"在《红楼梦》中作主语,有单独用作主语,有与其他成分连用作主语,有作主语作句中主谓短语的主语。这样的例句有52例,如:

(89) 从此后只是各人各得眼泪罢了。(《红楼梦·36回》)

(90) 各有主意自管说出来大家平章。(《红楼梦·37回》)

---

① 卢烈红.《古尊宿语要》代词助词研究 [M]. 武汉:武汉大学出版社,1998:113-114;冯芳.《水浒传》代词研究 [D]. 苏州:苏州大学,2007.

（91）探春知他射着，用了"鸡栖于埘"的典，二人一笑，各饮一口门杯。(《红楼梦·62回》)

（92）一则他们各有营运，二则家里一年也省些口粮月钱。(《红楼梦·72回》)

（93）却说怡红院中宝玉正才睡下，丫鬟们正欲各散安歇，忽听有人击院门。(《红楼梦·73回》)

《红楼梦》中"各"作定语的例句仅有2例：

（94）宝钗笑道："三首各有各好……"(《红楼梦·50回》)

（95）因近日将园中分与众婆子料理，各司各业，皆在忙时，也有修竹的，也有郪树的，也有栽花的，也有种豆的，池中又有驾娘们行着船夹泥种藕。(《红楼梦·58回》)

《红楼梦》中"各"作兼语的例句仅见4例：

（96）李嬷嬷出去，命小厮们都各散去不提。(《红楼梦·8回》)

（97）五祖欲求法嗣，令徒弟诸僧各出一偈。(《红楼梦·22回》)

（98）既云"香梦沉酣"，掣此签者不便饮酒，只令上下二家各饮一杯。(《红楼梦·63回》)

（99）且说贾政又命他三人各吊一首，谁先成者赏，佳者额外加赏。(《红楼梦·78回》)

发展到十九世纪中叶，逐指代词"各"的使用频率大幅度增加。"各"在《儿女英雄传》中有137例，是所考察的逐指代词中使用最多的一个，占所有逐指代词用例数量的64.62%。"各"在《儿女英雄传》中可以用作主语，称代人或事物，可以用作定语，指示人或事物。

《儿女英雄传》中"各"作主语的例句有51例，有的单独用作主语，有的还紧跟在先行词后面一起用作主语，例如：

（100）我这里见了弹弓，交还砚台。那时两件东西各归本主，岂不是一桩大好事么？(《儿女英雄传·10回》)

（101）婆媳二人又谈了许久，听了听，那天已交四更，才各归寝。(《儿女英雄传·12回》)

（102）安太太听了，便同张太太各拈了一撮香，看着那张姑娘插烛似价拜了四拜，就把那个弹弓供在面前。(《儿女英雄传·13回》)

（103）纪太傅听说，无法，便留纪望唐一人课读，打算给纪献唐另请一位先生，叫他弟兄两个各从一师受业。(《儿女英雄传·18回》)

（104）这番闲话君听者，不是闲饶舌。飞鸟各投林，残照吞明灭。俺则待唱着这道情儿归山去也！(《儿女英雄传·38回》)

《儿女英雄传》中"各"作定语的例句有86例，如：

（105）我们已写了知单，去知会各同窗的朋友，多少大家集个成数出来。(《儿女英雄传·3回》)

（106）只听得这屋里浅斟低唱，那屋里呼么喝六，满院子卖零星吃食的，卖杂货的，卖山东料的、山东布的，各店房出来进去的乱串。(《儿女英雄传·4回》)

（107）及至看了那各种兵书，才知不但技艺可以练得精，就是膂力也可以练得到。(《儿女英雄传·8回》)

到了二十世纪中叶，"各"在《正红旗下》中共出现27例，占所有逐指代词用例数量的31.40%，主要作定语和主语。

《正红旗下》中"各"作定语的例句有20例，如：

（108）每年如是：他用各色的洋纸糊成小高脚碟，以备把杂拌儿中的糖豆子、大扁杏仁等等轻巧地放在碟上。(《正红旗下》)

（109）他们的摆着红木炕桌，与各种古玩的小炕上，会有翠绿的蝈蝈，在阳光里展翅轻鸣。(《正红旗下》)

（110）各庙会中的练把式的、说相声的、唱竹板书的、变戏法儿的……(《正红旗下》)

（111）牛牧师当然早已听说，并且非常注意，各地方怎么闹乱子。(《正红旗下》)

《正红旗下》中"各"作主语的例句有7例，如：

（112）姑母和大姐的婆婆若在这种场合相遇，她们就必须出奇制胜，各显其能，用各种笔法，旁敲侧击，打败对手，传为美谈。(《正红旗下》)

（113）他们各有各的手法与作风，不愿跟他合作。(《正红旗下》)

（114）各有所长，很难马上作出决定，他始终没想起对上帝说什么。(《正红旗下》)

（四）各各

"各各"是一个重叠式的复音词，有加强逐指的作用。在《红楼梦》中，逐指代词"各各"共出现12次，占所有逐指代词用例数量的3.42%，绝大部分单独用作主语。《红楼梦》中"各各"作主语的例句共10例。

《红楼梦》中"各各"单独用作主语的例句共有9例，如：

（115）且说荣宁二府中因连日用尽心力，真是人人力倦，各各神疲，又将园中一应陈设动用之物收拾了两三天方完。（《红楼梦·19回》）

（116）当下荣宁两处主人既如此不暇，并两处执事人等，或有人跟随入朝的，或有朝外照理下处事务的，又有先跻踏下处的，也都各各忙乱。（《红楼梦·58回》）

（117）于是青州城内文武官员，各各皆谓"王尚不胜，你我何为！"遂将有献城之举。（《红楼梦·78回》）

《红楼梦》中"各各"与其他成分连用，共同作句中主谓短语的主语，这样的例句仅有1例：

（118）那尤二姐得了这个所在，又见园中姊妹各各相好，倒也安心乐业的自为得其所矣。（《红楼梦·68回》）

《红楼梦》中"各各"作定语的例句仅见2例：

（119）因又请问众仙姑姓名：一名痴梦仙姑，一名钟情大士，一名引愁金女，一名度恨菩提，各各道号不一。（《红楼梦·5回》）

（120）众人先听见李纨独办，各各心中暗喜，以为李纨素日原是个厚道多恩无罚的，自然比凤姐儿好搪塞。（《红楼梦·55回》）

发展到十九世纪中叶，逐指代词"各"的用例明显增加，但语法功能中少了定语的用法。"各各"在《儿女英雄传》中有36例，占所有逐指代词用例数量的16.98%。《儿女英雄传》中"各各"都用作主语，多用于称代人，也可以称代事物，其使用情况如下：

一是称代人，例如：

（121）因门生差次不久，他们又不能各各的专人前来，便叫他们止发信来，把银子汇京，都交到门生家里。（《儿女英雄传·13回》）

（122）一路来，张太太是在后舱横床上睡，姑娘在卧舱床上睡，随缘儿媳妇便随着姑娘在床下打地铺，当下各各就枕。（《儿女英雄传·22回》）

（123）这一年之中，你我各各的经了多少沧桑，这日月便如落花流水一般的过去了。（《儿女英雄传·30回》）

二是称代事物,例如:

(124)姑娘在车里借着灯光看那座门时,原来是座极宽大的车门,那车一直拉进门去。门里两旁也有几家人家,家家窗户里都透着灯光,却是各各的闭着门户。(《儿女英雄传·24回》)

(125)一进去,安老爷看见那神像脚下各各造着两个精怪,便觉得不然,说:"何必'神道设教'到如此!"(《儿女英雄传·38回》)

"各各"使用时带"的"可能是方言造成的。

我们考察了《正红旗下》《龙须沟》《茶馆》3本著作,总共14多万字,未发现1例"各各"的用例。

三、明代至民国末期无定代词的发展演变

无定代词从宋元时期发展到清代变化不大,发展到这一时期仍然只有"某"一个无定代词。《红楼梦》中"某"共出现20处。其功能如下:

一是隐指功能。指代一定人的姓名、时间或地点,表现为"某人""某年月日""某乡",由于种种原因而隐指。

"某"在句中指代称呼语的姓氏,原因为不便说明。《红楼梦》中这样的例句仅见1处:

(126)其祸皆因拐子某人而起,拐之人原系某乡某姓人氏,按法处治,馀不略及。(《红楼梦·4回》)

"某"+时间名词/地点名词/其他名词,或因为无须说明,或因为不便说明而隐指某些真实信息。《红楼梦》中这样的例句共出现8处,如:

(127)进入堂屋中,抬头迎面先看见一个赤金九龙青地大匾,匾上写着斗大的三个大字,是"荣禧堂",后有一行小字:"某年月日,书赐荣国公贾源",又有"万几宸翰之宝"。(《红楼梦·3回》)

(128)老爷就说"……其祸皆因拐子某人而起,拐之人原系某乡某姓人氏,按法处治,馀不略及"等语……"(《红楼梦·4回》)

(129)一面说,一面瞧那黄布口袋上有印,就是"皇恩永锡"四个大字,那一边又有礼部祠祭司的印记,又写着一行小字,道是"宁国公贾演荣国公贾源恩赐永远春祭赏共二分,净折银若干两,某年月日龙禁尉候补侍卫贾蓉当堂领讫,值年寺丞某人",下面一个朱笔花押。(《红楼梦·53回》)

(130)又指着众姊妹说:这是某人某人,你先认了,太太瞧过了再见礼。(《红楼梦·69回》)

(131)尤二姐听了,又回贾母说:"我母亲实于某年月日给了

他十两银子退准的……"(《红楼梦·69回》)

二是泛指功能。表现为"某人""某处""某物",《红楼梦》中这样的例句共出现 11 处,如:

(132) 这下剩的按着房屋分开,某人守某处,某处所有桌椅古董起,至于痰盒掸帚,一草一苗,或丢或坏,就和守这处的人算账描赔。(《红楼梦·14回》)

(133) 一面交发,一面提笔登记,某人管某处,某人领某物,开得十分清楚。(《红楼梦·14回》)

(134) 又有顿饭工夫,十二题已全,各自誊出来,都交与迎春,另拿了一张雪浪笺过来,一并誊录出来,某人作的底下赘明某人的号。(《红楼梦·38回》)

(135) 三人看了,一面遣人送出去取药,监派调服,一面探春与李纨明示诸人:某人管某处,按四季除家中定例用多少外,馀者任凭你们采取了去取利,年终算账。(《红楼梦·56回》)

发展到十九世纪中叶,无定代词"某"的数量明显增加,而且语法功能也更加丰富,新出现了"姓+某"的形式。《儿女英雄传》中共出现 50 例"某",有隐指的功能,还有泛指的作用,使用情况如下:

一是指代一定的人的姓名、时间和地点,但由于种种原因而隐指这些信息。

姓+"某"用于姓氏之后自称,或表谦虚之意,或显自大之情,或含恭敬之态。《儿女英雄传》中有 16 个这样的用例,如:

(136) 众位休得惊慌。我邓某虽不才,还分得出个皂白清浊。这事无论闹到怎的场中,绝不相累。(《儿女英雄传·15回》)

(137) 先生,你我虽是初交,你外面询一询,邓某也颇颇的有些微名。况我这样年纪,难道还赚你这张弹弓不成?(《儿女英雄传·17回》)

(138) 安老爷拈着那小胡子,想了一想,说道:"依我的主意,那正面要从头到底居中镌上'清故义士邓某之墓'一行大字,老哥哥,你道如何?"(《儿女英雄传·32回》)

二是指代称呼语的姓氏,原因是无须说明或不便说明。《儿女英雄传》中有 7 个这样的用例,如:

(139) 但是个大父行辈,则称为"某几太爷",父执则称为"某几老爷",平辈相交,则称为"某几爷"。(《儿女英雄传·29回》)

(140) 谨按翁名振彪,字虎臣,以行行,人称曰九公。淮之桃源人，其大父某公，官明崇祯按察副使，从永明王入滇，与邓士廉、李定国诸人同日尽难。父某公，时以岁贡生任训导，闻之弃官，徒步万里，冒锋镝负骸骨以归，竟以身殉。（《儿女英雄传·39回》）

"某"+时间名词/地点名词/其他名词，或因为不知道，或由于不想说、没必要说而没透露真实信息。《儿女英雄传》中有12个这样的用例，如：

（141）公生于明崇祯癸酉某年月日，以大清某年月日考终，合葬某处。（《儿女英雄传·39回》）

（142）当下安公子只觉心里还有许多话要说，无奈只他坐了这一刻的工夫，便见他老师那里住了这部里画稿，便是那衙门请看折子；才得某营请示挑缺，又是某旗来文打到；接着便是造办处请看交办的活计样子，翰林院来请阅撰文；还有某老师交提的手卷，某同年求写的对联；此外并说有三五起门生故旧从清早就来了，却在外书房等着求见。（《儿女英雄传·40回》）

三是表示泛指，指代不定的人或事物。

"某"单用或叠用，指代不定的人的姓名。《儿女英雄传》中有6个这样的用例，如：

（143）这"儿女英雄"四个字，如今世上人大半把他看成两种人、两桩事：误把些使气角力、好勇斗狠的认作英雄，又把些调脂弄粉、断袖余桃的认作儿女。所以一开口便道是"某某英雄志短，儿女情长"，"某某儿女情薄，英雄气壮"。（《儿女英雄传·缘起首回》）

（144）原来那位师老爷生得来虽不必"子告之曰，某在斯某在斯"，那双眼睛也就几乎"视而不见"；虽不道得"鞠躬如也"，那具腰也就带些"屈而不伸"。（《儿女英雄传·37回》）

"某"+名词，指代不确定的人或事物。《儿女英雄传》中有9个这样的用例，如：

（145）不好过的是，出得场来，看着谁脸上都像个中的，只疑心自己不像；回来再把自己的诗文摹拟摹拟，却也不作孙山外想；及至看了人家的，便觉得自己某处不及他出色，某句不及他警人。（《儿女英雄传·35回》）

（146）原来大凡大江以南的朋友，见了人，是个见过的，必先叫一声；没见过的，必先问问："这个可是某人不是？"（《儿女英雄传·37回》）

(147) 早听得大家在那里纷纷议论，说某缺放了某人，某缺放了某人，只这回的阁学缺放了乾清门翰詹班，又过了一个缺了。(《儿女英雄传·40 回》)

发展到二十世纪中叶，无定代词"某"的使用频率有所降低。我们考察了《正红旗下》《龙须沟》《茶馆》3 本著作，总共 14 多万字，共发现 7 例无定代词"某"的用例，"某"在 3 本著作中出现的次数依次是 3 例、3 例、1 例。它既有隐指功能，也有泛指功能。如：

(148) 不错，在那年月，某些有房产的汉人宁可叫房子空着，也不肯租给满人和回民。(《正红旗下》)

(149) 某些有钱有势的满人也还看不起汉人与回民，因而对我们这样与汉人、回民来来往往也不大以为然。(《正红旗下》)

(150) 沈处长——男。四十岁。宪兵司令部某处处长。茶客若干人，都是男的。(《茶馆》)

(151) 时间　一九五○年夏，某一夜的后半夜，天尚未明。(《龙须沟》)

四、明代至民国末期泛指代词的发展演变

明代之后，泛指代词仍然由"恁"系代词构成，这里我们主要考察了两个泛指代词："恁样""恁般"。在十八世纪中叶，《红楼梦》中这两个词都有，发展到十九世纪中叶，《儿女英雄传》中只有"恁般"。到了二十世纪中叶，我们考察了《正红旗下》《龙须沟》《茶馆》3 本著作，未发现"恁样""恁般"。详见表 45。

表 45　《红楼梦》《儿女英雄传》《正红旗下》泛指代词使用频率表

词目	文献	用例数量/例	所占比例/%
恁样	《红楼梦》	1	5.56
	《儿女英雄传》	0	0
	《正红旗下》	0	0
恁般	《红楼梦》	1	5.56
	《儿女英雄传》	16	88.89
	《正红旗下》	0	0

(一) 恁样

在十八世纪中叶，《红楼梦》中泛指代词"恁样"仅见 1 例，占全部兼指代词数量的 5.56%，且在句中作定语：

（152）贾芸想道："怪道叫'怡红院'，原来匾上是恁样四个字。"（《红楼梦·26回》）

到了十九世纪中叶，《儿女英雄传》未出现"恁样"。

发展到二十世纪中叶，我们考察了《正红旗下》《龙须沟》《茶馆》3本著作，总共14多万字，未发现1例"恁样"的用例。

（二）恁般

《红楼梦》中泛指代词"恁般"仅见1例，占全部泛指代词数量的5.56%，与其他成分一起作状语：

（153）方才之事，已竟闻得八九，听林之孝家的如此说，便恁般如此告诉了林之孝家的一遍，林之孝家的听了，笑道："原来是这事，也值一个屁！"（《红楼梦·71回》）

发展到十九世纪中叶，泛指代词"恁般"的使用频率大幅度增加，占全部泛指代词数量的57.14%，语法功能也变得丰富。《儿女英雄传》中"恁般"共有16例，作定语、状语、谓语。

《儿女英雄传》中"恁般"作定语的例句有10例，如：

（154）我安某得见恁般人物，大快平生！（《儿女英雄传·15回》）

（155）他听得这中军的女儿有恁般的人才本领，那时正值他第二个儿子纪多文求配，续作填房。（《儿女英雄传·18回》）

《儿女英雄传》中"恁般"作状语的例句有4例：

（156）他二位老人家罢了，你们两个枉有这等个聪明样子，怎么也恁般呆气！（《儿女英雄传·9回》）

（157）太太、公子见老爷说得恁般郑重，忙问何事。（《儿女英雄传·13回》）

（158）一个人到了成丁授室，离开父母左右，便是安老夫妻恁般严慈，那里还能时刻照管的到他？（《儿女英雄传·30回》）

（159）安老爷见他说得恁般郑重，不禁要问。（《儿女英雄传·40回》）

《儿女英雄传》中"恁般"作谓语的例句仅2例，如：

（160）我如今进去，只要如此如此，恁般恁般，他难道还有甚么不走的道理不成？（《儿女英雄传·4回》）

到了二十世纪中叶，我们考察了《正红旗下》《龙须沟》《茶馆》3本著作，总共14多万字，未发现"恁般"的用例。

参考文献

著作

［1］墨翟．墨子［M］．上海：上海古籍出版社，1989．
［2］北京大学中文系《语言学论丛》编委会．语言学论丛：第六辑［M］．北京：商务印书馆，1980．
［3］陈承泽．国文法草创［M］．北京：商务印书馆，1982．
［4］崔立斌．《孟子》词类研究［M］．开封：河南大学出版社，2004．
［5］邓军．魏晋南北朝代词研究［M］．上海：上海人民出版社，2008．
［6］刁晏斌．《三朝北盟会编》语法研究［M］．开封：河南大学出版社，2007．
［7］丁福保．说文解字诂林［M］．北京：中华书局，1988．
［8］段玉裁．说文解字注［M］．上海：上海古籍出版社，1988．
［9］方有国．先秦汉语实词语法化研究［M］．成都：巴蜀书社，2015．
［10］冯春田．近代汉语语法问题研究［M］．济南：山东教育出版社，1991．
［11］高名凯．汉语语法论［M］．北京：商务印书馆，2011．
［12］郭锡良．汉语史论集：增补本［M］．北京：商务印书馆，2005．
［13］郭璞．尔雅［M］．王世伟，校点．上海：上海古籍出版社，2015．
［14］郭璞，邢昺．尔雅注疏［M］．上海：上海古籍出版社，2010．
［15］李圃．古文字诂林：第5册［M］．上海：上海教育出版社，2002．
［16］顾炎武．日知录［M］．兰州：甘肃民族出版社，1997．
［17］顾野王．大广益会玉篇［M］．北京：中华书局，1987．
［18］谷衍奎．汉字源流字典［M］．北京：语文出版社，2008．
［19］《古汉语词典》编写组．古汉语词典［M］．北京：商务印书馆，1998．
［20］韩愈，李翱．论语笔解［M］．北京：中华书局，1991．

[21] 汉语大字典编辑委员会．汉语大字典［M］．武汉：崇文书局，2010．

[22] 汉语大词典编辑委员会，汉语大词典编纂处，罗竹风．汉语大词典：第1卷［M］．上海：上海辞书出版社，1986．

[23] 何乐士．《左传》语法研究［M］．开封：河南大学出版社，2012．

[24] 洪波．汉语历史语法研究［M］．北京：商务印书馆，2010．

[25] 郝懿行．尔雅义疏［M］．上海：上海古籍出版社，1983．

[26] 郝懿行．证俗文（上册）［M］．扬州：广陵书社，2003．

[27] 惠栋．九经古义［M］．北京：商务印书馆，1937．

[28] 蒋绍愚．近代汉语研究概况［M］．北京：北京大学出版社，1994．

[29] 蒋绍愚，曹广顺．近代汉语语法史研究综述［M］．北京：商务印书馆，2005．

[30] 金锡谟．汉语代词例解［M］．北京：书目文献出版社，1983．

[31] 中国大百科全书总编辑委员会《语言文字》编辑委员会，中国大百科全书出版社编辑部．中国大百科全书：语言文字［M］．北京：中国大百科全书出版社，1992．

[32] 冷玉龙，等．中华字海［M］．2版．北京：中国友谊出版公司，2000．

[33] 黎锦熙．新著国语文法［M］．上海：商务印书馆，1924．

[34] 黎锦熙．比较文法：词位与句式［M］．北京：科学出版社，1958．

[35] 李学勤．字源［M］．天津：天津古籍出版社，2013．

[36] 李佐丰．先秦汉语实词［M］．北京：北京广播学院出版社，2003．

[37] 林祥楣．代词［M］．上海：上海教育出版社，1984．

[38] 刘玉凯．出口成错：还原俗言俚语的真正含义［M］．北京：中国经济出版社，2012．

[39] 刘淇．助字辨略［M］．章锡琛，校注．上海：开明书店，1940．

[40] 卢烈红．《古尊宿语要》代词助词研究［M］．武汉：武汉大学出版社，1998．

[41] 吕叔湘．中国文法要略［M］．北京：商务印书馆，1982．

[42] 吕叔湘．语法学习［M］．上海：复旦大学出版社，2006．

[43] 吕叔湘．吕叔湘全集：第三卷［M］．沈阳：辽宁教育出版社，2002．

［44］吕叔湘．近代汉语指代词［M］．江蓝生，补．上海：学林出版社，1985．

［45］吕叔湘．汉语语法分析问题［M］．北京：商务印书馆，1979．

［46］马文熙，张归璧，等．古汉语知识辞典［M］．北京：中华书局，2004．

［47］马建忠．马氏文通［M］．北京：商务印书馆，1983．

［48］马春暄，林仁钚．古今汉语语法比较浅说［M］．福州：福建教育出版社，1981．

［49］梅膺祚．字汇［M］．上海：上海辞书出版社，1991．

［50］彭爽．现代汉语旁指代词的功能研究［M］．长春：东北师范大学出版社，2007．

［51］唐钺．国故新探［M］．上海：商务印书馆，1927．

［52］史存直．汉语语法史纲要［M］．上海：华东师范大学出版社，1986．

［53］孙锡信．汉语历史语法要略［M］．上海：复旦大学出版社，1992．

［54］邱雍，等．宋本广韵［M］．北京：中国书店，1982．

［55］王力．中国现代语法［M］．北京：商务印书馆，1985．

［56］王力．王力文集：第1卷［M］．济南：山东教育出版社，1984．

［57］王力．王力古汉语字典［M］．北京：中华书局，2000．

［58］周法高．中国语文论丛［M］．台北：正中书局，1963．

［59］王力．汉语语法史［M］．北京：商务印书馆，1989．

［60］王念孙．广雅疏证［M］．上海：上海古籍出版社，1983．

［61］王引之．经传释词［M］．北京：中华书局，1985．

［62］王引之，孙经世．经传释词（附补及再补）［M］．北京：中华书局股份有限公司，1956．

［63］王闰吉．《祖堂集》语言问题研究［M］．北京：中国社会科学出版社，2012．

［64］魏德胜．《睡虎地秦墓竹简》语法研究［M］．北京：首都师范大学出版社，2000．

［65］魏培泉．汉魏六朝称代词研究［M］．台北："中央研究院"语言学研究所，2004．

［66］吴福祥．敦煌变文语法研究［M］．长沙：岳麓书社，1996．

［67］洪迈．容斋随笔［M］．夏祖尧，周洪武，点校．长沙：岳麓书社，2006．

［68］夏僎．夏氏尚书详解［M］．上海：广雅书局，1899．

［69］许慎．说文解字［M］．徐铉，校定．北京：中华书局，2013．

［70］汤可敬．说文解字今释［M］．长沙：岳麓书社，1997．

［71］徐元诰，欧阳溥存，汪长禄．中华大字典［M］．香港：中华书局，1958．

［72］杨树达．词诠［M］．北京：商务印书馆，1928．

［73］杨树达．高等国文法［M］．北京：商务印书馆，1984．

［74］杨伯峻．古汉语虚词［M］．北京：中华书局，1981．

［75］杨树达．马氏文通刊误［M］．北京：中华书局，1962．

［76］俞光中，植田均．近代汉语语法研究［M］．上海：学林出版社，1999．

［77］章士钊．中等国文典［M］．北京：商务印书馆，1922．

［78］张玉金．出土文献语言研究·第一辑［M］．广州：广东高等教育出版社，2006．

［79］张揖．广雅［M］．北京：商务印书馆，1937．

［80］张自烈，廖文英．正字通［M］．北京：中国工人出版社，1996．

［81］方绪军．现代汉语实词［M］．上海：华东师范大学出版社，2000．

［82］张玉金．西周汉语代词研究［M］．北京：中华书局，2006．

［83］章太炎．章太炎全集（七）［M］．上海：上海人民出版社，1999．

［84］詹秀惠．《世说新语》语法探究［M］．台北：台湾学生书局，1973．

［85］赵元任．汉语口语语法［M］．吕叔湘，译．北京：商务印书馆，1979．

［86］郑子瑜．中国修辞学史稿［M］．上海：上海教育出版社，1984．

［87］中国社会科学院语言研究所古代汉语研究室．古汉语研究论文集［M］．北京：北京出版社，1982．

［88］中国社会科学院语言研究所古代汉语研究室．古代汉语虚词词典［M］．北京：商务印书馆，1999．

［89］朱淑华．上古汉语常用指示代词的指示功能研究［M］．北京：知识产权出版社，2017．

［90］宗福邦，陈世铙，萧海波．故训汇纂［M］．北京：商务印书馆，2003．

［91］《周秦文化研究》编委会．周秦文化研究［M］．西安：陕西人民出版社，1998．

论文

[1] 王力. 汉语实词的分类 [J]. 北京大学学报（人文社会科学版），1959（2）：53-69.

[2] 毕海荣. 论表示权势与同等关系的代词 [J]. 学术交流，1999（3）：229-255.

[3] 曹秀玲. 汉语"这/那"不对称性的语篇考察 [J]. 汉语学习，2000（4）：7-11.

[4] 朝克. 关于鄂温克语的代词特征 [J]. 满语研究，1986（2）：45-57，76.

[5] 陈伟武. 古汉语指代词同义连文说略 [J]. 中山大学学报（社会科学版），1989，29（3）：126-132.

[6] 陈良明. 略论古代汉语中代词宾语的前置 [J]. 北京联合大学学报，1988（1）：40-45.

[7] 陈法今. 闽南话的指示代词 [J]. 华侨大学学报（哲学社会科学版），1989（1）：101-109.

[8] 陈文杰. 从早期汉译佛典看中古表方所的指示代词 [J]. 古汉语研究，1999（4）：15-21.

[9] 陈志明. 临猗（临晋）话的代词 [J]. 语文研究，1999（3）：56-60.

[10] 陈建初. 湖南冷水江方言的代词 [J]. 古汉语研究，1995（A）：16-22.

[11] 陈敏燕，孙宜志，陈昌仪. 江西境内赣方言指示代词的近指和远指 [J]. 中国语文，2003（6）：496-504.

[12] 储泽祥，邓云华. 指示代词的类型和共性 [J]. 当代语言学，2003，5（4）：299-306，379.

[13] 崔潮. 说说汉语的指示代词 [J]. 汉语学习，1989（5）：39-41.

[14] 崔立斌. 《孟子》的指示代词 [J]. 语文研究，1993（4）：16-23.

[15] 戴昭铭. 浙江天台方言的代词 [J]. 方言，2003（4）：314-323.

[16] 董为光. "那哼"溯源 [J]. 语言研究，1988，8（1）：143-151.

[17] 董志翘. 近代汉语指代词札记 [J]. 中国语文，1997（5）：373-378.

[18] 邓军，李萍. 《三国志》代词宾语的词序考察 [J]. 南京师范大

学文学院学报，2001（3）：77-81.

［19］邓军，李萍．论《三国志》和裴注代词词序的变化［J］．四川师范大学学报（社会科学版），2003（3）：67-72.

［20］邓昌荣．《诗经》中指示代词"其"指示程度的意义和作用［J］．语文研究，2003（1）：38-42.

［21］刁世兰．人称代词与"这/那"的组合规律及制约因素［J］．湖北师范学院学报（哲学社会科学版），2010，30（6）：33-36.

［22］丁启阵．现代汉语"这"、"那"的语法分布［J］．世界汉语教学，2003（2）：27-38.

［23］杜克俭，李延．临县方言的指示代词［J］．语文研究，1999（2）：58-62.

［24］杜克俭．交城话的指示代词［J］．山西大学师范学院学报，1999（1）：76-77.

［25］段德森．释"之"［J］．岳阳师专学报，1980（2）：45-57.

［26］段德森．古汉语指示代词的转化［J］．语文研究，1992（1）：12-17.

［27］段业辉．"这样"的语义指向和已知信息的代词化［J］．汉语学习，1987（6）：8-11.

［28］方梅．指示词"这"和"那"在北京话中的语法化［J］．中国语文，2002（4）：343-356，382-383.

［29］冯春田．敦煌变文里的"若"系指代词及相关问题［J］．山东大学学报（哲学社会科学版），2008（4）：26-29.

［30］冯蒸．古汉语语法研究与汉藏语比较［J］．语文导报，1987（12）：38-40.

［31］甘子钦．释"之"［J］．新疆师范大学学报（哲学社会科学版），1981，2（1）：104-113，92.

［32］甘于恩．广东四邑方言代词系统的综合考察［J］．语文研究，2001（2）：58-61.

［33］甘甲才．中山客家话代词系统［J］．华南师范大学学报（社会科学版），2003（3）：71-75，150.

［34］高宁慧．留学生的代词偏误与代词在篇章中的使用原则［J］．世界汉语教学，1996（2）：61-71.

［35］高岛谦一．金文和《尚书》中指示词氒/厥字研究［A］．第三届国际古汉语语法研讨会论文，2001.

［36］高名凯．唐代禅家语录所见的语法成分［J］．燕京学报，1948（34）：50-85，318-319.

[37] 古敬恒. 吴语"见"系指示代词探源 [J]. 徐州师范学院学报, 1985 (4): 124-125.

[38] 郭风岚. 北京话话语标记"这个"、"那个"的社会语言学分析 [J]. 中国语文, 2009 (5): 429-437, 480.

[39] 郭攀. 旁指代词"它"产生的过程 [J]. 古汉语研究, 2004 (4): 38-44.

[40] 何融. 谈六朝时期的几个代词 [J]. 中山大学学报（社会科学版）, 1961 (4): 1-8.

[41] 贺巍. 中和方言的代词 [J]. 中国语文, 1962 (1): 50-53.

[42] 贺卫国. 湖南双峰话表远指的"兀" [J]. 语言研究, 2010, 30 (4): 76-80.

[43] 黑维强. 陕北绥德方言的指示代词 [J]. 汉语学报, 2011 (1): 31-37, 96.

[44] 洪诚. 王力《汉语史稿》语法部分商榷 [J]. 中国语文, 1964 (3): 173.

[45] 洪波. 兼指代词的原始句法功能研究 [J]. 古汉语研究, 1991 (1): 35-43.

[46] 洪波. 兼指代词语源考 [J]. 古汉语研究, 1994 (2): 33-39.

[47] 黄丁华. 闽南方言里的指示代词 [J]. 中国语文, 1961 (12): 23.

[48] 黄孔葵. 《论衡》中的代词 [J]. 湖北大学学报（哲学社会科学版）, 1989 (4): 61-70.

[49] 黄盛璋. 先秦古汉语指示词研究 [J]. 语言研究, 1983, 3 (2): 136-158.

[50] 胡安良. "之"字分解 [J]. 青海民族学院学报, 1979 (1): 51-67.

[51] 胡明扬. 海盐方言的人称代词 [J]. 语言研究, 1987, 7 (1): 82-84.

[52] 胡盛仑. 代词理解和称代类型 [J]. 语言教学与研究, 1988 (3): 34-46.

[53] 贾智勇. 指示代词的认知心理分析 [J]. 外语与外语教学, 2008 (6): 19-21.

[54] 孔令达, 陈长辉. 儿童语言中代词发展的顺序及其理论解释 [J]. 语言文字应用, 1999 (2): 41-46

[55] 李延瑞. 谈代词"横切"的依据 [J]. 福建师范大学学报（哲学社会科学版）, 1986 (3): 76-84.

［56］李思明．《水浒全传》的指示代词［J］．语文研究，1986（1）：6-12．

［57］李智泽．《孟子》与《孟子章句》代词比较［J］．兰州大学学报（自然科学版），1986（4）：82-89．

［58］李明．"那个"的妙用［J］．汉语学习，1986（2）：20．

［59］李崇兴．宜都话的疑问代词［J］．语言研究，1989，9（1）：94-96．

［60］李蓝．湖南城步"青衣苗话"的人称代词和指代词［J］．民族语文，1999（6）：35-38．

［61］李宗江．"这下"的篇章功能［J］．世界汉语教学，2007（4）：56-63．

［62］李连进．广西富川土话指示代词的三分［A］．全国汉语方言学会、华中师范大学语言和语言教育研究中心、黑龙江大学文学院．汉语方言语法研究和探索——首届国际汉语方言语法学术研讨会论文集［C］．全国汉语方言学会、华中师范大学语言和语言教育研究中心、黑龙江大学文学院，2002：3．

［63］缪小春．影响代词加工的语义和语法因素研究［J］．心理学报，1996（4）：352-358．

［64］缪小春．句子语义、代词和先行词的距离对代词加工的影响［J］．心理科学，1996（2）：71-74，78，127．

［65］林立．这（那）句的修辞功能［J］．汉语学习，1982（5）：38-43．

［66］林素娥．汉语人称代词与指示代词同形类型及其动因初探［J］．语言科学，2006（5）：96-101．

［67］林海权．否定词"莫"字的词性研究［J］．福建师大学报（哲学社会科学版），1983（1）：337-348．

［68］刘丽艳．作为话语标记的"这个"和"那个"［J］．语言教学与研究，2009（1）：89-96．

［69］刘光坤．论羌语代词的"格"［J］．民族语文，1987（4）：50-58．

［70］刘海平．"者"由被饰代词转变为近指代词的可能性分析［J］．武汉科技大学学报（社会科学版），2008，10（6）：92-95．

［71］刘君敬．也说指示代词"该"的形成过程［J］．中国语文，2009（6）：558-563．

［72］刘家珏．"某"的自称义探析［J］．古汉语研究，1993（2）：49-51．

[73] 刘家荣，文旭．话语中代词的功能及其释义问题［J］．四川外语学院学报，1996，12（1）：52-59.

[74] 路志伟．说"是"字［J］．教学与管理，1985（2）：48-49.

[75] 罗汝忠，吴翠屏．略论《左传》中的"者"字及"者"字结构的一些问题［J］．广西民族学院学报（哲学社会科学版），1983（2）：136-146.

[76] 吕叔湘．丹阳方言的指代词［J］．方言，1980（4）：241-244.

[77] 龙国富．汉语处所指代词和平比句的一个早期形式及产生的原因［J］．语言科学，2007（4）：52-61.

[78] 龙安隆．赣语永新方言的体标记"在+指示代词"［J］．汉语学报，2016（4）：78-86，96.

[79] 卢烈红．《古尊宿语要》的近指代词［J］．武汉大学学报（哲学社会科学版），1998（5）：97-103.

[80] 卢烈红．《古尊宿语要》的旁指代词［J］．古汉语研究，1999（3）：12-14.

[81] 卢烈红．湖北黄梅话的指示代词［J］．方言，2002（4）：322-330.

[82] 马思周．近代汉语代词分化的"上问去答"原则［J］．中国语文，1996（2）：135-139.

[83] 梅祖麟．关于近代汉语指代词［J］．中国语文，1986（6）：401.

[84] 孟守介．诸暨方言的代词［J］．语言研究，1994（1）：166-169.

[85] 孟庆惠．合肥话的"这"、"那"和"什么"［J］．中国语文，1997（4）：297.

[86] 潘悟云．温州方言的指代词［J］．温州师范学院学报（哲学社会科学版），1989（2）：13-22.

[87] 彭爽．旁指代词与"这"、"那"的选择限制［J］．北方论丛，2008（3）：56-58.

[88] 钱宗武，邹宇瑞．今文《尚书》指示代词的用法及其特点［J］．南京邮电学院学报（社会科学版），2004（2）：30-34.

[89] 翟颖华．旁指代词"人家"的构成及其语用状况考察［J］．修辞学习，2004（4）：32-34.

[90] 任林深．闻喜话的指示代词［J］．山西师大学报（社会科学版），1992（1）：95-97.

[91] 容庚．周金文中所见代名词例释［J］．燕京学报，1929（6）：21.

[92] 沈慧云．晋城方言的指示代词［J］．语文研究，1986（2）：52-55.

[93] 盛银花. 安陆方言的指示代词 [J]. 汉语学报, 2007 (4): 52-58.

[94] 石云孙. 说"那个" [J]. 当代修辞学, 1989 (5): 45.

[95] 石林. 侗语代词分析 [J]. 民族语文, 1986 (5): 40-46.

[96] 石毓智. 指示代词回指的两种语序及其功能 [J]. 汉语学习, 1997 (6): 3-6.

[97] 施其生. 汕头方言的指示代词 [J]. 方言, 1995 (3): 201-207.

[98] 史秀菊. 晋语盂县方言指示代词四分现象的考察 [J]. 语言科学, 2010 (5): 553-560.

[99] 宋玉珂. 古汉语"有"的代词用法 [J]. 语言教学与研究, 1983 (1): 109-118.

[100] 孙学钧. 萨莫斯的代词理论述评 [J]. 湖北大学学报（哲学社会科学版）, 1991 (2): 10-16.

[101] 孙德金. 现代汉语书面语中的代词"其" [J]. 语言教学与研究, 2010 (2): 55-62.

[102] 王海芬. 古汉语代词连用现象试析 [J]. 天津师范大学学报（社会科学版）, 1983 (6): 89-93.

[103] 王天佐. 试说汉语嘴头话的人称代词与彝语的关系 [J]. 民族语文, 1986 (4): 28-34.

[104] 王苏仪. 汉语代词所指研究的新设想 [J]. 浙江大学学报（社会科学版）, 1995, 9 (3): 112-118.

[105] 王灿龙. 试论"这""那"指称事件的照应功能 [J]. 语言研究, 2006 (2): 59-62.

[106] 王江. 关于指示代词"每"和"各" [J]. 沈阳师范大学学报（社会科学版）, 2008 (3): 150-153.

[107] 汪化云. 黄冈方言的指示代词 [J]. 语言研究, 2000 (4): 88-96.

[108] 吴伯方. 上古汉语"其"字用法的几个问题 [J]. 华南师院学报（哲学社会科学版）, 1980 (1): 118-127.

[109] 吴福祥. 敦煌变文的近指代词 [J]. 语文研究, 1996 (3): 30-36.

[110] 武振玉. 两周金文中的无指代词 [J]. 长江学术, 2006 (3): 67-71.

[111] 小川环树. 苏州方言的指示代词 [J]. 方言, 1981 (4): 287-288.

[112] 邢向东. 陕北晋语沿河方言的指示代词及其来源 [J]. 陕西师范

大学学报（哲学社会科学版），2005，34（2）：48-56.

[113] 徐光烈. 试释甲骨刻辞中的"此"[J]. 重庆师院学报（哲学社会科学版），1983（3）：60-63.

[114] 徐默凡."这"、"那"研究述评[J]. 汉语学习，2001（5）：47-54.

[115] 易敏."之"、"其"自指浅析[J]. 古汉语研究，1994（2）：40-41.

[116] 尹黎云. 谈代词"之"的指示作用[J]. 北京联合大学学报（哲学社会科学版），1989（2）：26-30.

[117] 游泽生. 论代词"之"字[J]. 西南民族学院学报（社会科学版），1986（3）：121-127.

[118] 杨奔. 北流话的代词及其用法[J]. 学术交流，2005（12）：180-184.

[119] 杨树达. 述古书中之代名词[J]. 民铎杂志，1922（2）：1-18.

[120] 杨淑璋. 浅谈"那样"的一些用法[J]. 汉语学习，1981（5）：11-16.

[121] 杨淑璋. 代词"等"和"等等"的一些用法[J]. 语言教学与研究，1981（1）：66-72.

[122] 杨增武. 山阴方言的人称代词和指示代词[J]. 语文研究，1982（2）：152-156.

[123] 杨玉玲. 单个"这"和"那"篇章不对称研究[J]. 世界汉语教学，2006（4）：33-41，147.

[124] 杨玉玲."这么"和"那么"篇章不对称考察[J]. 语言文字应用，2007（4）：53-60.

[125] 叶友文."这"的功能嬗变及其他 叶友文[A]. 世界汉语教学学会. 第二届国际汉语教学讨论会论文选[C]. 世界汉语教学学会，1987：8.

[126] 应学凤. 指示代词语音象似性的跨语言考察[J]. 汉语学报，2010（3）：81-88.

[127] 应学凤，张丽萍. 指示代词的语音象似性评述[J]. 汉语学习，2008（3）：76-82.

[128] 俞理明. 汉魏六朝的疑问代词"那"及其他[J]. 古汉语研究，1989（3）：58-63.

[129] 于省吾."王若曰"释义[J]. 中国语文，1966（2）：147.

[130] 袁宾，何小宛. 论佛经中的"这"是近指词"这"的字源[J]. 语言科学，2009（2）：113-123.

[131] 周大朴. "阿堵"这个词[J]. 江汉学报, 1962 (2): 46-47.

[132] 祝敏彻. 论"所"、"所以"[J]. 甘肃社会科学, 1979 (2): 102-109.

[133] 张静. 论"代词"[J]. 复印报刊资料（语言文字学）, 1985 (1): 54.

[134] 周一民. 口语"这、那、哪"的语音变异[J]. 汉语学习, 1987 (2): 13-14.

[135] 朱声琦. 上古无指代词"有"[J]. 语言教学与研究, 1984 (2): 144-159.

[136] 朱声琦. 上古无指代词"莫"和"无"[J]. 云南民族学院学报, 1985 (4): 78-83.

[137] 赵怀英. 古汉语中无指代词"莫"和否定副词"莫"的辨析[J]. 陕西理工学院学报（社会科学版）, 1989, 7 (1): 83-87.

[138] 周绪全. "者"字词性新解[J]. 西南师范大学学报（人文社会科学版）, 1981, 7 (3): 140-143.

[139] 赵丕杰. 谈"所"字的代词用法[J]. 天津师范大学学报（社会科学版）, 1986 (6): 81-84.

[140] 甄尚灵. 四川方言代词初探——为第十五届国际汉藏语言学会议而作[J]. 方言, 1983 (1): 36-46.

[141] 张惠英. 汉语方言代词研究[J]. 方言, 1997 (2): 88-96.

[142] 邹才河. 廉北方言中"个"字的唐宋遗踪[J]. 社会科学探索, 1990 (Z1): 100-102.

[143] 张邱林. 陕县方言远指代词的面指和背指[J]. 华中师范大学学报（哲学社会科学版）, 1992 (5): 94-96.

[144] 曾毓美. 湘潭方言的代词[J]. 方言, 1998 (1): 71-74.

[145] 祖生利. 元代白话碑文中代词的特殊用法[J]. 民族语文, 2001 (5): 48-62.

[146] 张玉金. 春秋时代近指代词研究[J]. 古籍整理研究学刊, 2008 (5): 62-67.

[147] 朱冠明. 从中古佛典看"自己"的形成[J]. 中国语文, 2007 (5): 402-411, 479.

[148] 曾毅平. "这个""那个"话讳饰[J]. 修辞学习, 2000 (Z1): 81.

[149] 朱城. 先秦时期代词"其"作主语考察[J]. 语言研究, 2003 (4): 36-41.

[150] 张玉金. 论西周时代指示代词"之"[J]. 长江学术, 2009

(2): 86-91.

[151] 张维佳, 张洪燕. 远指代词"兀"与突厥语 [J]. 民族语文, 2007 (3), 38-43.

[152] 张维佳. 山西晋语指示代词三分系统的来源 [J]. 中国语文, 2005 (5): 459-467.

[153] 张永哲. 陕西凤翔方言他称代词"伢"的语法化及类型学考察 [J]. 语言科学, 2015, 14 (3): 284-293.

[154] 郑张尚芳. 温州话指代词系统及强式变化并近指变音 [A] // 全国汉语方言学会、华中师范大学语言和语言教育研究中心、黑龙江大学文学院. 汉语方言语法研究和探索——首届国际汉语方言语法学术研讨会论文集 [C]. 全国汉语方言学会、华中师范大学语言和语言教育研究中心、黑龙江大学文学院, 2002: 3.

[155] 张薇, 尉万传. 海盐话的指示代词系统 [J]. 语言研究, 2012, 32 (3): 95-99.

[156] 宗守云. 河北涿怀话的两套近指和远指代词 [J]. 中国语文, 2005 (4): 299.

[157] 张晓静. 河北武邑方言的中指代词"乜"及其扩展用法 [J]. 方言, 2015 (1): 84-89.

[158] 张薇. 浙江海盐沈荡话指示代词的功能不对称性 [J]. 方言, 2012 (2): 155-161.

[159] 谭芳芳. 《儿女英雄传》代词计量研究 [D]. 苏州: 苏州大学, 2010: 72-130.

[160] 张桂梅. 《红楼梦》前八十回"这"、"那"两系指示代词研究 [D]. 北京: 北京语言大学, 2006: 29-92.

[161] 冯芳. 《水浒传》代词计量研究 [D]. 苏州: 苏州大学, 2007: 42-71.

[162] 袁艳. 《红楼梦》前80回代词计量研究 [D]. 苏州: 苏州大学, 2011: 70-123.